안중근의 하얼빈 의거와 러시아 문서

• 이 책은 2021년도 동북아역사재단 기획연구 수행 결과물임(NAHF-2021-기획연구-11).

동북아역사 자료총서 69

안중근의 하얼빈 의거와 러시아 문서

최덕규 편

동북아역사재단
NORTHEAST ASIAN HISTORY FOUNDATION

책머리에

하얼빈에서 쏘아 올린 안중근의 총탄은 제국주의 시대의 종말을 알리는 신호탄이었다. 하얼빈의 총성은 발칸의 사라예보에서 공명하여 제1차 세계대전 발발(1914)의 원인이 되었기 때문이다. 제국주의 시대의 철옹성은 세계대전 한 번으로 무너지지 않았지만 두 번째 세계대전을 촉발했다. 이렇게 하얼빈의 총탄은 사라예보를 거쳐 원폭으로 돌아왔다.

안중근에 관한 러시아 자료는 일본에 비해 많지 않다. 안중근은 하얼빈 의거 직후 체포되어 당일 밤에 일본 영사관으로 이관되었기 때문에 러시아 당국에서 조사받은 시간은 채 하루도 되지 않는다. 반면 일본 사법기관의 관할하에서는 뤼순 감옥에서 순국할 때까지 5개월간 있었다. 이것이 안중근에 대한 자료가 러시아보다 상대적으로 많이 생산된 이유다.

하지만 러시아 자료는 원본이기 때문에 안중근 관련 주요 자료가 필사본 형태로 남아 있는 일본 자료와 차별되는 장점이 있다. 아울러 재무대신의 극동 출장 기록, 하얼빈 회동을 준비한 동청철도(東淸鐵道) 회사와 철도의 경비와 치안을 맡았던 공안기관의 관련 자료에 접근이 가능하다. 따라서 러시아의 원본 자료와 유관 문서들은 연구자에게 이 주제에 관한 새로운 접근론을 제시해 준다.

이 책은 안중근의 하얼빈 의거와 관련된 세 가지 주제 문서들로 구성되었다. 이는 하얼빈 의거의 주인공이 세 명이기 때문이다. 러시아 수도에서 극동으로 시찰 나온 재무대신 코코프초프(В.Н.Коковцов), 일본을 출발하여 다롄과 창춘을 거쳐 러시아가 제공한 특별열차를 타고 하얼빈에 당도한 이토 히로부미(伊藤博文) 그리고 블라디보스토크를 출발하여 하얼빈에 도착한 안중근, 이들은 각각의 임무가 투영된 문서들을 남겼다.

코코프초프의 하얼빈 여정은 그의 극동시찰 과정에서 생산된 문서들로 복원이 가능하다. 이토 히로부미가 하얼빈으로 간 길은 초대 남만주철도 총재 고토 신페이(後藤新平)

가 1908년 러시아 방문 시 거쳤던 길이었다. 이토는 고토가 1년 전 사전 답사했던 길을 따라갔다. 이 길은 동청철도 회사 등의 문서로 재구성이 가능했다.

마지막으로 안중근이 블라디보스토크에서 하얼빈 역사까지 이토 히로부미를 만나는 길에는 아무런 장애물이 없었다. 초행길이었던 하얼빈 여정에서 안중근이 임무를 무난히 수행할 수 있었던 데는 천운이 따랐다고밖에 달리 설명할 길이 없다. 만일 천운이 아니라면, 누군가의 도움이 있었다고 생각하는 게 합리적일 것이다. 한국의 독립운동을 도우려 했든, 아니면 그것을 이용하려 했든 보이지 않는 손이 블라디보스토크에서 하얼빈 역사까지 움직였을 것이다. 우리는 그 협력자가 누구인지 모른다. 따라서 안중근의 하얼빈 여정은 한국과 러시아가 일본에 대항하여 협력했던 출발선상에서부터 복기하는 작업이 필요하다. 이는 러일전쟁 당시 한국인 러시아어 통역장교들이 러시아의 상하이정보국에서 활동하며 남긴 문서들을 살펴본 연유이다.

필자가 안중근의 하얼빈 의거 관련 러시아 문서를 수집하는 작업을 2011년부터 시작하였지만 10여 년이 지난 지금에서야 책으로 엮어 내놓게 된 이유는 전적으로 나의 총기(聰氣)가 부족했기 때문이다. 드러난 것보다 숨겨지거나 멸실된 자료가 더 많았기 때문에 어떻게 꾸려내야 할지 몰랐다. 그나마 이렇게 첫걸음을 뗀 것은 주위의 격려와 도움 덕분이었다. 러시아 고문서들을 오랜 기간 연구해 온 김종헌, 홍웅호 선생님의 번역이 이 책의 최대 장점이다. 또 러시아 문서관의 아키비스트와 사서분들은 자료를 찾거나 수집하는 일에 항상 친절을 베푸셨다. 그리고 재단 출판팀의 김경재 선생님은 늘 그러했듯이 난삽한 원고를 다듬어 생명을 불어넣어 주셨다. 이들의 도움에 고개 숙여 감사를 전한다.

아울러 이 책의 발간이 일본 자료에 국한되었던 안중근 연구의 지평을 넓히는 데 기여할 수 있기를 기대한다. 이 문서들을 통해 안중근 의사가 한국의 독립투사에서 제국주의를 종식시키고자 헌신했던 인물로 거듭나길 바란다. 그것이 세계 평화가 한국의 평화로부터 시작한다는 진리를 우리 마음에 되새기는 이유다.

2023년 12월
최덕규

차례

책머리에 4
해제 21

<번역문>

제1부: 러시아 재무대신 코코프초프의 극동 시찰과 안중근의 하얼빈 의거

1	재무부에서 주일 재무관 빌렌킨에게 보낸 전문	38
2	재무대신 코코프초프의 상주문	39
3	동청철도 이사회에서 주청 공사 코로스토베츠에게 보낸 전문	41
4	재무대신이 해군대신 보예보드스키에게 보낸 공문	42
5	동청철도 이사회 회의 결정서	43
6	외무부에서 재무대신 코코프초프에게 보낸 공문	44
7	육군부에서 재무대신에게 보낸 공문	45
8	해군부에서 재무대신에게 보낸 공문	46
9	외무대신 이즈볼스키가 재무부로 보낸 공문	47
10	코코프초프가 코로스토베츠에게 보낸 전문	48
11	빌렌킨이 재무대신에게 보낸 전문	49
12	재무부 출납국이 총무국에 보낸 전문	50
13	육군부의 1908년 1909년 예산 현황 보고서	51
14	코코프초프가 고토 신페이에게 보낸 전문	53
15	극동 운송 현황 관련 프리아무르주 총독 운테르베르게르 등의 보고서	54
16	재무부에서 빌렌킨에게 보낸 전문	56

17	부외무대신 사조노프가 코코프초프에게 전달한 주일 대사의 전문	57
18	빌렌킨이 재무대신에게 보낸 전문	59
19	재무부에서 빌렌킨에게 보낸 전문	60
20	프리아무르주 총독이 재무대신에게 보낸 전문	61
21	외무부에서 재무부 부대신 베베르에게 보낸 공문	62
22	외무부에서 재무부에 전달한 주일 대사의 기밀 전문	63
23	재무대신의 극동 시찰 관련 동청철도 이사회 보고서	64
24	재무대신에게 전달된 주일 대사의 전문	65
25	빌렌킨에게 보낸 재무부 총무국의 전문	66
26	외무대신 이즈볼스키가 재무대신에게 보낸 전문	67
27	재무부 부대신 베베르가 재무대신에게 보낸 전문	68
28	재무성 관리 리보프의 전문	69
29	하얼빈 회의 의제 관련 재무부 관리 요한슨의 전문	70
30	재무부 부대신 베베르가 코코프초프에게 보낸 전문	71
31	하얼빈 회의 의제 관련 보고서	72
32	내무부에서 재무부 부대신 베베르에게 보낸 공문	74
33	하얼빈에서 헌병대위 니키포로프가 경찰국에 보낸 전문	75
34	코코프초프가 재무부 부대신 베베르에게 보낸 전문	76
35	하얼빈에서 재무부 부대신 베베르에게 보낸 전문	77
36	재무부 부대신 베베르에게 보낸 코코프초프의 추가 전문	78
37	쾨니스버그 신문 *Hartungsche Zeitung* 번역문	79
38	코코프초프가 재무부 부대신 베베르에게 보낸 전문	80
39	주일 대사의 기밀 전문	81
40	주일 재무관 빌렌킨이 코코프초프에게 보낸 보고서	82
41	주일 재무관 빌렌킨이 코코프초프에게 보낸 보고서	84
42	동청철도 회사에서 재무부관리 리보프에게 보낸 중국 언론 동향 보고서	85
43	고토 신페이가 코코프초프에게 보낸 전문(독일어)	87
44	코코프초프가 고토 신페이에게 보낸 회신	88
45	외무대신이 코코프초프에게 보낸 공문	89
46	코코프초프가 프리아무르주 총독에게 보낸 전문	90

47	코코프초프가 외무부에 보낸 하얼빈 회의 참석 일본인 포상 관련 전문	91
48	하얼빈 회의 개최 시 대일 배상 청구 관련 전문	92
49	코코프초프가 관세청장에게 보낸 전문	93
50	코코프초프의 하얼빈 시찰 관련 전문	94
51	코코프초프의 극동 시찰 상황에 대한 상주 전문	95
52	코코프초프의 하얼빈 일정표(10.24~10.28)	96
53	『재팬 데일리 메일』보도 관련 전문	97
54	코코프초프의 귀경 일정 관련 전문	98
55	『재팬 데일리 메일』기사 관련 주일 대사에게 보내는 코코프초프의 전문	99
56	코코프초프의 극동 시찰 관련 황제 알현 일정	100
57	송화강 세관 설립 관련 회의 참석 요청	101
58	재무대신의 귀경 일정 관련 전문	102
59	재무대신이 프리아무르주 총독에게 보낸 공문	103
60	코코프초프의 하얼빈 방문 관련 언론기사	106
61	재무대신의 하얼빈 방문 관련 기사	108
62	코코프초프와 이토의 하얼빈 회동이 청국에 미칠 영향을 분석한 기사	110
63	한국 테러리스트 체포 상보	112
64	재무대신의 극동 시찰에 대한 현지 언론보도 관련 보고	115
65	재무대신의 극동 시찰에 대한 청국 신문의 보도 동향	117
66	청국을 둘러싼 국제 자본가들의 경쟁에 관한 언론기사 발췌본	119
67	주일 대사가 외무부에 보낸 하얼빈 회의 예상의제 관련 전문	121
68	주일 대사가 외무부에 보낸 이토의 하얼빈 방문 목적에 관한 전문	122
69	코코프초프가 프리아무르주 총독에게 보낸 전문	123
70	빌렌킨이 코코프초프에게 보낸 보고서	124
71	주일 재무관 빌렌킨이 재무대신에게 보낸 보고서	128
72	재무부 부대신 베베르가 코코프초프에게 보낸 전문	130

73	스톨리핀 총리가 재무대신에게 보낸 전문	131
74	프리아무르주 총독이 재무대신에게 보낸 전문	132
75	재무부 부대신 베베르가 코코프초프에게 보낸 전문	133
76	코코프초프와 프리아무르주 총독의 블라디보스토크 시찰 일정 관련 왕복 전문	134
77	코코프초프와 프리아무르주 총독의 일정 조정 관련 전문	135
78	코코프초프가 스톨리핀 총리에게 보낸 하얼빈 의거 관련 전문	136
79	코코프초프가 주일 대사에게 보낸 전문	137
80	코코프초프가 주일 대사에게 보낸 하얼빈 의거 전문	138
81	코코프초프가 운테르베르게르 총독에게 보낸 하얼빈 의거 전문	139
82	코코프초프가 재무부 부대신 베베르에게 보낸 전문	140
83	코코프초프가 재무부 부대신 베베르에게 보낸 추가 전문	141
84	코코프초프가 베베르에게 보낸 하얼빈 의거 관련자 일본 이관 관련 전문	142
85	재무대신이 법무대신에게 보낸 전문	143
86	청국 외무부에서 청국 동3성 총독에게 보낸 전보 발췌문	144
87	외무부에서 코코프초프에게 보낸 전문	145
88	주하얼빈 미국 영사가 러시아 총영사에게 보낸 편지	146
89	코코프초프가 빌렌킨에게 보낸 일본 여론에 대한 정보 요청 전문	147
90	이토와 회의에 대비하여 준비한 코코프초프의 환영사	148
91	코코프초프가 외무부에 보낸 대일 조문 방문 불필요성 관련 전문	149
92	고토 신페이가 동청철도 부총재에게 보낸 전문	150
93	주한 러시아 총영사 소모프가 외무부에 보낸 서신	151
94	재무성 관리 포페가 코코프초프에게 보낸 범죄자 인도 여부 확인 전문	153
95	주청 공사 코로스토베츠가 코코프초프에게 보낸 하얼빈 의거에 대한 일본 여론 관련 전문	154
96	러시아 총리 스톨리핀이 재무대신에게 보낸 전문	155
97	파그라니츠늬 관구 검사 밀레르의 비망록	156

98	이토의 저격 사건 이후(10.27~11.2) 상황 전개에 대한 밀레르 검사의 보고서	157
99	하얼빈 의거에 대한 관구 검사 밀레르의 보고서	161
100	주일 재무관이 코코프초프에게 보낸 보고서	164
101	파그라니츠늬 관구 검사 밀레르가 법무대신 리보프에게 보낸 보고서	166
102	육군대신이 스톨리핀 총리에게 보낸 공문	167
103	참모본부의 엔켈 중령 보고서	169
104	스톨리핀 총리가 프리아무르주 총독에게 보낸 서신	174
105	스톨리핀 총리가 육군대신에게 보낸 서신	175
106	육군대신이 스톨리핀 총리에게 보낸 서신	176
107	외무대신 이즈볼스키가 육군대신에게 보낸 기밀 서신	177
108	각료회의 총무국장이 프리아무르주 총독에게 보낸 공문	179
109	프리아무르주 총독이 스톨리핀 총리에게 보낸 기밀 서신	180
110	스톨리핀 총리가 육군대신에게 보낸 기밀 서신	184
111	내무부에서 각료회의 총무국에 보낸 공문	185
112	외무대신이 스톨리핀 총리에게 보낸 주일 대사의 한국 문제 관련 서신 동봉 통보 공문	186
113	주일 대사 말렙스키-말레비치가 외무대신에게 보낸 일본 수상과 한국 문제 관련 논의 내용 보고 서신	187

제2부: 1908년 남만주철도 초대 총재 고토 신페이의 러시아 방문

1	주일 대사 바흐메찌예프가 외무대신 이즈볼스키에게 보낸 편지	190
2	주일 재무관 빌렌킨이 전임 재무대신 쉬포프에게 보낸 전문	192
3	동청철도 부총재 벤첼이 하얼빈의 동청철도 운영국장 호르바트에게 보낸 전문	193
4	동청철도 부총재 벤첼이 동청철도 운영국장에게 보낸 전문	194
5	재무대신 코코프초프가 교통대신 샤프가우젠에게 보낸 편지	195
6	동청철도 부총재 벤첼이 관세청에 보낸 편지	196
7	외무대신 이즈볼스키가 재무대신 코코프초프에게 보낸 편지	197
8	재무대신 코코프초프가 외무대신 이즈볼스키에게 보낸 편지	199
9	1909년 10월 16(29)일 자 고토 남작의 전보 번역문	200
10	고토 신페이가 주일 러시아대사 말렙스키-말레비치에게 보낸 편지	201
11	고토 신페이가 코코프초프에게 보낸 편지	204

제3부: 러시아 상하이정보국 고이예르와 한러정보협력

1	주한 공사 파블로프가 외무대신에게 보낸 기밀 전보	208
2	러시아 만주군 배속 한국인 명단	209
3	주한 육군무관 네치볼로도프 대령이 연해주 방위사령관에게 보낸 보고서	210
4	쿠르스크 실업학교 학생 강한탁과 한기수가 프리아무르 군관구 통신대장에게 보낸 청원서	212
5	프리아무르 군관구 사령관 보좌관이 연해주 방위사령관에게 보낸 보고서	214
6	러시아 상하이정보국 고이예르가 육군무관 발테르 대령에게 보낸 보고서	215

7	상하이정보국 고이예르가 주청 공사에게 보낸 한국정치단체 관련 보고서	217
8	고이예르가 상하이 주재 육군무관에게 보낸 한국 북부 첩보대 조직에 관한 서신	219
9	고이예르가 주청 공사에게 보낸 고토 신페이의 러시아 방문 관련 서신	222
10	주청 재무관 고이예르가 주청 공사에게 보낸 미국의 극동정책 관련 서신	224
11	고이예르가 주일 러시아무관에게 보낸 현상건 관련 보고	227
12	고이예르가 재무부에 보낸 『대한매일신보』 베델에 대한 재판 관련 등 보고	231
13	주청 재무관 고이예르가 주일 대사에게 보낸 고종 황제의 측근 현상건 면담에 대한 보고	233
14	주청 재무관이 주일 대사에게 보낸 현상건과 면담한 내용에 대한 보고서	239
15	주청 재무관 고이예르가 주일 대사에게 보낸 고종의 러시아 망명 계획 및 일본의 간도정책 관련 보고서	241
16	고이예르가 주일 대사에게 보낸 일본의 간도 지역 정보 수집 및 군사전략에 대한 분석 보고서	246
17	고이예르가 주일 대사에게 보낸 고종 황제 비자금 및 일본의 원산 지역 요새화에 대한 정보 보고	255
18	주청 재무관 고이예르가 주청 공사에게 보낸 자신의 휴가 기간 정보 임무 이관에 대한 보고서	258
19	고이예르의 후임 라만스키가 주일 대사에게 보낸 한국의병 지도자 및 이범윤 관련 보고서	260
20	라만스키가 주청 무관에게 보낸 유럽에서 한국 육군을 위해 납품된 소총과 탄약 관련 보고	261
21	고이예르가 코코프초프에게 올린 일본 현지 첩보망 점검 및 정세 분석 보고서	263
22	라만스키가 주청 러시아 공사에게 보낸 일본의 만주와 간도 지역에서의 활동에 관한 보고	293
23	고이예르가 주청 공사에게 보낸 청(淸)의 정치 상황과 안중근을 면담한 영국인 변호사 관련 보고서	296

24	주청 재무관 고이예르가 재무대신 코코프초프에게 보낸 미국의 만주철도 개입 정책에 대한 보고	297
25	주청 재무관 고이예르가 주청 러시아 육군무관에게 보낸 이갑과 현상건 면담 관련 보고	308
26	고이예르가 육군무관에게 보낸 이갑의 페테르부르크 방문 시 총참모부와 접촉 주선을 요청한 서신	311
27	고이예르가 주일 대사에게 이갑 대령과 연해주 군 당국의 정보협력 주선을 요청한 서신	313

<원문>
제1부: 러시아 재무대신 코코프초프의 극동 시찰과 안중근의 하얼빈 의거

1	Ф.560, оп.28, д.416, л.3.	322
2	Ф.560, оп.28, д.416, л.6 - 8.	323
3	Ф.560, оп.28, д.416, л.9.	326
4	Ф.560, оп.28, д.416, л.12 - 12 об.	327
5	Ф.560, оп.28, д.416, л.15.	328
6	Ф.560, оп.28, д.416, л.16.	329
7	Ф.560, оп.28, д.416, л.18.	330
8	Ф.560, оп.28, д.416, л.32.	331
9	Ф.560, оп.28, д.416, л.38.	332
10	Ф.560, оп.28, д.416, л.41.	333
11	Ф.560, оп.28, д.416, л.44.	334
12	Ф.560, оп.28, д.416, л.45.	335
13	Ф.560, оп.28, д.416, л.46 - 47.	336
14	Ф.560, оп.28, д.416, л.50.	338
15	Ф.560, оп.28, д.416, л.55 - 56.	339
16	Ф.560, оп.28, д.416, л.57.	341
17	Ф.560, оп.28, д.416, л.60 - 61.	342
18	Ф.560, оп.28, д.416, л.71.	344
19	Ф.560, оп.28, д.416, л.72.	345
20	Ф.560, оп.28, д.416, л.75.	346
21	Ф.560, оп.28, д.416, л.77.	347
22	Ф.560, оп.28, д.416, л.78 - 78 об.	348
23	Ф.560, оп.28, д.416, л.93.	349
24	Ф.560, оп.28, д.416, л.95.	350
25	Ф.560, оп.28, д.416, л.101.	351
26	Ф.560, оп.28, д.416, л.103.	352
27	Ф.560, оп.28, д.416, л.112.	353
28	Ф.560, оп.28, д.416, л.118.	354

29	Ф.560, оп.28, д.416, л.126.	355
30	Ф.560, оп.28, д.416, л.130.	356
31	Ф.560, оп.28, д.416, л.132 - 133.	357
32	Ф.560, оп.28, д.416, л.157 - 157 об.	359
33	Ф.560, оп.28, д.416, л.159.	360
34	Ф.560, оп.28, д.416, л.160 - 160 об.	361
35	Ф.560, оп.28, д.416, л.161 - 161 об.	362
36	Ф.560, оп.28, д.416, л.162 - 162 об.	363
37	Ф.560, оп.28, д.416, л.164 - 164 об.	364
38	Ф.560, оп.28, д.416, л.166.	365
39	Ф.560, оп.28, д.416, л.169.	366
40	Ф.560, оп.28, д.416, л.217 - 219 об.	367
41	Ф.560, оп.28, д.416, л.226 - 227 об.	369
42	Ф.560, оп.28, д.416, л.229 - 231.	371
43	Ф.560, оп.28, д.417, л.7.	373
44	Ф.560, оп.28, д.417, л.8.	374
45	Ф.560, оп.28, д.417, л.11.	375
46	Ф.560, оп.28, д.417, л.13.	376
47	Ф.560, оп.28, д.417, л.67.	377
48	Ф.560, оп.28, д.417, л.107а.	378
49	Ф.560, оп.28, д.417, л.121.	379
50	Ф.560, оп.28, д.417, л.156.	380
51	Ф.560, оп.28, д.417, л.165 - 165 об.	381
52	Ф.560, оп.28, д.418, л.56.	382
53	Ф.560, оп.28, д.418, л.85.	383
54	Ф.560, оп.28, д.418, л.86.	384
55	Ф.560, оп.28, д.418, л.92.	385
56	Ф.560, оп.28, д.418, л.104.	386
57	Ф.560, оп.28, д.418, л.106 - 107.	387
58	Ф.560, оп.28, д.418, л.108.	388
59	Ф.560, оп.28, д.418, л.114 - 117.	389

60	Ф.560, оп.28, д.420, л.1 - 1 об.	393
61	Ф.560, оп.28, д.420, л.5 - 5 об.	395
62	Ф.560, оп.28, д.420, л.6 - 6 об.	397
63	Ф.560, оп.28, д.420, л.7 - 8.	399
64	Ф.560, оп.28, д.420, л.9 - 9 об.	402
65	Ф.560, оп.28, д.420, л.10 - 10 об.	404
66	Ф.560, оп.28, д.420, л.11 - 11 об.	406
67	Ф.560, оп.28, д.421, л.3 - 3 об.	408
68	Ф.560, оп.28, д.421, л.5 - 5 об.	409
69	Ф.560, оп.28, д.421, л.6.	410
70	Ф.560, оп.28, д.421, л.7 - 15.	411
71	Ф.560, оп.28, д.421, л.16 - 17 об.	415
72	Ф.560, оп.28, д.421, л.18 - 19.	417
73	Ф.560, оп.28, д.421, л.20.	418
74	Ф.560, оп.28, д.421, л.21 - 22.	419
75	Ф.560, оп.28, д.421, л.23.	420
76	Ф.560, оп.28, д.421, л.24 - 25 об.	421
77	Ф.560, оп.28, д.421, л.26 - 27.	422
78	Ф.560, оп.28, д.421, л.28.	423
79	Ф.560, оп.28, д.421, л.29.	424
80	Ф.560, оп.28, д.421, л.30 - 33.	425
81	Ф.560, оп.28, д.421, л.34.	427
82	Ф.560, оп.28, д.421, л.35 - 37.	428
83	Ф.560, оп.28, д.421, л.38 - 38 об.	429
84	Ф.560, оп.28, д.421, л.39 - 39 об.	430
85	Ф.560, оп.28, д.421, л.40.	431
86	Ф.560, оп.28, д.421, л.41.	432
87	Ф.560, оп.28, д.421, л.123.	433
88	Ф.560, оп.28, д.421, л.124.	434
89	Ф.560, оп.28, д.421, л.125.	435
90	Ф.560, оп.28, д.421, л.126 - 126 об.	436

91	Ф.560, оп.28, д.421, л.142.	437
92	Ф.560, оп.28, д.421, л.153.	438
93	Ф.560, оп.28, д.421, л.156 - 156 об, л.187 - 188.	439
94	Ф.560, оп.28, д.421, л.159.	441
95	Ф.560, оп.28, д.421, л.160.	442
96	Ф.560, оп.28, д.422, л.5.	443
97	Ф.560, оп.28, д.422, л.23.	444
98	Ф.560, оп.28, д.422, л.24 - 28.	445
99	Ф.560, оп.28, д.422, л.29 - 30 об.	449
100	Ф.560, оп.28, д.422, л.31 - 34 об.	452
101	Ф.560, оп.28, д.422, л.59 - 59 об.	454
102	Ф.1276, оп.6, д.514, л.1 - 2.	456
103	Ф.1276, оп.6, д.514, л.3 - 6.	458
104	Ф.1276, оп.6, д.514, л.14 - 14 об.	463
105	Ф.1276, оп.6, д.514, л.15.	465
106	Ф.1276, оп.6, д.514, л.16 - 16 об.	466
107	Ф.1276, оп.6, д.514, л.17 - 18.	467
108	Ф.1276, оп.6, д.514, л.19.	469
109	Ф.1276, оп.6, д.514, л.20 - 23 об.	470
110	Ф.1276, оп.6, д.514, л.24 - 24 об.	474
111	Ф.1276, оп.6, д.514, л.25 - 26.	475
112	Ф.1662, оп.1, д.114, л.1.	476
113	Ф.1662, оп.1, д.114, л.2 - 3.	477

제2부: 1908년 남만주철도 초대 총재 고토 신페이의 러시아 방문

1	АВПРИ. Японский Стол, оп.493, д.1265, л.1 - 3 об.	480
2	РГИА. Фонд 323, оп.1, д.685, л.2.	482
3	РГИА. Фонд 323, оп.1, д.685, л.4.	483
4	РГИА. Фонд 323, оп.1, д.685, л.6, л.26.	484
5	АВПРИ. Японский Стол, оп.493, д.1265, л.7 - 8.	485
6	РГИА. Фонд 323, оп.1, д.685, л.28 - 28 об.	487
7	РГИА. Ф.560, оп.28, д.1102, л.22 - 23.	488
8	РГИА. Ф.560, оп.28, д.1102, л.50 - 50 об.	490
9	РГИА. Фонд 323, оп.1, д.712, л.86.	491
10	АВПРИ. Японский Стол, оп.493, д.206, л.173 - 174 об.	492
11	РГИА. Ф.560, оп.28, д.1102, л.114 - 116.	495

제3부: 러시아 상하이정보국 고이예르와 한러정보협력

1	РГАВМФ. Ф.32, оп.1, д.183, л.1 - 1 об.	500
2	РГВИА. Ф.846, оп.16, д.31898, л.76.	501
3	РГВИА. Ф.846, оп.16, д.31898, л.93 - 94.	502
4	РГВИА. Ф.846, оп.16, д.31898, л.111 - 112 об.	504
5	РГВИА. Ф.846, оп.16, д.31898, л.135 - 135 об.	505
6	РГИА. Ф.560, оп.28, д.391, л.1 - 3.	506
7	Ф.560, оп.28, д.391, л.44 - 49.	508
8	Ф.560, оп.28, д.391, л.65 - 68.	510
9	Ф.560, оп.28, д.391, л.103 - 105.	513
10	Ф.560, оп.28, д.391, л.120 - 126.	515
11	Ф.560, оп.28, д.391, л.147 - 152.	519
12	Ф.560, оп.28, д.391, л.169 - 177.	523
13	Ф.560, оп.28, д.392, л.16 - 24.	528

14	Ф.560, оп.28, д.392, л.83 - 93.	533
15	Ф.560, оп.28, д.392, л.200 - 209.	535
16	Ф.560, оп.28, д.392, л.252 - 266.	540
17	Ф.560, оп.28, д.392, л.279 - 284.	548
18	Ф.560, оп.28, д.392, л.285 - 296.	550
19	Ф.560, оп.28, д.393, л.24 - 25.	552
20	Ф.560, оп.28, д.393, л.26 - 27.	553
21	Ф.560, оп.28, д.393, л.37 - 75.	555
22	Ф.560, оп.28, д.393, л.147 - 151.	583
23	Ф.560, оп.28, д.393, л.176 - 186.	586
24	Ф.560, оп.28, д.393, л.203 - 221.	587
25	Ф.560, оп.28, д.394, л.110 - 114.	597
26	Ф.560, оп.28, д.394, л.115 - 117.	600
27	Ф.560, оп.28, д.394, л.118 - 131.	601

문서목록 607

찾아보기 616

일러두기

1. 이 책에서 활용된 러시아 문서는 다음과 같다.
    1) 러시아역사문서관(РГИА, Российский государственный исторический архив)
    2) 러시아육군역사문서관(РГВИА, Российский государственный военно-исторический Архив)
    3) 러시아해군함대문서관(РГАВМФ, Российский государственный архив военно-морского Флота)

2. 각 문서의 출처는 러시아 문서관의 문서분류 체계에 따라 문서군(Фонд), 목록(Опись), 문서철(Дело), 쪽(Лист)의 순서로 표기했다.

3. 고토 신페이(後藤新平)의 1908년 러시아 상트페테르부르크 방문 관련 자료들은 역사문서관(РГИА)의 동청철도청(東淸鐵道廳) 자료(Фонд 323-Правление Китайско-Восточной Железной Дороги)와 더불어 몰로쟈코프(В.Э.Молодяков)의 저작 『고토 신페이와 러일관계』(Гото Симпэй и русско-японские отношения, М., 2006)에 소개된 제정러시아대외정책문서관(АВПРИ: Архив Внешней Политики Российской Империй) 관련 자료를 활용하였다.

4. 이 자료집에 수록된 문서와 번역문은 원본에 의거한 러시아력 표시 방식을 따랐다. 제정러시아 시대의 러시아 달력은 율리우스력을 사용했다. 이는 1900년 이후 서유럽의 그레고리우스력(Gregorian calendar)과 13일 차이를 보인다. 예를 들어, 번역문의 1909년 10월 13일은 1909년 10월 26일을 의미한다.

5. 러시아역사문서관의 자료 가운데 홍웅호 박사가 제1부의 문서(Ф.560. Оп.28. Д. 416, 417, 418, 419, 420, 421; Ф.1276. Оп.6. Д.514.), 김종헌 박사가 제3부의 문서(Ф.560. Оп.28. Д.391, 392, 393, 394.)를 번역하였다. 최덕규 연구위원은 제1부(문서 №. 96-101), 제2부(문서 №. 1-11), 제3부(문서 №. 1-5)를 번역하고 전체 번역을 감수(監修)했다.

해제

최덕규 동북아역사재단 연구위원

1. 개요

이 책은 러시아 문서관과 도서관에서 수집한 안중근의 하얼빈 의거 자료를 번역한 것이다. 재단은 해외 소재 한국사 관련 자료 수집 사업을 꾸준하게 진행하고 있으며, 러시아 소재 자료 수집 사업은 2011년 처음 시도하였다. 이범진 공사 순국 100주년 기념 학술회의가 상트페테르부르크 대학에서 개최된 것을 계기로 안중근의 하얼빈 의거 관련 자료를 수집하였다. 2022년에는 재단 연구위원을 러시아에 파견해 현지 학자와의 학술 교류 과정에서 해당 주제에 관한 추가 자료 수집이 이루어졌다. 따라서 이 책은 상술한 수집 자료에 근거한다.

이 책에 소개한 안중근의 하얼빈 의거 관련 러시아 문서는 역사문서관(РГИА), 육군역사문서관(РГВИА), 해군함대문서관(РГАВМФ)에서 수집하였다. 또 러일 관계사 관련 저작물 가운데 관련 문서를 발췌하여 포함하였다. 현재 러시아에는 연방과 지방문서관을 합쳐 약 2,600곳이 존재한다. 상기 역사문서관 이외에도 발굴을 기다리는 독립운동사 관련 자료가 산재한다. 따라서 러시아의 다양한 문서관에 산재한 관련 자료를 지속적으로 수집하는 작업이 필요하다.

이 책은 안중근의 하얼빈 의거 관련 세 가지 주제 문서들로 구성하였다. 제1부는 러시아 재무대신 코코프초프(В.Н.Коковцов)의 극동 출장 기록이다. 1909년 9월 9(22)일, 황제 니콜라이 2세가 코코프초프의 극동 출장을 재가했으며, 11월 17(30)일에 재무대신은 얄타 리바디아궁을 찾아 차르에게 69일간의 출장보고서를 상신했다. 이 기록 가운데 안중근의 하얼빈 의거 관련 자료를 발췌하여 번역했다. 하얼빈 의거 당시 현장 최고위 관료였던 재무대신 코코프초프가 생산한 자료와 유관 기관의 왕복 문서가 중심을 이룬다. 코코프초프의 아카이브 가운데 압권은 그가 하얼빈 의거 당일 1909년 10월 13(26)일 주일대사 말렙스키-말레비치에게 보낸 전문이다. 왜냐하면 그는 "하얼빈 의거 전날 밤 채가구역(蔡家溝驛)에서 러시아 경찰이 리볼버 권총을 소지한 한국인 3명을 체포했다"라고 타전했기 때문이다. 체포된 3인의 한국인들 가운데 한 명이 안중근이다. 나머지 2명인 조도선과 우덕순은 다음 날 하얼빈으로 압송되었다. 그렇다면 안중근은 채가구역에서 어떻게 빠져나와 임무를 완수할 수 있었을까? 안중근이 자력으로 탈출했는지 아니면 누군가의 도움을 받았는지 우리는 모른다. 만일 탈출했다면, 이토의 하얼빈 방문에 대비해 러시아 경찰은 경비를 철통같이 강화했을 것이다. 이 경우 안중근의 하얼빈 의거는 성공하지 못했을 가능성이 높다. 이 문서는 안중근 신화를 넘어 하얼빈 의거에 대한 객관적이고 새로운 연구의 필요성을 제기하고 있다.

제2부는 남만주철도 초대 총재 고토 신페이(後藤新平)의 1908년 4~5월 러시아 상트페테르부르크 방문 관련 문서로 구성하였다. 고토는 1908년 4월 21일에 도쿄를 출발하여 5월 13일 상트페테르부르크에 도착했다. 그곳에서 그는 재무대신 코코프초프, 외무대신 이즈볼스키(А. П. Извольский) 그리고 스톨리핀 총리를 만나 양국 관계 발전을 논의하고, 국립은행과 리가 소재 객차 제조공장을 방문했다. 5월 18일 오후 2시, 고토는 니콜라이 2세를 알현하고 백독수리 훈장을 받았다.

고토는 다롄(大連)을 거쳐 관청즈(管城子)에 도착해 러시아에서 보내 준 집무시설이 갖춰진 특별열차를 타고 하얼빈에 당도하였다. 하얼빈에서 그의 객차는 고속열차에 연결되어 모스크바를 거쳐 상트페테르부르크에 도착했다. 러시아 정계에서 이토 히로부미의 심복으로 평가되던 고토 신페이의 상트페테르부르크 방문은 1년 후인 1909년 이토의 하얼빈 여정에 선례가 되었다는 점에서 주목할 만하다. 러일전쟁 이후 러시아와 일본이 적대 관계에서 우호 관계로 변모하는 과정에서 고토 신페이가 러시아를 방문했고, 그 연장선상에서 이토 히로부미도 하얼빈을 방문했다.

제3부는 러일전쟁 이후 상하이에 설치된 러시아 정보기구인 상하이정보국(Шанхайская агентура)의 요원 고이예르(Лев Викторович Фон Гойер, 1875~1939) 관련 자료를 소개하였다. 상하이정보국은 러일 개전과 더불어 주한 러시아 공사 파블로프(А.И.Павлов)가 상하이에 설립한 비밀 정보 조직이다. 러시아 만주군에 통역장교로 차출되었던 한국인 유학생으로 구성된 한국분과(Корейская секция)가 운영되기도 했다. 고이예르는 패전으로 파블로프가 소환된 이후, 재무대신 코코프초프의 지시로 상하이정보국 재건의 임무를 부여받은 인물이다.

고이예르 문서에서 눈에 띄는 인물은 베델(E.T.Bethell)과 현상건(玄尙健)이다. 베델은 고이예르의 주요 임무였던 동아시아 언론에 관한 모니터링과 관련 있었다. 현상건은 상하이정보국에 일찍부터 관여했던 인물로, 고종 황제와 고이예르 그리고 블라디보스토크에 있는 항일 독립조직의 연결고리 역할을 하였다. 따라서 향후 안중근의 하얼빈 의거 관련 연구에 일조할 것으로 예상되는 고이예르 문서에 지속적인 관심을 두고, 발굴할 필요가 있다.

2. 구성과 내용

제1부 코코프초프 재무대신의 극동 시찰과 안중근의 하얼빈 의거

제1부는 러시아 재무대신 코코프초프의 극동 시찰과 안중근의 하얼빈 의거 관련 자료로 이루어졌다. 이 자료들은 '코코프초프 재무대신의 극동 방문과 동청철도 및 러시아 변방의 주요 도시 방문자료'라고 부른다. 역사문서관의 문서군(Фонд) 560번, 28번 목록, 문서철(Дело) 416번, 417번, 418번, 419번, 420번 자료가 이에 해당한다. 이 자료는 '동청철도와 러시아 변경의 중요 거점도시'를 통과했던 재무대신의 시찰 여행과 준비 과정, 결과와 관련된 자료이다.

코코프초프의 극동 시찰과 인접한 주제의 자료는 문서철 421번, 422번이다. 이 자료는 공통적으로 '동청철도와 남만주철도 간 통상관계의 증진 및 이와 관련한 이토 공과 재무대신 간의 회의'라는 주제를 담았다. 안중근의 하얼빈 의거 관련 자료 대부분이 이 문서철에 소장되어 있다.

코코프초프는 황제에게 올린 상주 보고서에서 밝힌 것처럼 극동 여행을 출발하기 한 달 전 동청철도의 부속 지역과 더불어 '극동에서 가장 중요한 중심 도시인 블라디보스토크와 하바롭스크'를 방문하라는 차르 니콜라이 2세의 지시를 받았다. 그러나 이 같은 칙령의 이행은 시간 관계상 몇 개월 연기되었다. 재무부가 먼저 1910년도 국가 예산 지출 계획 초안 작성을 완료해야 했기 때문이다.

1909년 9월 9일에 차르가 '동의'한다고 결재한 출장 상주에서도 정확한 여행 날짜 대신 출장 기간이 5주 이상 될 것이라는 점만 명시되었다[Ф.560, оп.28, д.416, л.7]. 또 이 출장에서 장관을 수행할 직원의 명단도 결정되었다. 재무부 관방국장 리보프(Е.Д.Львов), 동청철도 회사(Chinese Eastern Railway Company) 부총재 벤첼(А.Н.Вентцель), 동청철도 운영국장 제이데(Л.В.Зейде) 등이 포함되었다. 이에 따라 재무부 부대신 베베르(С.Ф.Вебер)가 상트페테르부르크에 남아 코코프초프의 역할을 대행하기로 하였다. 상트페테르부르크에서 '주기적으로 전보통신에 의거해 재무부 전반을 관리할 수 있었기 때문'이었다[Ф.560, оп.28, д.416, л.7 뒷면]. 장관을 동반하여 여정을 같이할 인물을 결정한 것 이외에도 여비와 관련된 재정 지출은 세 가지 측면에서 주목할 만하다.

① 코코프초프 재무대신은 여행의 주요 목표를 다음과 같이 정리하였다. 첫째 동청철도 회사 업무를 공식적으로 주관하는 부서장으로서 철도 문제 통제권을 확보하고, 둘째 '우리의 극동 변경 지역 방어를 강화하기 위해 현재 육군 및 해군부가 재무부에 요구하고 있는 사안을 현지에서 직접 살펴보는 것'[Ф.560, оп.28, д.416, л.6 뒷면]으로 이해했다.

② 코코프초프 재무대신은 차르에게 '극동 지역 군 당국이 나에게 블라디보스토크 요새 방어를 위한 기본 조건과 당면 임무를 현지에서 확인하도록 요청했다'라고 보고했다[Ф.560, оп.28, д.416, л.7]. 차르의 동의를 얻은 재무대신은 해군부 및 육군부에 이러한 임무 수행을 위한 지원요청 편지를 보냈다(9월 5일~13일)[Ф.560, оп.28, д.416, л.12-12, Ф.560, оп.28, д.417, л.9-9].

③ 재무대신은 '동청철도 조차 지역 이외의 어느 곳으로도 여행을 회피하고' 청국 및 일본 주재 러시아 외교관에게 청국 및 일본 방문 가능성을 언급한 것은 사실과 다르다는

입장을 명확히 하였다[Ф.560, оп.28, д.416, л.7].

적어도 1909년 6월까지 장관의 극동 방문과 관련한 몇 달간의 결정 과정은 일본인을 포함한 외국 언론에 다양한 추측을 불러일으켰다. 이러한 추측이 언론에 보도된 결과, 일본 철도원 총재 고토 신페이는 그리고리 빌렌킨(Григорий Абрамович Виленкин) 도쿄 주재 러시아 재무관에게 편지를 전달하였다. 코코프초프의 향후 여행 일정과 관련하여 재무대신이 일본 방문을 준비하는지 정보를 확인하고자 했기 때문이었다[Ф.560, оп.28, д.416, л.1-2]. 1909년 7월 10일, 관방국장 리보프는 회신하여 코코프초프 장관이 만주와 블라디보스토크를 방문한다는 것을 확인해 줬으나, 여정은 매우 짧아 일본과 청국 본토를 방문할 가능성은 없다고 통보했다[Ф.560, оп.28, д.416, л.3].

하얼빈 회동의 단초는 9월 29일(10월 12일) 고토 신페이가 도쿄에서 코코프초프에게 독일어로 보낸 전문이었다. 고토는 양국 거물급 인사가 하얼빈에서 회동한다면, 양국 간 우의와 호감을 고조하는 데 일조할 것이라는 희망을 피력했다[Ф.560, оп.28. 416, л.73]. 일본은 재무대신과의 회동에 더욱 적극적이었다. 같은 날 외무부에서 재무대신에게 주일 러시아 대사 니콜라이 말렙스키-말레비치(Николай Андреевич Малевский-Малевич)의 전보[양력 10월 11일, 노력(露曆) 9월 28일]를 전달하였는데, 일본 제안을 더욱 상세하게 담은 비밀 전문이었다. 전문에 따르면, 이토는 수행원 여덟 명을 동행할 것이고 주일 러시아 대사를 직접 방문하여 "공식적인 하명을 받고 가는 것이 아니지만, 러시아와 일본 간에 더 긴밀한 관계 강화를 도모하고자 동청철도와 남만주철도의 접속에 관한 협정 및 양국의 교역 증진과 더불어 극동에서 양국이 모든 문제에 한목소리를 내도록 하려는 것임을 밝혔다"라는 것이었다[Ф.560, оп.28, д.416, л.61; Ф.560, оп.28, д.421, л.3]. 동시에 주일 대사는 같은 전문을 베이징 주재 러시아 공사, 다롄 주재 영사 그리고 프리아무르주 총독에게도 발송하고 이토를 환영하는 데 가능한 한 모든 협력과 친절을 아끼지 말아 달라고 부탁하였다[Ф.560, оп.28, д.416, л.75].

프리아무르주 총독은 이토의 여행에 각별한 의미를 부여해, 이토와 수행원을 응접할 비용으로 1,500루블 규모의 경비를 요청하는 문서를 상트페테르부르크로 보냈다. 그리하여 코코프초프를 대신하여 상트페테르부르크에 남아 있던 재무부 부대신 베베르에게 영접 비용 마련 청구서를 전달하였다[Ф.560, оп.28, д.416, л.157-157]. 주일 대사가 파악한 이토의 하얼빈 방문 목적은 동청철도와 남만주철도의 계약 및 만주에서의 상호 이익 조정에 있다고 보았다. 아울러 간도협약으로 알려진 청일만주이권협정(1909년 9월 4일)과 관련된 우려를 불식하고, 러시아 사회여론에 일본에 우호적인 성향을 심으려는 목적도 있다고 분석했다. 따라서 대사는 자신의 권위와 러시아에 우호적인 이토 히로부미의 평판을 통하여 여기에 일조하려는 것 같다는 견해를 피력했다.

반면 외무부에서 코코프초프에게 전달한 주일 대사 말렙스키-말레비치 전보에는 러일전쟁 전후 일본을 향한 러시아의 청구권 주장이 언급되어 있었다. 주일 대사는 이토와의 하얼빈 회동에서 러일전쟁 때 나포당한 러시아 선박 반환을 요구해야 한다고 밝혔다. 이는 일본이 먼저 회의를 제안했으므로 러시아가 협상에 더 유리하다는 판단에 기인했다. 일본 정부가 나포한 선박을 전후에도 러시아에 되돌려줄 준비를 하지 않고 있으며, 나포한 선박에는 만주리아(Маньчжурия), 아르군(Аргунь), 무크덴(Мукден) 같은 동청철도 회사 소속 선박도 포함되었다고 지적하였다[Ф.560, оп.28, д.416, л.95, 112; Ф.560, оп 28, д.421, л.18].

주일상무관 빌렌킨이 보내온 보고서는 이토의 하얼빈 방문 원인을 심층적으로 분석하였다. 이토의 갑작스러운 방문 결정은 간도와 만주 이권 관련 청일협약 체결(1909년 9월 4일)과 깊이 관련 있다. 상무관에 따르면, "지난주 도쿄에서 발표한 러시아 재무대신과의 회동 계획은 베이징에서 서명한 새로운 청일협약(간도협약)을 두고 미국 정부와 여론이 큰 불만을 나타낸 것과 깊은 관련이 있다"라는 것이었다. 왜냐하면 미국 정부는 새로운 청일협정이 1908년 11월 30일 미일 간에 체결된 루트-다카히라 협정(Root-Takahira Agreement)에서 약속한 청국에서 상공업상의 기회 균등 원칙을 위반하는 것으로 간주했기 때문이었다. 따라서 미국 정부는 청일협약에 불만을 감추지 않았고, 최근 2주간 미국 언론에서는 일본의 만주정책을 매우 날카롭게 비판했다고 빌렌킨은 보고하였다.

코코프초프는 이토의 제안을 받고 하얼빈 회동을 차르에게 재가받았다(10월 17일). 고토 신페이는 러시아 재무대신을 도쿄로 초청하려 했으나 어렵다는 것을 알고, 주일 대사관을 찾아 전보를 통해 회동 가능성을 타진하였다. 따라서 차르의 재가를 받은 코코프초프와 이토의 하얼빈 회동은 이토가 10월 13일(26일)로 일정을 정하여 러시아에 통보함으로써 확정되었다.

안중근의 하얼빈 의거 직후(1909년 10월 26일) 사고 수습에 나선 현장 최고위직 인사는 코코프초프였다. 그가 최우선으로 파악하고자 했던 문제는 책임 소재였다. 한국인이 일본의 정치가를 저격한 사건이 러시아 조차지인 하얼빈에서 발생했으므로, 책임 소재의 핵심은 러시아의 경호 소홀인지 아니면 입장객의 신분을 확인하지 않은 하얼빈 주재 일본 총영사관의 책임인지 판별하는 게 관건이었다.

코코프초프가 외무부 부대신 사조노프(Н.Д.Сазонов)에게 경호 문제에 관한 러시아 입장을 정리하여 전달한 이유도 여기에 있었다. 러시아 철도당국의 환영객 예비 검속이 부족했다는 평가가 있을 때 대처 요령은 다음과 같았다. "모든 환영객은 특별한 이름표를 가지고 역에 들어갈 수 있었다. 동청철도 운영진은 이틀간 일본 총영사에게 일본 국적자 가운데 누구에게 표를 보내야 하는지 알려 줄 것을 요청했다. 이에 영사는 어떤 표도 없이 자유롭게 일본인의 출입을 허용해 달라고 요구했다. 저격범의 외관은 전형적인 일본인 모습을 하고 있었고, 일본인 사이에 있었다. 일본인은 그를 조금도 관심 있게 보지 않았다. 일본 총영사가 일본인의 자유로운 출입을 허용해 줄 것을 요청한 사실은 일본 영사관 서기가 나에게 확인해 주었다."[Ф.560, оп.28, д.421, л.38-38 об] 코코프초프는 사건의 책임이 입장객 단속을 철저하게 준비하지 못한 일본 영사관에 있음을 분명히 했다.

코코프초프가 안중근을 일본에 이관하기로 한 결정은 일본 여론을 의식한 고육책이었다. 그는 저격범이 한국인이라는 사실이 명확하게 밝혀졌고, 한국의 사법권은 일본에 귀속되어 있으므로 모든 서류는 일본 영사관에 이관될 것임을 외무부에 통보했다. 러일전쟁을 마무리하는 포츠머스 강화조약이 체결되었지만, 제2차 러일전쟁 발발 가능성에 대한 소문이 끊이지 않았던 것도 고려해야 했다[Ф.560, оп.28, д.421, л.6-6 об]. 아울러 이토 저격 사건을 미연에 방지하지 못해 야기될 러일 간 갈등의 빌미를 주지 않으려는 의도도 있었다.

그러나 관구 검사 밀레르(К.Миллер)는 코코프초프가 러일 관계 개선 및 일본과의 분쟁 재발 방지라는 정치적 맥락에서 안중근을 일본에 이관하는 방식으로 문제를 해결한 것에 동의할 수 없었다. 그는 러시아의 치외법권이 인정되는 하얼빈에서 발생한 사건의 재판 관할권은 러시아 사법부가 담당하는 것이 정당하다고 판단했다[Ф.560, оп.28, д.422, л.23-23 об]. 하얼빈 현지에서 수사 증거품을 압수할 권리와 경찰력을 보유했던 것은 러시아였다. 그런데도 하얼빈 의거 당시 러시아 사상자가 없었다는 사실은 역설적으로 밀레르 검사가 이 사건을 일본에 이관하는 데 끝까지 반대하지 못한 실질적인 이유였다.

제2부 1908년 남만주철도 초대 총재 고토 신페이의 러시아 방문

러일전쟁에서 패배한 러시아는 포츠머스에서 체결된 강화조약(1905년 9월 5일)에서 랴오둥반도 뤼순, 다롄 항구와 남만주철도 및 부속 시설을 일본으로 이관하기로 합의하였다. 이에 부동(不凍)의 해양 출구를 상실한 동청철도는 화물 수송 본연의 임무를 정상적으로 수행하지 못해 재정 적자가 누적되었다. 러시아 황제 니콜라이 2세가 전임 재무대신 쉬포프(И.П.Шипов)를 단장으로 한 현지 조사단을 극동으로 파견한 것은 심각한 경영 위기에 봉착한 동청철도 문제의 해법을 찾기 위함이었다. 동청철도 회사의 모기업인 러청은행(Russo-Chinese Bank) 행장 푸틸로프(А.И.Путилов)와 동청철도 부총재 벤첼(А.Н.Веньцель)이 쉬포프와 동행하여 만주 일대와 일본을 방문한 이유도 여기에 있었다.

니콜라이 2세는 불구화된 동청철도를 보완할 고육책으로 결국 아무르(Амур)철도를 러시아 본토에 부설하기로 결정하였다(1906년 6월 26일). 포츠머스 강화조약에서 동청철도를 군사적 용도로 사용하는 것을 제한했기 때문이다. 그 결과 연해주와 태평양 연안의 안전을 담보한다는 명분으로 바이칼 동부에서 흑룡강을 따라 하바롭스크를 연결하는 아무르철도를 1907년 착공해 1916년 완공하였다.

아무르철도 부설과 더불어 차르 정부가 중시한 동아시아 정책은 일본과의 분쟁 방지였다. 차르 정부는 국민 세금으로 만주에 부설했던 약 700km에 달하는 남만주철도를 일본에 할양한 뒤, 자국의 동청철도와 일본의 남만주철도 사이의 분쟁 가능성을 극히 우려했다. 따라서 1907년 7월 30일 체결된 러일협정(The Russo-Japanese Agreement of 1907)은 동아시아 문제에 대한 러일 양국의 이해를 조정한 결과라 할 수 있다. 협정의 비밀 조항에서는 만주를 남북으로 분계(分界)하기로 합의하고, 러시아는 일본의 대한 정책을 방해하지 않고, 일본은 러시아의 외몽골에 대한 특수 이익을 인정하기로 협약하였다. 1907년 9월 러시아는 일본에 대사급 외교관을 파견하여 일본을 열강의 일원으로 인정하였다.

제1차 러일협정(1907년)을 체결함으로써 분쟁 소지를 제거한 러일 양국의 최대 관심사는 남만주철도와 동청철도의 접속이었다. 러시아는 승객과 화물열차의 직접적인 접속이 일본에 유리하다고 판단했다. 이는 일본에 철도를 통해 유럽과 연결할 기회를 부여할 뿐만 아니라 남만주철도의 수익을 극대화하는 데 기여할 것으로 판단했기 때문이었다. 다롄에서 하얼빈 사이의 접속 장애물이 관청즈역에서 관세를 변경하는 방식으로 제거

될 경우, 블라디보스토크가 심각한 손해를 입을 가능성도 컸다. 1909년 6월 동청철도 회사 부총재 벤첼과 일본 체신상 고토 신페이는 이 문제를 두고 교섭했으나 결론을 내리지 못한 채, 1909년 10월 상트페테르부르크 혹은 하얼빈에서 교섭을 속개하기로 합의했다. 따라서 1909년 10월 하얼빈 회의는 일본의 고토 신페이와 러시아의 벤첼보다 고위급 정부 인사가 협상하는 자리가 될 것이었다.

고토 신페이는 이토 히로부미가 하얼빈을 방문하는 데 토대를 닦은 인물이다. 그는 1906년 남만주철도회사 초대 총재로 취임한 후 러시아 동청철도와 만철(滿鐵)의 연결을 최우선 과제로 삼았다. 그 단초는 1907년 11월 러시아의 전임 재무대신 쉬포프 일행의 일본 방문이었다. 쉬포프 일행은 개인 자격으로 일본을 방문했지만, 러일전쟁 이후 러시아 최고위급 인사의 일본 방문으로 주목받으며 일본 황제를 알현할 기회를 얻었다. 따라서 1908년 4월 21일 도쿄에서 출발한 고토 신페이 일행의 러시아 수도 상트페테르부르크 방문은 쉬포프의 방일에 대한 답방의 성격을 띠고 있었다.

주일 대사 바흐메찌예프(Ю.П.Бахметьев)가 외무대신 이즈볼스키에게 보낸 보고서(1907년 11월 15일)에 따르면, 고토는 러일 간의 관계 증진을 위한 실질적인 해법에 관심을 보이고 있었음을 알 수 있다. 그는 정치적인 합의보다는 실용적인 토대 위에 양국 간 신뢰를 구축하는 방안으로 러시아에 철도를 주문할 의향을 전달하였다. 이에 가격 및 납품 조건 등을 살피고자 1908년 초 러시아 방문 의사를 밝혔다. 그는 사전에 이 문제를 협의하면서 기밀 유지를 강조했다. 왜냐하면 동맹국 영국이 철도 자재와 관련된 주문을 독점하거나 자신의 승인 없이 외국에서의 발주를 금지할 권리를 보유하고 있다고 여겼기 때문이었다. 주일 대사는 이즈볼스키 외무대신에게 "고토는 이토 공(公)이 행하는 친러 정책의 정신적 후계자일 뿐이지만, 향후 만일 이토가 물러난다면 그의 정치적 후계자"가 될 가능성이 높다고 보고하였다. 요컨대 향후 고토 신페이가 일본의 정치 지도자가 된다면, 동맹국 영국보다는 러시아와의 관계를 더 중시할 것으로 전망하고 있었다[АВПРИ. Японский Стол, оп.493, д.1265, л.1-3 об].

러시아가 1908년 고토 신페이를 환대하기로 한 배경에는 쉬포프 일행이 1907년 일본에서 각별한 대접을 받은 데 대한 보답의 의미가 있었다. 쉬포프를 위해 개최된 일련의 연회 이외에도 일본과 남만주의 철도에서 특별 객차를 제공하고 별도의 수행원까지 임명하였기 때문이다. 이에 러시아 측에서도 고토를 위해 집무 설비가 갖춰진 일급 객차를 제공하였다.

고토는 4월 21일 도쿄에서 출발하여 5월 13일(노력 4월 30일) 러시아 수도 상트페테르부르크에 도착했다. 자료에 따르면, 다롄을 거쳐 관청즈에 도착한 고토 신페이는 수행원들과 함께 5월 2일 관청즈에서 러시아 수도로 출발했다. 관청즈에서 출발해 하얼빈에 도착한 고토 일행의 객차는 5월 4일(노력 4월 21일) 하얼빈에서 출발하는 고속열차에 연결되어 상트페테르부르크에 당도했다(АВПРИ. Японский Стол, оп.493, д.1265, л.7-8). 고토 신페이는 5월 18일 차르스코예 셀로(Царское Село, 러시아 황제의 별궁)에서 니콜라이 2세를 알현했다. 그리고 5월 19일에 개최된 환영 만찬에는 전 재무대신 세르게이 비테(Сергей Юльевич Витте), 현직 수상 표트르 스톨리핀(Пётр Аркадьевич Столыпин)을 비롯하여 러시아 고위 관료들과 실업계의 명망가들이 대거 참석하는 환대를 받았다. 고토의 러시아 방문은 적대적 양국 관계를 우호 관계로 변화시키는 물꼬를 트는 계기가 되었다.

고토 신페이가 코코프초프에게 보낸 1910년 4월 24일(양력 5월 7일) 편지에서는 러일관계를 더욱 진전시켜야 할 필요성을 역설하였다. 안중근의 하얼빈 의거 이후 그 현장에 있었던 러시아 재무대신에게 보내는 이 편지에서 고토는 미국이 기회균등의 원칙에 따라 만주철도의 중립화를 제안하였음에도, 코코프초프가 일본과 협력하여 미국의 제안을 무산시킨 데 감사함을 전했다. 이에 그는 러일협정 체결을 제안하면서 코코프초프의 강력한 지원을 요청하였다[Ф.560, оп. 28, д.1102, л.114-116]. 1907년 제1차 러일협정에 이어 1910년 7월 4일에 제2차 러일협정이 체결된 지 1달 뒤, 일본의 한국 병탄이 이루어졌다. 이는 고토가 코코프초프에게 편지를 보낸 지 2달이 되지 않아 체결된 제2차 러일협정의 결과였다.

제3부 러시아 상하이정보국 고이예르와 한러정보협력

제3부에서는 1904년 러일전쟁 초기부터 상하이에서 운영된 정보기구에 관여하면서 주한 공사 파블로프를 지원했던 고이예르의 자료를 번역 소개하였다. 파블로프가 설립한 상하이정보국에는 1903년 러시아로 유학을 간 한국인 유학생들이 개전과 더불어 극동으로 차출되어 통역과 대일 정찰임무를 수행했던 한국분과가 설치되어 있었다. 러시아 육군부 문서들은 대한제국 육군정위(陸軍正尉) 박유풍(朴有豐)도 고종 황제의 지시로 연해주에 파견되어 일본에 대항한 한러정보협력을 전개하였음을 보여 준다[РГВИА.

Ф.846, оп.16, д. 31898, л.135-135 об]. 러일전쟁 기간에 축적된 한러 간의 정보협력 경험은 전후에도 재개되었는데 파블로프의 본국 소환(1906년) 이후 상하이의 러시아 정보기구를 재건하고 운영을 주도했던 인물이 바로 고이예르였다. 따라서 제3부에서는 러시아의 상하이정보국 자료들을 중심으로 한러 양국 간의 긴밀한 정보협력과 관련된 문서들을 소개하였다.

한러 간 대일정보협력의 원형은 러일전쟁 개전과 더불어 주한 러시아 공사 파블로프가 조직했던 '상하이정보국'이었다. 상하이정보국 한국분과의 핵심 요원들은 관립 러시아어학교 출신의 윤일병(尹一炳), 강한탁(姜漢澤)을 포함한 9명의 러시아 국비유학생이었다. 이들은 러일전쟁 기간 러시아군에 배속되어 일본군 정찰 임무를 수행한 바 있었다. 이들의 지휘관은 관립 러시아어학교 교사를 역임했던 동부 시베리아 포병여단 대위 출신 비류코프(Н.Н.Бирюков)였다. 비류코프가 러일전쟁 이후 청진(淸津) 주재 영사로 부임(1907년)한 것은 러시아군부가 주목했던 한국 북부, 특히 간도 지역의 일본군에 대한 한러정보협력의 재건을 의미하였다.

비류코프가 한국인 정보원들을 통해 획득한 정보는 블라디보스토크에서 활동 중이던 러시아 정보장교 엔켈 중령, 블라디보스토크 요새 사령관 부드베르그(Барон А.П.Будберг) 대령, 헌병대장 미하일로프 중령이 공유하였다. 부드베르그 대령과 이상설(李相卨) 및 한국 황실의 연결고리 역할은 현상건(玄尙健)이 수행했다. 현상건에게 소개장을 써 주어 부드베르그와 연결하는 역할은 러일전쟁 이후 상하이정보국을 재건했던 주청 러시아 재무관 고이예르가 맡았다.

러시아 문서 번역 해제 작업에서 청국 주재 러시아 재무관 고이예르의 첩보 활동 및 한러정보협력 관련 자료들이 중요한 의미를 갖는 이유도 여기에 있다. 고이예르는 1906년 상하이정보국의 파블로프가 소환되자 1907년부터 함경도와 간도 그리고 연해주를 연결하는 정보망을 재건하였다. 관련 자료는 재무관 관방국 문서목록(문서군 560, 목록 28) 가운데 문서철 390, 391, 392, 393번에 소장되어 있다.

고이예르가 전직 주한 러시아 공사 파블로프 밑에서 해외 언론에 대한 대책반장 역할을 하면서 획득한 경험과 유대관계는 그가 새로운 직책을 맡고 나서도 십분 활용되었다. 주목할 사실은 그가 베이징 주재 공사 예브게니 바실리예비치 골루베프(Евгений Васильевич Голубев)에게 보낸 편지[1908년 5월 15(28)일]에서 고토 신페이가 상트페테르부르크를 방문한 건과 러시아 정부가 관청즈와 하얼빈 구간을 일본의 남만주철도에 매각하는 건과 관련된 현지 언론의 조율 문제를 언급한 것이다. 고이예르는 보고서에서 이 문제들을 활용하려는 여러 전략을 언급하면서 『차이나 가제트(China Gazette)』(이 신문은 러일전쟁 시기부터 러시아의 통제 아래에 있었다.)에 거짓 정보를 흘려 영국과 미국의 통신사들이 이를 인용하게 하는 것부터 베이징 정부의 공식 견해를 보도하는 중국 현지 신문 편집부로 존재하지도 않는 중국 애국자가 쓴 무기명 편지를 보내 이를 번역하여 게재하는 방식의 기사 날조까지 언급하고 있다. 이 자료들은 상하이를 거점으로 한 러시아 정보기관이 단순히 정보 수집과 방첩뿐만 아니라 언론 공작에도 깊숙이 관여했음을 보여 준다.

고이예르는 한국에 대한 첩보 활동에도 상당한 노력을 기울였다. 그 정황을 잘 보여 주는 사례로 1908년 초여름 상하이 소재 재판소에 서울에서 발행하는 『대한매일신문(Korea Daily News)』의 편집자인 어니스트 베델(Ernest Thomas Bethell, 1872~1909)이 출석했을 때를 들 수 있다. 베델과 『대한매일신문』은 한국인의 항일운동에 공감하였다는 명분으로 일본 정부의 탄압을 받았다. 일본 정부는 영국 당국에 압력을 가해 상하이 법정을 통하여 베델을 3주간의 구류형에 처하게 하였으나 그를 한국 국경 밖으로 축출하지는 못했다.

고이예르는 베델이 상하이에서 단기 구류형에 처한 상황을 이용해 『차이나 가제트』의 편집인을 베델에게 보내 면담보고서를 작성하게 하였다. 이를 통해 고이예르는 한국에는 영자 신문을 구독하는 외국인들이 거의 없고, 일본의 전방위에 걸친 방해 때문에 한국에서 영자 신문이 존재하기가 매우 어렵다는 정황을 파악할 수 있었다[베이징 주재 전권공사에게 보낸 1908년 6월 16(29)일 자 편지 참고]. 고이예르는 이러한 상황을 블라디보스토크의 정보장교들과 공유하였고, 미하일로프 중령(『대동공보』 사장이자 블라디보스토크 헌병장교)이 영국인 베델과 친밀한 관계를 유지하게 하는 연결고리 역할을 하였다. 항일 신문이었던 『대한매일신보』와 블라디보스토크의 『대동공보』 발행인 베델과 미하일로프는 동갑(1872년생)으로 서로 신뢰하며 다양한 정보를 공유하였다. 미하일로프는 1909년 5월 베델이 사망하자 그를 애도하며 한인들의 의연금을 한국에 보내기도 하였다.

고이예르 문서 391번은 한국에서 그가 추진해야 할 첩보 활동의 방향에 대한 보고서가 주를 이룬다. "한국에서의 일본의 활동과 그곳에 우리의 첩보 조직을 만들어야 할 필요성"이라는 제목으로 주상하이 무관에게 보낸 편지(1908년 1월 29일)에는 고이예르의 계획이 잘 나타나 있다[Ф.560, оп.28, д.391, л.1-4]. 그의 견해에 따르면, 이 첩보 조직의 핵심은 블라디보스토크로 정보를 집중시켜야 한다는 것이다. 노령 지역 이주 한인들 그리고 함경도와 간도, 지린성(吉林省)에 거주하는 한인들을 연결하는 접속망을 구축하는 것도 이러한 계획의 실천 방식이었다. 그는 이 첩보망 운영에 한국인을 활용하려 했으며, 그 조직은 "일본의 멍에로부터 한국을 해방"하려는 목적을 추구하였다. 그는 국내에서 활동 중인 협회, 특히 보부상 조직이 수만 명을 헤아렸기에 해외 단체와의 긴밀한 상호 활동에 큰 가치를 부여했다.

고이예르가 언급한 바에 따르면, 초기 단계에서 고이예르에게 한국 관련 정보를 전달한 사람은 한국군 대위 현상건이다(고이예르의 다른 보고서들에서는 스펠링이 약간의 차이를 보인다). 고이예르가 작성한 거의 모든 한국 관련 보고서에서 언급되는 현상건은 고이예르의 오래된 지인이었다. 러시아 문서를 보면 1908년 1월 29일(양력 2월 11일) 한인 애국지사를 위해 홍콩에서 블라디보스토크로 무기를 수송하는 문제를 협의하기 위해 현상건을 만났던 사실을 보고하고 있다[Ф.560, оп.28, д.391, л.1-2]. 1908년 3월 26일(양력 4월 8일) 자 편지에서는 "현상건은 상하이의 비밀항일단체 대표"로 간주되었고, "한국군 대위 현상건은 프랑스의 보호 아래 있었기 때문에 일본 영사가 그의 활동을 방해할 수 없었다"라고 보고하고 있다.

고이예르 문서에서 주목할 만한 보고서는 고종이 서울을 빠져나와 증기선을 이용해 블라디보스토크로 가는 계획이었다. 현상건이 고이예르에게 직접 도움을 요청한 것인데, 고이예르는 이 문제의 근본적 검토를 거부하였다. "러시아의 공적인 인사의 자격으로 일본인들이 적대 행위로 간주할 수 있는 어떤 계획에 대해 직접적이든 간접적이든 협력할 수 없다"라는 것이 그 명분이었다. 그 근거로 평화적인 러일관계 수립을 인용하고 있었다. 여기에서 고이예르는 사적으로는 불운한 황제에 대한 연민의 감정을 토로하였으나 그러한 계획의 실현 가능성에는 의문을 제기했다. 오히려 황제가 한국에서 그에 대한 충성심이 강한 주민들이 거주하는 산중으로 몸을 숨기고 그 후 조심스럽게 북쪽으로 이동하여 육로 국경을 넘어가는 것이 훨씬 현실적이라는 충고를 덧붙였다[Ф.560, оп.28, д.392, л.17-19].

두 달 뒤 현상건은 고이예르를 재차 방문해 그의 논거에 동의하고 "황제께서 함경도에 의병이 있는 북쪽으로 도망하기로 결정했다"라고 알렸다. 고이예르는 그러한 희망은 매우 신중하고 돌이킬 수 없는 것이며 결국 러시아 영토에서 도피처를 찾기로 한 결정이라고 판단했다. 따라서 외교적 스캔들이 될 수도 있다는 우려 때문에 더 이상 현상건과 이 문제를 논의하기를 거부했다.

   고이예르의 문서 392번은 만주, 특히 간도 지역의 상황과 전략적 중요성에 대한 보고서가 주를 이루고 있다. 그는 간도를 둘러싼 청일 간 분쟁의 원인에 대해 주일 러시아 무관이자 러일전쟁 참전 장교인 블라디미르 사모일로프(В.К.Самойлов) 대령의 분석을 인용하고 있다[Ф.560, оп.28, д.392, л.23-24; л.257-266]. 이 분쟁은 러시아를 겨냥한 것으로 일본은 적절한 시기 청국에 이곳을 양보하는 대신 전략적으로 중요한 지린(吉林)과 한반도 북부를 연결하는 철도 이권을 요구할 것으로 전망하였다. 러일전쟁 당시 뤼순항을 함락시킨 전략과 마찬가지로 블라디보스토크를 해상에서 봉쇄한 상태에서 두만강을 넘어 배후에서 압박하려는 전략의 산물이라고 보았다. 따라서 블라디보스토크를 방어하고 지켜내기 위해 무엇보다 함경도와 간도 그리고 연해주를 연결하는 첩보망 구축이 최우선 과제가 되었다.

   이 자료집은 안중근의 하얼빈 의거와 노령의 항일독립운동 관련 러시아 문서를 조사, 수집하여 탈초 번역한 최초의 시도라 할 수 있다. 안중근의 하얼빈 의거는 단지 한국독립운동사에 국한된 주제가 아니다. 그것은 제국주의 시대에 세계적 규모로 전개된 지역 민족운동과 긴밀하게 상호작용하였기 때문이다. 향후 관련 자료의 지속적인 발굴을 통하여 이 자료집을 보완하고 완성도를 높일 필요가 있다. 아울러 이 자료집이 기존에 간행된 안중근 관련 자료집들을 보완함으로써 향후 관련 연구의 활성화에 기여하기를 기대한다.

자료 번역

제1부

러시아 재무대신 코코프초프의 극동 시찰과 안중근의 하얼빈 의거

1. 재무부에서 주일 재무관 빌렌킨에게 보낸 전문

1909.7.10

Ф.560, оп.28, д.416, л.3.

　　재무대신이 실제로 만주와 블라디보스토크를 방문할 예정이지만 이것이 실현될지 여부는 빨라도 9월 중순이나 되어야 분명해질 것입니다. 어쨌든 여행은 최단시일로 예정하고 있기 때문에 당연히 일본과 중국본토를 방문할 가능성은 없습니다.

2. 재무대신 코코프초프의 상주문

1909.9.9

Ф.560, оп.28, д.416, л.6-8.

황제 폐하께서 지난번 저의 상주서에 동철철도 연선 지역과 블라디보스토크, 하바롭스크와 같은 극동 변방의 중요 지역 방문을 저에게 지시하셨습니다. 황제의 지시를 빠른 시일 내에 이행해야 하지만, 저는 내년 국가 예산안 초안 작성 작업을 반드시 마무리해야 한다고 생각하고 있습니다. 그럼에도 지금으로선 이 복잡한 작업이 언제 어떻게 완료될지 정확히 알 수 없습니다. 더욱이 의회 활동이 재개된다면 어떠한 사안들이 심의될 것인지 그리고 나의 설명을 요구하는 의회에 출석하기 위해 상트페테르부르크에 머물러야 하는지 여부에 대해 지금으로서는 명확한 결론을 내리기 어렵습니다. 만일 여건이 가능하다면 극동으로 출발하는 것을 늦추기 위한 몇 가지 예비 조치들을 취해야만 한다고 생각합니다.

저는 이번 여행을 통해 저에게 위임된 동청철도 회사 운영에 대한 책임 의식을 확고히 하고 극동 지역 방위 강화를 위한 육군과 해군부의 예산요구안에 대해 현지에서 검토해 보고자 합니다. 저는 타 부처의 사무에 간섭할 의도가 전혀 없으나, 만일 저와 육군 및 해군부와의 관계에서 해결해야 하는 문제들을 현지에서 살피기 위해 이번 여행을 활용하지 않는다면, 저에게 주어진 책무를 다하는 것이 아니라고 생각합니다. 이러한 판단에 따라, 저는 폐하께 극동 여행이 가능해지는 즉시 극동 여행의 허가를 청하고자 하는바, 현지 군 당국이 블라디보스토크 요새 방위를 위한 기본 조건들과 과제에 관한 자료들을 저에게 제공할 수 있도록 윤허하여 주시기 바랍니다.

여행은 다음과 같은 내용으로 진행될 것입니다.

1. 예상 여행 기간은 최소 5주입니다.

2. 청국과 일본 주재 우리 외교관들을 통해서 이 국가들, 특히 일본이 자국 방문을 요청할 가능성이 있기 때문에 이에 대해 간접적으로 의향을 지시해 놓았습니다. 그래서 저는 동청철도 노선을 벗어난 여행은 절대로 피할 것입니다.

3. 제가 상트페테르부르크를 비우는 동안 재무부의 당면한 업무를 재무부 부대신 베베르에게 위임하고자 합니다. 주기적인 전신 수발을 통하여 부서 운영 전반에 대한 지휘가 가능할 것으로 예상합니다.

이 여행에 재무부 관방국장 리보프(Львов), 동청철도 회사 부총재 벤첼(Вентцель)과 회사 총무국장 5등관 제이데(Зейде)가 동행할 것입니다.

4등관 벤첼과 5등관 제이데의 참여로 발생하는 비용은 임무를 위해 회사가 수락한 금액으로 동청철도 회사 기금에서 지출할 것이라 생각합니다. 5등관 리보프와 저와 동행하는 사무관 및 문서 전령의 비용과 관련해서는 추가경정예산의 지급 규정에 따라 충당하면 될 것으로 예상합니다. 또한 지불 규모는 예전 사례와 연계하여 현행법에 설정된 기준에 따라 증가할 수 있지만, 여행 거리를 고려하여 여비를 책정하면 다음과 같이 결정할 수 있습니다. 5등관 리보프에게 운임비 2,701루블, 1박 숙박비 54루블, 여비 1,045루블로 총 3,800루블이며, 사무관에게 운임비와 숙박비 920루블과 여비 580루블 등 모두 1,500루블이며, 문서 전령에게 운임비와 숙박비 450루블과 여비 250루블 등 총 700루블입니다.

이상과 같이 상주합니다. 재무대신 코코프초프.

3. 동청철도 이사회에서 주청 공사 코로스토베츠에게 보낸 전문

1909.9.10

Ф.560, оп.28, д.416, л.9.

　재무대신은 9월 26일과 29일 사이에 페테르부르크에서 출발합니다. 그는 베이징에 들르지 않을 것이지만, 각하를 뵙고 싶어합니다. 호르바트(Хорват)는 재무대신의 도착에 맞춰 돌아올 것입니다.

4. 재무대신이 해군대신 보예보드스키에게 보낸 공문

1909.9.12

Ф.560, оп.28, д.416, л.12-12 об.

황제께서 만일 극동 여행이 가능하다면, 동청철도 연선 외에 블라디보스토크와 하바롭스크에 들르는 것에 대한 9월 9일 자 저의 상주를 허락하셨습니다. 또한 황제께서는 제가 블라디보스토크 요새 방위의 기본 조건과 당면과제를 알아보기 위해 현지 군사 당국에 협조를 요청할 수 있도록 윤허하셨습니다.

저는 짧은 기간 내에 이번 여행을 다녀오는 것은 가능하다고 생각하며 황제 폐하의 지시를 이행하기 위해 극동 지역을 방문할 경우, 제가 블라디보스토크 요새 방위 상황을 살펴볼 수 있도록 해군 당국에 관련 조치를 취해 주시기 바랍니다.

다음 통지를 기다리는 동안 친애하는 각하, 저의 완전한 존경과 충심을 받아 주시기 바랍니다.

코코프초프

5. 동청철도 이사회 회의 결정서

1909.9.15

Ф.560, оп.28, д.416, л.15.

No.5274

참석자

의장: А.Н. 벤첼, 이사회 위원: И.И.호도롭스키(Ходоровский), В.У. 솔로구브(Соллогуб), А.д.이바노프(Иванов), Г.Н. 이오싸(Иосса), 감사위원회: В, л.쟈드보인(Жадвойн)과 Ф.Ф. 다라간(Дараган). 심의권 참석: И.В. 쟈르놉스키(Жарновский).

청취	결정
재무대신의 만주 여행에 동행하기 위해 이사회 총무국장 제이데를 파견한다. 제이데의 출장 수당은 최근 출장의 사례를 통해 결정한다. 규모 a) 여비 - 2개월 급여로 1,000루블; б) 왕복 교통비 700루블; b) 해외 출장과 같이 1.5배씩, 1박에 15루블씩 전체 숙박비.[1] 업무책임자 В. 코노프코 사실과 틀림없음 서명. 확인: 서명	재무대신과 함께 만주로 출장 가는 이사회 총무국장 제이데의 출장비 규모는 다음과 같다: a) 2개월 급여의 여비 1,000루블; б) 왕복 교통비 700루블; b) 1박에 15루블씩 전체 숙박비. 서명: 벤첼, 호도롭스키, 솔로구브, 이바노프, 이오싸, 쟈드보인, 다라간, 쟈르놉스키. 사실과 틀림없음: 업무책임자: (서명)

---

[1] 원주: 1년에 6,000루블의 급여를 받는 인물이 제국 영토 내 출장에서 일반적으로 받는 숙박비는 10루블이다.

6. 외무부에서 재무대신 코코프초프에게 보낸 공문

1909.9.17

Ф.560, оп.28, д.416, л.16.

9월 17일 황제 폐하께서 각하의 극동 출장을 허락하신 No.623의 서신에 대한 답변으로, 극동 시찰 시 북만주와 몽골 문제에 대한 귀하의 개인적인 설명이 현지 공사와 영사들에게 매우 유용하다는 것을 인정합니다. 저는 이와 함께 각하께서 하얼빈에 도착하는 날에 대한 정보를 받으면 4등관 코로스토베츠를 그곳에 보내고, 해당 영사들에게도 필요한 지시를 내리도록 훈령하였습니다.

존경하는 각하, 저의 존경과 충심을 받아 주십시오.

7. 육군부에서 재무대신에게 보낸 공문

1909.9.18

Ф.560, оп.28, д.416, л.18.

　9월 13일 각하의 No.613 서신 결과와 함께 각하께서 극동 시찰 중에 블라디보스토크 요새의 방위 상황에 대해 각하가 숙지할 수 있도록 황제 폐하께서 윤허하신 사실에 대하여 저는 아무르 군관구 사령관에게 전신으로 알렸습니다.
　저의 완전한 존경과 충심을 받아 주십시오.

　폴리바노프(Поливанов)

8. 해군부에서 재무대신에게 보낸 공문

1909.9.22

Ф.560, оп.28, д.416, л.32.

9월 12일 자 No.614 각하의 서신과 함께 블라디보스토크의 해군 방어 상황에 대해 각하께서 숙지할 수 있도록 태평양함대 사령관이 각하께 전폭적인 지원을 하도록 명령했다는 사실을 알리게 되어 영광입니다.

각하, 저의 완전한 존경과 충심을 받아 주십시오.

보예보드스키

9. 외무대신 이즈볼스키가 재무부로 보낸 공문

1909.9.23

Ф.560, оп.28, д.416, л.38.

코코프초프께 전달해 주시기 바랍니다:

황제 폐하께서 현재 상황에서는 도쿄와 베이징 여행이 바람직하지 않다는 귀하와 스톨리핀의 의견을 승인하셨습니다.

10. 코코프초프가 코로스토베츠에게 보낸 전문

1909.9.25

Ф.560, оп.28, д.416, л.41.

　제가 북경을 방문할 가능성이 없으니, 외무대신이 동의한 점을 고려하여 귀하께서 하얼빈으로 오시길 부탁드립니다. 저는 그곳으로 10월 11일에 도착하겠습니다.

　코코프초프

11. 빌렌킨이 재무대신에게 보낸 전문

1909.9.28

Ф.560, оп.28, д.416, л.44.

9월 28일 해독함.

이토 공작이 조만간 만주로 떠납니다. 각하께서 이토 공작과 하얼빈에서 만나시는 것이 어떠신지 알아볼 것을 고토를 통해 제게 요청하였습니다.

빌렌킨

12. 재무부 출납국이 총무국에 보낸 전문

1909.9.28

Ф.560, оп.28, д.416, л.45.

재무대신이 극동 출장 동안 육군부의 회계 운영비 예산 잔액에 대한 정보를 직접 관리하고자 합니다. 이에 따라 국고 출납국은 해당 지출에 대한 증빙자료와 명세서를 발송하게 되어 영광입니다.

13. 육군부의 1908년 1909년 예산 현황 보고서

미상

Ф.560, оп.28, д.416, л.46-47.

옴스크, 이르쿠츠크, 연해주 군관구가 새롭게 창설되고 개편한 군대 병영의 총 건설비용을 육군부는 7,200만 루블로 계산했다. 이 항목에서 1906~1909년에 2,700만 루블이 다음과 같이 지출되었다.

1906년 —— 6백만 루블
1907년 —— 5백만 루블
1908년 —— 8백만 루블
1909년 —— 8백만 루블

1910년 예산 초안에도 역시 8백만 루블로 산정되어 있다. 1909년 예산에서 할당된 8백만 루블은 전혀 지출되지 않은 상태로 남아 있다. 1908년에 같은 규모로 할당된 예산 역시 그와 비슷할 것이다. 이 운영 예산은 러일전쟁 청산 비용을 포함하여 1908년 육군부 총무국에 할당된 예산총액 1,850만 루블에 포함되어 있다. 1908년 육군부 예산에서 현재 미집행 잔액은 740만 루블이기 때문에 일부 운영 비용, 예를 들어 병참 물자 소요 비용을 고려하더라도 막사 건설 항목에서 미집행 잔액은 적어도 4백만 루블에 달할 것이 틀림없다.

1908년과 1909년 공병대와 참모본부 항목에 할당된 일반 건설 예산 가운데 잔액은 다음과 같다.

	1908년		1909년	
	할당	잔액	할당	잔액
공병대 10조 1항 (방어 시설)	460만 루블	170만 루블	460만 루블	340만 루블
11조 1항 (비방어 활동)	450만 루블	180만 루블	440만 루블	340만 루블
참모본부 8조 1항 (병영위원회 명령에 따른 병영 건설)	220만 루블	10만 루블	280만 루블	150만 루블

따라서 공병대와 참모본부의 일반 예산과 비상 예산 항목의 건설비에서 미집행 예산 잔액은 2,390만 루블에 이른다.

여기에 비상 경상비와 러일전쟁 청산비 그리고 건설비 항목에 배정된 1908년과 1909년 육군부 예산에 대한 1909년 9월 15일까지의 예산 현황을 제시한다.

14. 코코프초프가 고토 신페이에게 보낸 전문

1909.9.28

Ф.560, оп.28, д.416, л.50.

오늘에서야 제가 만주에서 블라디보스토크로 가는 것이 결정되었습니다. 그러나 유감스럽게도 제가 예산안 작성 작업으로 제시간에 상트페테르부르크로 돌아가야 해서 아무르 지역의 동청철도 바깥 지역으로 여행을 연장할 가능성은 없습니다.

15. 극동 운송 현황 관련 프리아무르주 총독 운테르베르게르 등의 보고서

1906.1.22

Ф.560, оп.28, д.416, л.55-56.

유사시 우리가 강력한 수비대를 통하여 만주 철도 전 노선을 장악하고 하얼빈에서 그 이남으로 적군보다 먼저 신속히 군대를 집결시키기 위해서는 현재 블라디보스토크 요새와 하바롭스크까지 연결하는 노선과 더불어 두 번째 노선을 즉각 부설해야 한다.

이제 카름스크-스레덴스크 지선을 포크롭스카야역까지 연장하는 문제를 결정할 필요가 있다. 그래서 아무르강의 증기선을 모든 항해에서 완전히 사용할 수 있도록 해야 한다. 수년간의 경험에서 드러난 바와 같이 스레덴스크에서 포크롭스카야까지 실카강을 따라 항해하는 화물 증기선은 거의 매년 1개월 반에서 2개월 동안 운항이 중단될 정도로 불안정하다.

- 운테르베르게르 총독 1906년 1월 22일

블라디보스토크에서 정기선을 최대 25척까지 정박시키기 위해서는 1천 싸젠(1Сажень =2.13m) 길이의 부두가 필요하다. 현재 (100-200-100-100) 500싸젠 길이의 부두를 가지고 있으므로 새로 500싸젠을 건설해야 한다.

위에서 언급한 기존 창고와 항구의 화물 회전율 간의 차이를 고려하여 적절한 수의 새로운 창고를 건설해야 한다. 이러한 조치를 이행할 때 위에서 언급한 요구 사항을 충족시킬 수 있는, 추위로 손상되는 상품을 위한 따뜻한 창고와 고기, 생선, 기름을 보관하기 위한 냉장고, 그리고 수입 화물을 장기 보관할 수 있는 창고와 곡물 화물을 위한 기계장치가 필요하다.

항구 부두에 경편 철도 선로와 60개 객차를 위한 적재 플랫폼을 설치하면 화물을 철도로 운송하는 과정이 훨씬 용이해질 것이다. 따라서 철도에서 항구로 도착하는 화물의 적재 및 하역 작업도 더욱 편리해질 것이다.

상업 항구와 철도의 긴밀한 연결을 고려할 때, 그에 상응한 철도역의 발달이 필수적임에도 현재 수요에 부응하지 못하고 있다. 이에 따라 상하역 비용이 최대치인 화물 1량당 16루블로 인상됨으로써 무역에 부정적인 영향을 끼치고 있다.

- 4등관 벤첼

우수리스크 도로를 통한 목재 및 장작에 대한 관세가 너무 높아서 블라디보스토크에는 미국 건축재뿐만 아니라 일본의 장작까지도 들어왔다. 석탄 수송을 위한 수찬 철도 노선이 아직까지 완공되지 않은 것은 20세기의 가장 어리석은 짓이다. 먼저 평범한 넓은 궤도가 있고, 특수 차량이 이탈리아 케이블카와 같은 블록에서 들어 올려지고, 마지막으로 고가 장치가 따라온다. 화물 수송은 오직 한 방향으로만 가능하며, 승객 수송은 생각할 수도 없고, 석탄 객차는 거의 매일 고장 난다. 한편, 수찬 계곡을 따라 성올가만으로 이어지는 방향으로 난 마을은 블라디보스토크와 그 어떤 육로 교통으로도 연결되지 않는다.

- "노보예 브레먀" 통신원 К.Э. 라스키(Ласский), 1907년 서신

여러 부서의 활동이 조화롭지 못하다. 눈에 띄는 사례로 블라디보스토크 항구의 설비를 들 수 있는데, 블라디보스토크시의 면적은 유휴지에 비해 부족하다. 군항 건설은 방만하게 이루어지고 있는데 비용도 1백만 루블을 초과한다.

- 4등관 스류닌(Слюнин), 1908년 4월 16일

자바이칼과 연해주에 특히 중요한 생산 공장 및 수공예 산업의 불충분한 개발.

아무르의 중하류 지역에 걸쳐 운항 선박과 경비가 부족하기 때문에 러시아인들이 공개적으로 주류를 밀수하고 있고, 니콜라옙스크 아래쪽에서 같은 종류와 방식으로 일본 어부들이 길랴크 원주민 주거지에도 주류를 공급한다.

- 4등관 스류닌, 1909년 4월 26일

16. 재무부에서 빌렌킨에게 보낸 전문

1909.9.28

Ф.560, оп.28, д.416, л.57.

재무대신이 제게 타전하도록 위임하신 내용입니다. 이토 공작과 같은 훌륭한 정치가를 만나 뵙게 된다면 매우 기쁘겠습니다. 하얼빈에는 10월 11~14일, 이후 25~27일까지 머무를 예정입니다. 이토 공작과의 조우 일시에 대한 통보를 기다리겠습니다.

코코프초프(서명)

17-1. 부외무대신 사조노프가 코코프초프에게 전달한 주일 대사의 전문

1909.9.30

Ф.560, оп.28, д.416, л.60-61.

블라디미르 니콜라예비치 각하에 대한 전적인 존경심을 가진 시종 사조노프는 외무대신을 대신하여 올해 9월 28일 자 도쿄 주재 대사의 비밀 전문 No.210 사본을 정보로 전송할 수 있게 되어 영광입니다. 그것에 따르면 이토 공작이 조만간 다롄, 무크덴(지금의 선양) 그리고 하얼빈을 기차로 방문합니다.

No.1018

코코프초프 각하께

17-2. 말렙스키-말레비치(Малевский-Малевич) 공의 비밀 전보 No.210.

1909.9.28/10.11

조만간 이토 공이 다롄과 무크덴으로 떠나 하얼빈을 여행하고 블라디보스토크를 통해 돌아올 계획입니다. 개인비서, 의사, 외교부의 중국어 통역, 참모본부 소령 1명, 법원 1명, 의원 1명, 남만주철도 공무원 및 서기가 그를 수행합니다. 모토노의 정보에 따르면 이토는 신력 10월 25일 하얼빈에 도착할 것으로 예상되는 재무대신과 만나고 싶다고 확실히 알려 왔습니다. 그에 따르면 그는 공식적인 지시 없이 여행하고 있지만, 동청철도와 남만주철도에 대한 협정과 관련하여 그리고 상업 관계의 발전과 관련하여 일본과 러시아 사이의 긴밀한 화해 가능성을 명확히 알아내기 위해 특히 상서 코코프초프와의 만남을 이용하고자 합니다. 저와 대화하는 동안 그는 러시아에 대한 변함없는 애정을 저에게 확신시켰습니다. 그의 견해는 현재 청국에서 열강의 상호 이익이 충돌하는 것으로 귀결되는 극동의 모든 문제에 대해 양국 간 긴밀한 단결이 필요하다고 표명했습니다. 다롄 영사, 프리아무르 총독, 베이징 공사에게 이토의 여행에 대한 전보를 발송합니다.

18. 빌렌킨이 재무대신에게 보낸 전문

1909.9.29

Ф.560, оп.28, д.416, л.71.

이토 공작이 10월 13일 하얼빈에 도착합니다. 이토의 갑작스러운 만주 여행 동기와 우리 대사의 견해를 각하께 알려드리기 위해 제가 하얼빈으로 가야 하는지 전문을 보내 주시기 바랍니다. 빌렌킨.

19. 재무부에서 빌렌킨에게 보낸 전문

1909.9.30

Ф.560, оп.28, д.416, л.72.

9월 29일 전문에 대한 답변. 재무대신은 불필요한 추론을 하지 않기 위하여 귀하가 작성한 자세한 서면 보고서를 받아보기 원하니, 대신이 하얼빈에 도착하는 10월 11일까지 그곳으로 보내 주길 바란다. 만일 이것이 여의치 않다면 대신은 귀하가 개인적으로 하얼빈에 오는 것을 허락하셨다.

20. 프리아무르주 총독이 재무대신에게 보낸 전문

1909.9.29

Ф.560, оп.28, д.416, л.75.

저는 방금 도쿄에 있는 우리 대사로부터 이토 공과 그의 수행원 8명이 신력 10월 25일까지 다롄에서 하얼빈으로 도착할 계획이라는 전문을 받았습니다. 이토 공은 그곳에서 블라디보스토크로 여행할 예정입니다. 말렙스키-말레비치 공은 가능한 도움과 정중한 환대로 이토 공을 맞아 줄 것을 간절히 요청해 왔습니다. 이 여행은 공식적인 성격은 아니지만 정치적으로 매우 중요한 의미를 지니고 있는 것으로 보입니다. 위 사항에 대한 정보를 각하께 알려드리게 되어 영광입니다.

21. 외무부에서 재무부 부대신 베베르에게 보낸 공문

1909.9.30

Ф.560, оп.28, д.416, л.77.

세르게이 표도로비치 각하

도쿄 주재 우리 대사가 상트페테르부르크를 떠나기 전에 재무대신에게 이토 공의 만주 여행에 대해 이미 전달한 정보와 함께 같은 주제에 대한 몇몇 추가 정보를 전문으로 보냈습니다.

이 정보가 재무대신께 가지게 될 중요성을 고려하여 각하께 정중히 요청드리오니 전문의 첨부된 텍스트를 암호로 코코프초프께 발송해 주십시오.

각하, 저의 완전한 존경과 충심을 받아 주십시오.

22. 외무부에서 재무부에 전달한 주일 대사의 기밀 전문

1909.9.30

Ф.560, оп.28, д.416, л.78-78 об.

도쿄 주재 우리 대사의 전문입니다.

"이토 공의 하얼빈 여행 목적은 알려진 바와 같이 재무대신을 만나는 것입니다. 이는 동시에 최근의 일본-청국 협정에 대해 믿을 수 있는 확신을 주고, 만주에 대한 우리의 상호 이해관계를 조율할 수 있는 기반을 마련하려는 시도일 수도 있습니다. 동청철도와 남만주철도 사이의 상품 운송 계약과 아직 해결되지 않은 우리의 요구에 대한 최종 합의도 다루어질 것입니다. 비록 이토 공이 현 정부의 일원이 아니고 공식적인 임무도 없이 여행을 하고 있지만, 출발에 앞서 내각 구성원들과 지속적으로 만나고 있습니다. 어쨌든 일본 정부는 그의 뒤에 세워진 친러파로서의 명성과 개인적 권위를 일본에 유리하도록 러시아 여론에 영향을 미치는 데 사용할 것입니다."

사조노프

23. 재무대신의 극동 시찰 관련 동청철도 이사회 보고서

1909.10

Ф.560, оп.28, д.416, л.93.

동청철도 이사회

재무대신의 명령에 따라 재무부 사무총국은 재무대신께서 극동을 여행하는 동안 각하께서 제공한 다음 지시 사항의 관리를 위해 동청철도 이사회에 알릴 수 있는 영광을 누리게 되었습니다. 이사회는 상트페테르부르크에 재무대신이 부재하는 동안 이사회에서 발생할 가장 중요한 문제에 대한 정보를 전신 또는 우편으로 주기적으로 각하께 전달해야 합니다. 또한 전문은 낮에 정차하는 열차의 규모가 큰 역들, 예를 들어 첼랴빈스크, 노보니콜라옙스크, 크라스노야르스크, 이르쿠츠크, 치타, 만주, 하얼빈과 기타의 경로를 따라 재무대신이 받을 수 있도록 전송되어야 합니다. 전문은 다음과 같은 방식으로 각 역에 전송하면 곧이어 재무대신에게 전달합니다.

모든 서면 정보는 극동에서 하얼빈, 이르쿠츠크 또는 첼랴빈스크로 돌아오는 시간까지 대신에게 전달되어야 합니다.

재무대신에게 보내는 모든 보고서는 전문이든 우편이든 먼저 재무대신의 보좌관 4등관 베베르[2]에게 제출한 다음 우편을 재무부 사무총국으로 보내야 합니다.

재무부 기관의 비밀 정보가 필요한 경우에 재무대신의 명령하에 암호를 쓸 수 있으며, 그 사본은 재무부 총무국에서 구할 수 있습니다.

---

2 역주: 다른 문서에서는 3등관(Тайный Советник)으로 표현되어 있다.

24. 재무대신에게 전달된 주일 대사의 전문

1909.9.30

Ф.560, оп.28, д.416, л.95.

도쿄 주재 우리 대사의 전문입니다.

"재무대신과 이토 공의 회담에서 일본이 그토록이나 관심을 두고 있는 동청철도와 남만주철도 사이의 합의 문제가 제기될 것입니다. 이 경우 재무대신 코코프초프에게 일본 정부가 (러일전쟁 당시-역자) 포획한 우리 선박에 대한 우리의 청구권에 대해 아무런 변상을 하지 않은 채 보류하고 있음을 알려 주시기 바랍니다. 한편 포획된 선박 중에는 동청철도 소속 선박, 즉 만주호, 아르군호와 무크덴호가 있습니다."

25. 빌렌킨에게 보낸 재무부 총무국의 전문

1909.10.3

Ф.560, оп.28, д.416, л.101.

재무대신의 여행을 수행하고 있는 예브게니 드미트리예비치 리보프가 아직 해결되지 않은 일본에 대한 우리의 가장 중요한 요구의 핵심과 주요 근거를 전문으로 보내 달라고 요청합니다. 이것을 10월 11일까지 리보프에게 하얼빈으로 전보해 주기를 바랍니다. 그는 귀하와 통신할 암호를 소지하고 있습니다. 동청철도의 선박, 뤼순의 자본 그리고 러청은행과 티폰타이의 청구권에 대해서는 재무부 총무국에서 통지하겠습니다. 답변을 요청합니다.

26. 외무대신 이즈볼스키가 재무대신에게 보낸 전문

1909.10.2

Ф.560, оп.28, д.416, л.103.

재무대신은 황제께 올린 상주서에서 주일 재무관의 편지와 각료회의 의장과의 대화를 통해 하얼빈에서 만나기로 한 이토의 초청을 수락했음을 보고하였습니다. 황제 폐하께서 다음과 같은 내용의 메모를 보냈습니다. "중립 지대에서 그와 같은 회의가 유용할 수 있다." 이러한 황제 폐하의 결정을 각료회의 의장과 재무대신께 알려 주시기 바랍니다.

27. 재무부 부대신 베베르가 재무대신에게 보낸 전문

1909.10.3~4

Ф.560, оп.28, д.416, л.112.

외무대신 보좌관이 각하께 도쿄 주재 대사의 다음 전문을 전달할 것을 요청합니다. "재무대신이 이토 공과의 회담에서 일본에 흥미로운 동청철도와 남만주철도 사이의 합의 문제가 제기될 것입니다. 이 경우 일본 정부가 포획한 선박에 대해 우리의 모든 요구를 들어주지 않은 채 보류시킬 생각을 하고 있다는 것을 명심해야 합니다. 한편 포획된 선박 중에는 동청철도 소속 선박, 즉 만주호, 아르군호와 무크덴호가 있습니다."

28. 재무성 관리 리보프의 전문

1909.10.5

Ф.560, оп.28, д.416, л.118.

재무대신께서 운테르베르게르 장군의 외무부 코드로 암호화된 전문을 받았습니다. "그가 하얼빈에서 먼저 하바롭스크로, 거기에서 블라디보스토크로 갈 것이며, 예상컨대, 그러면 이토 공보다 앞서 도착할 것입니다." 암호 해독 후 암호로 재무부 총무국에 전달하십시오.

29. 하얼빈 회의 의제 관련 재무부 관리 요한슨의 전문

1909.10.6

Ф.560, оп.28, д.416, л.126.

재무부 총무국장께
10월 2일 전문에 대한 응답

동청철도 선박, 뤼순 시청 보유 자본, 티폰타이의 재산, 러청은행의 청구에 대한 대일 청구권의 정보를 하얼빈으로 통보합니다. 총무국에는 다른 청구권에 대한 정보가 없기 때문에 빌렌킨에게 연락하였습니다. 그는 대사관에서 설명자료를 첨부한 청구권 목록을 10월 5일 인편을 통해 블라디보스토크로 보냈고 그곳에서 우편으로 하얼빈 영사관으로 송부했다고 타전해 왔습니다. 요한슨.

30. 재무부 부대신 베베르가 코코프초프에게 보낸 전문

1909.10.7

Ф.560, оп.28, д.416, л.130.

사조노프의 통지에 따르면, 이토의 방문은 다음의 비밀 목적을 추구하는 데 있습니다. 일본은 군사적 용도의 대규모 차관을 체결하고자 합니다. 여기에 북미시장은 적합하지 않고, 러시아와 새로운 관계를 수립한 영국 역시 일본의 군비 증강이 러시아를 향할 것을 우려하기에 마찬가지입니다. 일본은 영국의 우려가 근거 없음을 입증하고자 하기 때문에 우리와 관계가 좋아 보이도록 하는 것이 필요합니다. 사조노프는 이토의 여행을 그 첫 조치로 간주하고 있습니다.

베베르

31. 하얼빈 회의 의제 관련 보고서

1909.10.9

Ф.560, оп.28, д.416, л.132-133.

10월 6일 자 전문에 대한 추가. 일본에 대한 요구 목록

1. 일본인들은 동청철도 소속 세 척의 선박을 포획하고 있습니다. 1월 24일 부산에서 무크덴호, 1월 25일 대한해협에서 아르군호, 2월 4일 나가사키에 정박하고 있던 만주호. 이러한 포획은 다음과 같은 이유로 일본 포획 심사소에 이의가 제기되었습니다. 군사 행동은 1월 26일 밤에야 시작되었습니다. 일본 왕의 법령에 따라 모든 러시아 선박은 1월 27일부터 7일간 일본 항구에서 떠나야 합니다. 무크덴호는 중립 항구에 있었고, 만주호는 기계에 결함이 있는 데다 승무원이 없어 선박이 아니라 부동산으로 간주해야 합니다. 포획 심사소는 외교 관계가 단절된 1월 23일부터 전쟁이 시작되었고, 조선의 중립은 실제로 존재하지 않았기 때문에 포획은 정당하다고 판결했습니다. 무크덴호의 자산 가치(Балансовая стоимость)는 21만 7천 루블, 아르군호는 61만 9천 루블, 만주호는 92만 3천 루블 등 모두 175만 9천 루블입니다.

2. 뤼순항 조차 시기에 러청은행 지역 지점의 장부에 따르면 뤼순 시청에 24만 5천 루블을 납부하도록 되어 있는데, 일본인들이 그것의 납부를 요구하고 있습니다. 한편, 이 납부액에는 도시의 돈을 제외하고, 헤이그 협약에 따라 몰수되지 않은 담보물, 개인과 회사의 기타 금액이 포함된 것입니다. 이로 인해 여기에 속한 금액의 인도를 요청하는 신청서가 이미 많이 접수되었습니다.

3. 일본인들은 티폰타이가 러시아 군대에 협력한 대가로 관동과 남만주에 있는 그의 모든 재산을 최대 250만 루블까지 압수했습니다. 우리는 티폰타이가 러시아 국적을 취

득했다는 데 근거하여 항의하였으나, 일본 역시 중국법을 인용하여 그를 중국 신민으로 간주하고 있습니다. 일본에게 변상 받을 수 있다는 고려하에 티폰타이에게 국고 50만 루블을 지급하였습니다.

4. 전임 주일 공사 바흐메체프는 다음과 같은 러청은행의 4가지 청구권을 제기했습니다. ① 은행 상하이 지점이 동청철도 회사 소속 증기선 무크덴호 편으로 1만 루블을 보냈으나 일본은 이를 무크덴호와 함께 몰수하였기에 이를 반환, ② 일본이 뤼순과 다롄 소재 은행 자산을 사용한 것에 대한 보상, ③ 타이호(大鳳)은행의 어음 발행 담보로 불법 체포된 다이호 은행 채무자의 자산 반환, ④ 은행이 담보로 잡고 있는 다롄 소재 폰바이힌 건물의 화재에 대한 보상이 그에 해당합니다. 바흐메체프는 청구한 마지막 3건의 보상 금액을 특정하지 않았으나 두 번째 청구건은 약 7만 루블, 세 번째 6만 루블 그리고 네 번째는 4만 루블로 추산됩니다. 은행에 따르면 이 금액은 아직까지 일본 측에 통보되지 않았습니다.

5. 재무부는 청구권 목록에 동청철도 회사가 다롄에 건축한 교회학교의 주청 러시아 정교회 반환을 포함하도록 요청했습니다. 그러나 신문 보도에 따르면 동청철도 회사는 이 문제에 대해 전혀 알지 못했지만 해결되었다고 합니다.

32. 내무부에서 재무부 부대신 베베르에게 보낸 공문

1909.9.30

Ф.560, оп.28, д.416, л.157-157 об.

존경하는 세르게이 표도로비치 각하

10월 중순에 이토 공작이 8명의 수행원과 함께 극동의 하얼빈을 거쳐 블라디보스토크에 도착할 것이라고 일본 주재 우리 대사가 프리아무르 총독에게 알렸습니다. 또한 우리 대사는 이토 공작에게 가능한 친절한 환대와 모든 도움을 제공할 것을 요청합니다. 왜냐하면 그의 블라디보스토크 여행은 공식적인 것은 아니지만 중요한 정치적 의미가 있기 때문입니다.

이에 대해 알리면서 프리아무르 총독은 해당 인사들을 맞이하는 비용으로 1,500루블의 예산을 할당하도록 요청하고 있습니다.

이토 공작의 여행에 부여된 특별한 중요성을 고려할 때, 그와 그의 수행원에게 적절한 대접을 하는 것이 불가피하다는 것을 인정합니다. 그러나 운테르베르게르 총독과 내무부 관할하에서는 해당 비용을 충당할 자금이 없다는 것을 감안하여, 이 비용을 국고 출납국의 예산으로 배정된 1천만 루블 기금, 즉 예비비 예산으로 처리하실 수 있는지를 추후 알려 주시기 바랍니다.

각하, 저의 완전한 존경과 충심을 받아 주십시오.

33. 하얼빈에서 헌병대위 니키포로프가 경찰국에 보낸 전문

1909.10.13

Ф.560, оп.28, д.416, л.159.

　오늘 이토 공작이 그의 수행원과 함께 하얼빈에 열차로 도착했다. 의장대를 사열한 이후 경비병 뒤에 있는 군중 속에서 미상의 사람이 역 플랫폼으로 뛰어나와 브라우닝 권총으로 6발을 쐈다. 이에 이토 공작과 가와카미 영사, 다나카 철도 이사와 모리 비서관이 다쳤다. 두 발의 총상을 입은 이토 공작은 30분 후에 사망했다. 나머지 부상자들은 즉시 치료를 받았다. 범인은 자살하려고 했지만, 체포되고 무기를 빼앗겼다. 나중에 자신이 한국인임을 밝혔다. 범인은 탄두가 절개된 총알을 발사했다. 자세한 것은 보충할 것이다.

34. 코코프초프가 재무부 부대신 베베르에게 보낸 전문

1909.10.13

Ф.560, оп.28, д.416, л.160-160 об.

사조노프에게 다음과 같이 전해 주십시오.

모든 세부 사항을 밝힌 언론사의 전문을 인용하여 철도 당국의 예방조치가 미흡했다고 불리하게 판단될 경우, 이토 공작 저격에 대한 전문에 덧붙여 귀하께 추가적으로 알려야만 하는 것은 사람들은 특별한 이름표를 가지고 기차역에 입장했다는 것입니다.

동청철도 당국은 일본 영사에게 어떤 일본인에게 이름표를 보내야 하는지 알려 달라고 이틀 전에 요청했습니다. 이에 대해 일본 영사는 아무런 비표 없이 일본인을 완전히 자유롭게 출입시켜 달라고 요청했습니다. 겉으로 보기에 살인자는 전형적인 일본인처럼 보였고 일본인들 사이에 있었습니다. 일본인 중 누구도 그에게 아무런 관심도 기울이지 않았다고 말했습니다. 일본인들을 자유롭게 출입시켜 달라는 영사의 요청 사실은 범인 심문 당시 참석했던 일본 영사관 비서에게 제가 직접 확인한 것이며, 역까지 영사를 수행하고 일본인 무리에 있었던 일본 영사관 경비원의 통역을 통해 제가 확인했습니다. 주목할 만한 것은 그가 원산에서 블라디보스토크에 곧바로 도착해서 그곳에서 머무르지 않고 어제 저녁 하얼빈에 도착했으며, 역 근처에서 하룻밤을 보냈다는 증언입니다. 제 개인적인 의견은 이 증언이 은폐를 목적으로 한 거짓이라는 것입니다. 아마도 그는 하얼빈에 일찍 도착하였고 이토를 암살하기 위한 범죄 집단에 참여했을 것입니다. 역의 경찰 중에서 그 누구도 밤새 수상한 인물을 보지 못했습니다. 한편, 승강장에 정차해 있는 열차와 역의 보안은 비교적 좋은 편입니다. 외국 언론, 특히 일본 언론의 사건에 대한 평가와 일본 정부의 태도를 알려 주시면 정말로 고맙겠습니다. 우리는 가능한 모든 예우를 갖추었습니다. 베이징 주재 공사와 호르바트(Хорват)가 남만주철도로 인계할 때까지 시신을 직접 호위할 것입니다.

35. 하얼빈에서 재무부 부대신 베베르에게 보낸 전문

1909.10.13

Ф.560, оп.28, д.416, л.161-161 об.

이전 전문에 추가하여 다음을 사조노프에게 전달해 주시기를 바랍니다.

이전 전보에 덧붙여 파그라니츠늬 지방법원 검사의 동의로 다음과 같은 정보를 전하는 것이 유용하다고 생각합니다. 오늘 조사 절차가 완전히 종료되고 살인범이 한국인이라는 것이 명확하고, 한국에 대한 사법권을 일본이 갖고 있기 때문에 사건 전체를 일본 총영사관에 이관할 것입니다. 수사를 통해 광범위한 조직일 것이라는 증거들을 찾아낼 수 있었습니다. 살인범 이외에 8명의 한국인들을 추가로 체포했습니다. 철도에서 몇 명을 더 체포할 것으로 예상하고 있습니다. 매우 광범위한 조직이라는 징후가 있습니다. 중상을 입은 일본 영사는 우리의 수사 속도와 열정, 그 결과에 대해 검사에게 경탄을 표하였고 러시아 당국의 조치에 대해 말로 표현하기 어려울 정도로 깊은 감사를 표했습니다. 일본인들은 러시아 당국이 잘못 조처했거나 선견지명이 부족했다고 불평할 이유가 전혀 없습니다. 저는 이미 고 이토 공작의 동료로부터 우리가 보여 준 호의와 예우에 감사를 표하는 두 통의 전보를 받았습니다. 황제 폐하께 이 소식을 전달하는 것이 유용할 것입니다. 일본인을 놀라게 한 하얼빈의 검찰 감독관의 행동에 대해 법무대신에게 직접 전보를 보내겠습니다.

36. 재무부 부대신 베베르에게 보낸 코코프초프의 추가 전문

1909.10.13

Ф.560, оп.28, д.416, л.162-162 об.

사조노프에게 추가 정보를 더 보내 주시기를 바랍니다.

1. 채가구역에서 수상한 사람을 체포한 것이 어제가 아니라 오늘 아침 하얼빈에서 발생한 사건에 대한 정보를 접수한 이후에 이루어졌다는 언론사의 보도는 수정할 필요가 있습니다. 철도 헌병은 처음 보는 세 사람이 작은 역에 도착한 것을 수상하게 여겼으나, 해당 사건 소식을 입수할 당시 그중 한 명은 사라졌고, 나머지 두 명을 체포하여 이토 암살을 목표로 한 조직의 소속이라는 자백을 받았습니다. 하얼빈으로 인도된 두 사람은 러시아 당국이 발급한 여권으로 살아가던 한국인으로 밝혀졌습니다. 여기에서 심문하는 동안 그들은 자백을 거부했지만, 그들에게서 압수한 리볼버에는 이토를 살해한 총알과 같은 탄두가 절개된 총알이 장전되어 있다는 사실이 드러났습니다. 채가구역에서 불려온 헌병에게 이토 저격범을 보여 주자, 그가 의심한 채가구역에서 사라졌던 세 번째 인물이라고 인정했습니다. 이 사실은 저격범이 블라디보스토크에서 직접 도착했다는 것과 공범자가 없다는 증언을 반박하는 것입니다. 밤새 기차역에 머물렀다는 철도 당국에 유리하지 않은 범인의 증언은 수사 자료에 의해 확실하게 반박되었습니다.

2. 이토 공작을 영접하는 데 일본인들의 자유로운 입장이 허용된 것은 일본 영사관의 끈질긴 요청 결과라는 사실이 총영사관에 의해 자체적으로 입증되고 확인되었습니다(단, 암호 하나가 해독되지 않음). 영사관은 10월 9일 아침에 요청해 왔는데 이는 제가 도착하면서 출입비표로 기차역에 입장하는 방식의 경계 조치를 취한 것과 관련 있습니다. 총영사관은 이토 공작의 도착을 영접하는 일본인들에 대하여 출입을 통제하지 말 것을 요청했습니다. 검사가 어떻게 한국인들의 위험을 예상하지 못했는지 총영사에게 질문했을 때, 그는 그런 위험을 염두에 두지 않았다고 솔직하게 말했습니다. 저는 외모로 저격범과 일본인을 구분하는 것은 절대로 불가능하다는 것을 반복해 말씀드립니다. 이것은 일본인들 사이에 서 있던 그에게 아무도 관심을 보이지 않았다는 사실로 확인됩니다.

37. 쾨니스버그 신문 *Hartungsche Zeitung* 번역문

1909.10.14(27)

Ф.560, оп.28, д.416, л.164-164 об.

파리, 10월 14/27일. 이토 암살 직전에 러시아 재무대신 코코프초프가 그와 중요한 대화를 나눴다. 두 사람은 함께 대중 앞에 나서지 말라는 경고를 받았는데, 둘 중 하나를 암살하려는 준비가 있었기 때문이다. 예기치 않게 발생한 이토 사망으로 러일 협상은 일시적으로 중단될 것이다. 비록 도쿄 정부는 하층민들이 이 사건을 러시아에 대한 반대 시위의 구실로 활용하는 것을 전혀 두려워하지 않지만, 그런데도 지방의 일부 광신자들이 이 사건을 왜곡된 형태로 묘사하기 시작하여 아직 꺼지지 않은 러시아인에 대한 증오를 다시 불붙이지 않을지 여부를 지켜볼 필요가 있다.

베를린, 10월 14/27일. 파리 신문의 보도에 따르면, 현재 페테르부르크 정부 지배층에 만연한 당혹감은 충분히 이해된다. 왜냐하면 한국에는 러일전쟁 이전까지 대표부가 활동하고 있었으나, 이제 반러 성향의 정파가 이 상황을 용이하게 이용할 수 있게 되었기 때문이다.

38. 코코프초프가 재무부 부대신 베베르에게 보낸 전문

1909.10.15

Ф.560, оп.28, д.416, л.166.

사조노프에게 다음과 같이 전해 주십시오.

베이징 주재 우리 공사를 통해 제가 알게 된 전문과 관련하여, 저는 일본 주재 우리 대사, 도쿄 주재 재무관 그리고 제가 개인적으로 알고 있는 일본 체신대신 고토 남작으로부터 일본 정부가 우리에 대해 조금의 원망도 하지 않는 것처럼 보이는 전문을 받았음을 보고할 필요가 있다고 생각합니다. 일본 언론은 우리가 해야 할 모든 것을 했다고 인정하고 있습니다. 고토 남작은 이토 공작의 불행과 이 애석한 사건에 동반된 모든 정황이 앞으로 일본과 러시아를 더욱 가깝게 하는 데 기여할 것이라고 전했습니다. 제가 보기에 이것은 4등관 코로스토베츠(Коростовец)의 견해를 배격하는 것입니다. 황제 폐하께서 저의 일본 여행을 어떤 이유로든 승인하지 않는다면, 이 여행은 할 필요가 없습니다. 개인적으로 저는 이 여행을 결코 원하지 않습니다. 조만간 블라디보스토크에서 임무를 수행할 예정입니다.

코코프초프

39. 주일 대사의 기밀 전문

1909.10.15(28)

Ф.560, оп.28, д.416, л.169.

재무대신께 전해 주시기를 바랍니다.

하얼빈 참사에 대한 일본 정부의 태도는 절도 있고 침착합니다. 일부 신문들이 치안이 미흡했다고 우리 철도 당국을 질책하고, 저격범을 블라디보스토크에 둥지를 틀고 있는 친러 성향의 한인 단체 소속으로 간주하여 범죄인 인도 문제를 논의하고 있습니다.

40. 주일 재무관 빌렌킨이 코코프초프에게 보낸 보고서

1909.10.22

Ф.560, оп.28, д.416, л.217-219 об.

블라디미르 니콜라예비치 각하

오늘 도쿄에서 왕실, 외교관들과 도쿄 시민들이 참여한 가운데 이토 공작의 장엄한 장례식이 거행되었습니다. 넓은 도심 공원에 장례 연단이 마련되어 있고 외국 대표들이 놓은 많은 화환 중에 우리 황제와 영국 황제, 독일 황제, 그리고 각하의 화환 이렇게 단 4개만이 고인이 된 공작의 관 가까이에 놓여 있습니다. 다른 모든 화환은 장례 연단에서 일정한 거리를 두고 세워져 있었습니다. 고인의 가족이 위의 세 개의 화환과 함께 각하의 화환을 배치한 것에 모든 현지 외교단이 주목했습니다. 고 이토 공작의 시신은 이곳에서 오모리에 있는 그의 시골 별장으로 갔고, 그곳에서 가족과 가까운 친지만 참여한 가운데 땅에 묻혔고, 묘지 주위에 그의 이름으로 된 사원이 세워질 것입니다.

오늘 일본 전역은 국가 애도의 날입니다. 모든 계급과 신분의 일본인들이 함께 나라가 입은 손실을 인식하고 있으며, 모든 당파의 사람들은 그가 조국에 엄청난 기여를 했음을 인정하고 있습니다.

최근에 독일전신뷰로(전보 기관)『도이체 재팬 포스트(Deutche Japan Post)』는 "이토 공작의 죽음으로 하얼빈에서 중단된 협상을 계속하기 위해" 각하의 일본 도착에 대한 보도를 베를린에서 도쿄로 매일 전문으로 보냈습니다. 이러한 책동은 독일 언론이 자신의 이익을 위해 즉각적으로 우리 측의 논박을 유도하기 위한 것으로 보이지만, 오늘 자 준관영 신문인『일본 데일리 메일(Japan Daily Mail)』에는 다음과 같은 기사가 실렸습니다. "러시아 재무대신이 일본을 방문할 것이라는 소문은 공식적으로 부인되었습니다." 각하의 일본 도착에 대한 보도는 최근의 위태로운 시기에 대중에게 공표된 많은 허위 보도 중 하나입니다. 따라서 일본 소식통의 이번 공식 부인은 떠도는 소문에 종지부를 찍을 것입니다.

이러한 베를린 전문의 영향을 받은 일부 일본 신문들, 예를 들어 『아사히신문』은 "동방에서의 평화"라는 제목의 기사로 각하의 일본 방문 예상 기사를 다뤘습니다. 제가 이 기사에 첨언을 할 수 있어 영광입니다. 이 기사에서는 일본과 러시아가 극동 지역에 공동의 복잡한 과제가 많이 있다는 점에서 각하의 방문이 중요하다고 주장합니다. 더 나아가 중국의 영토, 달리 말하면 만주에서 두 나라의 이해가 일치하고 있음을 보여 주고자 합니다. 전반적으로 최근 일본은, 미국과 일본의 관계가 냉각된 이후 만주에서 러시아와 일본이 공동의 이해관계를 가지고 있다는 점을 청국과 미국에 납득시키기 위해 온갖 노력을 다하고 있습니다. 전반적으로 최근 청일 간의 만주이권 관련 협정 체결에 대해 미국의 항의가 예상된다는 소문의 영향으로 만주에 대한 일본의 정책에 약간의 혼란이 감지되기 시작했습니다.

각하, 그리고리 빌렌킨의 완전한 존경과 충심을 받아 주십시오.

41. 주일 재무관 빌렌킨이 코코프초프에게 보낸 보고서

1909.10.27(11/9)

Ф.560, оп.28, д.416, л.226-227 об.

블라디미르 니콜라예비치 각하

저의 마지막 보고서 No.167에서 독일전신뷰로『도이체 재팬 포스트(Deutche Japan Post)』가 "이토 공작의 죽음으로 하얼빈에서 중단된 협상을 계속하기 위해" 각하의 일본 도착에 대한 보도를 베를린에서 도쿄로 매일 전문으로 보냈다는 소식을 전했습니다. 이에 대해서 일본 정부가 공식적으로 부인했음에도 불구하고, "러시아 재무대신 코코프초프는 도쿄를 방문할 의향이 있었으나 러시아 외무대신과의 의견 불일치로 그 계획이 무산되었다"라고 발표한『도이체 재팬 포스트』의 베를린발 전문이 그저께 이곳의 모든 신문에 보도되었습니다.

이 보도에 대해 저는 우리 대사 말렙스키-말레비치의 동의를 받아 일본 전신사 대표와의 인터뷰 형식으로 다음과 같은 반박을 게재했으며, 오늘 이곳의 모든 신문에 보도되고 있습니다. "러시아 재무대신 코코프초프의 도쿄 방문이 러시아 외무대신과의 의견 불일치로 무산되었다고 발표한『도이체 재팬 포스트』의 전보와 관련하여, 우리는 주일 러시아 정부 재무관 빌렌킨 씨를 인터뷰할 기회를 가졌습니다. 빌렌킨 씨는 코코프초프 각하가 시간 부족으로 하얼빈, 하바롭스크, 블라디보스토크 너머로 여행을 확대할 의도가 없었다고 우리 전신국에 알렸고, 따라서 위의 전문은 전혀 근거가 없다고 말했습니다."

동시에 앞서 언급한 소식과 저의 반박 신문 스크랩을 첨부할 수 있어 영광입니다. 논박 기사에서 약간 거친 표현이 있는 것은 제가 영어를 직역했기 때문입니다.

빌렌킨

42. 동청철도 회사에서 재무부관리 리보프에게 보낸 중국 언론 동향 보고서

1909.11.12

Ф.560, оп.28, д.416, л.229-231.

예브게니 드미트리예비치 각하

재무대신의 극동 순방과 관련하여 베이징의 청국 신문에 실린 여러 기사의 번역본을 보내게 되어 영광입니다.

각하, 저의 완전한 존경과 충심을 받아 주십시오.

『베이징지바오(Бэй-цзин-жи-бао)』, 1909년 9월 27일/10월 10일

러시아 재무대신이 하얼빈에 도착할 예정이다. 소문에 따르면 베이징 주재 러시아 공사가 재무대신을 마중하기 위해 며칠 사이에 하얼빈을 방문할 것이다. 또한 러시아 재무대신이 베이징을 방문할 것이라는 말들이 있다.

『베이징지바오』, 1909년 10월 13일/26일

일본의 이토 백작이 러시아 재무대신을 만나고자 며칠 사이에 하얼빈에 갈 예정이다. 우리가 수집한 정보에 따르면, 그는 하얼빈에서 만주리역까지의 철도 매입에 관해 그와 논의할 것이다. 이 노선은 현재 손실을 보고 있는 것 같다. 그래서 일본인들은 그 노선을 구입해서 남만주철도와 연결하려고 한다. 만약에 러시아가 그것의 매각에 동의하지 않으면 일본인들은 결국 그들이 매각에 동의하도록 남만주에 어떤 영향력을 행사할 것이다. 러시아가 이 노선을 매각하고자 한다면 그들은 청국과 기존의 동청철도에 관한 협정에 대해 사전에 합의해야만 한다. 우리는 정부가 이 문제를 신중하게 처리하기를 바란다.

『베이징지바오』, 1909년 10월 18일/31일.

양력으로 10월 29일 자 베를린에서 보낸 전문은 다음과 같은 소식을 전하고 있다. 러시아 재무대신이 이미 만주리에 도착했으며, 극동에서 약간 시간을 보내면서 중요한 만주 문제를 논의할 예정이다. 베이징에서의 소문에 따르면, 이 고위 인사는 하얼빈에서의 미국 통상에 엄청난 관심을 기울이고 있다.

『베이징지바오』, 1909년 11월 3일/15일.

소문에 따르면 지린(吉林) 총독 첸차오찬(Чэн Чжао-чан)이 하얼빈에서 러시아 재무대신과 사안을 논의했다. 그들 사이에 아주 우호적인 관계가 형성되었다. 그들은 함께 하얼빈에 도착했다.

『춘고바오(Чжун-го-бао)』, 1909년 11월 4일/17일.

러시아 재무대신이 러시아로 귀환했다. 전에 신문들은 러시아 재무대신 코코프초프가 베이징을 방문할 것이라고 보도했었다. 믿을 만한 소식통에 따르면, 현재 이 고위 인사는 자신의 정부로부터 서둘러 러시아로 돌아오라는 지시를 받았다고 한다. 지난달 28일, 그는 러시아로 돌아가서 상트페테르부르크에 도착했다. 그래서 그가 베이징에 도착할 것이라고 말할 필요가 없게 되었다.

『슌쨘시바오(Шунь-тянь-ши-бао)』, 1909년 11월 5일/18일.

러시아 외무대신 코코프초프가 얼마 전에 지린 총독을 초대해 오찬 회동을 했다. 코코프초프는 지린 총독에게 "블라디보스토크에서 지린 총독에 대해 좋은 인상을 받았고, 이제 하얼빈에서 지린 총독을 만나서 매우 기쁘다"라고 말했다. 그는 러시아와 청국 사이에 매우 긴밀한 관계가 형성되는 것을 바란다고 밝혔으며, 지린 총독이 러시아 수도로 방문해 그와의 친분관계를 계속 유지하게 되면 매우 기쁠 것이라고 했다. 더불어 그는 청국과 총독의 무궁한 행복과 성공을 기원한다고 하였다. 지린 총독 첸차오찬은 이에 깊은 공감을 표했으며, 두 나라 사이에 친선적인 관계와 무역 발전을 진심으로 바란다고 말했다. 아울러 코코프초프의 건강과 러시아의 번창을 빌었다.

그들은 점심을 먹으면서 재정 문제에 대해 오랫동안 대화를 나눴다.

43. 고토 신페이가 코코프초프에게 보낸 전문(독일어)

1909.9.10

Ф.560, оп.28, д.417, л.7.

각하께서 만주를 시찰하신다는 희소식을 접하고, 저는 각하께서 며칠 동안 일본을 방문하셔서 우리가 각하께 경의를 표할 수 있기를 부탁드립니다. 수상도 각하와의 만남을 매우 기뻐할 것입니다. 동시에 그를 대신하여 단기간이나마 각하를 일본으로 초청하오니 부디 수락해 주시기 바랍니다.

고토 남작

44. 코코프초프가 고토 신페이에게 보낸 회신[3]

1909.9.11

Ф.560, оп.28, д.417, л.8.

각하와 수상의 매우 친절한 초청에 깊은 감명을 받았습니다. 귀하의 따뜻한 전보는 나에게 지울 수 없는 인상을 남긴 페테르부르크에서 우리의 만남을 생생하게 상기시켰습니다. 하지만 어려운 예산 문제로 인해 오랫동안 계획한 여행을 떠날 수 있는지, 시간을 내어 귀하의 나라를 방문할 수 있을지는 장담할 수 없습니다. 그러나 수상과 같은 훌륭한 분께서 저에게 관심을 두신 데 대하여 귀하의 나라에서 귀하께 개인적으로 감사할 기회가 있었다면 제가 가장 생생한 기쁨으로 가득 찼을 것임을 각하께서 믿어 주시기 바랍니다.

상서 코코프초프

---

3 역주: 독일어로 작성됨.

45. 외무대신이 코코프초프에게 보낸 공문

1909.9.17

Ф.560, оп.28, д.417, л.11.

황제 폐하께서 각하의 극동 여행을 재가하신 9월 17일 서신 No.632 에 대한 답신으로, 여행하는 동안 공사 및 영사들과 북만주와 몽골 관련 사안에 대해 각하께서 개인적으로 설명하는 것이 좋을 것이라 생각되어 이를 서둘러 알려드립니다. 이와 함께 각하의 하얼빈 도착 날짜에 대한 소식을 접하고 저는 4등관 코로스토베츠에게 그곳에 가서 해당 영사에게 필요한 지침을 지시하라고 제안했습니다.

46. 코코프초프가 프리아무르주 총독에게 보낸 전문

1909.9.21

Ф.560, оп.28, д.417, л.13.

극동 시찰 가능성이 명확해진 점을 고려하여 하얼빈에 10월 11일, 블라디보스토크에 16일 도착할 예정임을 각하께 알려드립니다. 마지막 장소에서의 체류와 하바롭스크로의 추가 일정은 귀하와의 합의에 달려 있습니다.

서명: 재무대신 코코프초프

47. 코코프초프가 외무부에 보낸 하얼빈 회의 참석 일본인 포상 관련 전문

1909.10.1

Ф.560, оп.28, д.417, л.67.

7월 말에 저는 직접적인 요청으로 회의에 참석한 일본 대표 및 다른 일본 국민들에 대한 포상을 청원했습니다. 이 일이 어떻게 진행되고 있는지 하얼빈으로 전보를 보내 주시기를 바랍니다. 제가 그곳에 도착할 때까지 유의미하고 긍정적 결과가 있기를 바랍니다.

48. 하얼빈 회의 개최 시 대일 배상 청구 관련 전문

1909.10.6

Ф.560, оп.28, д.417, л.107а.

10월 2일 전보에 대한 답신

일본에 대한 배상 청구 내용을 하얼빈으로 알립니다. 이는 동청철도의 선박, 뤼순 시청의 자본, 러청은행의 티폰타이의 재산입니다. 총무국에는 다른 청구에 대한 정보가 없어 제가 빌렌킨에게 연락하였고, 빌렌킨은 부가 설명을 포함한 청구 목록이 10월 5일 대사관에서 블라디보스토크에 있는 재무대신에게 발송되었으며, 그곳에서 빌렌킨은 10월 2일에 이토 공작의 여행 이유에 대한 보고서를 영사관 주소로 하얼빈에 있는 대신에게 보냈다고 타전해 왔습니다. 그룸-그르지마일로(Грум-Гржимайло)는 각하가 갖고 계신 간(Ган)의 결산보고서 제2쪽의 2천만 데샤틴을 2억 데샤틴까지 수정하도록 요청합니다.

요한슨

49. 코코프초프가 관세청장에게 보낸 전문

1909.10.8

Ф.560, оп.28, д.417, л.121.

    탄호이역에서 승객에 대한 세관 검사 절차를 숙지한 결과 중국, 일본, 연해주 지역과 만주에서 여행하는 승객의 경우 만주 세관에서 한 번의 검사로 충분하다고 저는 판단합니다. 탄호이에서 휴대 수화물에 대한 2차 검사는 불필요한 데다 오로지 곤혹스러움을 불러올 뿐입니다. 이러한 2차 검사는 만주에서 서쪽으로 향하는 열차에 탑승하는 승객에 대해서만 유지해야 하며 동시에 헌병과 세관 감독관에게 감시를 위임해야 합니다. 자바이칼 지역에서 이르쿠츠크 지역까지 만주와 탄호이 사이 열차 승객이 면세품 또는 저가 품목을 싣지 않는 경우 불필요하게 뛰어올 필요가 없는 것입니다.

    서명: 상서 코코프초프

50. 코코프초프의 하얼빈 시찰 관련 전문

1909.10.14

Ф.560, оп.28, д.417, л.156.

페테르부르크 전신국 10월 14일 No.3428. 하얼빈.

재무대신이 시의회, 거래위원회, 상호신용회, 적십자사를 방문했으며, 시의회에서 그에게 제출한 시의 재정 상황 문건에 대해 자신의 입장을 밝혔다. 그는 하얼빈의 경제 상황과 도시의 더 많은 번영을 위해 시의 지도자들이 추구해야 할 과제에 대한 자신의 견해를 표명했다. 대신의 개인적인 도시 시찰은 도시의 생존 가능성을 결정짓는 근거를 제시하였으며, 도시의 장기 경제 위기의 정점이 이미 끝났기를 기대했다.

51. 코코프초프의 극동 시찰 상황에 대한 상주 전문

1909.10.16

Ф.560, оп.28, д.417, л.165-165 об.

멀리 떨어진 러시아 변방에서 순조로운 시찰을 마치고 귀환하게 되었음을 폐하께 보고드립니다. 동청철도 전 구간 및 자아무르 군관구와 철도 여단 대부분의 지역을 시찰한 결과, 다행히도 철도와 군 병력의 우수한 상태를 확인할 수 있었습니다. 귀환 후 폐하께 국경수비대 독립여단장의 보고서를 상주할 것입니다. 그는 방금 군관구의 전체 조직과 현황 조사를 마쳤으며 군대의 상황이 더할 나위 없이 좋다는 것을 확인했습니다. 또한 철도 여단도 최상의 상태임을 확인했으며, 국가에 대한 확고한 충성과 의무 이행에 대한 헌신을 폐하께 증언하는 것이 저의 양심의 의무라고 생각합니다. 황제 폐하를 대신하여 제가 전달한 군관구의 군인들에 대한 감사는 모든 곳에서 열광적인 환호를 불러일으켰고, 추후에도 성실한 복무와 훈련을 지속하도록 독려했습니다. 이와 같이 철도 당국의 고위 공직자로서 폐하와 조국을 위해 온 힘을 다하고 영예롭게 헌신하는 사람들을 만났습니다. 먼 만주에 있는 러시아 신민을 대신하여 황제 폐하께 우리 공동의 충성심을 바칩니다. 내일은 하바롭스크에 갈 것이며, 19일에 블라디보스토크에 도착하기를 희망합니다.

재무대신 상서 코코프초프 서명.

52. 코코프초프의 하얼빈 일정표(10.24~10.28)

1909. 날짜 미상

Ф.560, оп.28, д.418, л.56.

날짜	일정	시간
10월 24일	하얼빈 도착	저녁 6시
10월 25일	아침에 하얼빈역 대합실 방문	아침 9시 30분
	객차 안에서 아침 식사	낮 12시
	총무국과의 면담	오후 2시
	여단에서 만찬	저녁 7시
10월 26일	아침	아침 8시 30분
	주요 작업장 및 창고 시찰	아침 9시 30분
	객차 안에서 아침 식사	낮 12시
	군관구와의 면담	오후 2시
	중국식 점심	저녁 6시
	대합실에서 무도회	밤 10시
10월 27일	아침	아침 8시 30분
	중국인 거주 지역, 은행, 추린 백화점 시찰	아침 9시 30분
	객차 안에서 아침 식사	낮 12시
	총무국과의 면담	오후 2시
	시내에서 점심	저녁 7시
10월 28일	아침	
	대신 주최 아침 식사	아침 11시 30분
	출발	오후 3시

53. 『재팬 데일리 메일』 보도 관련 전문

1909.10.19

Ф.560, оп.28, д.418, л.85.

한다오헤 지역 주둔지에서 러시아 군인 100명이 탈영하여 쑤다오헤쯔 근처의 진영에서 80명의 중국군과 합류했다는 이상한 소식이 하얼빈에서 들려왔다. 러시아 군인들이 급여를 받지 못하고, 장교들에게 학대를 받은 것이 탈출 이유라고 한다.

그들은 분명히 무기와 탄약을 가지고 갔을 것이며, 그들 사이에 질서를 회복하기는 어려울 것이다.

54. 코코프초프의 귀경 일정 관련 전문

1909.10.27

Ф.560, оп.28, д.418, л.86.

주지사는 러시아로 돌아오는 대신을 맞이하기 위해 장 장군이 이끄는 대표단을 치치하얼역으로 보낼 예정이라는 정보를 알려드립니다. 저도 그와 함께 대표단에 합류할 것임을 대신께 보고해 주십시오.

마나힌(Манахин) 공사

55. 『재팬 데일리 메일』 기사 관련 주일 대사에게 보내는 코코프초프의 전문

1909.10.28

Ф.560, оп.28, д.418, л.92.

　요코하마에서 발행하는 신문인 『재팬 데일리 메일』의 10월 19일 자 기사에 중국군 80명과 함께 러시아 군인 100명이 급여를 받지 못하고 장교들의 가혹행위로 인해 한다오헤 지역에서 탈주했다는 내용의 전보문이 실렸다는 것을 방금 알게 되었습니다. 전혀 근거가 없는 터무니없는 기사에 대해 각하께서 단호하게 반박하시는 것이 가능하신지요. 자아무르 군관구의 군대에서는 탈영병이 없었으며, 신문은 러시아 관련 자료와 다른 어떤 자료를 혼동했음이 분명합니다.

　코코프초프

56. 코코프초프의 극동 시찰 관련 황제 알현 일정

1909.10.29

Ф.560, оп.28, д.418, л.104.

코코프초프 각하께

황제 폐하께서는 각하가 페테르부르크로 귀환한 직후 리바디아로 오셔서 직접 폐하께 보고를 올리기 바란다고 하셨습니다. 대략 11월 중순으로 예상하고 있습니다.

상서 스톨리핀(Столыпин)

57-1. 송화강 세관 설립 관련 회의 참석 요청

1909.10.29

Ф.560, оп.28, д.418, л.106.

블라디보스토크 관구 세관장께

재무대신은 귀하에게 송화강 세관 운영 법규와 항해 관련 사안의 논의를 위해 하얼빈에서 열리는 위원회에 참석하도록 위임하셨습니다. 위원회 시작 시간은 총영사가 알려드릴 것입니다.

57-2.

1909.10.28

Ф.560, оп.28, д.418, л.107.

재무대신께서 프리아무르 관구 세관장에게 하얼빈에서 개최되는 회의에 참가하여 숭가리의 관세 및 항해 운영 규칙에 대해 논의할 것을 지시했음을 알려드립니다.

58. 재무대신의 귀경 일정 관련 전문

1909.10.28

РГИА.Ф.560, оп.28, д.418, л.108.

재무대신은 하바롭스크와 블라디보스토크에서 10월 24일 하얼빈으로 돌아온 이후 며칠간 철도의 상업적 측면을 검토하였다. 10월 26일 지린성 총독은 재무대신을 위해 주최한 만찬장에서 러청 양국 간의 우호 관계에 각별한 찬사를 보냈다. 재무대신은 11월 9일 (10.27) 하얼빈 시민 대표들의 오찬에 참석했다. 시의회 대표는 청나라 황제에 대한 건강을 기원한 후, 열렬한 환영 만세를 외쳤다. 재무대신은 참석자들에게 러시아 황제에 대한 뜨거운 감사의 표현을 듣게 되어 매우 기쁘다고 화답했다. 여러 인종으로 구성된 하얼빈 주민들의 자발적 노력이 이미 성과를 거두고 있는바, 이는 향후 러시아 산업의 주도하에 허허벌판인 만주를 기름지게 하여 러청 양국에 이익이 될 뿐아니라 전 인류 문화에도 축복이 될 것이라고 확신하였다. 만찬장에는 다른 소수민족 출신의 러시아와 청국의 시민 대표들도 참석했다. 재무대신은 10월 28일 오후 3시에 러시아로 출발한다.

59. 재무대신이 프리아무르주 총독에게 보낸 공문

1909.10.30

Ф.560, оп.28, д.418, л.114-117.

존경하는 파벨 표도로비치 각하

제가 블라디보스토크에 있을 때, 지역 시장이 도시의 이익에 영향을 미치는 다양한 문제에 관한 많은 서면 진술서를 저에게 보냈습니다. 이러한 문제 대부분은 관련 기관의 여러 증빙 서류로 해명을 요구하는 것이기에 제가 페테르부르크로 돌아올 때까지 보류하였는데, 이제는 이들 질문 중 긴급한 명령을 요하는 한 가지 사안에 주목하지 않을 수 없게 되었습니다.

이 문제는 양질의 식수를 공급하는 것으로서 모든 도시의 삶에 매우 필요한 분야입니다. 블라디보스토크시 행정부는 이와 관련하여 매우 명확한 계획을 마련했으며 영국 자본가들로부터 필요한 제안을 받았습니다. 시장이 설명한 바에 따르면, 지역의 군사 당국이 요새 방어의 필요성을 들어 항의해 옴으로써 이 사안의 최종 결정이 중단된 상황입니다. 군부가 표명한 항의의 핵심은 크게 두 가지 내용에 근거하고 있습니다.

1) 저수지를 제대로 건설하려면 세단카강 중류를 선택해야 하고, 시 당국은 시유지 내 약 900데샤틴의 삼림농장 지역을 침범하지 않고 보존해야 한다고 판단하고 있습니다. 반면 요새 사령관의 견해로는 이 지역은 삼림이 많은 면적을 차지하는 다른 도시 구역과 마찬가지로 채광을 위해 벌채 대상이 된 곳이기에 요새 시설물 접근로를 가리고 있는 것들을 없애 버렸다는 것입니다. 2) 요새 사령관이 생각하는 두 번째 난관은 외국 기술자들을 수도관 공사에 투입하도록 허가할 수 없다는 점입니다.

요새 방어시설 관련 사안에 있어 제 자신이 그 어떤 전문적 문제도 검토할 권리가 없다고 여기는바, 저는 상술한 어려움에 대해 각하가 주목하시도록 하지 않을 수 없습니다. 왜냐하면 블라디보스토크시 당국은 내무부와 재무부의 공동 허락하에 수도 건설을 위한 채권 발행을 허가해 줄 것을 청원했기 때문입니다.

제 생각에는 도시 급수 시스템 건설에 외국 기술자들이 참여하면 심각한 항의가 제기될 수 있다는 점을 말씀드립니다. 각하께서는 방어 구조물의 비밀을 보호하기 위한 조치가 얼마나 어려운지, 그리고 외국 기술자의 특정 작업 수행을 금지하는 것과 같은 제한이 얼마나 무익한지 누구보다 잘 알고 계실 것입니다. 외국인들은 일반적으로 국가적, 지역적 이익이 되는 것들을 우리보다 잘 파악하고 있습니다. 이 경우에도 다른 경우에서처럼, 작업을 감독하는 외국인의 국적을 제한해야 한다는 의미가 아니라, 작업 자체가 방위에 부합한다는 의미에서 조치가 취해져야 한다고 생각합니다.

저는 또한 각하께서 이 사안의 정치적 측면에도 주목하시기 바랍니다. 현재 영국과의 관계가 긴밀해지고 있으며 영국 자본가들이 러시아 사업에 관심을 가질 것이 분명한 상황인바, 블라디보스토크 시장이 지시한 제한 조치가 영국 지도층의 불만을 야기하는 것은 충분히 수긍할 만합니다. 또한 우리 외무부가 매우 곤란한 상황에 처할 수도 있을 것입니다.

다음으로 저수지 보호를 위해 시에서 의도한 800데샤틴 면적의 삼림을 벌목해야 하는 요구 사항에 대한 질문으로 돌아가서, 저는 물론 너무나 광활한 상기 삼림 지역을 어느 정도로 보존해야 할지에 그 어떤 견해도 말씀드릴 수 없습니다. 그러나 일반적으로 요새, 특히 요새 북쪽에서 접근하는 도시 토지의 산림 관리 문제는 해결할 때 특별한 주의가 필요한 것으로 보입니다. 블라디보스토크를 북쪽의 공격으로부터 보호하는 방어 구조물 건설에 막대한 국가 자원을 지출하는 것은 불필요하다는 각하와 블라디보스토크 요새 사령관의 결론에 동의합니다. 방위의 목적에 직접적으로 부합하는 동시에 도시에 속한 토지에서 방어 임무의 이름으로 삼림을 벌채하는 것은 토지 소유자에게 적절한 보상을 통해서만 공정하게 허용될 수 있습니다. 토지 소유자에 대한 적절한 보상은 토지 자체와 토지 소유 여부에 관계없이 삼림 전체에 자발적인 동의나 강제적인 수용을 통해 설정할 수 있습니다. 이 모든 문제가 긴 시간을 통한 고려와 매우 복잡한 계산을 필요로 하는 것임이 예상되는바, 제 개인적 견해로는 전체 사안은 다루지 않은 채로 수도 건설과 관련된 개별 문제에 대해 시 당국과 합의하는 것이 가능하지 않을까 하는 것입니다. 제가 생각하기에 이 합의는 두 가지 방향으로 진행될 수 있을 것입니다. 도시가 물 공급 문제의 신속한 해결에 관심이 있는 것처럼, 세단카강 유역의 나머지 지역에서도 도시 자체가 요새에 필요한 범위 내에서 삼림 벌채를 시작할 수 있도록 보호림(저수지와 관련된)의 영역을 더 작은 영역으로 제한하여 적어도 물 공급에 영향을 받는 지역에서 요새 방어 구조물에 장애물이 되는 삼림 문제 해결을 촉진하거나, 다른 한편으로 삼림에 의해 보호되는 수원을 전혀 건드리지 않는 지점에 대해 도시와 요새 사이에 합의가 이루어져 방어에 필요한 것을 충족시킬 수 있을 것입니다. 제가 틀릴 수도 있지만, 후자의 경우 방어 노선에 대한 귀하의 설명을 고려할 때, 방어를 위한 장애물은 대규모 삼림이 아니라 큰 나무 사이사이의 공간을 채워 적의 접근을 확실히 엄호하는 나무 덤불이라는 결론을 말씀드립니다. 따라서 아마도 요새 지역에서의 수도관 건설 허가는 도시가 자체적으로 요새에 필요한 지역에서 덤불과 자라는 나무를 벌목했다는 사실에 기인할 수 있습니다. 요새의 요구 사항에 따라 앞으로 이 지역을 유지해야 할 의무가 있습니다.

 제가 말씀드린 모든 내용은 저 혼자 생각한 결과입니다. 이와 관련해 저는 블라디보스토크 시장과 어떠한 상의도 하지 않았습니다. 블라디보스토크에 필요한 물 공급 시스템 건설이 느려지는 것이 정부뿐만 아니라 블라디보스토크의 도시 발전에 관심이 있는 사람들 모두에게 바람직하지 않다고 생각되기 때문입니다. 이는 현재 블라디보스토크 시민들이 거리가 먼 서로 다른 천연 수원지에서 온 물을 드럼통에 담아 도시 곳곳으로 배달하는 것과 같이, 시민들에게 좋은 음용수를 공급하는 것에 큰 어려움을 겪고 있기 때문입니다.

60. 코코프초프의 하얼빈 방문 관련 언론기사

1909. 날짜 미상

Ф.560, оп.28, д.420, л.1-1 об.

재무대신의 도착에 대하여

하얼빈은 극동에서 주목받는 중심지가 되었다. 유럽과 미국의 시선도 이곳을 향하고 있다. 이러한 주목을 받는 중심 인물은 러시아 재무대신이다. 그의 방문에 중요한 정치적 의미를 부여하는데, 일부는 좋은 결과에 대한 희망을 품고, 다른 일부는 미래에 대한 두려움을 가지고 있다. 입에서 입으로 전해지는 수많은 믿기 어려운 소문들이 끔찍한 낭설로 퍼져 나갔다. 그러한 소문에는 예를 들어, 같은 시기에 이루어진 이토 공작의 하얼빈 방문은 일본 정부의 공식 설명처럼 개인 차원에서 이루어진 것이 아니라 만주에서 청국의 이익을 해치고 러일의 정책을 일치시키기 위한 토대를 구축하려는 목적이 있다는 것이다. 우리는 이미 우리 신문을 통해 이러한 소문이 아무런 근거가 없다고 부정했다. 이제는 러시아와 일본의 가장 저명한 두 정치가의 다가오는 회담에 대한 우리의 관점을 밝힐 필요가 있다고 생각한다.

우선, 포츠머스 조약 이후 러시아와 일본의 관계에서 약간의 부차적인 문제가 해결되지 않았음을 언급해야만 한다. 이 조약에서 다루지 않은 새로운 것도 있었다. 그러나 이 모든 문제는 전적으로 경제적인 의미를 지니며 다른 열강의 이해 관계에는 무관하게 이 두 강대국의 이익에만 관련된다. 만주와 관련하여 지금의 활동은 러시아와 일본이 만주에서 서로의 이해관계가 다르며 다른 목표를 추구하고 있음을 알 수 있다. 따라서 그들의 행동이 다르게 표출되고 있다. 일본이 계속해서 만주 지배를 공고히 하기 위한 모든 조처를 하는 동안, 전략적·경제적 지배의 수단으로서 교통로 장악을 중요한 보장책으로 파악하고 있는 러시아는 오로지 경제적 목적만을 추구한다. 러시아는 만주에서 청국의 실제적 주권을 보호하고 여타 열강이 이곳을 장악하는 것을 차단하는 데 필요한 수준으로만 정치적 임무를 수행하고 있다. 이는 러시아가 그 영토에서 청국의 주권과 행정적 권리를 억압하려는 것이 아니라 이전 상황과 비교하여 청국에게 정치적으로 매우 중요한 측면에서 많이 양보하고 있다는 사실을 설명한다. 따라서 일본이 청국에 피해를 주는 제안을 했다고 해도 러시아는 청국과 진정으로 우호적이고 호의적인 관계를 유지하는 데 부합하지 않은 제안은 거부할 것이기 때문이다.

청국 정부는 러시아 재무대신의 도착이 러중 정책의 가장 중요한 문제에 대한 의견을 교환할 좋은 기회라는 사실을 간과했기 때문에 이토 공작의 도착과 관련한 불안한 소문에 대해 일정 부분 책임이 있음을 지적하지 않을 수 없다. 따라서 대신 중 한 사람이라도 베이징에서 하얼빈으로 보내야만 한다. 두 대신의 만남과 대화는 양국 정부의 견해를 명확히 하고 결과적으로 상호 이익을 더 잘 이해하는 데 도움이 될 것이다. 안타깝게도 청국 정부가 이것을 간과했으며, 이는 곧 다가올 러시아와 일본 고위 인사들의 만남에 대한 온갖 기괴하고 의심스러운 소문의 토대가 될 것이다.

61. 재무대신의 하얼빈 방문 관련 기사

1909. 날짜 미상

Ф.560, оп.28, д.420, л.5-5 об.

　　10월 14일 러시아 재무대신인 상서 코코프초프는 관공서, 거래소, 상호신용협동조합과 기타 기관을 방문했다. 대신은 전권대표들과 시의회를 소집한 가운데, 1시간 넘게 형식이나 내용면에서 탁월한 연설을 하였다. 여기서 그는 하얼빈의 경제적 중요성과 법적 지위에 대해 자신과 러시아 정부의 입장을 분명히 밝혔다. 대신은 경제적 어려움과 관련하여 도시의 실상과 시민들의 활동에 대해 직접 조사한 결과, 하얼빈시의 번영이 시민들의 자립정신에 달려 있으며 그러한 방향에서 이미 상당한 성과를 거두고 있음을 확신하게 되어 기쁘다고 말했다. 시는 이미 막대한 비용을 지출한 동청철도 이사회 설립자와 외부로부터 재정적 지원을 기대할 수 없다. 왜냐하면 이사회는 자신의 임무, 즉 외국 땅에서 경제적 발전을 위해 사용한 러시아 국고의 자금과 추가 지불을 갚고, 조차 기간이 끝나면 소유자인 청국에 그것을 반환해야 하기 때문이다.

　　이러한 비용은 이웃 국가의 경제 발전이 주변의 러시아 지역에 이익을 주고, 러시아와 청국 두 거대한 국가 간의 문화 및 경제적 상호작용과 접촉을 증진시키는 데 중개자 역할을 할 것이라는 근거로 조성되었다. 만주의 경제적 번영을 조성한 동청철도는 이제 상업 기업의 직접적인 업무로 전환해야 하며 자본 지출에 대한 이자를 증가시키는 원칙에 따라 자신의 활동을 새로운 원칙에 맞추어 설정해야 한다.

　　하얼빈의 법적 지위로 돌아가서 재무대신은 우선 만주에서 러시아의 지위는 조약에 근거하고 있으므로 다른 외국인들과 비교할 때, 러시아의 배타적인 이해는 불가침의 권리라고 지적했다. 이러한 관점에서 대신은 러시아와 청국 간의 자발적 협정으로 확립된 기존 질서에 외국인들이 개입하는 것을 용납할 수 없다고 생각한다. 대신에 따르면 "하얼빈을 국제도시로 간주한다는 청국 및 일본과 맺은 러시아의 조약에 대한 해석의 허용 가능성에 대해 의문의 여지가 없다"라고 하였다. 청국은 국제 무역을 위해 러시아 도시를 개방할 수 없고, 이를 위해서는 단독 관할하에 있는 이 영토를 분리해야만 하므로 그러한 해석은 아무런 근거가 없는 것이다. 올해 4월 27일 하얼빈 행정에 관한 러청 협정과 관련하여, 재무대신은 기존 러청 협정을 확인함과 동시에 외국인에게도 문화적으로 편안한 사회생활을 확립토록 하기 위해 나머지 사람들과 동등하게 참여할 수 있는 권리를 부여한다고 말했다. 이러한 권리와 더불어 협정은 외국인에게도 공공의 편의를 위한 납세의 의무도 부과한다. 대신에 따르면 "만약 문화적이고 안정적인 일상의 질서가 주는 혜택을 누리는 사람들이 그 질서를 유지하는 데 필요한 사회적 비용을 감당하지 않으려 한다면, 그 어떤 문명국가도 그것을 허락할 수 없을 것이다. 따라서 지금의 도시 세금의 불안정한 징수 상태가 행정부를 혼란스럽게 해서는 안 된다. 이 문제는 가까운 시일 내에 해결될 것이며 현 행정기관은 포기하지 않고 오히려 국적에 상관없이 이 도시의 모든 주민이 비용을 담당하는 데 참여하도록 유도함으로써 도시 개선에 유용한 활동을 계속해야 한다"라고 하였다.

62. 코코프초프와 이토의 하얼빈 회동이 청국에 미칠 영향을 분석한 기사

1909. 날짜 미상

Ф.560, оп.28, д.420, л.6-6 об.

이토 공작의 하얼빈 방문과 관련하여 러시아 재무대신과 일본의 국가 활동에 가장 영향을 미치는 정치가와의 만남이 청국에 불리한 결과를 초래할 것이라는 예측이 많았다. 이토의 비극적인 죽음이 이러한 소문을 근절하지는 못했다. 이토 공작 대신에 오쿠마 공에 대해 얘기하고 있다. 그러나 현재 일본 내각의 정책에 반대하는 오쿠마 공을 정부 대표로 파견할 수 없고, 또한 일본 정부는 러시아 재무대신의 방문을 이용하여 시급한 문제를 해결할 생각이 거의 없었기 때문에 이 소문은 개연성이 없다. 물론 두 고위급 인사의 만남이 무의미하지는 않지만, 만주에서 러시아와 일본의 행동 차이에서 알 수 있듯이 만주는 청국의 이해에 손상을 주지 않는 교섭 대상이 될 수 있다. 오히려 두 고위 인사가 특정 이익 추구에 있어 상호 지원 의무 설정을 논의한다면 어떠한 공격성도 없는 러시아의 정책이 일본의 만주 정책에 기여할 수도 있을 것이다. 러시아와 일본 사이에 포츠머스 강화 조약이 체결되었음에도 상호 의심과 불신 속에 극동 지역에 불확실하고 불안정한 평화 상태를 조성하는 유혈 투쟁의 징후가 보인다. 이러한 불확실성은 무엇보다 러일전쟁의 재발이 임박했다는 소문이 끊이지 않는 만주에서 느껴진다. 사실, 청국에 있는 일본의 공개 및 비밀 언론이 이러한 소문을 부추기고 계속해서 러시아를 괴롭히고 모든 사람, 특히 청국을 공격적인 의도로 위협하는 데 큰 책임이 있다. 지도자들은 부지불식간에 조작을 사실로 믿는 것처럼 보인다. 그러나 이러한 언론 계획과는 달리 사실은, 청국과 중요한 이해 관계를 가진 모든 강대국 중에서 러시아만이 새로운 요구를 제기하지 않을 뿐만 아니라 청국과의 우호를 강조하며, 다른 이웃 국가들처럼 청국으로부터 특별한 혜택을 무력이나 유혹적인 약속으로 빼앗으려 하지 않는다는 점을 보여 준다. 우리는 정치적 우호가 양 당사자의 권리와 이익에 대한 상호 존중에 기초해야 함을 인정한다. 이를 토대로 다양한 종류의 정치적, 경제적 의미를 지닌 이익이 자연스럽게 따라오지만 그 반대는 그렇지 않다. 만약 이익을 추구하는 것만이 상호 관계의 기초라면, 확실히 한 쪽(가장 약한 쪽)은 더 적은 혜택을 받고 다른 쪽은 더 큰 혜택을 받을 것이다. 최근 몇 가지 징후에 따르면, 청국 정부의 지도부는 러시아의 적성국들이 조장하는 반러시아적인 편견과 러시아 정책의 실제를 구별하기 시작했다고 판단할 수 있다.

러시아의 우호 정책에 대응하여, 청국이 러시아의 약점을 악용하려는 다른 강대국들과 같은 방식으로 러시아를 대한다면, 러시아 지도부는 현재 정책을 변경할 수 밖에 없을 것이다. 덧붙이자면 러시아와 일본의 두 고위급 대표가 만난 결과, 러시아와 일본의 긴밀한 화해 가능성으로 인해 발생하는 불안 속에서도 기존의 우호적인 러청 관계를 소중히 여겨야 할 필요가 있다는 것이다. 따라서 극동의 현 정치 상황이 러시아가 청국에 손해를 끼치면서까지 일본과 동맹을 맺어야 할 정도는 아니지만, 만약 그렇게 된다면 그에 대한 책임은 청국에게 있다는 사실을 확실하게 말할 수 있다.

63. 한국 테러리스트 체포 상보

1909. 날짜 미상

Ф.560, оп.28, д.420, л.7-8.

이토 공작 저격범의 공범자들이 채가구역에서 우연히 체포된 것에 관한 정보에 보충하여 다음과 같은 흥미로운 세부 정보를 제공합니다.

채가구역에서

10월 11일 낮 12시 하얼빈에서 남쪽으로 향하는 여섯 번째 우편열차 정류장에서 처음에는 일본인으로 오인된 외국인 3명이 2등 객차에서 뛰어내렸다. 이들은 이토 공작을 저격한 안응칠(Инчин-ангай)과 그의 동지 조도선(Чидо-осен)과 천주기(Чен-джуги)[4]였다. 젊은이 중 러시아어에 능통한 한 명이 헌병 하사관에게 산차혜역이 멀리 있는지 물었다. 대답을 들은 한국인은 즉시 동료들에게 통역해 준 뒤 관청즈-하얼빈 노선의 열차 시간표에 대해서도 자세히 물어봤다. 그런 다음에 그들은 구내 식당으로 갔다. 소지품도 거의 없이 외국인들이 외딴 역에 내린 것이 수상해 보였고, 그들이 도착한 목적 자체에 대해 여러 추측을 하게 만들었다. 여행자들이 역을 지나는 기차를 주의 깊게 살펴보고 있다는 사실에 호기심이 더욱 커져서 헌병 장교가 누구를 기다리는지 묻자, 한국인 중 한 명이 "나는 형제를, 저 사람은 친척의 엄마와 누나를 만나러 왔습니다"라고 대답했다. 하사관은 그 대답이 의심스러웠지만 외국인들을 체포할 정당한 근거가 없어서 신분증을 보여 달라고 요청했다.

---

[4] 역주: 우덕순일 가능성이 높다. 그러나 원문에는 천주기로 표기되어 있어 이 인물이 정확히 누구인지는 확인할 수 없다.

전보

아마도, 조선인 의사 김의 이름으로 하얼빈에 보낸 전보 질문이 그들을 움직이게 한 것 같다. "도착했는지 여부를 알려 주세요. 채가구에서 기다립니다" 여기에 대해 다음과 같은 답신이 이어졌다. "내일 아침에 하얼빈에 올 것이다."

암살범의 출발

이야기를 마치고 동지들은 안가이와 작별 인사를 했다. 그들의 이별은 감동적이었고, 목격자들에게 강한 인상을 남겼다. 안가이는 수차례 땅에 엎드려 절했고, 그의 동료들도 그렇게 응했다. 그들의 얼굴은 슬픔에 차 있었고, 그들의 눈에는 눈물이 그득했다. 안가이는 4호 열차로 하얼빈으로 떠났다.

의심

한국인들의 수상한 행동으로 인해 역 당국은 그들이 채가구에 머물렀던 것이 이토 공작의 도착과 관련이 있다고 추측했다. 그러나 남아 있는 한국인들에 대해 은밀한 감시를 하는 것에 그쳐야 했다. 또한 중대장 볼코다보프(Волкодавов)의 명령에 따라 역에서 야간 순찰을 강화했다. 다음 날인 10월 13일 아침, 이토 공작이 타고 있던 열차가 6시 10분에 통과할 예정이었다. 이에 역 카페에서 하룻밤을 머물던 한국인들을 열차 통로에 출입하지 못하게 하라는 명령을 받았다. 한국인들이 일찍 일어나서 서둘러 가려 했지만, 방문이 잠겨 있었다. 한국인들은 이토 공작의 열차에 대해 문의한 후 그가 이미 곧바로 채가구로 떠났다는 사실을 알고 비통함을 느꼈다. 잠시 후 이토의 사망과 그의 시신이 돌아오는 기차편으로 운구된다는 보고가 채가구에 도착했다.

암살 공범자 체포

소식을 접한 부사관 세민(Семин)은 4명의 병사와 함께 한국인들을 급히 체포했다. 한국인들이 있던 방에서 "꼼짝 마라, 너희들은 체포됐다"라는 소리가 들린 후 즉시 청년들이 검거됐다. 수색 결과, 검거된 한국인들 중 한 명이 여분의 탄창이 든 브라우닝 권총을 가지고 있었다. 다른 한 사람은 5연발 "스미스&웨슨" 리볼버와 23개의 여분 총알을 가지고 있었다. 체포된 두 명 모두에게서 발견된 총알의 일부는 강력한 파괴력을 지닌 "엑

스프레스"인 것으로 밝혀졌다. 이후에 체포된 사람들은 당직실로 이송되었다. 방문 목적을 묻는 말에 한국인 중 한 명은 "그렇다. 우리는 후작을 죽이러 왔다"라고 말했다. 구금자들이 이토가 한국인에 의해 암살되었다는 소식을 들었을 때, 조도선은 저격범이 분명히 우리 동지일 것이라고 말했다.

이토 사망 소식

이토 사망 소식에 한국인들은 매우 기뻐했다. 그들은 후작이 죽었는지 몇 번이나 소식의 진위를 확인했으며, 그 후에 말로 표현할 수 없을 정도로 기뻐했다. "일본인들은 그렇게 되어야 한다. 그들은 우리 조국을 망하게 했고 국고를 빼앗아 우리의 황제에게 은사금(恩賜金)을 지급하고 있다." 그 한국인들은 그들의 장군에 의해 26명이 만주로 파견되었다고 알렸다. 그 후 얼마 지나지 않아 한국인을 체포하여 하얼빈으로 데려가라는 공식 명령이 내려졌다.

안가이는 일본 영사관에서의 최초 진술에서 다른 29명의 선발된 한국인들은 이토가 한국에서 행한 토벌 작전에 대해 원수를 갚기로 맹세했다고 일본 영사에게 분명하게 말했다. 안가이는 "나는 죽음이 두렵지 않다. 너희들의 고문도 이미 겁내지 않는다. 나의 정신과 심장은 그것들[5]로 인해 조국에서 많이 아팠다. 죽으면서 나는 조국해방의 임무를 처음으로 시작한 것에 대해 행복할 것이다"라고 말했다.

일본 당국은 이토의 뒤를 쫓아 왔다가 지금은 한국으로 돌아간 다른 공모자 그룹이 증기선을 용선하였고 다롄의 일본인 거리에 수많은 정보원들을 거느리고 있다는 새로운 정보를 입수했다. 안가이로부터 압수한 문서들을 통해 음모의 지도부는 한국에 남아 있으며 이토의 저격이 봉기 신호로 작용했다는 결론을 내려야 한다.

---

5 역주: 토벌작전

64. 재무대신의 극동 시찰에 대한 현지 언론보도 관련 보고

1909. 날짜 미상

ф.560, оп.28, д.420, л.9-9 об.

러시아 재무대신인 상서 코코프초프의 극동 도착으로 발생한 여러 소문들 중에서 일부 신문의 보도, 즉 일본이 지린-창춘 철도와 연결하기 위해 한국 북부의 회령에서 관청즈까지 철도부설권을 획득한 것에 대응하여 러시아는 하이린역(닝구타에서 가까운)에서 훈춘까지 철도 건설을 청국에 제안하였다는 내용이 주의를 끈다. 여기에서 러시아는 포시에트와 해안을 따라 오호트스크까지 가는 도로를 건설할 계획이라고 한다. 만주에 대한 일본의 이익을 평가하는 관점에서 만주에서 러시아의 이익을 평가한다면 이 소문은 그럴듯해 보인다. 그러나 그 사업을 정치적, 경제적 측면에서 살펴볼 때 이 소문에 대한 근거가 없다. 최근 몇 년 동안 만주에 대한 러시아의 정책을 공정하게 관찰한 사람들이 더 이전에(마지막 전쟁 이전에) 러시아가 만주에 확고하게 자리 잡을 의도가 있었다고 의심한다면 전쟁 후에는 러시아의 변강인 프리아무르 지역의 문화 및 경제 발전에 집중적인 관심을 기울이고 있다는 것을 알 수 있을 것이다. 새로운 러시아 정책 노선의 증거이자 첫 번째 결과는 아무르 철도 건설이었다. 동부 시베리아의 식민과 경제생활을 정상화하기 위한 조치는 러시아의 주요 관심이 이제 러시아 극동 영토에 집중되고 있다는 명백한 신호이다.

따라서 만주에서 러시아가 새로운 철도를 건설한다는 소문은 러시아 정책 지향에 명백히 반대되는 것이다. 일본이 조만간 건설할 회령과 안둥철도는 일본에 커다란 전략적 이익을 주고, 청국뿐만 아니라 러시아에도 위협이 된다. 이에 러시아도 같은 조치를 취할 필요가 있는지에 대한 생각을 표명한 것은 사실이다. 그러나 우리는 러시아가 동청철도의 동부 지선과 거의 평행한 또 다른 철도를 건설할 합리적인 이유를 찾지 못했다. 이러한 건설은 전략적으로 러시아에게 필요하지 않지만 경제적으로 직접적인 해를 줄 수 있다. 왜냐하면 이는 인접한 러시아 지역에 피해를 주는 만주 지역의 경제 발전에만 기여할 것이기 때문이다. 그러므로 상기한 바와 같이 러시아가 치치하얼에서 아이훈까지 철도 건설을 열망한다는 소문과 마찬가지로 이 소문도 전혀 근거가 없는 것으로 생각한다. 두 경우 모두 이러한 도로 건설의 이점은 전적으로 청국 측에 있다. 물론 이 모든 소문의 출처가 청국 언론이라고 추측하는 것은 어렵지 않다. 그들은 자신들의 입장을 기준으로 다른 사람들의 행동을 판단하는 경향이 있으며, 부분적으로는 만주에서 일본의 적극적인 정책에 대한 관심을 돌리기 위해 러시아가 전혀 고려하지 않은 계획을 러시아가 가지고 있는 것처럼 보도하고 있다.

65. 재무대신의 극동 시찰에 대한 청국 신문의 보도 동향

1909. 날짜 미상

Ф.560, оп.28, д.420, л.10-10 об.

터무니 없는 소문

우리는 만주에서 멀리 떨어진 곳에서 발간하는 청국 신문이 부분적으로는 타의로, 부분적으로 고의로 만주, 특히 북만주의 상황을 왜곡한다는 점을 이미 여러 차례 지적했다. 최근에 『센조우지바오(Шэнь-чжоу-жи-бао)』 신문은 다양한 우화를 풍부하게 실어 눈길을 끌었다. 신문이 무분별한 보도로 언론기관의 진정성을 떨어뜨리고, 누군가를 비난하려는 편견으로 왜곡된 결론을 내린다면 더이상 독자들의 존경을 받을 수 없다. 북만주 소식에 대한 신문의 태도를 보여 주는 전형적인 사례는 다음과 같다.

"현재 러시아는 북만주 전역에서 강화된 활동을 보여 주고 있다. 러일조약 체결 이후 러시아와 일본은 영향력과 이익을 균등하게 하고 공동정책을 수립하기 위해 노력해 왔다. 이 문제는 대신회의의 관심을 끌었으며 토론의 주제가 되었다."

『센조우지바오』는 출처를 알 수 없는 이 뉴스를 인용하면서, 특히 최근 만주에서 러시아와 일본의 행동 차이와 남만주의 일본인과 북만주 러시아인의 수 측면에서 둘은 비교할 수 없다는 등 이곳 사람들이 알고 있는 사실과 명백하게 다른 기사를 실었다. 이는 진정한 확신에서가 아니라 이전에 작성된 러시아 혐오 기사에 편향하여 러시아를 비난하는 것이다. 또한 신문은 러시아가 청국에 동청철도 구매를 제안했다는 믿을 만한 소식을 인용하면서 신문 자신이 빠져 있는 모순을 눈치채지 못하고 있다. 우리는 『센조우지바오』에게 묻고 싶다. 철도 매각으로 인해 만주에서 러시아가 완전히 철수하는 것이 어떻게 공격적인 계획이라고 할 수 있는가?

우리가 부정적인 의견을 이미 자세하게 표명한 철도 매각 문제에 관해서는 재무대신의 방문으로 이 소문이 전혀 근거가 없음을 다시 한번 천명하게 되었다. 또한 이토 공작의 도착은 만주에서 러시아와 일본이 협력 정책을 공고히 할 예정이라는 소문을 촉발시켰다. 이렇게 상반되는 소문을 하나로 비교하는 것만으로도 두 가지 모두 진실과 거리가 멀다는 것을 알 수 있다. 그러나 의심의 여지 없이 『센조우지바오』 및 이와 유사한 신문들은 온당치 않은 러시아에 대한 비난을 다시 쌓아 올리기 위해 이러한 소문을 다시 이용할 것이다. 공정함의 중요성과 청국에 가장 중요한 러청 우호 관계를 발전시키기 위해 이러한 소문이 근거가 없다는 점을 지적하는 것이 우리의 의무라고 생각한다.

66. 청국을 둘러싼 국제 자본가들의 경쟁에 관한 언론기사 발췌본

1909. 날짜 미상

Ф.560, оп.28, д.420, л.11-11 об.

청국에서 미국의 패권우위 가능성에 대해 무역계에서는 금융 그룹만큼 관심이 많지는 않다. 이에 따라 상황을 다음과 같이 공식화할 수 있다.

"무역은 깃발을 따르지만 차관을 따라갈지는 의문이다."

극동 지역에서 미국의 무역 이익을 대표하는 가장 중요한 대표자를 회원으로 포함하는 미국 아시아협회는 제시된 기회에 대해 신중한 태도를 취하는 경향이 있다. 이 협회의 가장 최근 보고서 중 하나에서 다음과 같이 언급하고 있다.

"이 철도 차관에 대한 외무부의 태도가 태프트 대통령 측의 의향 때문이라는 데는 의심의 여지가 없다. 또한 미국에서 청국 채권을 발행할 준비가 되어 있음을 밝힌 금융 그룹은 이 그룹이 인정하는 모든 기업을 지원하기 위해 정부의 힘과 영향력에 의존할 수 있다는 대통령의 보증을 확보했다고 주장할 수도 있다. 이러한 새로운 외교적 경향을 동반한 청국 문제에 대한 사회적 관심은 신문에 의해 부풀려졌다. 그러나 이것은 중요한 결과, 즉 몇몇 중대한 국제 문제를 사회에 명확히 하는 것으로 이어졌고, 그중 하나는 20세기의 역사를 바꿀 운명이었다."

지금까지 미국이 청국으로 수출한 주요 품목은 면직물이었다. 1908년에 크게 성장했던 무역은 지난 두 달 동안 가격 상승으로 인해 빠르게 하락했다. 중국인들은 영국인들이 이 제품을 더 싸게 팔고 있다는 것을 알게 되었다. 미국 면화 제조업자들은 자국에서 산업이 회복되면서 15~25%의 이윤으로 출하하기를 바라기 때문에 가격이 부풀려지고 있다. 영국 면화 공장은 5%의 이윤으로도 만족한다. 독일과 일본도 그렇게 하고 있다. 러시아는 더 비싸지만 고품질의 직물을 제공한다.

앞서 언급한 미국 금융 신디케이트의 경쟁자들은 미국인들이 차관에 참여함으로써 한커우 철도가 미국에 철도 물자를 대량 주문할 것이라고 주장한다. 다른 세 나라도 자재 공급에 참여하여 미국의 몫이 될 주문이 수십 개의 철도 어디에서도 연간 주문을 거의 초과하지 않을 것이다.

그러나 기업가와 은행가의 이익에 대한 표면적인 문제 배후에는 언젠가 빛을 볼 가장 거대한 금융게임이 있다. 청국의 분할은 고대 제국이 무너지면 광대한 영토를 획득할 수 있는 일부 국가들의 오랜 염원이었다.

현재 청 제국의 보존을 위협하는 핵심적인 위험은 국가의 금융 파산이다. 대출에 맛을 들인 청국 정부가 어느 정도의 극한까지 갈지 장담하기는 어렵다. 결국 청국 정부는 상응하는 정부의 지원을 받는 은행가들의 그물에 걸려들 것이다. 그리고 우리 시대에는 세계가 자본에 의해 지배되기 때문에 그때 영토 분할도 시작될 것이다. 잘 알려진 것처럼 러시아는 청국에서 벌어지는 이 치열한 국제 자본 경쟁에 참여하지 않기 때문에 이러한 모든 열강은 러시아와 동맹을 맺기를 희망한다. 청국이 러시아를 동맹국으로 삼아야 하는 보다 큰 근거는 러시아가 청국의 경제적, 정치적 약점을 가장 적게 이용하기 때문이라고 생각한다.

67. 주일 대사가 외무부에 보낸 하얼빈 회의 예상의제 관련 전문

1909.9.28

Ф.560, оп.28, д.421, л.3-3 об.

조만간 이토 공이 다롄과 무크덴으로 떠나 하얼빈을 여행하고 블라디보스토크를 통해 돌아올 계획입니다. 개인비서, 의사, 외교부의 중국어 통역, 참모본부 소령 1명, 황실 관리 1명, 의원 1명, 남만주철도 공무원 및 서기가 그를 수행합니다. 모토노의 정보에 따르면 이토는 신력 10월 25일 하얼빈에 도착할 것으로 예상되며 재무대신과 만나고 싶다고 확실히 알려 왔습니다. 그에 따르면 그는 공식적인 임무도 없이 여행하고 있지만, 동청철도와 남만주철도 간의 협정과 상업 관계의 발전과 관련하여, 일본과 러시아 사이의 긴밀한 화해 가능성을 명확히 알아보기 위해 특히 재무대신 코코프초프와의 만남을 성사시키고 싶어합니다. 저는 이토 공과의 지속적인 대화 속에서 그의 러시아에 대한 변하지 않은 호감을 확신하였습니다. 이토 공은 현재 청국에서 열강의 상호 이익 충돌로 귀결되는 극동의 모든 문제에 대해 양국 간의 긴밀한 단결이 필요하다는 의견을 표명했습니다. 다롄 영사, 프리아무르 총독과 베이징 공사에게 이토의 여행에 대한 전보를 발송합니다.

68. 주일 대사가 외무부에 보낸 이토의 하얼빈 방문 목적에 관한 전문

1909.9.30

Ф.560, оп.28, д.421, л.5-5 об.

사조노프(С.д.Сазонов)는 말렙스키 말레비치가 제공한 다음의 정보를 전신으로 전달하기를 요청합니다. 이토 공작의 하얼빈 방문 목적이 재무대신을 만나기 위한 것으로 밝혀졌습니다. 동시에 최근 일본과 청국의 비밀 협정에 대해 안심할 수 있도록 확신을 주고, 만주에서 상호 이익의 추가 합의를 위한 토대 구축을 시도할 것입니다. 분명히 우리의 주장이 아직 해결되지 않은 동청철도와 남만주철도 간의 화물 운송에 관한 협정 체결 문제도 제기될 것입니다. 공작이 현 정부의 구성원이 아니라서 공식 임무가 없다 하더라도 그는 출발에 앞서 내각 구성원과 실제 회의를 진행할 것입니다. 어쨌든, 그가 친러 인사라는 평판과 그의 개인적 권위는 일본 정부에 유리한 의미로 러시아 여론에 영향을 미치는 데 사용될 것입니다.

69. 코코프초프가 프리아무르주 총독에게 보낸 전문

1909.10.1

Ф.560, оп.28, д.421, л.6.

각하, 이토 공작의 여행에 대해 보고해 주셔서 감사합니다. 저는 이미 알고 있었습니다. 저는 그에게 협조하고 관심을 기울이라고 명령했습니다. 10월 13일에 하얼빈에서 이토 공작과 면담할 예정입니다.

70. 빌렌킨이 코코프초프에게 보낸 보고서

1909.10.1

Ф.560, оп.28, д.421, л.7-15.

존경하는 블라디미르 니콜라예비치 각하

이토 공작이 며칠 전에 만주로 떠나면서, 각하께서 이토 공작과 하얼빈에서 만나시는 것이 어떠신지 알아볼 것을 고토를 통해 제게 요청하였음을 올해 9월 28일/10월 11일 전보로 보낼 수 있는 영광을 이미 누렸습니다. 저는 그 답신을 지체없이 그에게 전달했고, 제가 이미 전신하는 영광을 얻은 것처럼 이토 공작은 구력 10월 13일을 선택했습니다.

이토 공작의 만주 여행이 지난주에야 알려지면서 이곳 외교계와 언론에서는 이번 여행의 동기에 관해 온갖 추측이 난무하고 있습니다. 이토 공작은 현재 공직을 맡고 있지는 않지만(그는 자문 기관인 추밀원 의장), 기분도 풀고 오랫동안 가보지 않은 곳을 다시 보기 위해 만주를 여행한다고 말했습니다. 그러나 그의 여행이 명백하게 규정된 목적이 있고 특히 최근 그곳에서의 사건을 고려할 때 업무 성격을 띠고 있다는 점에는 조금도 의심의 여지가 없습니다.

제가 곧바로 각하께 보고 드린 올해 9월 4일 체결된 청일협약은 특히 무순과 엔타이 탄광 개발과 안동-무크덴 철도 보강공사 구간의 광산 개발과 관련된 제3항과 제4항으로 미국에 불편한 감정을 야기했습니다. 미국 여론은 이 협약을 1908년 11월 30일 워싱턴에서 미국 외무장관 루트(Рут)와 일본 대사 다카히라(Такахира) 남작이 교환한 각서에 따른 의무를 일본이 위반한 것으로 인식하고 있습니다. 위의 각서에 기초하여 양국 정부는 청국의 독립과 영토 보존을 지지하고 무역 및 산업 분야에서 모든 국가에 기회 균등의 원칙을 유지하기로 합의했습니다. 그리고 이에 기초하여 앞서 언급한 국가를 위협하는 경우, 양국 정부는 필요한 조처를 위한 협의(의사소통)를 약속했습니다. 일본에 광산 개발 우선권을 부여한 9월 4일의 청일 협약의 제3항과 제4항은 1908년 11월 30일 미일협약을 직접 위반한 것이며, 뉴욕과 샌프란시스코에서 발신된 전보 통신으로 판단할 때 미국 정부는 청일 협약에 대해 항의할 예정입니다.

이 소문이 어느 정도 믿을 만한지 아직 단정하기 어렵지만 어쨌든 미국 여론은 일본과 청국의 새로운 협약 체결에 대한 불만을 숨기지 않고 있으며, 지난 2주간 미국 신문들은 일본의 만주정책을 신랄하게 비판하는 기사를 게재하고 있습니다.

이와 더불어 일본인들의 뜨거운 관심을 끄는 사건이 발생했습니다. 새로 임명된 베이징 주재 미국 공사 크렌(Крэн)이 자신의 임지로 출발하려고 샌프란시스코로 갔다가 갑자기 워싱턴으로 소환되었습니다. 친청파로 유명한 크렌은 미국 언론인들과 대담하면서 미국 정부가 9월 4일의 청일 협약에 대해 항의할 것이라고 조심성 없는 발언을 한 후에 특히 이곳에서 인기가 없습니다. 오늘 전보에 따르면 크렌은 이미 자신의 불찰에 대한 대가를 치르고 사임하게 되었지만, 이로써 청일 협약에 대한 미국의 불만 그 자체는 더욱 강조되고 있습니다. 이와 관련하여 미국 금융 신디케이트 모건-쿤-롭의 대표인 스트레이트(Straight)가 베이징을 떠나 무크덴에 도착해서 만주 총독과 네 차례의 만남을 가졌다는 사실이 이곳 일본에서 알려졌습니다. 이곳에서는 미국 정부가 가장 활발하게 참여하는 신디케이트의 대표가 일정한 결과를 얻어 냈다고 추측하고 있습니다.

지도층과 사회여론을 반영하고 있는 현지 언론은 세심하게 이 모든 사건들에 대해 주시하고 있습니다. 일본에 대한 미국의 분위기에 대해 항상 잘 파악하고 있는 일본의 지도층에서는 한편으로는 제기된 문제들로부터 관심을 다른 곳으로 돌리고, 다른 한편으로는 안동-무크덴 철도의 경비와 철도 보수를 위한 수입 자재에 대한 관세 징수 절차 등에 관해 청국과 해결되지 않은 문제들을 해결하기로 하였습니다. 이러한 목적을 위해서 일본 정부는 일본뿐만 아니라 유럽과 미국 전역에서 일체의 의심을 받지 않고 권위를 인정받는 인사를 만주로, 그리고 가능하다면 만주에서 베이징으로 파견하기로 했습니다. 그가 바로 이토 공작입니다.

일본 정부의 선택은 고도로 외교적이라는 점을 인정해야만 합니다. 이토 공작이 추밀원의 의장이지만 이미 위에서 언급한 바와 같이 이 직위는 명목상의 성격에 가깝습니다. 이토 공작은 정부의 내각 구성원이 아닙니다. 따라서 그는 청국 정부 인사들과 협상과 대화를 하면서 기회 있을 때마다 자신의 비공식적인 입장을 드러낼 것이므로 그가 말한 제안은 구속력이 없습니다. 물론 이것은 그를 더 유리한 위치에 놓이게 합니다. 게다가 다른 한편으로 그는 청국 정부 인사들이 그에게 했을 약속으로 그들을 속박할 수 있습니다.

신문사 전보를 통해 각하께서 블라디보스토크에 도착할 예정임을 알게 된 고토 남작은 각하를 도쿄로 초청하기 위해 온갖 노력을 기울였습니다. 그러나 그것이 불가능하다는 것을 알고서 수상인 가쓰라(Катцура) 후작의 중재로 만주로 가려 했던 이토 공작을 설득하여 하얼빈에서 각하와의 만남을 먼저 제안하도록 하는 데 성공했습니다. 이토 공작은 우리 대사인 말렙스키-말레비치를 방문했습니다. 그는 대화 중 앞에서 언급한 바람을 밝히고 동시에 이것을 각하께 전신해 줄 것을 고토 남작을 통해 저에게 요청했습니다.

우리 대사의 견해에 따르면 각하를 만나기 위한 이토 공작의 하얼빈 방문은 최근에 유명한 민간 출판사에서 부추긴 러시아 여론을 진정시키기 위한 목적으로 러시아에 대한 일본 측의 우호적인 표현을 보여 주기 위한 것입니다. 그러한 표현은 당연히 우리 측으로부터 가장 열렬한 환영을 받아야 합니다.

의심의 여지 없이 미국과 관련해서 일본이 처해 있는 현재의 매우 민감한 상황을 고려할 때, 청국은 일본이 하는 모든 일에 경계하고 있습니다. 따라서 일본 정부는 만주에서 일본과 러시아의 이해는 일치하며, 이들 두 국가는 손에 손을 잡고 가고 있으며 그러한 방식을 통해 청국 측에서 더 많은 성공을 거둘 수 있다는 것을 미국과 청국에게 보여 주는 것이 특히 중요합니다.

이러한 고려 사항으로 인해 일본 정부는 러시아 정부가 계속해서 거부하고 있는 일련의 요구 사항들을 해결할 목적으로 러시아 정부를 만족시키는 데 더 수용적 입장이 될 가능성이 매우 큽니다. 이러한 요구 중 동청철도 소속으로 일본이 압류한 '만주리아호', '아르군호', '무크덴호' 등 1백 70만 루블 상당의 러시아 증기선 3척이 아직 상환되지 않았을 뿐만 아니라 일본 정부는 이러한 청구권을 재조정하는 것조차 거부하고 있음을 언급해야만 합니다. 이제 철도 협약을 추구하는 일본 정부는 러시아에 그들의 진정성을 보여 줄 수 있고, 미해결 요구를 충족시켜 러시아 언론의 공격을 잠재울 좋은 기회를 얻게 되었습니다.

각하, 저의 존경과 충심을 받아 주십시오.
그리고리 빌렌킨

추신

일본의 우편 검열을 피하려고 앞에서 언급한 보고서는 제가 대사관의 특별배달부를 통해 쓰루가로 보내 그곳에서 그가 개인적으로 의용함대 선박에 있는 우리의 우편 파수병에게 인계할 것입니다. 각하께서 이토 공작과의 만남에 대해 현지 언론에 보도하는 방법을 알려 주시려면 암호로 처리해 주시길 겸허히 요청드립니다. 왜냐하면 현지 우편 검열을 피하기가 매우 어려울 것이기 때문입니다.

또한 저는 크렌 씨와의 사건에 대해 공식 보도하는 그들의 오늘 신문의 발췌문을 송부하는 것을 영광으로 생각합니다. 여기서 항의 문제는 아직 끝나지 않음이 분명합니다.

71. 주일 재무관 빌렌킨이 재무대신에게 보낸 보고서

1909.10.3

Ф.560, оп.28, д.421, л.16-17 об.

존경하는 블라디미르 니콜라예비치 각하

올해 10월 1/14일 하얼빈으로 발송한 저의 No.141 보고서에 덧붙여 이토 공작의 만주 여행 수행원 명단을 알려드리게 되어 영광입니다. 이들 모두가 하얼빈으로 가는지에 대한 여부는 여기에서 알 수 없습니다. 어쨌든, 만찬 식탁에 그들의 배치 순서대로 열거해야 한다고 생각합니다.

1) 나카무라(Накамура, Nakamura): 남만주철도 의장.
2) 무로타(室田義文, Мурота, Murota): 귀족원 의원, 전 멕시코 공사. 현재 공직을 맡고 있지 않으며, 시모노세키의 민간은행장으로 일하고 있습니다. 이토 공작의 친구 자격으로 수행합니다.
3) 오우치(Учи, Ouchi): 여순 주재 관동총독부 산하 외무처장.
4) 후루야(古谷久綱, Фуруя, Furuya): 추밀원 의장(이토) 개인비서, 궁내부 의전국장. 후루야는 이토 공작의 개인비서로 오랫동안 일했고, 그의 오른팔로 여깁니다. 그는 앞에서 언급한 무로타의 딸과 결혼했습니다.
5) 테이(Теи, Tei): 외무부 관리, 중국통이자 중국과 만주 관련 문제 전문가.
6) 마쓰키(Мацуки, Matsuki): 총참모부 소령. 러일전쟁사 전문가로 만주에서의 군사 관계에 대한 역사적 조치를 이토 공작에게 설명하기 위해 임명되었습니다.
7) 타츠이(Татцуи, Tatsui): 남만주철도 총비서(Главный Секретарь).
8) 모리(森槐南, Мори, Mori): 궁내부 대신 개인비서. 모리는 가장 저명한 일본 현대 시인으로 간주되며 이토 공작의 친구 자격으로 수행합니다.

9) 고야마(Кояма, Koyama)[6]: 의사, 궁내부 소속.

이토 공작은 10월 12/25일 저녁 기차로 관청즈에서 하얼빈으로 출발할 예정입니다.
각하, 저의 존경과 충심을 받아 주십시오.

그리고리 빌렌킨

---

6 역주: 오야마(小山善)의 오기로 보임.

72-1. 재무부 부대신 베베르가 코코프초프에게 보낸 전문

1909.10.4

Ф.560, оп.28, д.421, л.18.

사조노프가 말렙스키-말레비치의 다음 전보를 각하께 발송해 주기를 요청해 왔습니다. 재무대신이 이토와 회동할 경우, 일본의 관심사인 동청철도와 남만주철도 사이의 협정에 대한 문제가 제기될 것입니다. 이 경우 염두에 두어야 하는 것은 일본 정부가 포획된 선박에 대한 우리의 모든 요구를 들어주지 않은 상태로 남겨 놓았다는 점입니다. 한편, 포획해 간 선박 중에는 동청철도 회사 소속인 '만주리아호', '아르군호', '무크덴호'가 있습니다.

72-2. 재무대신에게 보낸 3등관 베베르의 전보

1909.10.4

Ф.560, оп.28, д.421, л.19.

사조노프가 외무대신으로부터 다음과 같은 전문을 받았다고 합니다. 재무대신은 빌렌킨의 보고서와 스톨리핀(П.А. Столыпин)과 각하와 논의한 결과에 따라 하얼빈에서 회동하자는 이토 공작의 초청을 수용하기로 했다고 황제 폐하께 상주 보고서를 제출했습니다. 황제 폐하는 다음과 같이 결재하여 상주서를 저에게 보냈습니다. "중립 지역에서 그러한 회동은 유익할 것이다."

73. 스톨리핀 총리가 재무대신에게 보낸 전문

1909.10.4

Ф.560, оп.28, д.421, л.20.

하얼빈에서 회동하자는 이토 공작의 초청을 수락하기로 한 각하의 결정 상주서에 황제 폐하께서는 다음과 같이 결재하셨습니다. "중립 지역에서 그러한 회동은 유익할 것이다." 폴랴코프(Поляков)[7]는 대신회의에서 이의를 제기하기 위해 그 보고서를 보여 달라고 요구하고 있습니다. 문제가 없는지 알려 주십시오. 이곳은 조용합니다. 그러나 언론은 계속해서 소란을 벌이고 있습니다.

---

7 역주: 폴랴코프(Л.С.Поляков, 1842-1914) 러시아 은행가. 그는 극동에서 러시아 은행의 영업 활성화를 주장했던 반면 코코프초프는 자본력이 취약한 러시아 은행이 일본은행과 경쟁하는 것에 반대함.

74-1. 프리아무르주 총독이 재무대신에게 보낸 전문

1909.10.4

Ф.560, оп.28, д.421, л.21.

각하의 하바롭스크 방문이 비록 짧은 기간이지만 이 지역을 위해 매우 중요함을 각하에게 보고합니다. 각하께서 이것에 동의하신다면 먼저 하얼빈에서 하바롭스크로 이동하시고, 거기에서 블라디보스토크로 가는 것을 고려하시는 것이 어떠신지 저에게 알려 주시기를 요청합니다. 그러면 이토 공작이 먼저 갈 수 있으며, 각하께서 블라디보스토크에 체류하면서 업무에 온전히 집중할 기회가 될 것입니다.

운테르베르게르

74-2. 5등관 요한슨(Иогансон)의 전보

1909.10.6

Ф.560, оп.28, д.421, л.22.

운테르베르게르 총독의 전보를 각하께 암호문으로 전달합니다. 그는 이토 공작이 앞서 갈 수 있도록 먼저 하얼빈에서 하바롭스크로, 그리고 그곳에서 블라디보스토크로 갈 예정입니다.

요한슨

75. 재무부 부대신 베베르가 코코프초프에게 보낸 전문

1909.10.8

Ф.560, оп.28, д.421, л.23.

사조노프에 따르면 이토의 방문은 다음과 같은 비밀 목적이 있습니다. 일본은 군사적 목적으로 매우 큰 규모의 차관을 도입하려 합니다. 북미 시장은 이에 동의하지 않으며 영국 시장도 새로운 러영 관계와 일본의 군사 준비가 러시아를 겨냥할 것이라는 두려움 때문에 이에 동의하지 않습니다. 일본은 영국에게 그들의 우려가 헛된 것임을 입증하고자 합니다. 따라서 우리는 온갖 종류의 아첨을 기다릴 필요가 있습니다. 사조노프는 이토의 도착을 첫 번째 단계로 파악하고 있습니다.

76-1. 코코프초프와 프리아무르주 총독의 블라디보스토크 시찰 일정 관련 왕복 전문

1909.10.5

Ф.560, оп.28, д.421, л.24.

하바롭스크 총독께

각하의 뜻에 따라 행동하는 데 동의합니다. 하얼빈에서의 출발 시간에 대해 전신으로 알려드리겠습니다.

<u>코코프초프</u>

76-2.

1909.10.9

Ф.560, оп.28, д.421, л.25-25 об.

하바롭스크 총독께

보도에 따르면 이토 공작은 10월 13일과 14일 양일간 하얼빈에 머물다가 블라디보스토크로 이동할 예정입니다. 저는 10월 16일 이후 하얼빈에서 하바롭스크로 출발할 예정이며 그곳에서 각하와 함께 블라디보스토크로 갈 예정입니다. 하얼빈에서 소문이 자자한 각하와 이토 공작과의 만남은 언제 어디서 계획하고 계신지 타전해 주시기 바랍니다.

긍정적일 경우 제가 블라디보스토크로 바로 가는 것이 더 낫지 않을까요? 만일 각하의 회담이 예정에 없다면, 각하께서 원하는 대로 블라디보스토크를 방문하기 전에 하바롭스크로 가겠습니다.

<u>코코프초프</u>

77-1. 코코프초프와 프리아무르주 총독의 일정 조정 관련 전문

1909.10.10

Ф.560, оп.28, д.421, л.26.

재무대신께

저와 이토 공작과의 만남은 전혀 예정에 없습니다. 그러나 하바롭스크에서 블라디보스토크로 각하와 동행할 생각은 분명히 있습니다. 각하께서 먼저 블라디보스토크로 가실 의향이 있으시다면 각하를 마중하기 위해 그라데코보로 떠나겠습니다. 각하께서 어떻게 노선을 결정하시는지 전신으로 알려 주실 것을 요청합니다.

운테르베르게르 총독

77-2.

1909.10.11

82-2.Ф.560, оп.28, д.421, л.27.

블라디보스토크를 방문하기 전에 하바롭스크에 도착할 것입니다. 이토 공작과 회동이 얼마나 지연될지 명확히 알 수 없으므로 출발일에 대해 전보를 치겠습니다.

코코프초프 서명.

78. 코코프초프가 스톨리핀 총리에게 보낸 하얼빈 의거 관련 전문

1909.10.13

Ф.560, оп.28, д.421, л.28.

이토 공작이 도착하여 의장대를 막 돌아 나설 때 외국 영사들 그룹 뒤에서 어떤 한국인이 브라우닝 총을 발사해서 이토 공작이 치명상을 입었고 일본 총영사, 이토 수행원 중 한 명이 중상을 입었습니다. 공작 주위에 있던 저와 다른 러시아인들은 모두 무사했습니다.

79. 코코프초프가 주일 대사에게 보낸 전문

1909.10.13

Ф.560, оп.28, д.421, л.29.

　오늘 아침 9시 15분 이토 공작이 도착한 직후 공작께서 열차에서 내려 저와 러시아 지휘관과 함께 의장대 앞을 지나서 민간인들과 외국 영사에게 접근하자마자, 도열한 사람들 뒤에서 브라우닝 총성 몇 발이 울려 퍼졌습니다. 이토 공작은 치명상을 입었고, 다나카는 다리에 경상을, 총영사 가와카미는 중상, 모리는 경상을 입었습니다. 한국인으로 밝혀진 저격범은 체포되어 신문 중에 있으며, 공작을 살해할 목적으로 특별히 왔고, 억압받는 조국과 이토가 그의 측근들 몇 명을 처형하도록 명령했기 때문에 이것을 실행했으며, 목적을 달성해서 기쁘다고 덧붙였습니다. 어제 채가구역에서 우리 경찰은 브라우닝 총을 가진 의심스러운 한국인 세 명을 이미 체포했습니다. 러시아 당국이 경호 대책을 마련하지 않았다고 비난할 경우 가와카미 총영사가 철도 경찰에게 모든 일본인을 역사에 자유롭게 출입시켜 줄 것을 요청했음을 명심하십시오.

80. 코코프초프가 주일 대사에게 보낸 하얼빈 의거 전문

1909.10.13

Ф.560, оп.28, д.421, л.30-33.

    오늘 아침 9시 15분 이토 공작이 도착한 직후 공작께서 열차에서 내려서 저와 지휘관과 함께 의장대 앞을 지나서 민간인들과 외국 영사 그룹 쪽으로 접근하자마자 그들 뒤에서 브라우닝 총성 몇 발이 울려 퍼졌습니다. 이토 공작은 치명상을 입었고, 다나카는 다리에 경상을, 총영사 가와카미는 중상, 모리는 경상을 입었습니다. 한국인으로 밝혀진 저격범은 체포되어 신문 중에 있으며, 공작을 살해할 목적으로 특별히 왔고, 학대받는 조국을 위하고 공작이 그의 측근 몇 명을 처형하도록 명령했기 때문에 이것을 실행했으며, 목적을 달성해서 기쁘다고 덧붙였습니다. 어제 채가구역에서 우리 경찰은 브라우닝 총을 가진 의심스러운 한국인 세 명을 이미 체포했습니다. 러시아 당국이 예방 조치를 이행하지 않았다고 불만을 제기하는 경우에 가와카미 총영사가 철도 경찰에게 모든 일본인들을 역사에 자유롭게 출입시켜 줄 것을 요청했기 때문이라고 해야 합니다. 이것은 일본 영사관 경찰 요원들이 나에게 개인적으로 확인해 주었습니다. 평범한 일본인과 저격범을 구별하는 것은 전혀 불가능합니다. 모든 러시아인이 조사를 받게 되었다는 점을 염두에 두어야 합니다. 저는 부상을 입은 일본인들보다 더 가깝게 이토 공 옆에 있었습니다. 동청철도 회사는 이토의 시신 운구 여정에 우리의 주청 공사가 동행하도록 하여 애도의 표시를 하였으며 관청즈에서는 이를 성대하게 맞이하도록 지시하였습니다.
    열차에서 내리기 전에 나눈 이토 공작과의 대화에서 개인적으로 매우 매우 호감을 느꼈기 때문에 더욱 진심으로 깊이 애도함을 일본 정부에 전해 주시기를 바랍니다.

81. 코코프초프가 운테르베르게르 총독에게 보낸 하얼빈 의거 전문

1909.10.13

Ф.560, оп.28, д.421, л.34.

　오늘 아침 9시 15분, 이토 공작이 도착한 직후, 공작께서 열차에서 내려서 저와 러시아 지휘관과 함께 의장대 앞을 지나서 민간인들과 외국 영사에게 접근하자마자 도열한 사람들 뒤에서 브라우닝 총성 몇 발이 울려 퍼졌습니다. 이토 공작은 치명상을 입었고, 얼마 후 사망했고 가와카미 총영사도 중상을, 공작의 수행원 2명은 경상을 입었습니다. 한국인으로 밝혀진 저격범은 체포되어 신문 중에 있으며, 공작을 살해할 목적으로 특별히 왔고, 학대받는 조국을 위하고 공작이 그의 측근 몇 명을 처형하도록 명령했기 때문에 이것을 실행했다고 합니다. 음모는 분명히 조직적이었습니다. 어제 채가구역에서 우리 경찰은 브라우닝 총을 가진 의심스러운 한국인 세 명을 체포했습니다. 공작 주위에 있던 저와 다른 러시아인들은 모두 무사했습니다.

82. 코코프초프가 재무부 부대신 베베르에게 보낸 전문

1909.10.13

Ф.560, оп.28, д.421, л.35-37.

사조노프께 전해 주시기를 바랍니다.

모든 세부 사항을 밝힌 언론사의 전문을 인용하여 철도 당국의 경호 조치가 미흡했다고 불리하게 판단할 경우, 이토 공의 피격(被擊)에 대한 전문에 덧붙여 귀하께 추가적으로 알려야만 하는 것은 사람들은 특별한 이름표를 가지고 기차역에 입장했다는 것입니다. 그리고 철도 관리 당국은 이틀 전에 일본 영사에게 일본인 가운데 누구에게 비표를 보내야 하는지 알려 줄 것을 요청했습니다. 이에 대해 영사는 어떠한 비표도 없이 일본인을 완전히 자유롭게 입장시켜 달라고 요청했습니다. 겉으로 보기에 살인자는 전형적인 일본인처럼 보였고 일본인들 사이에 있었습니다. 일본인 중 누구도 그에게 아무런 관심도 기울이지 않았다고 말했습니다. 일본인들을 자유롭게 출입시켜 달라는 영사의 요청 사실은 범인에 대한 심문 당시에 참석했던 일본 영사관 비서가 직접 나에게 확인한 것이며, 역까지 영사를 수행하고 일본인 무리에 있었던 일본 영사관 경비원의 통역을 통해 제가 확인했습니다. 주목할 만한 것은 그가 원산에서 블라디보스토크에 곧바로 도착해서 그곳에서 머무르지 않고 어제저녁 하얼빈에 도착했으며, 역 근처에서 하룻밤을 보냈다는 증언입니다. 제 개인적인 의견은 이 증언이 은폐를 목적으로 한 거짓이라는 것입니다. 아마도 그는 하얼빈에 일찍 도착하였고 이토를 암살하기 위한 범죄 집단에 참여했을 것입니다. 역의 경찰 중에서 그 누구도 밤새 수상한 인물을 보지 못했습니다. 한편, 승강장에 정차해 있는 열차와 역의 보안은 비교적 좋은 편입니다. 만일 우리가 일본 정부에 대해 가능한 모든 애도를 표시한 것과 이 사건에 대한 외국, 특히 일본 언론의 평가에 대해 알려 주신다면 매우 고맙겠습니다. 베이징 주재 공사와 동청철도 책임자는 남만주철도까지 운구하기 위해 개인적으로 배웅했습니다.

83. 코코프초프가 재무부 부대신 베베르에게 보낸 추가 전문

1909.10.13

Ф.560, оп.28, д.421, л.38-38 об.

추가 정보를 사조노프께 전해 주시기를 바랍니다. 1) 채가구역(蔡家溝驛)에서 수상한 사람들의 체포가 어제가 아니라 오늘 아침에 하얼빈에서 사건 소식을 접한 후에 취해졌다는 언론사의 정보는 수정되어야 합니다. 철도 헌병은 세 명의 처음 보는 사람들이 작은 역에 도착한 것을 수상하게 여겼으나 해당 사건 소식을 입수할 당시 그중 한 명은 사라졌고, 나머지 두 명을 체포하여 이토 암살을 목표로 한 조직에 속해 있다는 자백을 받았습니다. 하얼빈으로 체포하여 인도된 두 명은 러시아 당국이 발급한 여권으로 거주하던 한국인으로 밝혀졌습니다. 이곳에서 심문하는 동안 그들은 자백을 거부했지만, 그들에게서 압수한 리볼버에 이토를 살해한 것과 같은, 탄두가 갈라진 총알이 있었다는 사실이 밝혀졌습니다. 이토 살인자의 출현으로 채가구역에서 이곳으로 소환된 경찰은 그를 채가구역에서 사라진 의심스런 세 번째 사람으로 생각했습니다. 이러한 사실은 살인자가 블라디보스토크에서 곧바로 도착했다는 것과 공범이 없다는 증언을 반박합니다. 밤새도록 기차역에 머물렀다는 철도 측에 불리한 범인의 증언은 수사 자료에 의해 확실하게 반박되었습니다.

2) 이토 공작을 환영하기 위해 일본인들을 자유롭게 통과시킨 것이 영사의 직접적이고 강력한 요청의 결과였다는 사실이 마침내 총영사관에 의해 확인되었습니다. 이 요청은 10월 9일 아침에 제출되었는데, 저의 (하얼빈-역주) 도착을 계기로 취해진 비표를 가지고 기차역에 입장하는 방식의 경호 조치와 관련 있습니다. 가와카미는 이토를 마중 나온 일본인들에게는 이것을 하지 말아 달라고 요청했습니다. 검사가 가와카미 영사에게 왜 한국인들로부터의 위험을 예견하지 못했는지 질문하자 영사는 그런 위험은 염두에 두지 않았다고 즉답하였습니다. 외모로 일본인과 저격범을 구별하는 것은 절대로 불가능하다는 것을 다시 한번 말씀드립니다. 이것은 일본인들 사이에 서 있던 그에게 아무도 관심을 기울이지 않았다는 사실에서도 입증됩니다.

84. 코코프초프가 베베르에게 보낸 하얼빈 의거 관련자 일본 이관 관련 전문

1909.10.13

Ф.560, оп.28, д.421, л.39-39 об.

다음을 사조노프께 전해 주시기를 바랍니다.

이전 전보에 덧붙여 파그라니츠늬 지방법원 검사의 동의로 다음과 같은 정보를 전하는 것이 유용하다고 생각합니다. 오늘 조사 절차가 완전히 종료되고 살인범이 한국인이라는 것이 명확하고 한국에서 재판관할권이 일본에 귀속되어 있기 때문에 사건 전체를 일본 총영사관에 이관할 것입니다. 수사를 통해 광범위한 조직일 것이라는 증거들을 찾아낼 수 있었습니다. 살인범 이외에 8명의 한국인들을 추가로 체포했습니다. 철도에서 몇 명을 더 체포할 것으로 예상하고 있습니다. 매우 광범위한 조직이라는 징후가 있습니다. 중상을 입은 일본 영사는 수사의 속도와 열정, 그 결과에 대해 검사에게 경탄을 표하였고 러시아 당국의 조치에 대해 말로 표현하기 어려울 정도로 깊은 감사를 표했습니다. 일본인은 러시아 당국이 잘못 조처했거나 선견지명이 부족했다고 불평할 이유가 전혀 없습니다. 저는 이미 고 이토 공작의 동료로부터 보여 준 호의와 명예에 감사를 표하는 두 통의 전보를 받았습니다. 황제 폐하께 이 소식을 전달하는 것이 유용할 것입니다. 일본인을 놀라게 한 하얼빈의 검찰 감독관의 행동에 대해 법무대신에게 직접 전보를 보내겠습니다.

85. 재무대신이 법무대신에게 보낸 전문

1909.10.13

Ф.560, оп.28, д.421, л.40.

언론사의 전보와 외무대신께 보내는 저의 추가 소식을 통해 각하께서는 오늘 아침 하얼빈에서 일어난 비극적인 사건에 대해 알고 계실 것입니다. 이번 사건과 관련하여 하얼빈 검찰 감독관의 매우 이례적인 행동에 대해 각하께 말씀드리지 않을 수 없습니다. 오늘이 다 가기 전인 현재 모든 조사는 끝났고 일본의 대표를 겨냥한 폭넓은 조직적 음모에 대한 유력한 증거들이 수집되어 서류들은 일본 영사에게 이첩됩니다. 왜냐하면 한국인인 피의자에 대한 재판관할권이 명백히 일본에 귀속되기 때문입니다. 중상을 입은 일본 영사는 우리의 탁월한 조사 속도와 능숙한 수사 기술에 경탄을 표하였고 러시아 당국의 조치에 대해 말로 표현하기 어려울 정도로 깊은 감사를 표했습니다. 이번 일이 잘 조직된 사건임을 입증하게 되어 기쁘게 생각합니다.

86. 청국 외무부에서 청국 동3성 총독에게 보낸 전보 발췌문

1909.10.13

Ф.560, оп.28, д.421, л.41.

음력 9월 1일 이토 공작이 도쿄를 출발해서 무크덴과 하얼빈으로 여행합니다. 그는 개인적인 희망으로 만주 여행을 하는 것이지 정부의 출장 성격은 지니지 않는다고 말합니다. 이것은 틀린 말입니다. 그는 일본 왕으로부터 지시를 받아 동3성의 정세에 대한 자세한 개요를 파악하고 일본과 한국 사이에 체결된 최근의 새로운 조약들을 공고히 하기 위해 파견되었습니다.

[이 문건은 1909년 10월 13일 라듸긴(В.Ладыгин)이 제공하였음]

87. 외무부에서 코코프초프에게 보낸 전문

1909.10.16

Ф.560, оп.28, д.421, л.123.

상서 코코프초프께

이토 공작의 사망 소식을 듣고 각료회의 의장과 저는 일본 대사 모토노(Мотоно) 남작께 조의를 표했습니다. 도쿄 주재 우리 대사는 황실을 대신하여 일본 정부에 조의를 표하고 화환을 보내라는 지시를 받았습니다. 일본 대사는 도쿄로부터 소식을 듣고 각하와 러시아 당국 그리고 철도 직원들의 조의와 특별한 관심에 감사를 표했습니다.

사조노프

88. 주하얼빈 미국 영사가 러시아 총영사에게 보낸 편지

1909.10.14

Ф.560, оп.28, д.421, л.124.

코코프초프 각하와 다른 관리 중 누구도 어제의 불행한 비극으로 인해 다치지 않은 것에 진심으로 안도를 표하고, 다행히 화를 면한 것을 축하드립니다.

믿어 주시기를 바랍니다.

고든 패독(Gordon Paddock) 서명

89. 코코프초프가 빌렌킨에게 보낸 일본 여론에 대한 정보 요청 전문

1909.10.14

Ф.560, оп.28, д.421, л.125.

이 애석한 사건에 대해 일본 지배층과 여론의 반응이 어떤지 정보를 원합니다. 가장 눈에 띄는 징후를 계속 알려 주시기를 바랍니다.

이어서 하얼빈으로 전보를 보내십시오.

90. 이토와 회의에 대비하여 준비한 코코프초프의 환영사

1909.10. 날짜 미상

Ф.560, оп.28, д.421, л.126-126 об.

각하

이곳에서 각하를 만나고, 귀국 밖 먼 곳에까지도 이름이 널리 알려진 일본의 저명한 정치가를 직접 환영할 수 있는 기회를 얻게 되어 참으로 기쁩니다.

각하께서 만주에 도착하신 것이 제가 동청철도로 도착한 것과 일치하게 되어, 러시아뿐만 아니라 서유럽과 극동 국가 사람들을 문화적, 세계적으로 가깝게 하는 중요한 의미가 있는 이 철도의 영토에서, 각하께서 저에게 생기를 불어넣는 감정을 표현할 기회를 주셔서 정말 기쁩니다. 각하께서 그 진심을 믿어 주시기 바랍니다. 각하와 개인적으로 처음 만났지만, 양 국민의 문화적 결속의 토대 위에 두 국가의 상호 이익과 우호적인 공동사업의 의미를 공개적으로 인정한 일본의 정치 지도자가 바로 각하였다고, 나의 조국은 8년 전 각하가 러시아 수도를 방문했을 때에도 그리고 지금도 감히 말하지 않을 수 없습니다.

각하께서 알고 있는 바와 같이 제정 러시아의 재정적·경제적 이익은 황제 폐하로부터 저의 직속 관할권으로 위임되었으며, 이러한 이익은 러시아와 일본의 접근과 생산적인 공동 작업 분야가 크다는 것을 분명히 증명하고 있습니다. 그러므로 제 희망을 표현한다면, 더 가까이서 서로를 알아 가고, 서로 밀접한 접촉을 점진적으로 증가시키며, 이 접근에 대한 열린 신뢰와 존경을 보여 주면서, 러시아와 일본에서 지식과 생산의 다양한 분야의 인물들이 양국의 지속적인 상호 화해를 점진적이고 충실하게 추진할 것이라고 확신하고 싶습니다. 이러한 위대한 문화적 과제의 이름으로 저는 일본의 존경받는 정치가 이토 공작의 건강을 위해 이 자리에 참석한 모든 분들께 잔을 들 것을 제안합니다.

91. 코코프초프가 외무부에 보낸 대일 조문 방문 불필요성 관련 전문

1909.10.15

Ф.560, оп.28, д.421, л.142.

사조노프께 전달해 주시기를 바랍니다.

베이징 주재 우리 공사의 전보를 제가 받은 것과 관련하여, 제가 여행 도중 일본 주재 우리 대사와 재무관, 그리고 개인적 친분이 있는 일본 철도원 총재 고토 남작에게 일본 정부 측에서 우리에게 일말의 원망도 품지 않을 것 같다는 내용을 담은 전보를 받았음을 알립니다. 일본 언론은 우리가 할 수 있는 모든 것을 했다고 인정합니다. 고토 남작도 이토 공작의 불행과 이 애석한 사건이 동반한 모든 정황이 일본과 러시아 사이를 더욱 밀접하게 하는 데 기여할 것이라고 전했습니다. 이것은 4등관 코로스토베츠의 의견은 배제된 것이며, 황제 폐하께서 다른 이유로 일본에 가야 한다고 하시지 않는다면 제가 일본에 갈 필요는 없다고 생각합니다.

92. 고토 신페이가 동청철도 부총재에게 보낸 전문

1909.10.16

Ф.560, оп.28, д.421, л.153.

이러한 슬픈 순간에 정성스러운 태도와 관심을 표명해 주신 귀하와 귀 철도 기관에 대한 우리의 따뜻한 감사를 받아 주십시오. 돌아가신 이토 공작의 영혼을 위로하고, 러일 관계의 좋은 결과를 위해 온 마음으로 말하는 것이 저의 의무라고 생각합니다. 이러한 점과 귀하의 호의를 보면서 다시 한번 진심으로 감사를 표합니다.

93-1. 주한 러시아 총영사 소모프가 외무부에 보낸 서신

1909.10.10

Ф.560, оп.28, д.421, л.156-156 об.

　이토 공작의 만주 여행은 이곳에서 정말로 다양한 소문을 불러일으켰고, 이 지역 신문들은 상상의 나래를 펼쳤습니다.

　전 통감은 한국을 떠났지만, 한국과의 모든 관계를 유지하고 있으며 지금도 세자의 후견인으로 여깁니다. 또한 한국과 관련된 사건은 단 한 건도 그의 참여 없이 도쿄에서 해결되지 않습니다.

　사람들 사이에 그의 엄청난 인기를 더하면 한국인들이 "자기 사람"으로 부르는 이토 공작의 만주 여행 이유가 분명해질 것입니다.

　일본 정부가 이토 공작의 만주 여행에 어설프게 사적인 성격을 부여하면서 불에 기름만 더 부은 격이 되었습니다. 도쿄에서 온 공식 전보는 이토 공작이 기분 전환을 위해 관광객으로 여행하며 도중에 그림도 그리고 시도 쓸 것이라 전했습니다. 아무리 순박한 한국인이라도 혹독한 기후 속에서 삶을 마감하면서 예술가나 시인인 척하는 저명한 정치가는 상상도 할 수 없었습니다.

　어떤 신문은 이토 공작이 러시아 재무대신을 만나서 만주 분단 문제를 제기하기 위해 하얼빈에 간다고 직접 보도했습니다.

　다른 신문들은 그의 여행을 최근 청국과 맺은 협정으로 일본이 대륙에서 새롭게 얻을 수 있는 이익을 모색하려는 일본왕의 염원을 이루기 위한 것이라고 설명했습니다.

93-2.

1909.10.10

Ф.560, оп.28, д.421, л.187-188.[8]

세 번째로 마침내 이토 공작이 한국과 만주 군사 기지의 완전한 병합을 위한 계획을 연구하고 작성하라는 지시를 받았다고 추측하고 있습니다. 일본인들과 교류함으로써 보다 많은 소식을 접하고 있는 이곳의 외국인들 사이에서는 이토의 여행에 대해 전혀 다른 해석을 내놓고 있습니다. 그 핵심은 다음과 같습니다.

최근의 청일협약은 일본에게 중요한 철도 노선과 러-한, 러-만 국경을 따라 블라디보스토크와 하얼빈에 대한 전략적으로 유리한 입지를 제공하고 있다. 이는 러시아 언론들의 불만과 의구심을 야기했다. 그 사이 일본은 러시아 측의 온갖 위협과 의심을 잠재우고 시간을 벌고자 하였다. 러시아 재무대신의 하얼빈 방문 계획을 사전에 알게 된 일본은 황제가 신임하는 인물을 동시에 그곳으로 보냄으로써 기존의 불신들을 적기에 불식시킨다는 구상을 하였다.

이러한 임무에 최적의 인물로 이토 공이 선택되었다. 그는 황제가 매우 신뢰하는 인사로서 반세기 동안의 명예로운 활동 결과 평화애호가라는 별칭을 얻었기 때문에 그의 말은 다른 누구보다 더 무게감이 있었다.

이토 공에게 위임된 것은 당연히 만주 여정과 더불어 이곳에서 확신하고 있는 귀국길에 들르게 될 블라디보스토크에서 현안들을 주의 깊게 살펴보는 것을 제외하지 않을 것이다. 이번 여행이 모색된 원인에 대한 실무적인 자료는 갖고 있지 않지만, 나는 일본인들의 유치함에 대해 믿을 수 없다. 일본은 모든 국가를 상대로 머리에서 발끝까지 무장하고 있지만 오직 러시아만은 적대하지 않겠다고 그들의 사절이 러시아 재무대신을 설득할 수 있다고 예상하기 때문이다. 그러한 과업은 이토가 아무리 권위가 있다 하더라도, 아무리 그가 진정한 평화애호자라고 하더라도 그에게는 힘겨운 일일 것이다.

깊은 존경심으로.

---

[8] 역주: 앞의 문서[Ф.560, оп.28, д.421, л.156-156 об.]와 내용상 연결되나 문서 번호는 떨어져 있음.

94. 재무성 관리 포페가 코코프초프에게 보낸 범죄자 인도 여부 확인 전문

1909.10.16

Ф.560, оп.28, д.421, л.159.

주일 대사가 각하께 다음과 같이 타전해 왔습니다.

"언론보도 관련 각하의 전문을 외무대신에게 전달하였습니다. 범인이 일본 당국에 인도되었는지 여부에 대해 알려 주시기 바랍니다. 말렙스키."

저는 범인이 인도되었음을 주일 대사에게 타전하였으며 아울러 각하께서 하얼빈에서 떠났다고 지금 대사에게 보고하겠습니다.

포페(Поппе)

95. 주청 공사 코로스토베츠가 코코프초프에게 보낸 하얼빈 의거에 대한 일본 여론 관련 전문

1909.10.17

Ф.560, оп.28, д.421, л.160.

제가 말렙스키-말레비치와 빌렌킨, 그리고 고토 남작으로부터 일본 정부 측에서 우리에게 일말의 원망도 품지 않을 것 같다는 내용의 전보를 받았음을 각하께 알려드리는 것이 저의 의무라고 생각합니다. 일본 언론의 차분한 어조와 문제에 대한 올바른 견해는 각하께서도 이미 알고 계실 것입니다. 고토 남작도 이토 공작의 불행과 이 애석한 사건이 동반한 모든 정황이 일본과 러시아 사이를 더욱 밀접하게 하는 데 기여할 것이라고 전했습니다. 저는 각하의 전보를 인용하여 이러한 일본의 반응을 사조노프에게 알렸습니다.

96. 러시아 총리 스톨리핀이 재무대신에게 보낸 전문

1909.10.17

Ф.560, оп.28, д.422, л.5.

오늘 이즈볼스키(Извольский)와 함께 코로스토베츠와 귀하가 베베르(Вебер-재무부 부대신)에게 보낸 전보에서 제기한 문제를 논의했다. 우리 둘은 귀하의 생각에 전적으로 동감하는바, 황제께서 일본 황제에게 전문을 보낸 이후에 귀하가 일본을 방문하는 것은 과도한 것이고 마치 속죄의 임무를 띤 것으로 해석될 여지가 있다고 판단하고 있다.

97. 파그라니츠늬 관구 검사 밀레르의 비망록

1909.10.24

Ф.560, оп.28, д.422, л.23.

이토 공작의 저격과 같은 10월 13일에 발생한 비극적 사건은 개별국가 국민에 대한 치외법권이라는 법률적 토대 위에 철도 조차 지역 거주민에 대한 사법적·행정적 재판관할권이 얽혀 있었기 때문에 조차지에서 러시아 당국의 지위는 비정상적이었고 외국 신민이 관여된 사건에 대해 법률적으로 속수무책이었음을 설득력 있게 보여 주었다.

만약 이토 공작의 살해사건이 어느 정도 여지가 있는 이례적인 상황을 동반하지 않았다면 러시아 사법당국이 이 살해사건에 대한 수사할 권리를 가질 수 있었다. 만약 범인에게 그 신분을 확인할 수 있는 어떤 증명서가 있었더라면, 이토와 그의 수행원에 대하여 총격을 가한 것이 러시아인들에게 위험이 되지 않았더라면, 이 수사는 일본 측에서 진행할 수 있었다. 그러나 일본 정부는 수사를 진행할 방법이 없었는데, 특히 사건 발생 초기에 긴급하게 수사하여 음모 가담자들을 체포하기 위한 경찰, 수색기관, 편지와 전보를 압수할 권리, 현장에서 편지와 전보의 내용을 확인할 수 있는 권리가 일본 당국에는 없었기 때문이었다. 이러한 상황에서 일본 정부는 이 지역에 특별한 사법권이 없었기 때문에 수사의 성과는 거의 확신할 수 없었다.

이토 공작의 살해에 대한 조사 과정에서 하얼빈에 250명의 조선인이 거주증 없이 무단으로 거주하고 있음이 드러났다. 러시아 경찰의 어떠한 통제도 없었지만, 이들은 자체적으로 잘 조직되어 있었다. 집행위원회(지시하는 부서와 실행하는 부서)와 자금위원회, 선거로 선출된 판사가 있었다. 이 거류지는 러시아 경찰의 행정력이 미치지 않았기 때문에 이토 저격을 준비하고 이를 실행할 수 있는 좋은 여건이 되었다고 판단된다.

파그라니츠늬 관구 검사 밀레르

98. 이토의 저격 사건 이후(10.27~11.2) 상황 전개에 대한 밀레르 검사의 보고서

1909.10.21

Ф.560, оп.28, д.422, л.24-28.

이토 저격과 관련된 1909년 10월 14(27)일 이후의 상황 전개

1. 10월 15일 파그라니츠늬 관구 검사에게 전신국에서 전보를 전달하였는데, 발송인은 한국인 "Корейцы"라고 서명했고, 내용은 "하얼빈에 거주하는 조선인들 만세! 만세! 만세!"였다. 발송지는 블라고베셴스크(Благовещенск)였다.

2. 같은 날 10월 15일 신문『하얼빈(Харбин)』지에서 이토 살해를 칭송하는 기사가 실렸다. 기사 내용은 이토 살해가 불가피한 것이었으며, 다른 나라 국민에게 교훈이 될 것이라고 강조했다. 신문기사 자체로는 형법상의 저촉을 받지 않지만, 신문편집인은 동청철도 관리부에 의해서 체포되고 1개월간 구금되었다. 근거는 범법행위 찬양을 금지하는 동청철도 관리국 규정 위반이었다.

3. 10월 16일 이르쿠츠크(Иркутск) 헌병대에서 발송한 전보를 받았다. 우리의 요청으로 채가구역에서 체포된 공범 2인 가운데 한 명인 조도선의 애인이자 이르쿠츠크 한인 거류지에 거주하는 한국계 보자예바(Вожаева)에 대한 압수 수색 결과였다. 수색 과정에서 이르쿠츠크 한인 거류지와 하얼빈 한인 거류지 간의 상시적인 연락이 있음을 보여 주는 러시아어와 한국어로 작성된 기밀 서신들이 대량 발견되었다.

보자예바는 체포되었고, 압수한 편지 등은 아직 하얼빈에 도착하지 않았다. 만약 이러한 압수물들이 보자예바와 이르쿠츠크 한인 거류지의 여타 한인들이 이토의 살해사건에 연루되었음을 입증한다면, 이에 대한 러시아 사법당국의 별도의 특별수색이 요구될 수 있다. 그 수색 결과는 일본 정부에게 전달되지 않을 것이다. 만일 수색 결과가 보자예바와 다른 사람들이 일반적인 성격의 반일 정치적 음모에 가담했다는 것이 밝혀질 경우, 그러한 활동은 러시아 법률로는 위법 사항이 아니므로 수색을 종료하고 일본에게 이를 통보할 필요가 없다.

4. 러시아 경찰의 입회하에 10월 17일 아파나시예프(Афанасьев) 장군의 승인을 받아 일본 당국에 의해서 하얼빈의 한인 거류지에 대한 수색이 이루어졌고 5명이 체포되었다. 나중에 일본 검사는 이 수색이 일본 총영사관의 위임을 받아 이루어졌다고 나에게 설명했다. 당시 이토 살해사건 당일 체포되었던 사람이 다시 체포되었는데 그는 하얼빈의 한국인 거류지의 회장인 러시아 국적의 티혼 김(Тихон Ким)이었다. 그러나 그는 저격에 연관된 증거가 없었기 때문에 일본 측에 인계하지 않고 방면하였다. 이후 러시아 당국이 그에 대해 추가로 조사한 결과 몇 가지 정보를 얻었는데, 그가 하얼빈에서 음모의 중심에 있다는 것을 추론할 수 있는 근거를 제공하였다. 레스나야 거리(Лесная улица) 28번지에 있는 그의 집은 한국인들의 비밀 모임 장소였고 살해사건 전 안가이 등이 그 집에서 묵었다. 대부분의 이러한 정보들은 매우 구체적인 것들이나 김이 살인을 준비했다거나, 살인사건에 연루되어 있다는 충분한 증거로 제시하기에 불충분하였기 때문에 티혼 김(김성백)은 방면되었다.

이 건에 대한 조사는 현재 진행 중이며 나는 일본 당국에 이 인물에 대한 자료들을 이관하지 않을 것임을 사전에 통보하였다. 나의 거절에 대하여 이르쿠츠크 수색 결과에 대해 일본인들에게 통보해 주지 않았을 때와 마찬가지로 일본인들은 어떠한 반대도 하지 않았다.

5. 10월 18일 아파나시예프 장군은 그가 10월 17일 한국인들을 수색하는 데 협조해 주었다는 명목으로 익명의 협박편지를 받았다. 10월 18일과 19일 두 명의 한국인이 나에게 겁박하려는 위험이 있을 수 있으니 주의하라고 비밀리에 알려왔다. 10월 13일에 적발된 9명의 한국인을 심문하여 일본 당국에 넘겼기 때문이라는 것이었다(이 문제와 관련하여 상기 2번에서 언급한 신문기사는 중요한 의미를 지니며 다른 기사들 역시 러시아 당국이 한국인들을 일본에 넘긴 것이 올바르지 못한 것임을 입증하고 있다).

6. 10월 19일 일본의 여순지방법원 검사 미조부치 다카오(溝淵孝雄)가 군복정장을 입고 내 집무실을 방문하여 하얼빈 주재 일본 총영사관 서기 스기노(杉野)를 통하여 일본 정부의 이름으로 세 차례 감사의 뜻을 전달했다. 그것은 일본의 애석한 사건에 대해서 나의 지휘로 사건을 수사하고 그 음모를 밝혀냈다는 이유 때문이었다. 2시간 30분간의 대화를 진행하면서 일본 검사는 하얼빈역 승강장의 평면도와 그 도면에 사건 당시 개별 인물의 위치, 특히 재무대신과 이토 공, 가와카미 총영사와 범인 그리고 나의 위치를 표시해 줄 것, 그리고 코코프초프 재무대신의 진술에 따르면, 이토가 의장대 쪽으로 돌아서기 전 영접 인원 가운데 나와 마지막으로 악수를 했으므로 내가 그 살인사건을 직접 보고 느낀 것을 직접 수기로 작성할 것을 요청했다. 나는 이 부탁을 10월 21일까지 마무리했다. 또한 나는 미조부치 검사와 대화 중 러시아 당국이 진행한 예비심문에서 확인된 모든 상황을 재검토했으며 미조부치는 이 과정에서 밝혀진 것들 가운데 거의 절반도 이해하지 못한 듯이 느껴졌다. 특히 채가구역에서 체포한 2명의 한국인의 적발 과정과 레스나야 거리에 있는 한국인 집의 역할에 대해 충분히 이해하지 못했다.

설명하는 과정에서 일본 검사는 음모에 가담한 사람들에 대한 재판을 염두에 두고 러시아 당국이 진행한 예비심문의 일부 조치를 고려하여 나에게 보완을 요청했다. 나는 이 부탁은 반드시 들어줘야 한다고 인정했으며 하얼빈경찰 수색대장 폰 큐겔겐(Фон-Кюгельген)과 동청철도 철도경찰국 하얼빈지국 크나프(Кнапп) 헌병대위에게 분담시켰다. 나의 지시에 따른 조치들은 36시간(1일 1/2)이 걸려 가장 완성된 형태로 이행되었다. 추가 조사를 통해 확인된 사항은 a) 채가구에서 발송된 상징적 내용(암호)의 전보를 받은 한국인 윤타호(Юнтахо)의 인적사항과 거주지, b) 안가이가 이토의 사망통보를 듣고 성상 앞에서 기도를 한 사실, c) 안가이가 일본 영사관 서기에게 이토가 일본에서 정말로 위대한 사람인지를 물었던 사실, d) 10월 12일 저격범 안가이가 새로운 목격자의 증언에 따라 채가구역에서 체포된 한국인들과 같이 있었던 사실, e) 채가구역에서 체포된 한국인들이 저격의 공범임을 자백했고 채가구역에서 자기들과 같이 있던 그들의 동지가 저격했다고 밝힌 사실은 이전에 조사받지 않은 사람들의 새로운 진술이다. f) 하얼빈의 한국인 거류지 생활에 대한 자세한 사항들로는 그들은 집행위원회, 자금위원회, 재판소가 있었고 이러한 자치조직 내에서 이토 저격 사건과 관련된 독자적인 한국인들의 역할에 대한 정보가 이에 해당한다. 이와 더불어 채가구에서 발송된 전보 배달부로부터 누가 전보를 접수했는지 정확한 자백을 받아 냈고 체포된 한국인들 가운데 일부가 음모에 참여하도록 독려하는 지시서를 확보했다. 그들 가운데 일부는 미조부치의 심문 과정에서 자백했고 검사는 서울의 통감부와 전문 교환을 통해 중요한 사실을 확인했다. 최근 한국에서 사라진 항일정치음모의 지도자 역시 왼손 네 번째 손가락의 한 마디가 없는데 저격범 안가이 역시 같은 특징을 지니고 있다. 이 두 인물의 특징이 또한 일치하고 있다.

7. 10월 20일 내가 일본 총영사관으로 일본 검사를 방문했다. 다시 한번 어제 나에게 했던 감사의 인사를 들었다. 그날 한국의 통감부에서 하얼빈에 도착한 총괄서기 토리 씨가 나를 방문했다. 그날 저녁 일본 검사의 요청에 따라 그때까지 경찰서에서 실행한 조치들에 대한 서류 일부를 일본 검사에게 전달했다.

8. 10월 21일 일본 검사 미조부치에게 나머지 서류를 넘겨주었고 내가 블라디보스토크로 떠나기 전 저녁에 미조부치의 식사 제안을 수락하고 그와 일본 총영사관 직원들과 오리엔트(Ориент) 레스토랑에서 만찬을 하였다.

99. 하얼빈 의거에 대한 관구 검사 밀레르의 보고서

1909.10.21

Ф.560, оп.28, д.422, л.29-30 об.

10월 13(26)일 나의 면전에서 애석한 대참사가 발생했다. 나는 다른 여러 러시아 정부 대표들과 함께 신도시 하얼빈역 플랫폼에서 일본 추밀원 의장 이토 공을 만나기 위해 모여 있었다. 상황은 다음과 같이 진행되었다.

하얼빈역에 이토를 실은 급행열차가 도착하자 재무대신 코코프초프가 열차 안으로 들어가서 이토와 15분 동안 간단히 환담을 나눈 후 함께 객실에서 플랫폼으로 나왔다. 여기서 공(公)은 코코프초프와 동행하여 러시아국경수비대 의장대를 돌아 나와 러시아와 청국의장대 옆에 있던 소규모 일본인 환영 인파 곁을 지나 러시아 정부와 외국영사 대표들 앞으로 다가갔다. 이곳에 있던 사람들 가운데 이토는 하얼빈시 시위원회 의장 베르크(Берг), 러시아 지방재판소 재판장 스크보르초프(Скворцов) 그리고 나와 악수를 했다. 마지막으로 나에게 손을 내밀었던 이토는 재무대신의 안내에 따라 돌아서서 다시 의장대 쪽으로 사열하기 위해 나아가려고 하였다. 그러나 이토 공과 재무대신이 몇 걸음(5~7걸음 정도) 옮겨 일본인 환영객 앞에 서기도 전에 의장대와 일본인 환영객 사이의 공간에서 한 발 그리고 연달아 둔탁한 몇 발의 총소리가 났다. 첫 2발의 총성을 듣고 나와 다른 사람들이 그쪽으로 달려가니 범인은 오른쪽 손으로 총을 쥐고, 왼쪽 손으로는 오른쪽 팔꿈치를 받치고 의장대 앞쪽으로 걸어가던 이토를 향해서 한 발 더 총을 쏘았다. 그 후 돌아서서 이토의 수행원들을 향해서 총을 쏘았다. 내가 기억하는 한, 범인은 공의 수행원을 향해 3~4발을 쏘았고 마지막 총알은 땅에 쓰러지면서 발사했기 때문에 이 총알이 수행원 다타카의 다리에 맞았던 이유를 설명해 주고 있다. 이후 범인은 더 이상 쏘지 못했다. 왜냐하면 동청철도 철도경찰서장 니키포로프(Никифоров)와 몇몇 장교들이 달려와 몸싸움을 벌이면서 그에게서 리볼버 권총을 빼앗았기 때문이었다. 니키포로프는 두 번째 혹은 세 번째 사격 직후 저격범에게 달려들었는데 처음에는 범인의 힘이 세서 그를 제압할 수 없었다. 범인은 격렬하게 싸웠는데, 내가 보기에는 그의 싸움의 목적은 마지막 남은 총알을 자신을 향해서 쏘려는 것으로 생각되었다. 적어도 그는 싸울 때 무기를 잡은 손이 자신을 향하도록 하려고 애썼다.

내 생각에는 범인이 7발의 총알을 다 쏘기까지 30~40초를 넘지 않았던 것 같았다. 기차역의 철도경찰서 당직실로 끌려온 범인은 아마도 격렬한 몸싸움으로 인해 처음에는 엄청 흥분한 상태였다. 그러나 잠시 후 안정을 되찾고 자신의 신상과 범행 동기에 대해서 통역원을 통해 나에게 자세하게 진술했다. 이 진술은 내가 일본 총영사에게 전달한 문서철 제1쪽에 있다. 범인은 20분 후에 이토가 사망한 것을 알게 되자 매우 흥분하여 당직실 벽에 있는 성상 앞에 무릎 꿇고 기도하기 시작했다. 통역의 설명에 따르면, 범인은 자기의 의무를 실행하도록 끝까지 도와준 것에, 즉 이토를 죽인 것에 대하여 신에게 감사드렸다. 격정적인 감사 기도가 끝난 후 범인은 바로 안정을 되찾고 질문에 대하여 아주 편안하게 대답하였는데, 범행 동기에 대한 질문에 대답할 때만 조금씩 흥분하였다. 이때 그는 다시 자긍심이 충만한 목소리로 조국을 위하여 복수했다고 말했다.

러시아 당국에 의한 심리는 저격 사건 발생 10분이 채 지나지 않아 그가 당직실에 끌려오자 바로 시작되었다. 최초의 심문은 내가 직접 하였고, 그 후 나의 요청으로 하얼빈의 8구역 치안판사 스트라조프(Стразов)가 나의 지휘 감독 아래 심문을 맡았다. 파그라니치늬 관구법원의 검찰관 데르쟈비치(Державич)와 이바노프(Иванов)도 심문에 참가했다. 심문을 시작할 때 주하얼빈 일본 총영사관의 서기 스기노가 참석했다. 심문을 지원하기 위한 압수수색에는 동청철도 철도경찰국장 니키포로프, 동청철도 하얼빈 경찰지서장 헌병대위 크나프(Кнапп), 하얼빈시 경찰서장 대행 헌병대위 체르노글라조프(Черноглазов), 하얼빈 경찰지서 수색대장 헌병중위 폰 큐겔겐과 그 외 하얼빈의 일반 및 철도경찰 직원들이 참여했다. 그날 저녁 무렵 범인이 한국인이라는 것이 밝혀졌는데, 그것은 사건 발생 이틀 전 채가구역에서 범인의 여권을 보았던 하사관 세민(Семин)의 조사에 따른 것이었다. 그 결과 러시아 당국에 의한 심문은 즉각 중단되었고, 일본 총영사에게 사건을 이관하였다. 러시아 당국에 의해 저격 사건에 연루된 것이 적발되어 체포된 한국인 9명 가운데 저격범은 일본 총영사관으로 인계되었고, 나머지는 하얼빈시 구치소에 수감하였다. 하얼빈시의 경무사령관 대령 둔텐(Дунтен)이 범인들의 이송을 처리하였다.

사건 발생 당시 사람들이 어디에 위치하였는지를 표시한 하얼빈 기차역의 평면도를 동봉한다.

1) 이토의 열차
2) 러시아 의장대
3) 일본인 환영그룹
4) 청국 의장대
5) 러시아 당국 대표단
6) 이토 히로부미
7) 러시아 재무대신 코코프초프
8) 일본 총영사 가와카미
9) 파그라니츠늬 관구재판소 검사, 즉 나
10) 저격범

1909년 10월 21일(11.3) 하얼빈시
파그라니츠늬 관구재판소

검사 밀레르 서명

100. 주일 재무관이 코코프초프에게 보낸 보고서

1909.10.16

Ф.560, оп.28, д.422, л.31-34 об.

하얼빈에서 발생한 애석한 사건에 대한 소식은 10월 13/26일 약 15시경 도쿄에 알려지게 되었습니다. 첫 소식에 따르면, 이토 공작이 열차에서 내려섰을 때 플랫폼에 서 있던 사람 중에서 그룹 몇 명이 권총으로 총을 쏘기 시작했고, 이토는 생명을 잃었으며, 이토와 동행하던 일행 중 3명이 크고 작은 부상을 입었다는 것입니다.

이 사건의 내용은 전보를 통해 온 도시에 급속도로 전파되었으며 모두들 쇼크 상태에 빠졌습니다. 정부의 고위각료들과 저명한 사회 활동가는 더 자세한 소식을 알기 위해 침착하게 기다리고 있었습니다. 그러나 여기 있는 클럽에서는 우리 철도관리부에서 적절한 대책을 취하지 않았다고 크게 비난했습니다.

다음 날인 10월 14/27일 아침에 상황이 곧 바뀌었습니다. 외무부와 주요 신문사들은 하얼빈에 있는 우리 철도관리부(동청철도 관리국)가 이토 공작을 보호하기 위해 최선을 다했다고 자세한 소식을 전했습니다. 일본의 현지 당국(주하얼빈 총영사관)의 부탁에 따라 철도관리국에서 일본인들이 역에 들어올 수 있도록 허가했고, 그들 가운데에 범인이 있을 것이라고는 생각지도 못했다는 정보를 하얼빈에서 받았습니다. 일본인 자신들도 서양식으로 옷을 입으면 일본인인지 한국인인지 구별하지 못한다는 것도 확인했습니다. 러시아 정부가 보안에 대해서 무관심했다고 전혀 비난할 수 없다는 기사가 10월 15/28일 『JAPAN ADVERTISER』 신문에 보도되었습니다.

각하께서 이토 공작에게 마지막 예의를 지켜 주었다고 일본 신문에 자세히 보도한 기사가 나왔습니다. 각하가 고인에게 깊은 애도를 했기 때문에 죽은 자들에게 깊은 조의를 표하는 일본인들에게 좋은 인상을 남겼습니다.

더 자세히 알 수 있도록 차례대로 나온 3개의 신문기사를 보냅니다.

『JAPAN ADVERTISER』 10월 14/27일

사건에 대한 소식을 접한 즉시 보도한 기사 발췌문(제1보)

『JAPAN ADVERTISER』 10월 15/28일

더 자세한 기사(제2보)

『JAPAN Daily Mail』 10월 16/29일

(반半) 관영 기사

현재는 사회 여론도 조용해지고 있습니다. 최근 이토가 국정에 적극 참여하지 않았으므로 이토의 사망은 특히 초반에는 현안에 영향을 미치지 않은 것 같습니다. 그러나 일본은 근대국가를 수립하는 데 큰 역할을 해왔고 모험적인 정책으로부터 동료들을 항상 억제시켰던 정치가를 잃었다는 것은 의심의 여지가 없습니다.

각하가 13/26일 영사에게 보내 주신 애석한 사건에 대한 내용이 적혀 있는 전보가 무슨 이유인지 늦게 도착해서 15/28일 낮에야 받았습니다. 이 전보에서 이 사건에 대한 자세한 내용을 알게 되었습니다. 각하께서 무사히 위험을 피할 수 있어서 축하드리고자 합니다.

존경을 표시합니다.

101. 파그라니츠늬 관구 검사 밀레르가 법무대신 리보프에게 보낸 보고서

1909.12.27

Ф.560, оп.28, д.422, л.59-59 об.

존경하는 각하
예브게니 드미트리예비치

올해 11월 24일 자 No.739 편지 이후로, 이토 저격 사건과 그의 수행원인 일본 정부 대표단에 대한 살인 기도 관련 수사 자료를 죄송하게도 각하께 올릴 수 없었습니다. 왜냐하면 이미 아주 짧은 시간에 수사가 끝난 상태이고 저격 사건 발생 후 14시간 이내에 일본 정부에 급히 수사 자료를 제출해야 했기 때문에 기록을 복사할 수 없었습니다. 재무대신 코코프초프의 요청에 의거, 복사된 기록물은 오직 하나뿐이며 이는 동청철도 임원이자 청국과의 교류 담당자였던 목격자 다니엘(Е.В.Даниел)의 신문 조서입니다. 저는 이 복사본을 각하께 보내기 위해 1909년 10월 14일 밤에 하얼빈역으로 전달하였습니다.

저격 사건 심문기록을 간단하게라도 복구하기 위해 이 사건에 대한 짤막한 개요를 알려드리고자 합니다. 개요는 부분적으로 제가 기억한 내용, 파그라니츠늬 8구역 치안판사가 남겨 놓은 기록, 파그라니츠늬 관구재판소 검사와 1구역과 3구역 검찰관의 기록으로서 이들은 심문과 수색을 지휘할 때 저를 지원한 바 있습니다. 또한 현지 일반 및 철도경찰 직원들은 예비심문과 동시에 검사의 지휘 감독하에 사건에 대한 수사와 압수수색을 진행한 바 있습니다. 이 개요서는 10월 13일 오전 9시 45분에 법무대신과 이르쿠츠크 검사에게 저격 사건에 대해 최초로 보고한 저의 전문과 동일한 것으로서 하얼빈에서 각하께 전달해 드린 문서에 실수로 누락된 것입니다. 지금 보내 드립니다. 각하에 대한 저의 존경과 충성심을 표하고자 합니다.

102. 육군대신이 스톨리핀 총리에게 보낸 공문

1910.5.11

Ф.1276, оп.6, д.514, л.1-2.

존경하는 표트르 아르카디예비치 각하

일본이 대륙에서 자신의 이익을 확대하고자 하는 것은 의심의 여지가 없으며 청국과 그들의 매우 불분명하고 모호한 관계는 우리에게 명백히 적대적입니다. 그렇기 때문에 우리의 극동 이웃 중 가장 위험한 이들과 충돌할 가능성이 있는 상황에서 우리에게 가장 유리한 조건을 조성하기 위해 가능한 모든 수단을 이용해야 합니다.

그러한 수단 중에서 가장 효과적인 것은 한국의 현 상황을 정당하게 활용하는 것입니다. 그 활용의 장점은 전시에 일본 군대의 배후인 한국에서 거국적인 봉기를 촉발하는 것과 마찬가지로, 평시에도 일본군과 무기들을 의병과의 투쟁에 사용하는 것입니다. 또한 한국 주둔 일본군에 대한 수준 높은 첩보 활동과 우리 영토 내의 일본 첩자들에 대한 방첩 활동을 지원하기 위한 거의 무한정한 자원을 우리의 지휘하에 둘 수 있습니다.

유감스럽게도 우리는 결정적으로 위와 같은 활동 중 아무것도 하지 않았다는 사실을 말씀드립니다. 한편, 이 문제에 대한 더 이상의 지연과 무시는 국방을 위해 한국을 활용할 수 있는 기회를 영원히 잃는 것입니다. 유즈노-우수리스크 지역의 한인 주민에 대한 지방 당국의 탄압과 우리 지역 내에서 조선인에 대한 적대적인 풍조가 계속해서 집중적으로 뿌리내리게 된다면 조용한 아침의 나라에서 우리에 대한 신뢰와 명성은 빠르게 사라질 것입니다.

러시아 국가 방위를 위해 제가 제기한 문제에 대해 각하의 주의를 환기할 의무가 있으며, 각하께서 가능하다고 판단하시면 앞에서 언급한 한국을 국방의 목적으로 활용할 수 있는 유리한 환경을 조성해야 한다는 지침을 프리아무르 총독에게 지시하도록 승낙해 주시기 바랍니다. 왜냐하면 그러한 목표는 영향력 있고 러시아에 충성스러운 정치이민자들이 거주하는 유즈노-우수리스크 지역 한인들의 필요와 이익에 대한 러시아 당국의 확고하지만 자비롭고 세심한 태도를 통해 달성할 수 있기 때문입니다.

위의 내용에 덧붙여 저는 이해를 돕기 위해 총참모부에 접수한 보고서 사본을 각하께 전달합니다. 이 보고서의 결론은 제가 언급한 문제에 대한 매우 정확한 고찰에 근거하고 있다는 데 동의하지 않을 수 없습니다.

위와 같은 결론을 각하께서 내려주시기를 간곡히 부탁드리며, 저의 존경과 경의를 받아 주십시오.

103. 참모본부의 엔켈⁹ 중령 보고서

미상

Ф.1276, оп.6, д.514, л.3-6.

　제가 주로 상시적인 협력자로 활용하는 지역 한인들은 저에게 많은 정보를 제공해 주었습니다. 2년간 그들과 소통하면서 저는 이 지역 최고 당국자들에게 평상시와 전시에 한인들의 역할에 대해 의견을 제시할 수 있는 근거를 제공해 주었습니다.

　정치적 독립의 상실은 애국심과 민족의식의 각성에 강력한 자극을 주었고, 이토 공작의 저격은 그들의 영혼을 고양시켰고 일본으로부터의 조국 해방에 대한 열망을 불러일으켰습니다. 이러한 과제는 현재 미국(샌프란시스코)에 중앙위원회가 있는 "민족협회(국민회)"가 담당하고 있습니다.

　이 협회는 많은 자금을 보유하고 있고, 미국과 하와이, 조선과 청국에서 여러 신문을 발간하고 있습니다. 미국에 살고 있는 1만 명이 넘는 모든 한인이 이 협회에 참여하고 있습니다. 청국에서는 이 협회의 소속원인 10명의 한인 장교와 2명의 외교관이 군대에서 복무 중이며, 서유럽에서 약 5천 명의 거주 한인들이, 한국에서는 2만 명 이상이 그 협회에 가입해 있습니다. 이것이 국민회가 설립된 지 2년이 지난 현재 회원 수입니다.

　이 협회의 전 부회장이자 샌프란시스코의 한인 신문 편집장이며 현재 블라디보스토크에 거주하고 있는 매우 학식이 높은 정재관과 헤이그 회의에서 한국 대표였고, 조선에서 당시 재상의 보좌관이며 유럽 교육을 받았고, 위대한 애국자이기도 한 이상설과의 대화에서 저는 한인들 사이에 현재의 정서와 희망을 다음과 같이 설명할 수 있게 되었습니다.

　러일전쟁 이후 미국 정부는 한국과 만주 그리고 청국의 일부 무역 시장이 일본에 점령

9　역주: 엔켈(Энкель Оскар Карлович, 1878~1960) 러시아 총참모부 정보장교(1903~1917), 1917년 모국인 핀란드로 이민 후, 핀란드 육군 총참모장(1919-1924) 역임, 핀란드-소련 전쟁(1941~1944)을 마무리하는 모스크바 휴전협정(1944) 체결에 핀란드 측 대표의 일원으로 참가.

당할 것이라는 사실을 깨닫고, 한국의 최종 합병을 최대한 복잡하게 하고 저지하려 하고 있습니다. 그것이 미국에 있는 한국인들에게 가능한 한 큰 환대를 베풀고, 200명 이상의 선교사를 한국에 파견한 이유입니다. 그들은 종교적 선전을 가장하여 그곳에서 반란군의 봉기를 지원할 것입니다. 미국은 한인들 사이에 특히 인기가 있으며, 한인들은 선교사를 쉽게 받아들이고, 장로교로 개종합니다. 선교사들은 한국에 학교를 세우고 그들의 교회에 한인 사제를 임명합니다.

블라디보스토크 한인촌에서도 그들은 또한 성공을 거두어 한인 최관흘을 목사로 임명했습니다. 새로 개종한 모든 한인은 반드시 국민회 회원이 되었으며, 블라디보스토크 이외에도 라즈돌리노예, 니콜스크-우수리스크, 하바롭스크, 하얼빈과 수찬에 지부가 개설되었습니다. 한인들은 미국인들에게 매우 감사한 마음을 가지고 있지만 무엇보다도 가장 가까운 이웃인 러시아에 그들의 관심이 향해 있습니다. 한인들은 오직 러시아만이 잃어버린 독립을 회복시켜 줄 수 있고, 미국은 오직 무역 시장에만 관심이 있다는 것을 본능적으로 이해하고 있습니다. 극동에서 교전국이 어떻게 조합을 이루든 간에 한인들은 항상 러시아 편에 설 것입니다. 왜냐하면 청국이 일본, 심지어 러시아와의 충돌에서 승리하더라도 그들은 러시아가 줄 수 있는 것을 한국에 주지 않을 것이기 때문입니다. 가톨릭 선교사들과 루터교 선교사들처럼 미국 선교사들은 한인 학교를 설립하고 그들 중에서 사제들이 나왔으며, 협동에 기초한 자선 단체를 조직하면서, 러시아를 "반야만적 국가"라고 부르며 러시아에 대한 경멸의 정신으로 젊은이들을 교육하고 있습니다. 그 결과 루터교, 천주교, 장로교 계통의 한인들은 정교 한인들을 멸시하고 그들을 "어두운 사람들"이라고 합니다. 이는 이 지역의 한인들을 매우 모욕하는 것입니다. 그들은 또한 아이들의 교육에 있어, 그런 학교를 다녔던 교사와 사제들의 국가 중심적 경향을 좋아하지 않습니다.

한인 애국자들은 지방 정부가 러시아에 대한 충성심으로 한국인을 통합하고 교육하기 위해 작성한 규정을 두 번이나 승인하지 않았다고 불평했습니다. 저는 이 규정을 읽었습니다. 그것은 3월 4일 단체 및 조합에 대한 법에서 요구하는 모든 조건을 긍정적으로 충족하고 있습니다. 그것이 왜 승인되지 않는지 저는 잘 모르겠습니다. 이러한 규정이 없다면 그들이 무지몽매한 대중들에게 영향을 미치고, 외국 선교사와 일본의 "일진회"로부터 그들을 실제로 보호할 아무런 힘도 없습니다. 그런 다음 한인들은 자신들의 언어로 신성한 예배를 수행할 수 있는 권리와 함께 한인 정교회 사제를 그들에게 보내 줄 것을 요청합니다. 그러면 다른 종교를 받아들인 이 지역의 모든 한인이 곧바로 정교회를 수용할 것이라고 주장합니다. 규칙 승인에 대한 요청은 그들의 특별한 관심사입니다. 그들은 외국 선교사들의 강력한 선교로 인한 갈등과 분열을 두려워합니다. 그래서 한국에 더 많은 정교회 선교사를 파견하여 그들의 설교가 성공할 수 있도록 해달라고 요청합니다. 고국에 있는 한인 정교회 신자들과 그 지역에 있는 동료 신자들과의 소통은 일본의 정책을 파악하고 그들과 전쟁이 발발할 경우 한국의 중앙에 있는 정보원들에게 풍부한 자료를 제공해 줄 것입니다.

한인 젊은이들을 중등과 고등 교육을 받을 수 있도록 러시아 중앙으로 보내는 것이 좋습니다. 저는 그곳에서 교육을 받은 한인 몇 명을 알고 있습니다. 그들은 모두 러시아의 모든 것을 정말로 존경하고 동포들에게도 커다란 영향을 미칩니다.

한인들은 이 지역에 병역 의무 도입을 환영하고 있습니다. 그들은 어떤 한인도 복무를 거부하지 않을 것이라고 확신하면서 한인 학교에 군사 훈련을 도입할 것을 청원해 달라고 저에게 요청했습니다.

미국과 유럽을 방문해 봤고 일본을 잘 알고 있는 한인 애국자들은 러시아가 미래에 일본이나 청국과 불가피하게 전쟁이 일어났을 때 자연스럽게 그들 편에 설 한인들을 왜 무시하는지 매우 놀랐습니다.

한인과 중국인 또는 일본인이 같은 옷을 입으면 외모로 구별하기가 매우 어렵습니다. 세 민족 모두가 문자는 거의 동일하고 언어에는 공통점이 많으며, 그들은 이웃으로 서로 섞여 살고 있습니다. 이들은 프리아무르 지역에 최대 45,000명의 한인이 있는 곳에서 특히 러시아를 위해 평상시와 전시 모두에서 가장 정확한 정보를 위한 귀중한 자료를 제공합니다. 한인들은 러시아가 이 지역을 무엇보다도 러시아적 요소로 물들일 필요가 있다는 것을 이해하고, 그들은 토지 취득권 등과 같은 것의 허가를 요구하지 않습니다. 특권이 아니라 그들은 단지 그 지역에 거주하는 한인 대중을 하나로 통합하여 러시아에 헌신하도록 하고, 그래서 외국 선교사와 일본 지인들의 부패한 영향으로부터 자신들을 보호해 줄 것을 요청할 뿐입니다. 이것을 위해 지역 전역에 지부를 개설할 수 있는 권한을 가진 당국의 승인을 받은 한인 단체의 규정이 필요하며, 모국어로 신성한 봉사를 수행하는 믿을만한 교사와 사제들이 있는 학교를 허용할 필요가 있습니다. 그들은 또한 자비로 사관학교를 설립할 것을 제안합니다. 이것은 전시에서 매우 전략적으로 중요한 의미를 지니며, 한인들이 많이 거주하는 지역인 수찬에서 한인 의용군을 훈련할 것입니다. 그들의 추산에 따르면, 그들은 1만 명의 의용군을 쉽게 채울 수 있습니다.

일본인들은 이 지역을 높이 평가해서 "일진회원"들을 이곳으로 파견했습니다. 이것도 부족했습니다. 9월에 블라디보스토크를 다녀간 한국 통감 비서[10] 고마쓰는 러시아에 거주하는 한인들이 일본의 보호령을 인정하면 여권 수수료를 할인해 줄 것이라고 대리인을 통해서 밝혔습니다. 그에 따르면 한인들은 수수료 비용으로 5루블이나 7루블이 아니라 일본인들처럼 75코페이카를 지불하게 될 것입니다.

고마쓰가 떠난 후, 승려 한 명이 체포되었는데, 1) 그로부터 융희[11] 2년 7월 3일로 서명된 "공고문"으로 구성된 "철도와 부두 노동자회"의 인장이 찍힌 한글로 쓰인 인쇄용지를 압수했습니다. 거기에는 한인 노동자들이 (한국) 농상공부 허가를 받아 상호 자조를 위한 단결을 촉구하는 내용으로 그 하단에 "철도와 부두 노동자회 우수리스크 한인 지회" 명의가 인쇄되어 있습니다. 2) "신뢰할 수 있는 명단." 거기에는 누구에게, 어떤 직책에 임명되었는지, 성실하게 임무를 수행해 달라는 요청이 적혀 있습니다. 동일한 서명과 날인이 있습니다. 3) "철도와 부두 노동자회 우수리스크 한인 지회 정관과 승인." 융희 2년 7월 18일 승인되었습니다.

정관에 따르면, 협회 이사회는 서울 남문에 있으며, 서울-제물포, 서울-부산, 서울-의주, 그리고 우수리 남부 지점들에서 운영됩니다. 협회의 목적은 도로와 해상으로 물품을 교역하는 것이며, 그 뒤에 협회의 행정 구성, 회비 액수 등을 정의하는 단락이 있습니다.

더 세밀히 조사한 결과, 이 협회는 현재 한국통감부 소네 통감이 설립했으며 일진회 지부로 밝혀졌습니다. 그 회장은 일진회 회장[12]의 형 윤길병(Юн киль бен)이며, 동일한 목적을 추구합니다.

분명히 일본인들은 철도와 부두의 한인들 사이에서 그들 편을 필요로 합니다. 그리고 그들은 국적도 가리지 않습니다. 일본인들이 연해주에 거주하는 한인들에 대해 얼마나

---

10 역주: 한국통감부 외사국장을 말한다.
11 원주: 이것은 현재 재위 중인 대한제국 황제의 연호이다.
12 역주: 윤시병을 말한다.

관심이 있는지 다음의 사실이 도움이 될 것입니다 (블라디보스토크의) 한인촌에 지역 한인회를 위한 새로운 학교와 사무실을 지었고, 거기에 일본 영사 비서관 오소야마가 곧바로 방문해서 한인회 회장 김(Н.Н. Ким)에게 상당한 인사치레를 전했습니다. 그리고 그 학교에 700루블을 기부하고 싶다는 영사관의 뜻을 전달했습니다. 한인들은 자신들의 명예 때문에 이러한 도움을 정중하게 거절했습니다.

 위의 모든 내용에 의한 결론으로, 저는 연해주 지역의 생생하고 유익한 정보는 한인의 참여 없이는 입수할 수 없다는 것을 인정합니다. 그들은 알 수 없는 이유로 다른 외국인들 사이에서 마치 피압박자로 취급되고 있지만, 가장 신뢰할 수 있고 러시아에 충성하며 전시에는 숙련된 지도력으로 그 지역에서뿐만 아니라 해외에서 우수한 정찰병 역할을 할 것입니다. 이 임무를 수행할 한인들을 모으기 위해 다른 것은 필요없습니다. 그들에게 한인 민족 단체 규정을 허용하고, 학교에서 모국어로 봉사하는 신뢰할 수 있는 한인 교사와 신부를 제공하면 됩니다. 이것을 서둘러야 합니다. 미국과 영국, 독일 그리고 일본인들은 이미 수천 명의 한인들을 자신의 편으로 만들고, 러시아가 그들에게 우호적이지 않다는 확신을 심어주는 데 성공했습니다. 허용한 단체가 일본에 대항한 음모를 꾸미고 반란군을 파견하여 우리가 원치 않는 외교적 문제에 연루될 것이라고 두려워할 이유는 없습니다. 한인들은 첫째, 매우 법을 준수하는 민족이며, 둘째, 러시아와 일본의 정책을 완벽하게 이해하고 있으며, 비록 자신들이 일본의 영원한 적으로 남을지라도 지방관이 지시한 알려진 한계를 결코 넘지 않을 것입니다. 대신에 이 단체를 통해서 우리 정부와 지역 당국이 필요로 하는 지침을 전체 한인들에게 알릴 수 있습니다.

104. 스톨리핀 총리가 프리아무르주 총독에게 보낸 서신

1910.6.8

Ф.1276, оп.6, д.514, л.14-14 об.

존경하는 파벨 표도로비치 각하

일본과 충돌할 경우 우리의 국방을 위해 한인을 활용하는 조치에 관한 문제와 관련하여 총참모부로부터 받은 보고서 사본을 저에게 전송한 육군대신은 이 문제에 대해 제가 각하와 상의하기를 요청합니다.

또한 육군대신 수호믈리노프(Сухомлинов)는 프리아무르주 총독이 이 지역 방어를 목적으로 한인을 활용하기 위한 유리한 기반을 조성해야 한다고 주장합니다. 왜냐하면 그러한 목표는 영향력 있고 러시아에 충성스러운 정치이민자들이 거주하는 유즈노-우수리스크 지역 한인들의 필요와 이익에 대한 러시아 당국의 확고하지만 자비롭고 세심한 태도를 통해 달성할 수 있기 때문입니다.

제 입장에서 전체적으로 주의를 기울일 필요가 있는 육군대신의 상기 주장을 각하에게 알리는 것이 저의 의무라고 생각합니다. 그러나 일본과 우리의 새로운 관계에 비추어 볼 때, 육군대신 수호믈리노프가 앞에서 주장한 조치들은 긴급성과 중요성을 잃었습니다. 어쨌든 최근 몇 년 동안 상당히 호의적으로 발전하고 있는 일본과의 관계를 방해하지 않도록 매우 주의를 기울여야만 시행될 수 있습니다. 물론 언급된 조치들은 주로 우리의 영토에 황인종이 유입되는 것에 대응하기 위해 설정된 한계 내에서 수행되어야 합니다.

극동정착위원회가 제공한 지침(1910년 4월 9일 위원회 결의문 제8호)이 확고하고 일관성이 있으므로 이 마지막 과제를 실시하는 것은 현지 조건에 따라 국가적 의미를 지니고 있습니다. 이 서신에 위의 보고서와 육군대신 서신 No.766이 첨부되어 있습니다.

존경하는 각하, 저의 존경과 충심을 받아 주십시오.

105. 스톨리핀 총리가 육군대신에게 보낸 서신

1910.6.12

Ф.1276, оп.6, д.514, л.15.

존경하는 블라디미르 알렉산드로비치 각하

친애하는 각하, 금년 5월 11일 극동 지역에서 우리의 국가 방위를 위해 한인을 활용하는 조치에 관한 각하의 No.766 서한의 결과로, 이 서신에서 각하가 표명한 고려 사항에 주의를 기울일 필요가 있음을 인식하고, 저는 이 주제에 대해 프리아무르 총독과 의견 교환을 시작했습니다. 이와 관련하여 그에게 보낸 저의 서한 No.3159 사본을 여기에 첨부합니다.

저의 존경과 충심을 받아 주십시오.

106. 육군대신이 스톨리핀 총리에게 보낸 서신

1910.6.21

Ф.1276, оп.6, д.514, л.16-16 об.

존경하는 표트르 아르카디예비치 각하

금년 5월 11일 저의 No.766 서한에 덧붙여 극동 지역에서 우리 국방의 이익을 위해 일본에 대한 한인들의 지금의 입장을 이용할 수 있는 기반을 조성하려는 조치에 대한 이즈볼스키의 회신서 사본을 각하께 송부합니다. 저는 한인들이 우리 영토로 이주해 오는 것이 바람직하다는 의견을 말씀드리려고 한 것이 아님을 알리게 되어 영광입니다. 물론 그것이 우리의 군사적 이익에 부합한다고 인정할 수는 없습니다. 그러나 저는 우리가 유즈노-우수리스크 지역에 거주하는 한인에 대한 공정한 대우를 통해 그들의 조국에 대한 동정심을 끌어들이는 데 확실히 신경써야 한다는 것을 재확인하는 것이 저의 의무라고 생각합니다. 그들은 일본과 새로운 충돌이 발생할 경우 우리에게 부인할 수 없는 이점을 제공할 것입니다.

물론 그러한 조치는 한국에 봉기의 거점을 만드는 것과는 거리가 멀기 때문에 이것이 일본과의 조약 위반이라고 볼 수 없다고 저는 생각합니다.

각하 저의 존경과 충심을 받아 주십시오.

107. 외무대신 이즈볼스키가 육군대신에게 보낸 기밀 서신

1910.6.17

Ф.1276, оп.6, д.514, л.17-18.

각하께서는 6월 9일 No.938 비밀서신에서 우리의 국방을 위해 한국을 이용할 수 있는 유리한 기반 조성을 위한 조치의 필요성에 대해 각하의 의견에 공감하는지 제 의견을 물어보셨습니다.

이에 따라, 저는 다음과 같은 고려 사항을 말씀드리고자 합니다.

한국 문제는 거의 40년 동안 일본 정치에서 가장 취약한 위치에 있습니다. 바로 이 문제에 대한 오해가 1904~1905년 전쟁의 직접적인 원인이 되었습니다. 이 문제에 대해 일본 대표들은 포츠머스에서 있었던 강화 협상에서 가장 비타협적인 태도를 보였습니다. 그 후 5년 동안 우리가 일본 정부와 신뢰 관계를 구축할 수 있었던 것은 무엇보다도 한국에 대한 일본의 태도와 관련된 모든 것에 우리가 간섭하지 않았기 때문일 것입니다. 각하께서 아시는 바와 같이, 황제 폐하의 지시에 따라 현재 우리는 극동 지역에서 우리의 정책을 일본과 더욱 긴밀하게 연결하고 일본과의 협정에 따라 태평양 연안과 북부 만주에서 우리가 차지하고 있는 지위의 보전을 보장하기로 했습니다. 따라서 적어도 가까운 장래에 극동 지역의 국가 안보를 위해서는 우선 일본과의 관계를 유지하고 발전시켜야 하며, 이를 위해서는 일본의 아픈 곳에 영향을 미칠 수 있는 행동을 피해야만 합니다. 일본에 고통스러운 한국 문제를 건드리는 위험은 우리가 한국에서 소요를 통해 얻을 수 있는 이익과 비교할 수 없으며, 그것을 만들고 이용할 가능성은 그 어떤 경우든 불완전한 것입니다.

이러한 전반적인 고려 사항을 바탕으로, 저는 우리의 요원들을 한국으로 보내거나 우리 국경 내에 이 봉기의 거점을 만들고 지원하려는 모든 시도에 반대한다는 것을 말씀드립니다. 그러한 모든 행동은 일본과의 협정을 위반하는 결과를 초래할 수 있으며, 따라서 우리가 채택한 극동정책 방향에 반하는 것입니다.

그러나 우리 영토에 한인의 입국 허용을 반대하는 것은 외무부 입장이 아님을 밝힙니다.

저는 유즈노-우수리스크에 거주하는 한인에 대한 우호적인 태도가 우리의 외교정책에 아무런 해가 되지 않는다고 생각합니다. 한인들의 기질에 대한 신뢰성과 러시아인과 융합하는 능력에 대한 의심은 주로 현장에서 나옵니다.

한인들을 우대하는 여건을 조성하여 유즈노-우수리 지역에 거주하도록 유인할 것인지, 아니면 반대로 우리 국경으로의 유입을 어렵게 만들고 한국과의 국경 가장 가까운 곳에 순수한 러시아인들의 지대를 조성할 것인지 우리 국방의 목적에 무엇이 더 이익이 되는가를 판단하는 것은 육군부가 가장 유능한 것 같습니다.

존경하는 각하, 신뢰를 받아 주십시오.

108. 각료회의 총무국장이 프리아무르주 총독에게 보낸 공문

1910.6.28

Ф.1276, оп.6, д.514, л.19.

존경하는 파벨 표도로비치 각하

올해 6월 8일 각료회의 의장의 No.3159 서한에 추가하여 저는 다음과 같은 서한의 사본을 각하에게 송부하는 영광을 누리고 있습니다. 올해 6월 21일 상서 스톨리핀에게 보낸 육군대신의 No.1038 서한 및 1910년 6월 17일 육군대신 수호믈리노프에게 보낸 외무대신의 No.785 서한, 한인에 대한 러시아 국가 당국의 입장 문제에 관한 연속적인 서신으로 구성되어 있습니다.

존경하는 각하, 저의 존경과 충심을 받아 주십시오.

109. 프리아무르주 총독이 스톨리핀 총리에게 보낸 기밀 서신

1910.7.3

Ф.1276, оп.6, д.514, л.20-23 об.

존경하는 표트르 아르카디예비치 각하

각하께서 저에게 동봉한 올해 6월 8일 자 육군대신의 편지 사본은 우리 정부 당국이 프리아무르주에 거주하는 한인들의 요구에 대해 온화하고 세심하게 대하는 방식을 통해 우리 국방의 이해라는 측면에서 한국을 활용하는 문제를 다루고 있습니다.

육군대신은, 본관이 한국인을 우리의 이익 측면에서 적대시하기보다는 러시아에 호의적인 민족이라는 인식을 항상 가져야 한다는 의도를 편지에 명시하고 있다고 감히 보고 드립니다. 이러한 형태로 우리는 여러 차례 우리의 경제적 이익을 양보해야 했고, 무엇보다 우리 땅에 불법적으로 정착한 수만 명의 한인 외국인을 추방하는 결정적인 조치를 취하지 않고, 가혹함을 피할 수 있는 조처를 찾을 때까지 이 문제에 대한 적절한 질서의 확립을 연기해야만 했습니다.

이와 관련하여 육군대신 수호믈리노프의 서한에 첨부된 조언 조치들은 다음과 같이 요약됩니다.

1) 유즈노-우수리스크 지역의 한인에 대해 지방 당국이 가하고 있다고 주장하는 탄압을 약화시키는 것입니다.
2) 우리에게 적대적인 경향을 가진 상당수의 한인들이 체계적이고 집중적으로 유입되는 것에 대한 대응 조치를 취해야 합니다.
3) 앞에서 언급한 한인들이 합법적인 민족 단체로 결집하는 것을 허용해야 합니다.
4) 그들의 모국어로 예배를 드리는 한인 사제들과 믿을 수 있는 교사들을 학교에 제공해야 합니다.

프리아무르 영토의 많은 한인이 적절한 시기에 러시아 공민권을 취득하고 정부가 무상으로 제공하는 국유지를 받는 등 이들은 러시아 농민이 누리는 거의 모든 권리를 향유하고 있습니다. 세금 부담과 관련하여 그들은 교회, 학교 및 단체 기관의 유지 관리 비용이 적기 때문에 러시아 농민보다 훨씬 유리한 위치에 있습니다.

따라서 저에게 보낸 편지 지침에 비추어 볼 때, 유즈노-우수리스크 지역의 한인 주민에 대한 지방 당국의 "억압"은 러시아 공민권을 가진 한인들에게는 해당되지 않는다고 생각합니다. 그러나 최근 몇 년간 프리아무르 지방으로 한인 외국인들의 이주가 증가함에 따라 모든 상급 국가 기관에서 이를 심각한 위협으로 간주하고 대응할 필요성을 인정하고 있습니다.

이 집단 관련 보고서에 제안된 조치를 참조하여 각하께 다음과 같이 보고합니다.

1) 지방 당국의 한인에 대한 "탄압"은 없었으며, 우리 자신의 이익을 보호하고 이들의 유입에 대응하기 위한 가장 필요한 조치를 다음과 같은 경우에 취했습니다. 즉, 오랜 여권 규정의 지속적 적용, 국유 재산을 점유하지 못하도록 보호, 많은 해외 한인을 유치하는 금광에서 한인 노동력 사용을 법률에 근거하여 불허, 그리고 마지막으로 한국인의 러시아 공민권 취득 중단. 다른 모든 면에서 한인들은 다른 외국인과 마찬가지로 지방 당국으로부터 완전히 자비롭고 세심한 대우를 받으며 "정치적" 이민자와 관련하여 상황에 따라 가능한 관용을 베풀기도 했습니다.

2) 우리에게 적대적인 경향을 가진 상당수의 한인들이 체계적이고 집중적으로 유입되는 것에 대한 정보가 없으며, 이와 관련된 미국 선교사의 활동도 관찰되지 않았습니다. 어쨌든 충분한 자금과 힘이 부족하여 상당한 지장을 받기는 하지만 우리에게 해로운 선동을 방지하기 위해 감독하고 있습니다.

3) 프리아무르 지역에 거주하는 한인들에게 민족 단체 구성을 승인하자는 엔켈 중령의 보고서와 관련하여 저는 이 조치가 매우 위험하다고 생각합니다. 가장 큰 위험은 한인 외국인뿐만 아니라 약 40년 동안 이 지역에 거주한 러시아 공민인 한인들의 내면과 삶에 대해 우리는 거의 모른다고 생각합니다. 정교 신자들이지만, 그럼에도 우리에게는 매우 배타적이고 낯설게 느껴집니다. 따라서 그들과 관련된 행정 조치를 할 때 많은 어려움을 겪고 있습니다. 이러한 어려움은 우리가 긴밀하게 결집한

외국인으로서의 한인 조직을 상대한다면 의심할 여지 없이 몇 배나 증가할 것입니다. 특히 한국어를 잘하는 러시아인이 거의 없고 경찰이 부족한 상황에서 그들을 감독하는 것은 거의 불가능합니다.[13] 심지어 우리 노동자들과 다른 단체들의 활동도 아주 완벽한 감독 체계가 있음에도 불구하고 정부의 방향에 따르지 않는 경우가 많습니다.

이러한 상황에서 많은 위험요소를 가지고 있는 한인 민족 단체에 침투하고 그들을 활용하는 것은 오히려 우리에게 손해가 될 것입니다. 특히 적대 세력이 이에 관심을 가질 경우 상당한 금전적 비용이 발생합니다. 민족 단체를 형성하기 위한 허가를 요청하면서 한인들은 그들 자신을 위한 물질적 이익을 전혀 염두에 두지 않고 오로지 러시아에 헌신하고 하나로 통합하는 이념적 목표를 추구한다는 보고서 지침과 관련해, 저는 이 사실을 엔켈 중령에게 확신시켜 준 고위 한인 이민자들의 견해에 대해 의심의 여지가 없다는 점을 분명히 밝힙니다. 그러나 프리아무르 지역에 거주하는 한인들은 대부분 러시아에 헌신하고 애국하는 이상주의자가 아니라는 사실을 잊어서는 안 됩니다. 일제하에 물질적 어려움 때문에 고국을 떠난 평범한 농민들은 이곳에서 더 나은 삶을 기대합니다. 그들에게 가장 중요한 것은 낯선 러시아의 이익이 아니라 그들 자신의 안녕이 될 것입니다. 따라서 현재 한국에서 온 이주민들은 이와 관련하여 우리가 취한 모든 조치를 우회하여 우리 땅에 정착하기 위해 최선을 다하고 있습니다. 따라서 한인 민족 단체는 구성원의 물질적 이익과 우리 국가의 이익이 불가피하게 충돌하는 경우 물질적 이익을 추구할 것이며, 당연히 우리는 한인 개인보다 한인 단체를 다루는 것이 훨씬 더 어려울 것입니다.

우리나라에 살고 있는 모든 한인이 엔켈 중령과의 대담자(이민자 정재관과 이상설)처럼 한국과 러시아 관계에 대해 고상한 견해를 가지고 있는 것은 아닙니다. 그 사례는 다음과 같습니다. 1904년에 우리가 군사적인 목적으로 짐마차 수송 부역을 유즈노-우수리스크 지역에 사는 러시아 국적의 한인들에게 요구했지만 대부분 이를 회피했습니다. 이에 이러한 경우에 대해 계엄령이 선포된 지역에 대한 법령에 근거하

---

13 원주: 극동의 러시아 주민들 사이에 동양 언어 지식을 최대한 널리 보급하기 위한 조치를 취하는 문제는 이전에 저에게 주어졌지만 이것이 시급히 필요함에도 불구하고 아직 허가를 받지 못했습니다.

여 특별한 의무 규정을 공포해야만 했습니다.

4) 프리아무르 지역의 한인들에게 모국어로 봉사할 수 있는 믿을만한 한국인 교사와 한국인 신부가 있는 학교를 제공하는 것은 현재로서는 실현 불가능합니다. 왜냐하면 교사와 신부의 자리를 채울 적절한 인물이 없고 그들의 활동을 통제할 인물도 없기 때문입니다.

다른 한편으로, 저는 이름뿐인 정교회 신자이자 러시아 신민인 한인들 사이에 선교 사업을 적절한 수준으로 끌어올리는 동시에 그들을 러시아화하기 위한 조치를 더 이상 미루지 않을 것입니다. 우리 땅에 체류하는 한인 외국인들을 위한 한인교회와 학교의 설립은 필연적으로 한인들의 민족적(한국적) 일상생활을 더욱 강화하는 계기가 될 것입니다.

위에서 언급한 사항을 고려할 경우, 각하께서도 지적했다시피 참모본부의 보고서에서 제안된 조치들은 각별한 조심성을 견지해야만 실현될 수 있을 것입니다. 그러한 조치들은 본관이 지휘하고 있는 노령 지역으로의 황인종 유입 방지를 위한 사업에서 극동이주문제위원회의 프로그램 실행을 방해하지 않을 것이라는 확신이 있을 경우에만 실현될 수 있습니다.

존경하는 각하, 저의 존경과 충심을 받아 주십시오.

110. 스톨리핀 총리가 육군대신에게 보낸 기밀 서신

1910.8.2

Ф.1276, оп.6, д.514, л.24-24 об.

존경하는 블라디미르 알렉산드로비치 각하

각하께서는 올해 5월 11일 No.766 서신을 통해 총참모부에 보낸 특별 보고서에 따라 일본과 충돌할 경우 우리의 국방을 위해 한인을 활용한다는 취지에서 그에 따른 몇 가지 지시를 프리아무르 총독에게 전달해 줄 것을 요청했습니다.

최근에 운테르베르게르 총독은 첨부 사본인 올해 7월 3일 자 No.6711 서한에서 다음과 같이 밝히고 있습니다. 즉, 해당 서한에 자세히 설명된 사항을 고려하여 위에서 언급한 메모에 제안된 조치의 적용이 황인종의 유입을 막기 위해 극동정착위원회가 마련한 프로그램의 실행을 방해하지 않을 것이라고 확신하는 상황에서 극도의 주의를 기울여야만 실행될 수 있다는 것입니다.

프리아무르주 총독이 표명한 견해는 특히 외무대신이 올해 6월 17일 각하에게 보낸 서신 No.1785에서 이 문제에 대해 밝힌 결론과 비교할 경우 정확하다는 것이 인정되는바, 존경하는 각하께 운테르베르게르 총독의 의견을 알리는 것이 제 의무라고 생각합니다.

저의 존경과 충심을 받아 주십시오.

111-1. 내무부에서 각료회의 총무국에 보낸 공문

1910.9.23

Ф.1276, оп.6, д.514, л.25.

내무부 총무국은 한인 9,000명의 러시아 국적 취득 청원에 관한 프리아무르주 총독 대행 마르토스(Мартос)의 전문 사본을 동봉하면서 각료회의 총무국에 이 문제에 대한 올해 7월 3일 총독의 기밀 서신 No.6711 사본의 제출을 요청합니다.

111-2. 마르토스가 내무대신에게 보낸 전보

1910.9.18

Ф.1276, оп.6, д.514, л.26.

8월 23일 전문에 대한 회신.

총독 운테르베르게르 장군은 7월 3일 각하에게 보낸 기밀 서신에서 프리아무르 지역 한인 문제의 현황을 명확히 하고 이 문제에 대한 자신의 견해를 분명하게 표명하였습니다. 저는 총독의 관점에 의견을 같이하며 대규모 한인들의 러시아 국적 취득이 국가와 지역 경제에 어떠한 이득도 되지 않는다고 판단하여 9,000명 한인들의 청원을 거부하고자 합니다.

총독 대행 마르토스

112. 외무대신이 스톨리핀 총리에게 보낸 주일 대사의 한국 문제 관련 서신 동봉 통보 공문

1910.6.5

Ф.1662, оп.1, д.114, л.1.

외무대신은 존경하는 표트르 아르카디예비치 각하께 주일 러시아대사의 도쿄발 1910년 5월 6(19)일 자 서신 사본을 동봉할 영광을 가지게 되었습니다. 서신은 예정된 러일협약과 예상되는 한국병합 관련된 것입니다.

113. 주일 대사 말렙스키-말레비치가 외무대신에게 보낸
일본 수상과 한국 문제 관련 논의 내용 보고 서신

1910.5.6

Ф.1662, оп.1, д.114, л.2-3.

얼마 전 나는 수상을 방문하여 런던에서 기채한 새로운 일본 차관과 관련된 세부 사항을 알아보고자 하였습니다. 1시간 이상 우호적인 대화를 이어 가는 자리에서 가쓰라(桂太郎) 수상은 예정되어 있는 러일협약에 대해 언급하였고, 나에게 "귀하가 페테르부르크로 돌아간 후에 이 문제가 급속한 진전을 이루게 될 것인지"라고 물어보았습니다. 나는 수상에게 이를 충분히 염두에 두고 있으며 주러대사 모토노가 귀임했을 때 열린 연회에서도 양국 간의 안정되고 우호적인 관계에 대한 징표들을 확인하였다고 대답했습니다. 가쓰라 수상은 그 징표들이란 무엇인지 자신에게 말해 줄 수 있는지 물었고, 나는 자신 있게 "러시아 정계에서는 예정된 러시아와 일본의 정치적 접근에 대해 준비가 되어 있다. 그러나 아직은 국가의회인 두마에서 다수당과 러시아의 사회 여론이 그러한 협약을 수용할지는 예견하기 어렵다"라고 덧붙였습니다.

이 문제와 관련하여 나는 가쓰라에게 일본 정부의 대한정책이 적지 않은 역할을 하게 될 것이라고 지적하였습니다. "신문들은 일본 정부가 한국에 대해 결정적인 조치를 취하도록 압력을 가하고 있고 결합(амалгамация)이라는 단어는 합병으로 이해해야만 한다는 기사가 매일매일 언론기사에서 빠지지 않고 있다. 당연히 한국의 병탄은 러시아에서 바람직하지 않은 인상을 줄 수 있고 국수주의자들을 선동시킬 수 있다. 이러한 것들이 예정된 협약체결에 곤란을 야기할 수 있을 것이다."

이에 대해 수상은 나에게 한국 문제는 이미 결정된 사안으로 생각한다고 대답했습니다. 그는 이에 덧붙여 "그러나 언제 어떻게 이를 행하는지에 대해서는 아직 결정되지 않았지만 점진적이고 신중하게 행동할 필요가 있다. 질시와 시샘 그리고 갈등을 불러일으키지 않아야 하지만 러시아의 재정개혁(차관발행 조건 변경) 추진에 장애를 주지 않고자 한다"라고 솔직하게 인정했습니다.

가쓰라 수상의 발언을 모토노 주러대사가 한국 문제와 관련하여 각하께 언급한 사항과 비교해 본다면(1910년 3월 23일 상주서) 다음과 같이 예상해 볼 수 있습니다. "한국 문제의 해결은 점차 가속도가 붙고 있으며 이러저러한 형태의 합방은 일본이 우리에게 제안한 정치 협상의 체결과 함께 이루어질 것이 틀림없습니다. 이렇게 중요한 사태가 우리에게 갑자기 닥치지 않도록 여기에 대비해야 합니다. 각하의 의견이 매우 정당하다는 것을 인정해야만 하며, 위에서 언급한 상주서에서 각하가 입장을 밝힌 바와 같이 이 사태는 러일관계뿐만 아니라 극동의 정세 전반에도 매우 결정적인 순간이 될 것"입니다.

제 생각에는 이미 보고드릴 영광을 가졌던 바와 같이 한국의 운명은 이미 포츠머스에서 결정되었습니다. 강화조약의 러시아 측 초안에는 일본의 침략으로부터 한국 황제의 주권을 보장하려는 의도가 담겨 있었으나, 포츠머스에서 일본 측 대표단은 한국의 완전한 독립은 이미 존재하지 않는다는 입장을 표명하고 그러한 의무를 받아들이지 않았습니다. 강화회의에서 이 문제에 대해 의견 교환이 끝난 것에 근거하여 우리 대표단은 1905년 8월 12일 자 회의 의사록에 다음과 같은 부대 조건을 포함시키는 데 동의했습니다.

"일본은 향후 한국에서 한국의 주권을 침해하는 조치를 취할 필요가 있다고 판단할 수 있으며, 이러한 조치는 한국 정부와 합의할 것이다.(Le Japon peut treuver necessaire de prendre en Coree a, l'avenir et qui pertent atteinte a la souverainete de ee pays serent prises d'accord avec le gouvernement de Coree.)".

아마도 이러한 부대 조건에 대한 논평은 불필요한 것 같습니다.

존경을 표하면서.

제2부

1908년 남만주철도
초대 총재 고토 신페이의
러시아 방문

1. 주일 대사 바흐메찌예프가 외무대신 이즈볼스키에게 보낸 편지

1907.11.2

АВПРИ. Японский Стол, оп.493, д.1265, л.1-3 об.

출처: Опубл.: Молодяков В.Э. Гото Симпэй и русско-японские отношения, М., 2006, С. 26-27.

존경하는 알렉산드르 페트로비치 각하

나는 방금 고토 공으로부터 개인적으로 흥미롭고 신뢰할 만한 전갈을 받았는데 요지는 다음과 같습니다.

열정적이고 영향력 있는 남만주철도 총재는 나와 처음 알게 되었을 때부터 러일 간의 관계를 증진시키는 데 최선을 다하고 있다고 말해 왔다. 그의 견해에 따르면, 성공의 가장 큰 담보물은 상품 교환과 무역에 대한 상호 신뢰 구축이라는 순수한 실용적인 토대에 기반하고 있다. 최근의 협약[14]은 그에게 이 어렵고 여전히 힘든 길을 평탄하게 해주었고, 이 협정이 그가 주관하고 있는 영역에서도 효력을 발휘할 것으로 확신하고 있다. 따라서 그는 일본에서 기쁘게 받아들이고 있는 러일 화해가 순수한 정치적 합의일 뿐만 아니라 보다 실질적이고 특별한 관계 및 상호이해를 위한 토대가 될 수 있다는 것을 바로 증명하고자 한다. 그의 계획은 다음과 같다. 그는 첫 번째 조치로 철도 자재, 특히 레일을 러시아에 주문해야 한다고 생각하고 있다. 이 주문은 처음에는 만주 노선만을 위한 것이지만 나중에는 일본의 모든 국유 노선으로 확장될 수 있을 것이다. 그는 조건, 가격 등에 대한 사전 조사를 위해 개인적으로 러시아에 오래 살았던 비서 가운데 한 명인 나쓰아키를 기술 엔지니어와 함께 최근에 출발시킨 다음, 2월 말에 직접 러시아로 가서 모스크바에서 2주, 상트페테르부르크에서 2~3개월 동안 머물면서 최종 주문을 할 예정이다.

---

14 역주: 러일협약(The Russo-Japanese Agreement), 1907년 7월 30일

고토 공은 야마카타(山縣有朋), 가쓰라(桂太郞)와 같은 일부 원로들의 편견을 극복하기 위해 많은 노력을 기울였고 마침내 그들의 동의를 이끌어 냈다. 그러나 영국인들은 동맹에 근거하여 이러한 모든 주문을 독점하거나 적어도 자신의 승인 없이는 다른 나라에 발주를 금지할 권리가 있다고 믿고 있다. 따라서 이 일은 극도의 기밀을 유지해야 하므로 그는 나에게 이 문제에 대해 절대 발설하지 말 것과 내가 그것에 대해 제국 재무부에 편지를 쓸 필요가 있다면, 관방국을 거치지 않고 직보하도록 요청하였다. 또한 그가 도착하기 전에 공장주들이 미리 알고 가격을 올리고 그가 결코 약속할 수 없는 것들을 확정하려 할 것을 우려하였다.

비록 나는 그의 신중함이 적어도 우리 부서에 대해서는 과장된 것으로 생각하지만, 이 소식이 런던, 베를린, 워싱턴에도 전해질 수 있는 또 다른 부주의한 경우를 고려한다면, 이러한 극도의 기밀유지 방식을 선택하는 것에 동의했다.

고토와 일본을 다루는 모든 관계자는 오랫동안 이 문제를 고려해야 할 것이다. 그는 지금 자신을 단지 이토 공의 친러정책의 정신적 후계자로 내세우고 있을 뿐이지만, 만일 일본 제일의 국가 지도자가 물러난다면, 그가 정치적 후계자로 지목되는 것은 의심의 여지가 없다.

상트페테르부르크의 상관에게 이를 보고하면서 우리의 상무관과도 이러한 비밀을 공유하였습니다.

깊은 존경과 헌신을 가진 각하의 충실한 종복

바흐메찌예프(Ю.Бахметев)

2. 주일 재무관 빌렌킨이 전임 재무대신 쉬포프에게 보낸 전문

1908.3.28

РГИА. Фонд 323, оп.1, д.685, л.2.

깊이 존경하는 이반 파블로비치 각하

　나는 고토 신페이(後藤新平)의 대리인 나쓰아키(夏秋龜一)로부터 고토 공이 4월 20일 도쿄에서 다롄으로 출발할 것이고 다롄에서 관청즈를 거쳐 4월 29일경에 페테르부르크에 도착 예정이라는 메모를 방금 전달받았습니다.

3. 동청철도 부총재 벤첼이 하얼빈의 동청철도 운영국장 호르바트에게 보낸 전문

1908.4.1

РГИА. Фонд 323, оп.1, д.685, л.4.

　남만주철도 사장 고토 신페이가 관청즈에서 4월 16일경 페테르부르크로 출발할 예정이니 러시아 철도로 통행하기 위해 집무가 가능한 1등 객차를 그에게 제공하시오. 이 열차가 러시아 철도망을 통행하는 것과 관련하여 교통성과 협의해야 할 것이오. 동청철도의 고위 관계자 가운데 누군가가 관청즈에서 고토 신페이를 반드시 마중 나가도록 하시오. 외국어를 구사하는 누군가를 임명하여 고토를 관청즈에서 만주리(滿洲里)까지 동행하도록 하고, 고토가 우리 철도를 통행할 때 경계 조치에 만전을 기하시오.

4-1. 동청철도 부총재 벤첼이 동청철도 운영국장에게 보낸 전문

1908.4.2

РГИА. Фонд 323, оп.1, д.685, л.6.

고토의 비서이자 우리가 일본을 방문하였을 때 안내를 맡았던 기쿠치(菊池)가 다음과 같은 편지를 보내왔음.

"우리 6명은 관청즈에서 5월 2일(4.19) 토요일에 출발할 예정이고, 하얼빈에서 4월 21일(5.4) 월요일에 출발하여 모스크바에는 5월 14일(5.1)에 도착 예정임".

4-2. 동청철도 부총재 벤첼이 동청철도 운영국장에게 보낸 전문

1908.4.2

Фонд 323, оп.1, д.685, л.26.

고토의 비서는 나의 질문에 대해 전보를 통해 다음과 같이 알려 왔다. 그들은 상트페테르부르크에서 일주일간 머물다 블라디보스토크를 거쳐 귀국할 예정이라고 한다.

벤첼

5. 재무대신 코코프초프가 교통대신 샤프가우젠에게 보낸 편지

1908.4.3

АВПРИ. Японский Стол, оп.493, д.1265, л.7-8.

출처: Опубл.:Молодяков В.Э. Гото Симпэй и русско-японские отношения, М., 2006, С. 28-29.

존경하는 니콜라이 콘스탄티노비치 각하

　재무부에서 입수한 정보에 따르면, 남만주철도회사 총재 고토 공이 4월 19일 5명의 수행원과 함께 관청즈에서 상트페테르부르크로 출발한다고 합니다.

　지난해 칙령에 의해 극동으로 파견된 기밀고문 쉬포프가 일본을 방문했을 때, 개인 자격으로 방문했음에도 불구하고 특별한 대접을 받았습니다. 러시아에 우호적인 모임이 개최되었고, 그를 위한 연회 이외에도 일본과 남만주의 모든 철도에서 그가 편리하게 여행할 수 있도록 수행원을 임명하였습니다. 철도당국은 쉬포프에게 특별객차를 제공함으로써 각별한 관심을 기울였습니다.

　고토 남작이 기밀고문 쉬포프의 일본 방문 이후 처음으로 러시아를 방문한 일본의 고위 공직자라는 점을 감안할 때, 나는 만주에서 우리와 일본철도 사이의 선린 관계와 마찬가지로 러시아와 일본 사이에 존재하는 우호 관계에 상응하는 호의를 그에게 베풀어야 한다고 생각합니다. 나는 고토 공이 상트페테르부르크로 가장 편리한 여행을 할 수 있도록 고토 공과 그 일행에게 관청즈에서 집무용 객차를 제공하고, 그가 러시아 철도를 따라 여행할 때 각별한 관심과 안전에 만전을 다하도록 동청철도 회사 운영진에 지시했습니다. 동시에, 나는 상기 객차가 4월 21일 하얼빈을 출발하는 고속 열차에 연결되어 상트페테르부르크에 당도할 수 있도록 허락해 주실 것과 이 객차의 탑승 인원에 대한 운임 부담에 동의해 주실 것을 각하께 간곡히 요청드립니다.

　각하께서 가능한 빠른 시일 내에 그 결과에 대해 저에게 알려 주시기를 바랍니다.

　각하께 저의 존경과 충성심을 받아 주시기를 앙망(仰望)합니다.

6. 동청철도 부총재 벤첼이 관세청에 보낸 편지

1908.5.1

РГИА. Фонд 323, оп.1, д.685, л.28-28 об.

4월 18일 남만주철도회사 사장 고토 공이 관청즈에서 페테르부르크로 출발하는데 수행 인원은 7명입니다. 지난해 칙명에 따라 극동으로 출장 간 전임 재무대신 쉬포프는 일본을 방문하였을 때, 개인 자격으로 방문했음에도 불구하고 각별한 환대를 받았습니다. 예를 들어 쉬포프와 수행원들은 일본 국내뿐만 아니라 남만주에서 편안한 철도 여행을 할 수 있도록 철도당국이 만전을 기했습니다.

고토 공은 쉬포프 전 재무대신이 일본을 방문한 이후, 러시아를 찾는 최초의 고위급 인사이기 때문에 고토가 본국에서 누리고 있는 위상에 걸맞게 각별한 관심을 가지고 친절하게 대할 것을 당부하였습니다. 따라서 교통상과 협의하여 고토와 수행원들에게 제공된 객차가 상트페테르부르크까지 고속열차에 접속될 수 있도록 조치하였고, 그에 상응하여 이들의 여정에 대한 경계에 만전을 기하기로 하였습니다.

최근에 접수한 전문에 따르면 고토와 수행원들은 만주리역에 4월 21일(5.4) 아침에 도착하였는데 그들의 짐은 300푸드(1푸드: 16.4㎏)가 넘었습니다. 이와 관련하여 재무대신에게 이들의 짐을 무료로 러시아 영내로 반입할 수 있도록 허락을 요청하였고, 동시에 동청철도 이사회는 관세청에 관세법 제475조에 의거, 이 문제 해결에 선처를 베풀어 주실 것을 요청하는바, 사안의 긴급성을 감안하여 전신으로 조치해 주시기 바랍니다.

7. 외무대신 이즈볼스키가 재무대신 코코프초프에게 보낸 편지

1908.5.1

РГИА. Ф.560 оп.28, д.1102, л.22-23.
출처: Опубл.:Молодяков В.Э. Гото Симпэй и русско-японские отношения, М., 2006, С. 32-34.

존경하는 블라디미르 니콜라예비치 각하

각하께서 아시는 바와 같이, 남만주철도회사 총재 고토 공의 예정된 러시아 방문 목적이 하얼빈에서 관청즈까지 동청철도의 지선을 구입하려는 일본의 의도로 청국에 알려져 있습니다. 현재 이러한 소문의 출처를 밝히기 어렵기 때문에 청국 정부는 그 소식에 대해 확신하고 있으며, 소문대로 될 가능성에 대해 매우 우려하고 있다는 점은 의심의 여지가 없습니다. 본관은 베이징의 명령에 따라 이 문제를 문의해 온 청국 대사에게 우리는 그런 의도가 없음을 진정성 있게 답변하였습니다. 그런데도 각하께서 4월 30일 자 6등 문관 아르세니예프(колл.сов. Арсеньев)의 전문에서 보셨다시피, 청국 정부는 주청(駐淸)공사관에 이 문제를 제기하면서 이 구간을 매입할 준비가 되어 있으며, 어떤 경우라도 이 구간을 일본에 양보하는 것은 1896년 계약 제12조에 위배되는 것이라고 덧붙였습니다.

중국인들은 우리의 구두 설명에 만족하지 않고, 이 내용에 대한 서면 확인서를 원합니다. 동청철도의 일부 구간을 매각한다는 소문이 사실이 아니라는 점을 감안한다면, 본질적으로 중국인들의 요구를 들어주는 데는 문제가 없을 것입니다. 그러나 저는 청국이 동청철도에 대해 자국 이외에 다른 나라의 개입을 방지하려는 점을 이용하면 좋을 것 같습니다. 청국 외무부와 체결한 1896년 계약의 조항들을 인용한다면, 우리 역시 중국인들에게 러시아에 할양된 철도연선 지역에 대한 관리권과 계약서상의 특권에 대한 확인을 요구할 수 있습니다. 각하께서도 기억하시다시피, 철도연선 지역에 자치 정부를 도입하는 문제와 러시아에서 오는 사람들의 통과 규정에 대해 우리에게 특별히 배타적인 규정을 제정하자는 중국인들의 제안으로 인해 이번 해에 상당한 오해가 발생한 바 있었습니다.

첫 번째 문제에 대해 중국인들은 사실상 거론을 반대했기 때문에 이 문제를 언급하지 않고, 단지 4월 29일 자 각하의 편지 No.277에서 언급하신 두 번째 문제와 관련된 권리들에 대해 그 해결책만 강력히 요구하는 것이 더 나을 것 같습니다. 만일 각하께서 원칙적으로 이 문제를 제기하는 것에 동의하신다면, 저는 중국인들이 계약 내용에 부합되지 않는 감독권 요구를 철회하고 철도 운영에 대한 우리의 권리를 확인해 줄 때, 그에 상응하여 철도를 매각하지 않겠다는 서면 약속을 해주도록 주청특명공사에게 즉각 훈령하고자 합니다. 제 생각에는 이 문제를 성사시키려면 청국 정부와 신속하게 접촉하는 것이 매우 중요합니다. 왜냐하면 고토 공이 떠난 이후에는 철도 문제가 중국인들에게 결코 초미의 관심사가 되지 않을 것이 분명하기 때문입니다.

회신을 기다리며, 각하께 저의 존경과 충심을 전합니다.

8. 재무대신 코코프초프가 외무대신 이즈볼스키에게 보낸 편지

1908.5.23

РГИА. Ф.560 оп.28, д.1102, л.50-50 об.

출처: Опубл.:Молодяков В.Э. *Гото Симпэй и русско-японские отношения*, М., 2006, С. 42-43.

존경하는 알렉산드르 페트로비치 각하

최근 상트페테르부르크를 방문했던 남만주철도회사 총재 고토 신페이가 측근 중 한 명을 통해 저에게 다음과 같이 알려 왔습니다. 고토는 두 나라 간의 경제적 융합을 기반으로 한 양국 화해 사상에 대해 확증의 표시로 평가할 수 있는 러시아 훈장의 최고 영예를 얻으려는 열망을 가지고 있다는 것입니다.

고토 공이 방문한 주된 목적은 재무대신이 주관하는 동청철도와 관련된 일부 문제를 해결하는 것이었습니다. 또한 고토 공이 상트페테르부르크에서 머무는 기간에 본인에게 일본의 최고 훈장이 수여되었기 때문에 각하께 상술한 고토 공의 바람을 알리고, 만약 각하께서 어렵지 않다면, 황제 폐하께 고토에게 상응한 러시아 훈장을 수여하도록 상주할 것을 정중히 요청드립니다.

이에 덧붙여 저는 황제께 올린 상주서에서 상술한 고토 공의 소망에 대해 언급한 바 있었음을 알려드립니다. 물론, 이 문제는 오직 각하의 의사에 따라 그리고 각하를 거쳐 진행되어야만 하는 조건입니다. 제가 판단할 수 있는 한, 폐하께서는 호의를 가지고 제 의견을 잘 들어주셨습니다.

결과에 대한 회신을 기다리며 각하께 저의 존경과 충성을 받아 주시기를 앙망합니다.

9. 1909년 10월 16(29)일 자 고토 남작의 전보 번역문

1909.10.16

РГИА. Фонд 323, оп.1, д.712, л.86.

벤첼 각하

각하와 각하의 철도회사가 애석한 사건에 대해 보여 주신 배려와 관심에 대한 우리의 감사함을 받아 주시기 바랍니다. 숨진 이토 공의 영혼을 위로하기 위해서 그리고 러일관계의 행복한 결과를 위해 속마음을 털어놓고 얘기하는 것이 저의 의무라고 생각합니다. 이에 공감하시는 각하께 다시 한번 진심으로 감사를 표합니다.

10. 고토 신페이가 주일 러시아대사 말렙스키-말레비치에게 보낸 편지

1910.1.14

АВПРИ. Японский Стол, оп.493, д.206, л.173-174 об.

출처: Опубл.:Молодяков В.Э. Гото Симпэй и русско-японские отношения, М., 2006, С. 48-51.

저는 각하와 지난달부터 시작하였던 매우 신뢰할 수 있는 대화를 마치면서, 다시 한번 각하께서 다음에 대해 관심을 갖도록 할 의무가 있다고 생각합니다. 저의 지극히 개인적인 제안의 유일한 목적은 통상과 정치의 상호관계 영역에서 이루어진 러시아와 일본의 우호적인 접근이 결국 정치적 성격을 띠게 될 것이 명백하다는 것입니다. 러시아와 일본의 연대가 이루어져야만 청국에 대해 서로 협력하여 공동으로 만주 문제 해결에 착수할 수 있습니다.

만주 문제의 현안들을 해결하는 것은 두 나라 모두에게 이익이 될 뿐만 아니라 극동지역의 평화를 보장하는 데 큰 도움이 될 것입니다. 제가 단순히 언급만 해두었던 몇 가지 문제에 대해 좀 더 자세히 말씀드릴 수 있도록 각하께서 허락해 주시기를 바랍니다.

1) 하얼빈-관청즈 지선(支線)의 운영 개선

이 지선은 아시아 대륙에 있는 우리 두 나라의 거대한 철도망 사이의 중요한 연결 고리일 뿐만 아니라 동시에 세계 교통의 동맥이기도 합니다. 알려진 바와 같이, 현재 이 지선에는 기존의 체계가 남아 있어 동청철도의 본선에 비해 개선해야 할 아쉬운 점이 많으며 유럽과 북중국을 오가는 승객들이 큰 불만을 제기하고 있습니다. 심지어 양국 정부 사이의 우호 관계가 부족하다는 증거로 보는 경향도 있습니다. 저는 현 상황에 대한 이러한 잘못된 견해가 양국 정부를 분열시키려는 지금까지 있었던 음모에서 기인한다고 생각합니다. 그러나 동청철도의 재정 상태가 그다지 만족스럽지 못하기 때문에 비록 급행과 침대 열차의 시설 개선에 대한 승객들의 요구가 정당하다 하더라도, 이 모두를 충족시키도록 강요하는 것은 아마도 불공평할 것입니다. 이런 상황에서 각하의 철도회사가 본선(本線)에서 운행 중인 국제회사(Международное Общество)의 침대 열차와 같은 기준으로 상기 지선에 급행과 침대 열차를 운행하는 문제에 대해 남만주철도와 교섭하는 것이 바람직할 것입니다. 저는 남만주철도가 각하의 철도회사의 통제 아래에서 이 문제를 신속하게 처리할 것이라고 확신합니다.

2) 만주의 전신(電信) 문제

현재 만주에서는 일본과 러시아의 전신이 직접 연결되어 있지 않았기 때문에, 예를 들어 하얼빈에서 다롄까지 전보를 보내야 할 경우, 이 전문을 (하얼빈-역자) 블라디보스토크-나가사키-다롄(노선)으로 보내야 합니다. 이러한 만족스럽지 못한 상황은 북만주와 남만주 사이의 통상관계 발전에 가장 본질적인 피해를 줄 것입니다. 이것은 또한 만주에서 두 나라의 우호적인 접근에 결코 도움이 될 수 없습니다. 이런 점에서 나는 러시아와 일본이 만주에서 러시아와 일본의 전신을 연결하는 것에 관한 협약을 체결하는 것이 매우 필요하다고 생각합니다. 물론, 청국 정부는 정치적 고려를 해야 하고 대북전신회사(Great Northern Telegraph Company)는 현재의 수익을 포기해야 하므로 러일협약에 강력하게 항의할 것이지만, 만일 우리 양국 정부가 이 문제에 대해 충분히 연대한다면, 그들과 쉽게 협상할 방법과 수단을 찾을 수 있을 것입니다.

3) 일본 비단을 모스크바까지 철도로 운송하기 위한 특별 관세 설정

수년 동안 일본 비단을 수에즈를 통해 오데사로, 그리고 거기서부터 철도를 통해 모스크바로 수출해 왔습니다. 이러한 해상 운송은 자연히 시간이 오래 걸리기 때문에 우리 비단 수출의 발전은 매우 어렵습니다.

만약 우리의 비단이 블라디보스토크에서 모스크바까지 철도로 운송된다면, 몇 주 안에 목적지에 도달할 것이고, 이러한 기간 단축은 우리 수출업자들의 자본에 대한 이자 부담을 상당 부분 경감할 수 있을 것입니다. 따라서 당신의(러시아-역자) 철도청이 우리

의 비단에 대한 특별 관세를 설정하는 것이 바람직할 것입니다. 이러한 방식으로 블라디보스토크는 지금까지보다 러일 무역에 훨씬 더 큰 중요성을 갖게 될 것입니다. 일본 상품(예를 들어 비단, 차 등)이 러시아로 더 많이 수출될수록 러시아 상품 역시 더 많이 일본으로 수입될 것입니다.

또한 우리의 비단 수출 증가는 동시에 비단 생산이라는 의미에서 리용(Lyon)과 경쟁할 수 있는 기회를 모스크바에 줄 것입니다.

4) 동아시아 해역에서 러시아-일본 증기선 회사 설립

러시아와 일본이 공동으로 대형 증기선 회사를 만들고 블라디보스토크와 상하이를 출항지로 지정한다면, 우리는 가장 중요한 동부 항구들 사이에 증기선 항로를 구축할 수 있을 것입니다. 저는 이 계획을 수년 전에 가다듬은 바 있습니다. 2년 전 상트페테르부르크를 방문했을 때, 저는 영향력 있는 사람들을 방문하여 이 문제에 대한 의견을 교환할 예정이었으나 보류했습니다. 귀국 정부가 의용함대(добровольный флот)에 대규모 보조금을 지급하기로 결정했다는 것을 알았기 때문입니다. 귀국의 의용함대와 우리 회사(大阪商船會社)가 블라디보스토크-쓰루가 노선에서 경쟁을 벌였다는 것을 알게 되었습니다. 이로 인한 두 사회의 손실에도 불구하고 그러한 경쟁의 격화는 두 국가의 접근이라는 측면에서도 유감스러운 일입니다. 그렇게 원치 않는 경쟁을 피하기 위해 저는 진심으로 자본이 많은 러시아-일본 증기선 회사를 설립할 것을 제안합니다. 또는 두 나라의 기존 증기선 회사 트러스트(trust)를 설립할 것을 제안합니다. 그러면 우리는 동아시아에서 증기선 산업을 독점할 수 있습니다.

이것은 전적으로 나의 개인적인 생각인데, 기밀 서신으로 각하에게 알려드립니다. 각하께 제가 제안한 것을 고려해 주시기를 앙망합니다.

11. 고토 신페이가 코코프초프에게 보낸 편지

1910.4.24

Ф.560 оп.28, д.1102, л.114-116.

출처: Опубл.:Молодяков В.Э. *Гото Симпэй и русско-японские отношения*, М., 2006, С. 51-54.

나의 불찰은 아니었지만, 오랫동안 연락드리지 못한 끝에 마침내 오늘 각하께 다음과 같은 사실을 알릴 수 있게 되었습니다. 각하도 잘 아시다시피 2년 전 제가 각하와 상트페테르부르크에서 함께할 수 있는 영광을 누렸고 기억에 남는 대화를 가진 이후로 러시아와 일본 사이의 우호 관계 발전에 부족하나마 힘을 보태기 위해 끊임없이 노력하고 있습니다. 최근 우리나라에서 러시아에 대한 우호적인 분위기가 점차 더 우세해지고 있다는 것에 대해 나는 매우 기쁘게 생각하고 환영합니다. 동시에 일본에 대한 러시아의 호의적인 태도도 다양한 경우에서 관찰할 수 있었습니다. 나는 우리 두 나라가 이렇게 위로와 화해를 하는 것은 단순히 세계 정치의 위대한 진화의 결과로만 볼 수 없다고 확신합니다. 각하의 일본에 대한 우호적인 감정이 항상 영향력을 행사해 왔다는 점이 의심할 바 없는 가장 큰 기여입니다. 각하는 아마도 이러한 우호를 통해 러시아의 근동과 서유럽 정책에 대한 귀중한 버팀목을 보실 것입니다. 왜냐하면 러시아는 일단 여기 극동의 상황이 완전히 안정된다면, 자국 군대를 아무런 제약 없이 서방으로 돌릴 수 있다는 것이 명백하기 때문입니다. 다만 러시아와 일본의 관계에 대해 종종 거짓 소문들이 퍼지는 것은 유감스러운 일입니다.

그러나 이곳 일본에서는 정부뿐 아니라 정치권에서도 청국 문제를 해결하기 위해 러시아와 손을 잡고 행동하는 것이 일본에 가장 바람직해 보인다는 인식이 점차 확고해지고 있습니다. 왜냐하면 만주에서 광범위한 철도망을 획득한 결과 우리의 이해는 완전히 같아졌기 때문입니다. 일본 정부는 러시아와 의견 교환이나 협상을 배제한 채로는 우리의 공동의 이익이나 손실에 관련된 문제에 대해 청국과 직접 교섭에 착수할 수 없을 것입니다. 귀국의 말렙스키-말레비치 대사도 당연히 같은 의견을 갖게 될 것입니다. 제가 도쿄에 도착한 이래로, 저는 종종 이 문제에 대해 대사와 의견 교환하면서 전적으로 신뢰하는 경험을 했습니다. 주러대사 모토노가 짧은 휴가를 보내기 위해 이곳에 머무른 후, 우리 내각에서 나의 직접적인 협조 없이도 친러적인 경향성이 특히 강해졌습니다. 그리고 우리의 황제도 평화를 사랑하게 된 결과, 러시아에 대한 우리의 관계가 점점 더 강해지고 더 심화되기를 바라는 열망을 품게 되었습니다.

지난 겨울 그렇게 떠들썩하게 했던 미국의 만주철도 중립화 제안에 대해 나는 우리 정부가 처음부터 당신과 동의하에 지속적으로 행동해 온 것을 한없는 기쁨으로 표현합니다. 비록 이번 미국의 제안이 "빈 깡통이 시끄럽다"라는 속담을 정당화시켰지만, 아무도 그것에 대해 거의 언급하지 않는 것처럼 보입니다. 그럼에도 나는 우리가 노력하여 얻어낸 권리들이 심각하게 훼손되는 문제가 미래에 반복적으로 제기될 수 있음을 우려합니다. 왜냐하면 이제 모든 강대국이 청국에 관심을 가지게 되었고 단지 그들에게만 좋은 기회가 주어질 경우, 자신들의 입맛에 맞게 이용할 것이기 때문입니다.

청국 문제에 있어서 악의 원인은 대부분 청국 자체에 있습니다. 청국은 현재 소위 "정치적 중심"을 가지고 있지 않기 때문에, 청국 관리들은 이기적으로 행동하고, 국익을 무시하면서 개인적인 재량에 따라 행동합니다. 게다가 그들은 일본이나 러시아에 대해 불친절한 입장을 취하는 것이 그들의 경력과 개인적인 이익 모두에 도움이 되리라 생각합니다. 이러한 동기에 의해 그들은 다른 강대국이나 그들의 대표와 관계를 맺습니다.

그러므로 오늘날 러시아와 일본은 청국과 다른 강대국들을 설득하는 것이 시급합니다. 왜냐하면 러시아와 일본은 이제 청국 문제에 대해 연대하기로 결정했고, 이러한 토대 위에 두나라 공동의 이익을 추구하고 있기 때문입니다. 만약 우리가 가까운 시일 내에 그렇게 할 수 있다면, 우리는 모든 사람의 이익을 위해 극동의 평화를 진정으로 지지할 수 있을 것입니다. 그러므로 나는 러일협정의 파급효과가 엄청날 것이라고 생각합니다. 그러한 협정을 체결하기 위해서는 각하의 강력한 지원이 필요합니다.

각하에게 전해 줄 수 있는 현재 일본의 국내 정치 상황은 의회 내 일부 정당과의 의견 차이에도 불구하고 현 정부의 입장은 확고하고 흔들림이 없다는 것입니다.

당신의 고귀한 아내에게 나의 안부를 전할 것을 정중히 부탁드리며, 깊은 존경을 표합니다.

고토 신페이

P.S. 다나카 남만주철도 총재가 동청철도 경영진과 양대 철도와 관련된 미해결 문제들에 대해 협상하기 위해 며칠 전에 상트페테르부르크에 도착했다고 들었습니다. 저는 이 회담이 성공하기를 바라며, 이번 협상에도 지난번 각하가 베풀어 주신 호의적인 지원을 부탁드립니다. 또한 히라이 일본 철도청 부청장이 조만간 러시아를 통해 영국으로 갈 예정임을 각하께 알려드립니다. 이와 관련하여 그가 매우 짧은 시간 동안 상트페테르부르크에 머무르겠지만, 각하께 인사드리라고 지시했습니다.

제3부

러시아 상하이정보국 고이예르와 한러정보협력

1. 주한 공사 파블로프가 외무대신에게 보낸 기밀 전보

1904.4.4

РГАВМФ. Ф.32, оп.1, д.183, л.1-1 об.

　지원 사령부에서 내가 할 수 있는 활동에 대해 극동 총독과 종합적으로 논의한 결과, 늦어도 9월까지는 무크덴(瀋陽)으로 합류해야 한다는 것이 분명해졌습니다. 알렉세예프 극동 총독은 아마도 그때까지 나를 상하이로 보내는 것이 가장 합리적이라고 생각한 것 같습니다. 왜냐하면 나를 총독의 지휘하에 두고 주청 공사 레사르(Лессар)와 협력하여 상하이에서 총영사와 육군무관 및 재무관이 참여하는 광범위한 정보기구를 조직함으로써 군사적인 관점에서 일본과 한국에서 일어나고 있는 일들에 대한 정확한 기밀정보들을 수집하고 이를 총독과 육해군 사령관들에게 제공하기 위함입니다. 또한 극동의 여러 항구에서 일본의 군사 관련 밀수품 수송을 감시하고 이에 대한 가능한 제한 조치를 하는 임무를 나에게 부여할 것으로 예상됩니다.

　이러한 임무를 실질적으로 수행하기 위해 알렉세예프 총독은 나에게 훈령을 내리고 이를 실천하기 위한 특별 예산 제공을 고려하고 있습니다. 총독은 이 문제에 대해 각하께 전문을 보내실 것입니다.

　만약 이러한 예상이 실천된다면, 저는 아마도 즉시 상하이로 돌아가야 하고, 도중에 베이징에 들러 주청 공사와 나의 향후 계획에 대해 보다 자세하게 상의할 수 있을 것입니다.

2. 러시아 만주군 배속 한국인 명단

1904

РГВИА. Ф.846, оп.16, д.31898 л.76.

예비사관(Юнкера)-추구예프스키 사관학교(Чугуевское юнкерское училище)
윤일병-베르노프(Э.И.Бернов)[15] 장군 휘하
현홍근[16]-네치볼로도프(Нечволодов) 대령 휘하

생도(Кадеты)-니제노브고로드 고등군사학교(Нижегородский Кадетский Корпус)
구덕선-베르노프 장군 휘하
오운석-베르노프 장군 휘하

실업학교 학생(Реалисты)-쿠르스크 고등실업학교
한기수-비류코프(Бирюков) 대위 참모
강한탁-비류코프 대위 참모

베르노프 장군 휘하의 예비사관과 생도들의 증명서는 슈핀스키(П.А.Шупинский)[17] 중장의 포시에트 부대 제7연대 본부에 보관 중이다.

---

15 베르노프(Э.И.Бернов, 1854~1907) 장군: 황실근위대 연대 지휘관(1902.4.28~1904.6.18), 러일전쟁 당시 연해주 프리아무르 군관구·카자크 여단 사령관(1904.6.18~1905.6.28) 및 제2 기병여단 사령관 역임(1905.6.28~9.5).

16 역주: 윤일병이 윤욱으로 불렸듯이 현홍근은 현상건의 이명으로 보인다.

17 슈핀스키(П.А.Шупинский, 1855~1913)장군: 제2 동시베리아 사단 제2여단 지휘관으로 러일전쟁에 참전.

3. 주한 육군무관 네치볼로도프 대령이 연해주 방위사령관에게 보낸 보고서

1905.3.21

РГВИА. Ф.846, оп.16, д.31898 л.93-94.

저는 다음과 같은 방식으로 비밀 정보 조직을 구상하고 있음을 각하께 보고드립니다.

1) 지린 지역 정보 조직을 위하여 행정관리 이바노프를 지역 토호인 하이덴규 공에게 보냈고 이를 통해 하이덴규 공이 중국인들의 도움을 받는 정보 조직을 맡게 될 예정입니다. 하이덴규 공의 회신은 아직 받지 못했습니다.

2) 전략적으로 매우 중요한 난간[18] 지역의 정보 조직을 위하여 천보산 황실 사냥꾼들의 수장(首長)인 류단즤리를 끌어들이고자 합니다. 현재 그는 하바롭스크에 머물고 있으나 해당 지역에서 상당한 인맥을 보유하고 있으므로 그를 정보 수집 지역에 가까운 니콜스크로 데려와야만 합니다. 류단즤리는 니콜스크에서 보호받으며 계속 머물기로 동의하였는데 만일 그의 정보 활동이 만족스러울 경우, 전쟁 후에 그에게 자유가 주어져야 합니다. 류단즤리의 활동을 가까이서 감시하는 임무는 중국어에 능통한 제8포병부대의 빌친스키(Вильчинский) 중위에게 맡길 필요가 있습니다.

3) 한국인을 통한 비밀 정보 조직은 다음과 같이 위임하고자 합니다.
   (1) 블라디보스토크에 상시 체류지를 갖게 될 비류코프 대위
   (2) 니콜스크에 살고 있는 한국 황제의 부관 박유풍
   (3) 한국에 파견된 사관 후보생 현. 이외에도 각하께서 국경판무관 스미르노프(Смирнов)에게도 위임하였습니다.

4) 블라디보스토크 요새와 바탈랸자[Батальяндза-현재 지명 네비찬카(Knevichanka)]강

---

18 역주: 간도

과 볼로트나야(Болотная)강 사이 지역에 대한 정보는 블라디보스토크 수비대의 독신인 하급 관리들을 통해 확보한다는 계획은 하바롭스크 예비대대 스텔마셴코(Стельмащенко) 대위에게 맡겼습니다. 그는 참모본부 대위 타라카노프(Тараканов)와 함께 이 지역을 이미 정찰하였고, 사람들을 배치해 적절한 지시를 내린 바 있습니다.

5) 수이푼(綏芬)과 노보키예프스크(煙秋) 사이의 지역에 대한 정보는 남우수리 부대의 독신자들로 조직하도록 이 지역 사정을 잘 알고 있는 제8동시베리아 소총 연대 바키츠(Бакич) 중위에게 위임하였습니다.

6) 우수리만 해안을 따라 수찬(수청)까지 해당 지역에 대한 정보는 조직을 치무힌스코이(Цимухинской) 마을의 촌장 피르코프(Пырков)에게 맡겼습니다.

7) 블라디보스토크 요새에서 수상한 중국인과 한국인에 대한 감시는 나의 요원인 예비순경 수히흐(Сухих)와 비류코프 대위의 요원들이 담당합니다.

8) 해안에서 타이가를 통과해 제분소와 보급 창고들이 있는 체르니고프카(Черниговка)까지의 통로에 대한 감시망을 구축하는 임무는 퇴역 특무상사 파블렌코(Павленко)에게 제안하였습니다.

9) 올가(Ольга)만과 테르네야(Тернеея)에서 숲을 지나 철도로 접근하는 통로를 감시하는 문제에 대해 현재 결과를 알아보는 중이며 추가로 보고드리겠습니다.

10) 내가 조직한 비밀 정보 조직의 모든 요원들로부터 수집한 모든 정보를 방위사령부에서 접수하기 위해서는 참모본부의 토밀린(Томилин) 대위를 임명해야만 합니다. 나는 참모본부의 어떤 부서도 담당하려 하지 않는 이 문제에 대해 그에게 주지시킨 바 있습니다.

각하께 이를 보고드리며, 보고서의 모든 문제에 대해 훈령을 내려주시고, 어떤 방향으로 정보 임무를 수행해야 하는지에 대한 기본 지침을 주시기를 바랍니다.

네치볼로도프 대령[19]

---

19 네치볼로도프(А.Д.Нечволодов, 1864~1938): 주한 러시아 무관으로 임명(1903.11.28~1905.9.28)되었으나 러일전쟁 개전으로 서울에 부임하지 못함. 이후 만주군 사령부에서 비밀 정보 조직 운영.

4. 쿠르스크 실업학교 학생 강한탁과 한기수가 프리아무르 군관구 통신대장에게 보낸 청원서

1905.3.8

РГВИА. Ф.846, оп.16, д.31898 л.111-112 об.

청원서

지난 1904년 4월 4일 무크덴에서 포병대위 비류코프가 실업학교 교장에게 보낸 전보는 우리에게 다음을 요구하는 내용입니다. 만일 한국 학생들이 조국을 위해 봉사할 의향이 있는지 알아보고, 원한다면 학생들을 알렉세예프[20]에게 추천하여 이들을 참모본부로 파견한다는 것이었습니다. 당시 우리는 그의 전보에 대해 당신의 의견은 우리나라 혹은 귀국의 최고 사령부의 훈령에 따라 우리를 소환하려는 것에 불과하다고 대답했습니다. 그러나 불행하게도, 우리는 자세한 회신을 받지 못했습니다. 그리고 같은 해 5월 2일, 우리는 그의 어머니를 통해 또 하나의 전보를 받았는데, 방학 기간에 그의 휘하에서 통역할 것을 요구하는 내용이었습니다. 하지만 우리는 그 전보에 대해 침묵하였습니다. 그 후 우리는 그로부터 비슷한 전보를 몇 차례 더 받았고, 우리에게 각각 100루블씩 여행 경비를 보내왔습니다. 7월 23일 그의 요청에 동의한 우리는 쿠르스크를 떠났고 상트페테르부르크 주재 우리 공사와 실업학교 교장의 허락을 받은 후, 8월 28일이 되어서야 포시에트 부대의 부대장 앞에 나타났습니다.

그 후 우리는 한국 북부에서 통역 자격으로 5개월 동안 비류코프 대위의 참모로 복무했습니다.

비류코프 씨는 단지 첫 두 달, 즉 9월과 10월의 급료만을 우리에게 지불했고, 나머지 5개월의 급료는 한 푼도 주지 않았습니다. 그리고 그가 블라디보스토크로 떠난 이후, 노

---

20 역주: 극동 총독

보키예프스크에 남겨진 우리는 페르바야 레치카(Первая речка) 중대에 배속되었습니다. 비록 지금은 노보키예프스크 병참 지휘관 휘하에 있지만, 우리는 현재 살 집을 마련할 돈도 없이 노보키예프스크에서 비참하고 매우 위험한 처지에 놓여 있습니다. 우리는 각하께서 우리의 비루한 처지를 살피시어 우리를 어디로든지 통역관으로 보내도록 조치하여 주실 것을 간곡히 청원합니다.

5. 프리아무르 군관구 사령관 보좌관이 연해주 방위사령관에게 보낸 보고서

1905.4.27

РГВИА. Ф.846, оп.16, д.31898 л.135-135 об.

만주군 총사령관에게 보고하기 위해 1905년 1월 23일 자 각하의 제50호 보고서에 따라, 나는 1905년 2월 17일 블라디보스토크에서 대한제국 황제의 부관 박유풍(朴有豊)[21]을 면담했다.

그와의 면담 기록과 1905년 2월 2일 방위사령부 문서국의 참고자료 그리고 한국통(通)으로 알려진 비류코프 대위의 이 문제에 대한 예비보고서(1905년 1월 29일)를 통해 나는 박유풍의 신원과 한국 황제가 그를 보낸 사실을 충분히 확인했다. 나는 그의 생활 여건이 불편하고 전쟁 상황에서 한국 정부와 소통이 곤란한 점 그리고 그 역시 도움을 요청하였고 정보 분야에서 기여할 준비가 되어 있음을 밝혀 왔다는 점을 고려하고자 했으나, 그는 우리 정부로부터 매달 100루블의 봉급을 받기를 거절하였다. 나는 그 당시 연해주 방위사령관의 직무를 바로잡으면서 박유풍에게 1,000루블을 일시불로 주는 것이 적절하고 유용하다고 인정했다. 박유풍에게 그의 휘하에 있는 사람과 생활할 수 있도록 해준다면 우리가 한국으로 진군할 경우, 그에게서 유용한 정보를 얻을 수 있을 것이다.

육군중장

안드레예프(Андреев М.С.)

---

21 『統監府文書』 7권의 "安重根과의 국내외 交友者 조사보고(1909.11.19)"에 따르면, 박유풍은 안중근과 직접 또는 간접으로 서로 알고 지내는 사이였으며 배일사상을 가지고 기회만 있으면 일을 꾸며 내려는 경향이 있고, 또한 종래 京城과 블라디보스토크 사이에서 기맥을 통하고 있던 자로서 보고되어 있다. 또한 『承政院日記』, 고종 39년(1902) 4월 25일(6.1) 기록에 따르면, 박유풍(朴有豊)은 1902년 이동휘(李東暉)와 함께 육군정위(陸軍正尉)에 임용되어 있었다.

6. 러시아 상하이정보국 고이예르가 육군무관 발테르 대령에게 보낸 보고서

1908.1.29

РГИА. Ф.560, оп.28, д.391, л.1-3.

친애하는 리차드 프란초비치(Ричард францович)[22] 각하

 11월 11/24일 자 저의 서신 No.85에 대한 보충으로 다음의 사실, 즉 한국군의 현상건 대위가 상하이를 떠나는 시점을 일시적으로 연장했기 때문에 저는 귀하께서 블라디보스토크 요새의 참모부장 부드베르크(Будберг) 남작에게 발송한 추천장을 지금까지 그에게 전달하지 않았음을 귀하께 통보해 드립니다. 현상건은 위에 언급된 제 서한에 서술된 몇 가지 문제로 사전에 왕래하기를 원하여 현재 휴가 중인 우리 총영사가 서울로 복귀하길 기다리고 있습니다. 한국 정부 소유의 무기를 홍콩에서 블라디보스토크로 운송하는 문제와 관련하여 대위는 홍콩에 있는 창고에 무기를 잠시 보관해 두었다가, 정말 필요할 때 그 무기를 사용하기로 결정했습니다. 저는 현시점에서 한국인들에게 무기가 필요하지 않으며, 다른 한편으로는 무기 운송이 일본인들의 주목을 받게 되면, 우리의 주요 계획을 성공적으로 이행하기 힘들 것으로 보기 때문에, 개인적으로 그의 의도를 지지하고 있습니다. 무기는 우리의 대일관계 첨예화 또는 명백한 위기 발생 시 블라디보스토크 또는 다른 장소로 2~3주 내 손쉽게 운송될 수 있을 겁니다. 우리는 한국 북동부에서 일본인들의 활동에 관해 상세한 정보를 제공받고, 우리 영토에 정주 중인 고려인과 함경도, 간도 그리고 지린성에 거주 중인 한인들 간의 연락망 수립을 주요 목적으로 삼아야만 할 것입니다. 이를 위해 저는 이미 몇 가지 대책을 수립했으나, 현상건이 러시아로 떠난 만큼 블라디보스토크가 사건의 장소와 가깝고 그곳에 사는 다수의 한인과 직접 왕래하기 편하다는 점을 고려하여, 블라디보스토크에 이런 첩보를 집결해야 합니다.

---

22 역주: 발테르(Ричард-Кирилл францевич Вальтер, 1870~1945), 러시아 만주군 정보장교(1904~1906), 주청 무관의 부관(1906~1911).

해외에 거주 중인 모든 한인은 특별한 공동체나 연합으로 연결되어 있습니다. 모든 한인연합회의 기초 사상은 일본 압제로부터의 한국 해방입니다. 대부분의 해외단체는 전국에 퍼져 있는 대규모 회원을 보유한 현지 한인 단체와 관계를 지니고 있습니다.

중국 소재 한인연합회의 대표들은 저에게 한국에서 가장 규모가 크고, 회원도 수만 명이나 되는 '보부상협회(Pedlars guild)'의 봉사를 제안했습니다. 중앙조직은 서울에 있습니다. 도처를 돌아다니며, 침투해 있는 보따리장수들을 통해 가장 작은 촌구석에서 무슨 일이 이루어지고 있는지 알 수 있으며, 제국의 모든 지점과 교류할 수도 있어 직접적으로 나라를 관리하는, 전 세계 그 어떤 나라도 보유하지 못한 첩보망을 해외 열강의 국경에 수립할 수 있을 것임은 명백합니다.

물론 이를 위해서는 (한인들의 애국심을 고려할 때, 결코 과도한 것이 아니라 할지라도) 저에겐 없는 자금이 필요한 바, 지금은 그 제안을 거부했습니다. 블라디보스토크로부터 이런 방향으로 무엇이든 이루어지는 것이 바람직할 것입니다. 언제든 제가 더 자세한 교시와 조언을 해드릴 수 있을 것입니다.

귀하와 사모일로프[23] 대령께서 흥미로워하실 만한, 제가 채굴한 다음과 같은 초기 정보를 귀하게 통보해 드리는 것이 저의 의무라 생각합니다. 즉 작년 내내 일본인들은 한국에서 주로 다음 세 개의 문제에 집중하고 있었습니다. 1) 얼마 전 재건되고 개선된 상주항(港)에서 북쪽, 즉 두만(Тумень)과 유명한 간도(Канто, Чиентао)로 향하는 좋은 도로의 부설. 이 도로를 따라 육군이 포병과 함께 손쉽게 이동할 수 있을 것입니다. 2) 한국의 북동쪽 끝인 부령(Пуннанг), 회령(Хуирианг), 종성(Чионсан)[24]에 1개 사단을 충분히 주둔시킬 수 있는 병영 건설, 3) 위에 언급된 3개 군(District towns) 부근에 약 20개의 임시보루 건설. 더 자세한 정보는 근시일 내에 접수할 것입니다.

기회를 이용하여 사모일로프 대령께 제가 미국이 전적으로 신뢰하는 정보원으로부터 예약에 관한 소문을 저에게 통보해 주는 …(이후 뒤의 문서가 없음)[25] 서신을 받았다는 사실을 전달해 주시기를 바랍니다.

---

23 1906년부터 일본 주재 육군무관으로 근무했던 블라디미르 콘스탄티노비치 사모일로프(Владимир Константинович Самойлов, 1866~1916)를 말하는 것으로 보인다.
24 역주: 첫 지명 분양을 부령으로 보면 인접한 군으로 회령군과 종성군이 있다.
25 역주: 이후 문맥상 이어지는 문서가 없음.

7. 상하이정보국 고이예르가 주청 공사에게 보낸 한국정치단체 관련 보고서

1908.3.26

Ф.560, оп.28, д.391, л.44-49.

한국의 정치단체에 관하여

한국 정부의 외교 고문으로 친일파로 분류되었던, 그리고 사실상 전직 일본 관원이었던 미국 시민 스티븐스가 샌프란시스코에서 한국인 암살범에게 저격당한 것과 관련하여 해외 한인정치단체의 활동에 대하여 제가 아는 사실을 귀하께 통보하는 것이 의무라 생각합니다.

작년 7월 서울에서 일본의 쿠데타 이후 얼마 안 있어 한국 국경 밖에 거주하고 있는 모든 한인 이주자는 해외에서의 반일 선전을 수행하고, 왕실에 충직하며 자기 나라의 자유와 독립을 위해 최후까지 투쟁할 준비가 되었습니다. 그들은 한인들의 중심체 형성을 목적으로 중국의 유명한 한 비밀단체의 예를 따라 하나의 비밀정치단체로 규합한다는 결정을 내렸습니다. 스스로 "정의(우익)연합"[26]으로 부르는 단체의 정치적 슬로건은 "한국에서 일본 축출"입니다. 이 단체는 해외지부 말고도 현재 서울에서 수석위원회가 조직되었으며, 함경도와 강원도를 위시한 각 도(道)에 지부가 결성되었습니다. 전 한국 육군의 거의 모든 장교가 이 단체의 회원입니다.

한국의 국외 특히 캘리포니아, 중국 그리고 연해주에 이 단체의 회원이 많습니다. 샌프란시스코에 거주 중이던 "정의연합"의 한 회원에게 한인들의 증오를 사고 있는 스티븐스를 죽이라는 명령이 내려졌습니다.

특히 상하이에 거주하는 한인 중 이 비밀결사의 회원은 23명입니다. 지역 의장은 우리

---

26 역주: 문맥상 신민회를 말하는 것으로 보인다.

도 잘 알고 있는 현상건 대위이며, 부의장은 잘 알려지지 않은 수(Cy)라는 사람입니다.

이 단체는 특별 공간을 임차하여 매주 토요일마다 총회를 개최하고 있습니다. 또한 누구에게나 합법적 자격을 부여하기 위해 미국인 선교사를 채용하였습니다. 이 선교사는 신청자들에게 일반교육 과목을 가르치고, 그들에게 기독교 교리를 설파하고 있습니다. 각 회원의 회비는 매월 5달러 정도입니다. 그 외에도 특별헌금을 거두고 있습니다.

스티븐스를 저격한 그다음 날, 현지의 일본 총영사인 에이타키(Эйтаки)는 부의장을 호출하여 상하이 주재 한인들이 설립한 불법적 정치단체의 모든 일에 간섭할 수밖에 없다는 사실을 통보했습니다. 이에 의장은 그 단체는 학교이며, 일본 영사가 일부 한인들이 진리의 길로 향하는 것을 막고 싶은 건 아닐 거라고 비꼬듯이 언급했습니다. 선교단의 힘은 동양에서 실로 상당한 것이어서 위협을 느낀 영사는 부의장 수(Cy)를 놓아 주었습니다. 그러나 며칠 후 도쿄의 훈령에 따른 것으로 보이는바, 일본 영사는 재차 수를 호출하여 그와 다른 한인들이 일본 영사관에 등록하지 않은 이유를 물었습니다. 수는 첫째, 한인들이 일본이 아닌 중국의 영토에 있으며, 둘째, 이곳에 있는 모든 한인은 상주 거류민이 아닌 방문자들이라고 답했습니다. 긴 언쟁 끝에 에이타키는 수에게 2달러의 벌금을 부과한 후 다른 한인들에게도 같은 벌금을 부과할 것이라 했습니다. 현상건 본인과 다른 두 명의 한인은 프랑스의 보호를 받고 있어 영사가 그들을 상대로는 아무것도 할 수 없습니다. 에이타키의 이런 조치로 인해 모든 한인이 국제 조계지로부터 프랑스 조계지로 이주하자 프랑스 영사관 페트(Фэт)와 지자체 대표 베르토즈(Бертоз)는 일본 당국의 지속적인 추적이 있을 때 보호할 것이라는 진정서를 보내어 만류하며 나섰습니다.

이 기회를 이용해 상하이 도대(道臺)가 지난 1월 타퉁(Татунг)과 카싱(Кашинг), 상하이 사이에서 이루어진 타이센총(Тай Сен Чонг) 두 회사의 일본 소형 선박을 강도들이 공격한 것에 대한 배상금으로 50,000달러의 계산서를 제출한 일본 영사 에이타키와 교섭하고자 최근 전문으로 난징 주재 총독(總督, вицекороль)[27] 산하의 외무관방 담당자 유케이쳉(Ю Кей Ченг)을 호출했다는 사실을 통보해 드립니다. 이 사건은 아직 처리되지 않았습니다.

재무관[28] 엘 폰 고이예르

27　역주: 總督, вицекороль, 부왕(副王)으로도 번역 가능하나 이하 총독으로 번역한다.
28　레프 빅토로비치 고이예르[Лев Викторович Гойер(Goyer)]. 1875년 민스크에서 출생. 페테르부르크대학교 법학부

8. 고이예르가 상하이 주재 육군무관에게 보낸 한국 북부 첩보대 조직에 관한 서신

1908.4.5

Ф.560, оп.28, д.391, л.65-68.

귀하의 올해 3월 31일 자 서한에 대한 답변으로 다음의 사실을 통보하는 것을 저의 의무로 생각하옵니다. 저는 한국 북부에서 첩보대 조직 명령을 하달받은 요원으로부터 지금까지 정보를 입수하지 못하여, 최소한 3주 뒤에나 올 첫 번째 서한을 기다리고 있습니다. 그러나 어제 현상건이 저를 방문하여 무엇인가를 통보해 주었는데, 일부는 귀하에게도 흥미로울 것으로 보입니다. 현상건은 한인들 사이에서 사기가 계속해서 오르고 있으며, 일본인들이 유포하고 있는 "나라가 점점 진정되는 중"이라는 소문은 전적으로 거짓이라는 사실을 저에게 전해 주었습니다. 전국이 모종의 동요 상태에 있습니다. 일본인은 죽을 각오를 하지 않고서는 서울, 부산 또는 다른 대도시 밖으로 1마일도 나갈 수 없습니다. 최근 5~6개월 동안 모든 현안과 정상적인 삶이 실질적으로 완전히 정지된 상태입니다. 당국이 살해된 일본인의 수를 철저히 숨기고 있지만, 실제로는 많을 것입니다. 그와 함께 강원도의 갱단 지성명(Джисенмен)29을 제외하고는 혁명군이 전국 어디에도 없어서 일본의 하세가와 장군은 자신의 부대를 어디로 파병해야 할지 모르고 있습니다.

서울에 있는 일본인 집단 내에서는 깊은 우울감이 느껴지는데 앞날이 암울하다는 것을 모두가 인식하고 있기 때문입니다. 이토 공 역시 종전과 함께 자신이 맡은 과중하고 부적절한 과업에서 벗어나기 위해 통감직을 소네(曾禰荒助) 남작에게 넘겨 주기를 원하고 있다는 사실을 모든 이들이 알고 있습니다.

현상건은 간도 문제와 관련하여 일본이 육군 출신 예비역들을 이 논란이 많은 지역으

졸업. 베이징 주재 재무관 역임. 1939년 파리에서 사망.
29 역주: Джисенмен. 여러 가지로 읽을 수 있으나 지성명으로 표기했다.

로 꾸준히 이주시키고 있으며, 이 예비역들은 천보산(Тиут Пау Шан)의 은광 개발에 착수하여 현재 사이토(Сайто) 대령의 군사 점령과 동시에 정규 일본 민사청을 도입하고 있다는 사실을 통보해 주었습니다. 간도와 그 변두리에는 스티븐스를 암살한 회원을 보유한 신민회라는 비밀결사 회원들이 이미 3,000명이나 존재하고 있으며, 이 비밀결사의 중국 지역 대표가 현상건입니다.[30]

일본 의회가 한국과 만주의 일부 지역으로 일본 이주민을 식민하려는 목적에서 동양척식회사의 설립에 관한 가쓰라의 계획을 승인함에 따라 현재 한국 내에서 더 큰 분규를 예상할 수 있습니다. 이것은 한국 농민의 토지를 강제로 몰수하여 일본인 한 가족당 3모우(моу)를 나눠주는 것과 연관되었으나, 1904년 무산되었던 "나가모리"계획[31]의 다른 형태입니다. 한인들이 자신의 땅을 자발적으로 포기하지 않을 것은 의심할 여지가 없으며, 그에 더하여 현재 다른 생존의 원천인 수렵 역시, 지금과 같은 시기에 한인들 손에 무기를 남겨두는 것은 너무나 위험하다는 핑계로 일본인들에 의해 중단되었습니다.

동양척식회사 계획의 이행은 한국에서 대규모 폭동으로 이어질 것이라는 게 현상건의 의견입니다. 일본인들도 이것을 인식하고, 나라 전체를 헌병으로 넘쳐나게 했습니다. 기존 800명의 헌병을 연말까지 2,000명으로 늘리고, 전국을 헌병의 관할 구역으로 구분하였습니다.

일본인들은 이 계획의 수행이 대규모 폭동으로 이어질 것으로 인식하고 있으나, 이것은 오랫동안 곪아 있는 종기가 터진 것과 같다고 보고 있습니다. 그리고 이러한 폭동을 제압하는 것이 한반도에서 지난 일년 동안 끊이지 않는 빨치산 전쟁을 감당하는 것보다 더 쉽다고 판단하고 있어, 그 계획을 곧바로 실행할 것입니다.

동양척식회사의 계획은, 전쟁이 발발했을 때 우리나 중국인들에게 유리한 한국 북부와 북동부에서 한인들을 우선적으로 몰아내고, 일본인들을 그곳으로 이주하게 하는 것입니다. 그리고 예비군으로 구성된 일본인 농부들에게 압록강과 두만강의 양안(兩岸)에 살아 있는 요새를 구축하게 하는 것으로 귀착됩니다. 이 회사가 지난 전쟁[32]에 참전했던

---

30 현상건은 "전투조직"과 아무런 공통점을 갖고 있지 않습니다.
31 역주: 나가모리 도키지로(長森藤吉郎)의 '황무지 개척권'을 말하는 것 같다.
32 역주: 러일전쟁을 말하는 것으로 보인다.

전직 군인들에게 특혜를 제공할 것이라는 사실은 공식적으로 알려져 있습니다. 올여름 특별위원회에서 내년 봄에 이주가 예정된 토지의 조사와 선택을 시작할 것입니다.

전반적으로 일본인들은 위에 언급된 회사와 한국의 남부 전라도에서 대규모 토지를 몰수하여 그곳에 면화를 파종한 한국 소재 면방직 산업회사, 이 두 회사의 계획에 우선적인 관심을 가지고 있는 것으로 보입니다.

하나는 북쪽에서 다른 하나는 남쪽에서 동시에 진행되고 있는 이 두 회사의 작업은 가까운 시일 내에 모든 토지가 일본의 수중에 집중될 것이며, 전략적, 상업적 목적을 만족시킬 것입니다. 또한 한민족을 방랑하는 노동자 계급의 폭도로 변화시킬 것이기 때문에 정치적 목적도 만족시킬 것입니다.

어업은 이미 일본인들의 수중에 장악되었으며, 그에 더하여 한인들은 주인이 아닌, 고용된 일꾼의 역할만을 수행하고 있을 뿐입니다.

이처럼 한인의 모든 존재 원천, 즉 토지, 수렵, 어업 등이 일본인에게 넘어가고 있습니다. 이것은 한인들을 아프리카에서의 이교도 혹은 미국에서의 흑인처럼 '쿨리(苦力)' 같은 부류의 근로 단위로 변질시키려고 고안된 계획의 결과입니다. 동양척식회사의 발기인 중 한 명으로 "한국의 다가오는 불가피한 약화와 황폐함에 관해" 발언한 니토베(Нитобе)[33] 박사의 의미가 명확해지고 있습니다.

---

33 역주: 니토베 이나조(新渡戶稻造)를 말하는 것으로 보인다.

9. 고이예르가 주청 공사에게 보낸 고토 신페이의 러시아 방문 관련 서신

1908.5.15

Ф.560, оп.28, д.391, л.103-105.

저는 5월 6일과 8일 자 귀하의 텔레그래프 지시에 따라 현지 언론과 고토(Гото) 남작의 상트페테르부르크 체류에 관한 문제를 논의하고, 우리 정부가 관청즈(Куанченцзы)-하얼빈(Харбин) 지선을 일본 남만주철도에 매각할 가능성이 있다는 것을 보도하도록 다양한 조치를 취했습니다.

또한 저는 이 소문을 더 널리 퍼트리고자 영국과 미국의 몇몇 대규모 언론사 소속의 특파원들로 구성된 『차이나 뉴스페이퍼』지의 편집자에게 이 소식을 『뉴욕 헤럴드(New York Herald)』, 『스탠다드(Standard)』 및 다른 신문사로 전송해 달라고 부탁했으며, 그 부탁은 5월 7일에 실행되었습니다.

상하이 신문과 관련하여 저는 다음과 같은 전술을 폈습니다. 즉 처음에는 소문처럼 어떤 논평도 달지 않은 채 『차이나 뉴스페이퍼』에 그 소식을 게재했습니다. 이후 얼마간 시간이 흐른 뒤 사설란에 일본이 이 지선을 획득하고자 열망하고 있으며 아무르 지선의 완공으로 우리에게 만주 노선의 가치가 낮아졌을 때, 우리 정부가 일본에게 양보할 수도 있을 것이라는 견해를 밝히면서, 고토가 지선 매각에 대한 우리 측의 공식적인 약속을 확보하고자 할 것이라고 암시했습니다.

저는 이 기사의 진실성을 의심하지 않도록 지선을 즉각적으로 매각해야 한다고 주장하지는 않습니다. 하지만 이 문제가 자연스럽게 제기될 수 있게 각자의 방식대로 논평하도 위임한 후, 우리가 지원하지 않는 다른 외국계 신문들과 함께 이전과는 다른 방식으로 정보를 알린 것입니다. 무슨 일인지 알아차리지 못한 (독일과 프랑스 신문의 편집자인) 핀크(Финк)와 모네스티예(Монестие)는 흥미로운 정보라며 저에게 감사하면서, 각자 자신의 관점에서 문제를 밝혔습니다.

한편 현지 청국 언론의 경우, 그 언론이 지닌 종속관계와 언론 최고 기관과 정부 간의 관계를 고려하여 더 주의하기로 했습니다. 따라서 익명의 중국인 애국자는 제 통역관과 함께 극단적인 친중적 정신으로 만주에서 청국의 주권을 상기시키면서, 하얼빈까지의 철도 노선이 일본 수중에 넘어가면 청국에 위협이 될 수 있음을 지적하는 '편집부 수신의 서한'을 집필했습니다. 서한은 『유니버설』지와 『센파오(Шенпао)』지로 발송되었으며, 두 신문사는 모두 이 서한을 게재했습니다.

지금까지도 많은 문제에 대해 도쿄 보도국의 검열을 받는 『노스 차이나 데일리 뉴스(North China Daily News)』는 이 소문이 등장하자 그 즉시 이에 관해 일본인들에게 문의했으나, 근거 없는 소문이라는 단호한 확언을 받은 뒤로는 그것에 대해 단 한 번도 언급하지 않았습니다. 반대로 일본의 모든 신문사는 이 문제에 대해 논평하였으나, 이 지선의 구매가 고토의 러시아 방문 목적이라는 사실을 부정하면서 그런 거래의 가능성에 대해 의구심을 표했습니다.

저는 5월 10일 자 귀하의 전문을 수신한 후 현지 언론에서 이 문제를 더 이상 거론하지 않도록[34] 대책을 세웠습니다만, 독립된 신문사들이 이 주제에 대한 소문이나 기사를 앞으로는 게재하지 않을 것이라고 보장할 수는 없습니다.

현지 언론들에서 스크랩한 4개의 다른 언어로 작성된 9개의 기사를 첨부합니다.

깊은 존경과 진정한 헌신의 영광을 누리옵니다.

---

34 역주: 본문에 'на'로 되어 있으나 문법상 'не'의 오타로 보인다.

10. 주청 재무관 고이예르가 주청 공사에게 보낸 미국의 극동정책 관련 서신

1908.5.23

Ф.560, оп.28, д.391, л.120-126.

미국 대극동정책의 비밀

이 서한에서 저는 아직 언론에서 다루지 않은, 극도로 민감하면서도 아직 일정한 주조틀에 부어지지 않은 쇳물 같은, 그러나 극동에서 이해관계를 가지고 있는 모든 나라의 특별한 관심을 한순간에 받을 수 있는 것으로 보이는 매우 흥미로운 주제를 언급하고자 합니다.

얼마 전 미국의 새로운 정책이 위에 언급한 지역에서 채택되었습니다. 몇 개월 전까지만 해도 언론과 사회에서 미국이 '한국 문제'를 제기하려고 준비 중이며, 한국의 인민들은 미국 함대의 중국해 도착을 초조하게 기다리고 있다는 소문이 집요하게 이어지고 있었습니다. 이후 하얼빈 주재 핀셰르(Финшер) 영사의 기이한 행보가 이어졌는데, 그의 행보는 일격(一擊)이 남만주에서 일본인들의 무절제함을 향한 것이라는 의미로 모든 이에게 해석되었습니다. 왜냐하면 1896년 슈징청[35]과 체결한 러청은행의 협약[36] 제6조에 의해서 명확하게 규정되고 수용된 지역에서 독점적 행정에 대한 러시아의 권리가 확고하게 규정되었기 때문입니다.

이 모두가 겨우 2~3개월 전에 일어났으며, 갑자기 현지 극동의 정치적 분위기 속에서 전혀 다른 미국식 흐름이 감지되고 있는 것입니다. 미국이 한국 내에서 자신의 치외법권을 거부했다는 소문이 확산되었습니다. 일본에 있는 제 요원이 다음과 같이 통보해 주었습니다. 즉 "사실 말하자면, 미국은 자신의 치외법권을 지금까지 절대 거부하지 않고 있으

---

35 역주: 슈킹첸(Шу Кинг Чен)으로 읽히나 許景澄을 말하는 것으로 보인다.
36 역주: 동청철도 부설에 관한 협약을 말하는 것으로 보인다.

며, 한국에서의 무역특허와 '상표(trademarks)'의 보호에 관한 일본과의 협약에서 그런 조건을 허락했을 뿐입니다."

제2조는 "미합중국 정부는 한국에서 무역특허와 등록된 특권의 위조로 기소된 미국 신민들에 대한 일본 법정의 배타적 사법권을 인정하는 것, 그리고 상기 언급된 경우 자국 시민의 치외법권을 폐지하는 데 동의한다."

하지만 이것은 한국에서 미국 치외법권의 완전한 폐기와 관련된 문제에 열강들의 관계를 설명하기 위해 취해진 첫 번째 행보라는 것에 의심의 여지가 없습니다.

여기에 더할 수 있는 것은 현시점에서 이미 열강들은 이 문제를 냉담하게 대하고 있으며, 조만간에 미국 역시 그런 선례를 따를 것이 명백하다는 사실입니다. "Finis Coreae".[37] 그러나 문제는 이것이 아닙니다. 지금 상당히 정확한 정보원을 통해 제가 알게 된 것은 미국과 청국 간에 청국 내에서 미국의 치외법권 폐지에 관한 협상이 진행되고 있다는 사실입니다. 협상이 진행 중이라고 말하기에는 표현이 너무 강하고 부정확하며 오히려 미국의 법원 관할권을 폐지하기 위한 음모가 이루어지고 있다고 표현할 필요가 있을 것입니다. 귀하께서는 이 메시지를 실로 믿기 힘들 것이며, 따라서 저는 귀하께 몇 가지 사실을 전달해 드리는 것에서부터 시작하겠사오니, 귀하께서는 그것들로부터 직접 결론을 도출하시기 바랍니다.

치외법권의 폐지는 모든 아시아 제국의 소중하고도 가장 값비싼 염원입니다. 그들은 그것을 유럽의 보호에서 해방되는 상징으로 보고 있습니다. 이것은 열강들이 '문명국' 집단에 가입하는 첫걸음입니다. 1899년에 자신의 염원을 실현했으며, 국민적 치욕을 씻어낸 날로서 8월 6일을 달리 부르지 않고 있는 일본인들은 이런 의미에서 말하고, 쓰고 또 느꼈던 것입니다.

현재 한국에서도 일본의 점령 덕분에 그런 걸음이 실행될 순간이 다가오고 있습니다.

작년부터 샴(현재의 태국)은 이런 사상에 몰두하여 프랑스령 아시아, 즉 '피보호자'에 대한 프랑스의 사법권 폐지를 목적으로 프랑스와 체결한 최근의 조약에서 바탕방

---

37 역주: 라틴어, 한국의 영토는 끝났다.

(Батамбан, 캄보디아의 바탐방), 시암렙(Сиамреп)[38] 그리고 시소폰(Сисопон)[39] 등의 세 지역을 프랑스에 양보했습니다. 현재 전문(電文)은 영국과 샴 간의 다가오는 조약 체결 및 샴에서 영국 신민들의 치외법권 폐지에 관한 조건으로 켈란탄(Келантан),[40] 케다(Кеда),[41] 트렌가누(Тренгану)[42] 등 세 개의 주를 영국에게 양보하는 것 등에 관해 통보해 주고 있습니다.

---

38 역주: 캄보디아의 씨엠립을 말하는 것으로 보인다.
39 역주: 현재 캄보디아의 시소폰
40 역주: 서말레이시아 북동부
41 역주: 말레이시아 서북부에 있는 케다흐(Kedah)를 말하는 것으로 보인다.
42 역주: 말레이반도 북동부의 테렝가누

11. 고이예르가 주일 러시아무관에게 보낸 현상건 관련 보고

1908.6.2

Ф.560, оп.28, д.391, л.147-152.

한국 동북부에서의 정보

한국인 첩보원 현상건(玄尙健)의 첫 번째 군사보고

원산 근처의 만(灣) 안에 일본인들이 요새화한 외속이라고 불리는 장소가 있습니다. 요새는 작은 만으로 들어가는 입구에 있는 섭섬, 녹도 그리고 신도라고 하는 세 개의 섬에 배치되어 있으며, 항구로 들어오는 입구를 감시할 수 있는 고지대 연안에도 배치되어 있습니다.

각 섬에 1개 포병중대 그리고 연안에 2개 포병중대가 배치되어 있다고 예상할 수 있는 근거가 있습니다. 한국인은 외속 출입이 엄격하게 금지되어 있습니다.

원산에서 북쪽으로 오래된 한국식 비포장도로가 이어지고 있습니다. 일본인들이 이 도로의 여러 군데를 보수했지만, 지금까지는 완전히 만족스러운 상태가 아닙니다. 이 도로는 다음과 같은 지점들을 거쳐서 지나는데, 그중에는 일본 헌병대가 있으며, 일본이 일부분 활동하고 있습니다. 문천(文川)은 원산에서 한국식 거리 단위로 60리입니다(한국 리는 중국 리의 약 8/10 정도이고, 중국 리는 영국 마일의 3/8입니다).

이후 영흥(永興) 40리, 정평(定平) 80리, 그리고 마침내 함흥(咸興)으로, 정평에서 북쪽으로 50리입니다. 이곳은 한국 북동부에서 일본인 군사 활동의 두 번째(첫 번째는 외속) 중심지입니다.

함흥에서 북쪽(북동쪽?)으로 30리에 위치한 서호(西湖)만을 향하여 매우 넓고 새로운 도로가 얼마 전 일본인들에 의해 건설되었습니다. 도로를 따라서 궤도가 부설되었으며, 그 궤도를 따라 작은 수동식 화차(貨車)가 다닙니다. 만에서는 오직 군사용 상품과 예비품들이 적재되어 함흥까지 운송됩니다. 이 지역에는 요새가 없으나, 함흥에는 1개 중대가 있습니다.

비포장도로는 계속해서 북쪽으로 함흥에서 95리 떨어진 홍원(洪原)으로 이어집니다. 이 도시 부근에는 시에서 가장 가까운 전포(前浦), 북쪽으로 30리에 있는 죽도(竹島), 그리고 역시 같은 방향으로 약 30리 정도 떨어진 마랑도(馬廊島) 등 세 개의 작은 만이 있습니다. 이 만은 일본인들에 의해 요새가 될 고지대로 둘러싸여 있습니다. 작업은 아직 시작되지 않았지만, 정상에는 이미 작은 깃발들이 배치되어 있고, 이 지점으로의 출입이 금지되어 있습니다.

홍원에서 북쪽으로 90리에는 일본인 군사 활동의 세 번째 중심지인 북청(北靑)시와 북청군이 있습니다. 이곳에는 약 2개 보병중대와 공병대가 있습니다. 일본인들은 북청에서 바다, 즉 북동쪽 방향 약 40리 거리의 신포(新浦)만으로 훌륭한 도로를 바로 얼마 전에 부설했습니다. 신포는 군수품 비축물자의 창고로 이용되고 있습니다. 이곳에 거대한 군용 막사가 구축되어 회색 마포로 덮여 있습니다. 창고는 일본군이 보초를 서고 있습니다.

소문에 따르면 이 지역에 배치된 모든 부대의 보급품이 이 창고에서 반출된다고 합니다. 군사 전용 전신선은 북청에서 신포까지 부설되어 있습니다. 날씨가 좋은 날에는 이곳 신포에서 홍원과 마랑도가 선명하게 보입니다.

한국의 도로는 계속해서 이원(利原)과 단천(端川) 등 서로 간에 90리의 거리를 두고 떨어져 있는 두 도시를 지나며 이어집니다.

이원에서 50리 거리에 차호(遮湖)라는 작은 만이 있으며, 단천 근처에는 여호(汝湖)라는 작은 만이 있습니다. 일본인들은 이 두 만에 요새 건설을 계획하고 있으며, 이곳을 측량했으나 아직은 작업의 흔적을 발견할 수 없습니다. 단천에서 북쪽으로 95리 거리에 개항장인 성진(城津)이 있습니다. 이 항만은 요새화되지 않았으며, 일본인들은 정박장 내에서 이 항만을 한국 북동부의 편리한 무역항으로 탈바꿈시키는 데 주목적을 두고 작업하고 있습니다. 도시의 후방으로 몇 리 정도 떨어진 곳에 있는 고지대는 일본인들에 의해 1개 보루가 구축되어 요새화되었습니다. 도시 수비대는 보병 약 0.5개 중대입니다.

도로는 이곳에서 (95리 밖의) 길주(吉州) 그리고 계속해서 90리 밖의 명천(明川), 그리고 마침내 140리 밖의 경성(鏡城)으로 이어집니다. 이곳에서부터 일본군부의 특별 군사 활동 작업의 범위가 시작됩니다. 경성 주변에 오대진(澳大津)과 독진(獨鎭)이라는 두 개의 내포(內浦)가 있습니다. 이곳에는 오래된 한국의 보루가 있었으나 현재는 그리 크지 않은 일본 수비대(40명)가 주둔하고 있습니다. 일본인들은 처음에는 이 내포를 요새화하여 블라디보스토크와 연해주의 남부 지역을 상대로 한 자신들의 주력 해군기지를 구축하려는 목적에서 작업을 시작했습니다. 그러나 이후 이곳 연안이 지나치게 암석으로 이루어져 있고, 운항이 매우 위험하며 바다 역시 전반적으로 매우 차기 때문에, 현재 우리가 확인할 수 있는 바와 같이 약간 북쪽으로 기지를 옮겼습니다.

오래된 한국식 도로는 경성에서 90리 떨어진, 일본 군사 활동의 네 번째 중심지인 부령(富寧)으로 향합니다. 부령에서 동쪽 방면으로 40리에 일본의 해군기지인 청진(淸津)이 있습니다.

일본인들이 이 항구를 강력하게 요새화하고 있습니다. 현재 이곳에는 석탄과 다양한 예비품용 대형 창고가 있습니다. 도시 뒤편 멀지 않은 곳에 통조림과 비스킷을 위한 대형 창고들이 있습니다. 1개 막사는 얼마 전 언덕 뒤편에 구축되었으며, 크기는 300'칸'입니다(1칸은 9제곱피트).

청진 및 청진과 가장 인접한 지역에 병사 200명이 있습니다. 이 항구는 전쟁 중 블라디보스토크를 상대로 한 작전 그리고 지린을 향한 일본군의 상륙이 예정된 곳임에 의심할 바 없습니다. 청진으로부터 멀지 않은 곳에 난암(蘭岩)[43]이라는 다른 장소가 있는데, 이곳에 일본군 막사와 요새가 구축되고 있습니다. 이곳에서의 작업은 활발합니다. 난암에도 총 200여 명의 병사들이 주둔 중입니다. 청진에서 멀지 않은 곳에 있는 자그마한 촌락으로부터 경철도 협궤노선이 남쪽 방면의 (경성 근처) 독진으로 부설되어 있습니다. 청진항으로부터 북쪽으로 러시아 국경과 간도(間島)를 향해 경철도 노선이 두 개 함께 부설되어 있습니다. 그중 하나는 난암과 무산(茂山)을 연결하고 있으며, 다른 한 노선은 청진에서 부령을 거쳐 회령(會寧)을 연결하고 있습니다.

첫 번째 노선은 기관차가, 두 번째 노선은 수동식 화차가 운행되고 있습니다. 왜냐하면 무산은 산림 지구의 중심으로 첫 번째 노선의 주된 임무는 난암의 건설을 위해 목재를 운송하는 것이며, 두 번째 노선을 따라서는 회령 군관구로 보낼 모든 비축물이 운송됩니다. 기관차는 회령 근교의 가파른 산악 지형으로 인해 두 번째 노선을 따라 운행할 수 없습니다. 시간이 지나면 이 두 노선이 개량될 것임에 의심할 바 없으며, 이런 식으로 이 두

---

43 역주: 본문의 한자 표기에 따랐으나 '羅南'을 오기한 것은 아닌지 모르겠다. 그러나 이하 난암으로 번역함.

개의 군사용 노선은 청진의 기지와 영토 논쟁 중이지만, 일본의 점령이 시간문제일 뿐인 간도를 연결할 것입니다. 청진은 전화로 난암과 연결되어 있으며(35리), 계속해서 전신선으로 회령 및 간도에 있는 일본군 수비대의 지휘부와 연결되어 있습니다.

부령에는 일본군 1개 대대가 있습니다. 막사도 구축되어 있습니다. 도시를 둘러싼 언덕은 요새화되었습니다.

부령에서 북쪽으로 220리의 거리에 일본 군사 활동의 다섯 번째 중심지인 회령이 있습니다. 현재 이곳에는 1개 대대와 공병대가 배치되어 있습니다. 이 지점은 1급 요새로 발전될 예정입니다. 요새는 아직 구축되지 않았으나, 측량과 조사 및 기타 여러 작업이 종일 지속되고 있습니다. 마지막으로 두만강을 건너는 교량 및 국경을 이루는 고풍산(Кофунгсан)에 소규모의 수비대와 첩보부대가 주둔 중입니다.

결론으로 말씀드릴 것은 도시의 요새화, 보루의 구축 및 기타 모든 작업이 오직 일본군 병사들에 의해서만 진행되고 있다는 점입니다. 또한 보루, 막사 또는 요새 구축이 예정된 지점으로 출입이 엄격하게 금지되어 있으며, 그에 따라 자세한 정보의 수집이 매우 힘듭니다.

원산에서 간도에 이르는 한국 북동부 일대에는 보병 1개 여단(25여단으로 보임) 미만의 병력과 1개 공병 대대 규모의 병력이 배치되어 있습니다. 소문에 따르면 일본인들은 부령, 회령, 난암의 수비대와 함경도에 배치된 병력 수 증강, 아직은 예정뿐이지만 근시일 내 일련의 요새들에 대한 무장 작업 등에 착수할 준비 중입니다.

자기 조국의 이 지역을 오랫동안 가보지 못한 한인에게는 자신이 거대한 요새 진영에 들어간 것 같다는 생각이 들 겁니다.

이 보고서에 청진 군항의 평면도를 한국어 설명문과 함께 첨부하여 보내 드립니다.[44]

---

44 일본 주재 육군무관에게 통보되었습니다.

12. 고이예르가 재무부에 보낸 『대한매일신보』 베델에 대한 재판 관련 등 보고

1908.6.16

Ф.560, оп.28, д.391, л.169-177.

다른 상하이발 소식 중에서 영국 전함 '클리오(Клио, Clio?)'호를 타고 3개월의 징역형 판결을 받은 『대한매일신보(Korea Daily News)』지의 편집장 베델(Ernest Thomas Bethell) 씨가 서울에서 도착한 것을 상기시켜 드립니다.

베델의 재판 과정

귀하께서도 신문을 통해 그의 공판 과정을 익히 알고 계시기 때문에 저는 그가 감옥에서 우리의 『차이나 가제트』[45] 편집인에게 개인적으로 통보한 사실을 전달하는 선에서 그치겠습니다.

일본 정부는 항일운동의 전개에 도움을 주면서 반도들의 정신적 지주인 베델을 제지하고 한국에서 추방하라고 이미 일 년 넘게 극동 주재 영국 대표 및 영국 외무부에 청원하고 있습니다. 영국 당국은 오랫동안 이 문제에 말려들고 싶어하지 않았습니다만, 결국 고무라의 강력한 요구에 굴복해 상하이 주재 재판부에 상응하는 훈령을 발송하여 서울에서 특별 법원을 개정했습니다. 비록 베델이 유죄 판정을 받고 위에 언급한 신문의 한국어판[46]에 게재한 자신의 기사(스티븐스의 살해를 격찬하는 기사)로 인해 체포되어 3주간 감금되었음에도, 일본은 자신들의 주된 목적, 즉 한국에서 베델을 추방(deportation)했으며, 이 편집자는 형기 동안 투옥된 후(영국 당국은 그에게 많은 관심을 보였으며, 순양함에서는 그에게 우호적 태도를 보여줬습니다), 한국으로 돌아갈 것입니다.

---

45 역주: '청국 신문'이라는 뜻
46 『대한매일신보(大韓每日申報)』

베델은 『대한매일신보(Korea Daily News)』지가 매달 600달러의 손실을 가져다줄 것이기 때문에 더 이상 존재할 수 없어 재판이 시작되기 2주 전 이 신문을 폐간했다고 말했습니다.

한국의 외국인 구독자는 너무나 적으며, 일본 당국의 계획적인 박해에 처할 수 있어서 이 신문에 회사의 광고를 주는 것조차 두려워하고 있습니다. 심지어 구독자들도 구독 사실을 숨기고 있는데, 그렇게 하지 않으면 수상한 사람으로 규정되어, 일본인들로부터 갖은 방해를 받기 때문입니다. 반대로 통감의 보조금을 받는 『서울프레스(Seoul Press)』지는 모든 클럽과 모든 외국의 '명예' 대표 및 기타의 사람들에게 "무료로 수백 부 배포하고" 있습니다. 제가 개인적으로 이해하는 바에 따르면 이 신문은 우리가 보조금 지급을 중단한 이후부터 궁정으로부터 어느 정도 지원을 받았으나, 현재 궁정을 포함한 모든 수입과 지원이 예외 없이 중단되었습니다. 반대로 한국의 간행물(2개 신문)은 다수의 구독자를 보유하고 있어서 운영이 매우 잘되고 있습니다. 이 둘 중 하나는 하루에 16,000부나 팔립니다.

대체로 베델의 발언을 통해 다음과 같은 결론을 내릴 수 있습니다. 즉 한국에서의 사업이 그 어느 때보다 형편없다는 것입니다. 일본인들은 한반도에 2개 사단을 상주시키면서, 자신들에게 근본적으로 적대적인 종족들을 갖은 방법으로 괴멸시키고자 모든 방법을 채택해야 할 것입니다. 현재까지는 일본의 한국 점령은 일본에게 힘이 아닌 약점, 즉 아킬레스건이 될 것입니다.

13. 주청 재무관 고이예르가 주일 대사에게 보낸 고종 황제의 측근 현상건 면담에 대한 보고

1908.10.30

Ф.560, оп.28, д.392 л.16-24.

한국으로부터의 통보

본인은 일본과 한국에 대한 정보를 각하께 통보하는 것과 관련하여 각하로부터의 훈령을 받지 못한 상태에서 제가 입수한 소식을 통보하지 않고 있었습니다만, 사실 특별히 관심을 끌 만한 것도 아니었습니다. 탕샤오이(Танг Шаои)와 셴쿤파오(Шен Куппао)의 일본 도착에 관한 상세한 소식 및 미국 함대의 요코하마 기항과 관련된 모든 사건에 대해서도 상하이보다는 도쿄에 있는 우리 주재원이 더 잘 알고 있습니다. 청국에서의 전반적인 상황은 가까운 시일 내에 도쿄와 베이징이 어느 정도 친근해질 것을 기대할 수 있으며, 아직 해결되지 않은 만주 문제에 대해 타협할 가능성이 있다는 것에 의심할 여지가 없습니다. 그러나 이 서한의 목적이 이런 문제들을 심의하는 것에 있지는 않습니다. 저는 한국으로부터 입수한 몇 가지 소식을 각하께 보고드리는 것이 제 의무라고 여깁니다.

얼마 전 전(前) 대한제국의 부관으로 현재 상하이에서 거주하고 있으나, 한국, 특히 서울의 황실과 지속적인 관계를 유지하면서 황실의 임무를 외국에서 이행하고 있는 현상건 대위가 저를 방문하여 비밀리에 다음과 같은 소식을 전해 주었습니다. 황제의 측근이 상하이에 있는 현상건 대위를 방문하였는데, 해외 은행에 다른 사람 명의로 예치된 황제의 개인 재산과 관련된 일부 내용을 소상히 밝히고, 임박한 황제의 도주를 돕기 위해 필요한 대책을 입안하는 전권을 부여하기 위한 것이었습니다. 또한 일본에서 의사를 부르기도 했던 황제의 병은 꾀병이었고, 아프다는 핑계로 황제의 도주 시 음모에 가담한 공주를 제외하고는 2~3일 동안 그 누구도 알현하지 못하도록 함으로써 도주 시간을 벌고, 또한 즉각적인 추적을 피하려던 것이라고 저에게 알려 주었습니다 현상건의 발언에 따르면, 도주의 1단계 즉 일본인들이 경비 중인 궁궐에서의 탈출은 확보되었으며, 그 이후의 행보는 한국의 국경에서 도주를 계획하는 것인데 그가 그 부분을 맡게 되었다고 합니다.

현상건의 목적은 자신에게 부여된 임무에 협력해 달라는 요청입니다. 그의 주요 계획은 다음과 같습니다. 즉 상하이에서 의심을 사지 않을 만한 상인의 명의로 기선을 구매하거나 용선해서 약간의 짐을 싣고 뉴좡(牛莊)으로 향한 다음, 즈푸(芝罘)를 거쳐 제물포까지 항행하는 것입니다. 특히 한국의 항구에 적절한 시점에 도착할 수 있도록 기선에는 위에 언급된 황제의 대리인이 중국인 복장을 하고 즈푸에서 "친구들"과 함께 제물포로 향할 것입니다. 제물포에서 화물을 선적한 뒤 블라디보스토크로 향하여 국빈[47]이 도착할 때까지 기다렸다가 곧바로 출항하여 언급된 러시아 항구로 직항하는 겁니다.

회사나 선장은 단순히 지시를 받아 즈푸나 제물포에서 승선을 원하는 두세 명의 승객을 받을 수도 있습니다. 저는 이 모든 계획을 경청한 뒤 현상건에게 다음과 같이 대답했습니다.

"일본인의 포로 상태인 불행한 황제에 대한 내 호감은 틀림없고, 그의 운명을 호전하는 것이 실로 바람직하나, 어떤 것이 되었든 일본인들이 적대적인 행위로 이해할 수 있는 계획에 직간접적으로 협력하는 것은 러시아의 공인으로서 가능하지 않다고 본다. 우리가 일본과 평화적인 관계에 있음을 고려할 때, 그런 방향에서 내가 행한 모든 행보는 우리 정부에 의해 거부될 것이다. 따라서 난 당신에게 그 어떤 도움도 줄 수 없을 뿐만 아니라, 이 문제를 의논하고 있는 것은 사인(私人)으로서 그리고 오랜 기간 알고 지낸 사람으로서 하는 것이다. 그래도 당신에게 말해 주지 않을 수 없는 사안은 이런 계획은 막대한 위험과 난관을 수반할 것이라는 점이다. 첫째, 일본인들은 극동에서 기선의 모든 운항을 예민하게 주시하고 있으며, 특히 새로운 뉴좡-즈푸-제물포-블라디보스토크 노선은 이미 의심을 받고 있다. 일본인들이 기선의 항만 서류와 세관 서류를 받아 출항하기 전에 매우 빠르게 황제를 체포하고, 인접 항만에 정박 중인 모든 기선을 검사하지 않을까 걱정된다. 마지막으로 만약 모든 일이 잘 진행되어 이틀이 지난 후 일본이 황제의 도주 사실을 알아차릴 경우, 그들은 블라디보스토크로 출항한 기선을 의심하여 그 기선을

---

47 역주: 황제를 뜻한다.

대한해협에서 정선시킬 것이다. 믿기 힘든 말썽이 생길 것이며, 황제는 체포되어 일본에 투옥될 것이다. 따라서 내가 객관적으로 보기에는 한국 국내에서 산속이나 황제를 동정하는 주민 사이에서 숨어 있다가 시간이 흐른 뒤 조심스럽게 육상 국경으로 출국하는 게 덜 위험할 것 같다. 황제가 러시아에 입국하는 문제와 관련해서는 서울 주재 러시아 대표에게 사적으로 미리 알아볼 것을 권한다."

약 두 달이 흐른 최근에 현상건이 재차 저를 방문하여 대화하던 중, 황제께서 모종의 금전적 손실을 파악했으며, 결국에는 그가 전적으로 확보할 수 있는 금액은 전직 위원이었던 맥레비 브라운(Mclevy Brown)이 홍콩-상하이은행에 예금한 400,000타엘[48]뿐이라는 사실을 통보해 주었습니다. 그는 계속해서 바다를 통한 탈주는 엄청나게 힘들며, 황제께서는 함경도의 반군을 찾아 북쪽으로 도피하기로 하셨다고 말해 주었습니다. 현재 그는 그 준비 작업을 하고 있습니다. 제가 이해한 바에 따르면, 황제께서 국경을 건너기 전 어딘가 잠적할 비밀장소로 요원을 파견하고, 러시아에서 도피처를 찾으시려는 것 같습니다.

황제께서는 돌발 상황만 발생하지 않는다면, 그리고 현상건의 발언에 따르면 만약 "도주의 가능성을 제공하는 궁궐 내의 상황이 변하지 않는다면" 도주한다는 돌이킬 수 없는 결정을 내리신 것으로 보입니다. 따라서 저는 위에 서술된 모든 것을 각하께 보고를 드리기로 했습니다. 저 또한 현상건이 지금도 기선 구매를 계획하면서 필요한 자금을 필요한 곳으로 납부하고, 이 계획과 연결된 모든 대규모 지출을 바로 행할 준비가 되어 있다는 점에서 이 계획이 진지하고 진정한 것이라는 결론을 내립니다.[49]

저는 이것과는 별개로 한국의 북동부로부터 귀하의 관심을 끌 수 있는 몇 가지 정보를 접수했습니다.

원산 변두리에 있는 일본 보루와 관련해 다음과 같이 통보해 주었습니다. 즉 그 보루들은 주로 두 개의 다른 항구에 있는데, 하나는 원산항 입구에서 남동쪽으로 갈매긱(Каль Май Кик)[50]과 명사십리(Миенг Са Сип Ли, 明沙十里) 사이에서 바다를 향해 튀어나온 갑의

---

48 역주: 약 600,000엔, 타엘은 량(兩)
49 유혹이 드문 경우를 이용하고 있으며, 그에게 "시샨"호를 판매하는 것은 매우 중대한 것이나, 저는 그에게 굴복하지 않았습니다(의역을 하면 다음과 같다. "현상건이 매우 뛰어난 조건을 제시하여 '시샨'호를 판매하고 싶었으나, 그 제안에 넘어가지 않고 팔지 않았다."-역주)
50 역주: 갈마각(葛麻角)을 말하는 것으로 보인다.

주변에 있는 룩도(Лук То)⁵¹에 있습니다. 다른 하나는 원산에서 한국식 35리의 거리에 있는 내포(內浦) 입구 근처의 섶섬(Сиап-Сиам)⁵²에 있습니다. 소문에 따르면 두 보루에는 총 5개 포대가 있습니다. 보루는 완공된 상태입니다. 일본 수비대는 원산과 남쪽으로 한국식 50리에 있는 남산동(Нам Сан Донг)⁵³에 배치되어 있습니다.

저는 한국 동북부, 즉 함경도에서 일본 활동의 중심지와 관련하여 다음과 같이 언급하고자 합니다. 대도시인 경성(Киеншен, Кинг-Сиен 또는 Кен Сен)⁵⁴에서 일본식 약 6.5리 (25베르스타)⁵⁵에 위치한 청진항은 길주시의 변두리에 있는 개항장인 성진항과 아무런 공통점도 없다는 것에 더 이상 의심할 바 없으며, (경성은 길주에서 북쪽으로 약 65베르스타의 거리에 있다) 일본함대의 해군기지로 건설하고 있습니다.⁵⁶ 원산을 지원하기 위한 부차적인 유격대용 기지일 수는 있겠으나, 가장 다양한 자료를 통한 증거들에 의하여 상항(商港)이 아닌, 의심의 여지 없는 군항임이 확인됩니다. 이 지역에서 상항의 역할을 하는 것은 일본군 병영이 건설되고 있는 소규모의 신도시인 난암(Наннам)⁵⁷에서 남쪽으로 0.5베르스타, 경성에서 동쪽으로 2베르스타의 거리에 있는 작은 만 독진(Ток-джин)⁵⁸입니다. 이곳에서 승객들이 하선하고 이 지역으로 배정된 상품들이 하역됩니다. 저는 첩보를 보고하면서 일본 군사 활동상 중요한 이 지역의 명칭이나 세부 사항을 통해 우리 국경에서 혼란이 지속될 것임을 확인하고 있는 바, 전직 한국군 장교였던 목격자의 발언을 빌어 이 지역을 간략하게 소개하겠습니다.

도지사가 거주하고 있는 경성이라는 시가 있습니다. 이 도시는 해안가에서 약간 벗어난 곳에 있습니다. 상태가 좋은 비포장 도로가 바다쪽으로 부설되어 있습니다. 이곳에는 접안이 가능한 두 개의 좋은 만과 두 개 항, 즉 독진과 아태진(또는 Суй)⁵⁹이 있습니다. 경성

---

51 역주: 가장 비슷한 발음은 여도(麗島)이다.
52 역주: 시앞시암을 우리말 표기에 가깝도록 섶섬(섬, 즉 остров로 적혀 있다)으로 번역한 것일 뿐이다.
53 역주: 남석동을 말하는 듯하다.
54 역주: 鏡城을 말하는 것 같다.
55 역주: 1베르스타는 1,067미터이다.
56 이런 주장은 사탈로프(Саталов) 대령에 의해 반박되었다.
57 역주: 다른 자료에는 난남으로 표기하고 한자로 '蘭岩'으로 표기. '羅南'의 오기인 듯하지만, 이하 난암으로 번역함.
58 역주: 다른 자료에 '獨鎭'으로 표기
59 역주: 수남(水南)을 말하는 듯하다.

에서 난암 방면(창고와 병영)으로 한국식 5리 길이의 철도가 부설되었으며, 이 노선은 그 곳을 거쳐 북쪽으로 이어져 산선(Сан Сиен)역에서 청진항과 회령을 연결하는 다른 지선과 연결됩니다. 이처럼 경성-산선 및 청진-회령의 두 지선이 우리와 관련 있습니다. 청진에서 난암까지는 한국식 35리, 약 10베르스타입니다.

청진과 회령을 연결하는 노선은 한국식 300리, 약 85베르스타입니다. 이 노선은 부령, 놀구리(Лолгури), 고미산(Комисан) 그리고 무산린(Мусанлин)[60] 등을 지납니다. 바로 이 명칭[61]은 두만강 변에 있는 무산시와 헷갈리게 만들어서 많은 이들이 당황하며, 무산으로 향하는 일본철도의 지선이 있다고 말하게 했지만, 옳지 않습니다.

회령과 그 주변에 일본군 1개 사단용 병영이 건설되고 있다는 사실은 이미 유명합니다. 회령은 보강될 것이며, 그에 더해 부분적으로 이미 존재하는 조선의 구식 보루가 이용되고 있다는 소식을 저에게 한 번 더 확인해 주었습니다. 지금까지 이 지역에 있었던 제49 및 제50연대 소속 부대들이 이곳에서 철수 중이며, 새로운 부대로 교체되고 있다는 소식 역시 잘 알려져 있습니다.

결론으로 간도의 영토 논쟁에 관해 약간 더 언급하겠습니다. 저는 지난여름 사모일로프 육군대령과의 대화에서 이 모든 논쟁이 지린 철도를 배상으로 요구하려는 배타적 목적을 지닌 일본에 의해 시작된 것이라는 견해를 언급했습니다. 저는 심지어 그런 목적에서 몇 개 대대로 만주경비대를 강화할 거라고 주장했습니다. 논쟁은 아직 해결되지 않았습니다만, 저는 베이징과 만주로부터의 소식을 통해 저의 예상이 틀림없을 것으로 확인하고 있습니다. 일본은 청진-회령의 철도 노선을 (간도에 있는) 니온기천(Ниoнгичен)을 거쳐 지린으로 연장하는 이권을 얻는 대신 중국인들에게 간도를 돌려줄 것입니다.

이것의 의미는 명백하므로 전략적 관점에서 일본을 위한 이 노선이 지닌 의미의 중요성을 굳이 언급할 필요가 없다고 봅니다. 지린은 블라디보스토크보다 북쪽에 있습니다. 일본인은 함대의 엄호하에 청진에 자국 부대를 상륙시켜 지린 방면으로 이동시킨 후, 그와 동시에 관청즈에 위치한 우리의 전진기지를 우회하여 두만강에 있는 우리 진지의 후방으로 올 것입니다.

---

60 역주: 무산령(茂山嶺)의 중국식 발음이다.
61 역주: 무산령을 말한다.

이 문제는 우리에게 중요한 의미를 지니고 있는바, 제가 보기에는 일본이 상기의 배상으로 간도를 청국 정부에 양보하는 것보다 일본인들이 간도를 유지하는 게 우리를 위해 더 유리할 것으로 보입니다.

재무관
폰 고이예르

14. 주청 재무관이 주일 대사에게 보낸 현상건과 면담한 내용에 대한 보고서

1908.12.10

Ф.560, оп.28, д.392 л.83-93.

한국으로부터의 소식

저는 현상건과 가진 대담에 관한 문제를 각하께 보고드리는 게 옳다고 보았기에, 우리 외무부에는 통보하지 않았다는 사실을 보고드립니다. 그 외에도 저는 '러시아 땅'에 '그 인사'[62]의 출현과 관련하여 심지어 사적으로도 논의하지 않았는데, 제가 지난 공한에서 각하께 보고드린 것처럼 저는 이 문제와 관련하여 서울 주재 러시아 대표에게 호소하라고 조언했습니다.

그 이후 현상건은 한 번 더 저를 방문했습니다. 저는 심지어 개인적 형태로도 이 문제의 재론을 거절했습니다. 저는 그와 가진 대화의 전반적인 톤을 통해서 '그 인사'가 자신의 결정을 늦추고 있음을 이해했습니다.

현상건은 우리의 황제 폐하의 친필 서명이 들어간 황제 폐하의 초상화를 저에게 주었습니다. 그의 말에 따르면 러일전쟁이 일어나기 전, 러시아 황제 폐하께서 한국의 황제께 수여하신 것이라고 합니다. 이 초상화는 서울에 있는 궁전의 도서관에 보관되어 있었으나, 그 이후 전쟁 중에 다른 귀중품들과 함께 일본인들의 수중으로 넘어갔습니다. 제가 그의 말을 이해한 바에 따르면 황제의 측근이 일본인들로부터 몇 가지의 물건들을 되살 수 있었고, 그 물건 중에 이 초상화도 들어 있었으나, 일본 당국에 의해 몰수당할 것을 고려한 현상건은 한국 황제에게 그 초상화를 되돌려줄 필요가 없다고 생각했습니다. 현상건은 이 초상화를 러시아에게 반환하겠다며, 그 문제에 대한 저의 조언을 구했습니다.

저는 현상건에게 그런 사실에 대해 우리의 서울 주재 총영사에게 서한을 보내면, 아마

---

62 한국의 황제

도 총영사는 총영사대로 각하께 또는 외무부에 훈령을 요청한 후 우리의 상하이 주재 총영사를 통해 그에게 답변을 줄 것이라고 답해 주었습니다.

저는 황제의 서명이 진본으로 여겨지며, 초상화는 무상으로 반환될 것임을 첨언하며, 위에 서술된 내용에 관하여 각하께 보고드리는 것을 의무로 생각했습니다. 그러나 나중에 현상건은 자기 자신이나 자기 친구들의 러시아 국적 취득, 블라디보스토크에서 일반직이나 다른 근무지로의 추천 같은 다양한 지원을 요청할 수도 있을 겁니다.

이것과는 별개로 현상건이 저에게 한국의 총참모부가 러일전쟁 전에 작성한 것으로 보이는 13쪽짜리의 커다란 한국 지도를 가지고 왔습니다.

우리 총참모부가 이 지도를 지니고 있는지 저는 알지 못합니다. 이 지도에는 우리 영토와 접한 지점들이 상세하게 작성되어 있으므로, 군 기관이 관심을 보일 수도 있을 것입니다. 귀하께서는 이에 관하여 우리의 무관에게 문의하시고, 그를 어디로 보낼지 저에게 통보해 주시길 바랍니다. 지도 획득에는 전혀 비용이 들지 않습니다.

15. 주청 재무관 고이예르가 주일 대사에게 보낸 고종의 러시아 망명 계획 및 일본의 간도정책 관련 보고서

1909.2.4

Ф.560, оп.28, д.392 л.200-209.

남만주에서 일본의 활동

각하께, 각하의 비밀 서한 No.43을 순조로이 수령했다는 사실에 관하여 보고드림을 영광으로 여기옵니다.

저는 최근 한국으로부터 새로운 소식을 받지 못했습니다. 현상건을 못 본 지 오래되었습니다. 저는 그와의 마지막 대화에서 다음과 같은 결론을 내렸습니다. 현상건 본인이 속한 궁정파 내에서 분열이 발생했으며, 일본에 대한 감정은 변하지 않았으나, 일본을 상대로 지방에서는 적극적이나 서울에서는 소극적으로 전개된 향후 투쟁에 대한 가능성과 합목적성에 대한 관점에는 변화가 있다는 것입니다.

일 년 전 도처에서 비밀결사가 활동할 당시 저항의 중심들이 결성되어 무기를 도입하려는 시도가 있었으며, 마침내 전임 황제의 도피 계획이 해외에서 기획된 대규모 항일운동 조직과 연결되었습니다. 현재 모든 것이 고요한 듯, 늙은 황제와 그의 모순된 정책을 지지하는 사람들이 날마다 줄어들고 있으며, 투쟁의 무익함과 모든 노력의 공허함을 인식한 새로운 활동가들의 중심이 무력한 어린 국왕을 수장으로 삼아 형성되고 있습니다. 저는 현상건의 발언을 통해 현재 한국인들은 가까운 장래에 조선 합병이 불가피함을 확신하고 있다는 사실을 이해했습니다. 일본인들은 편리한 순간을 기다리고 있는 것으로 보이며, 전 세계를 위협하는 근동의 분규에서 그 순간을 찾으려는 것으로 보입니다.

각하의 관심을 끌고 있는 우리 영토와 접경한 한국과 만주 지역에서 일본인들의 활동에 관한 문제에 대해 저는 그곳으로 특별히 파견된 첩보원으로부터 조속한 시일 내에 상세한 정보를 입수할 것으로 기대하고 있습니다. 현재 저는 현지로 향하는 그가 무크덴과 지린에서 발송한 두 통의 서한을 접수했으며, 그 내용을 각하께 보고드리려는 바, 그 안에 아시아 대륙에 관한 일본의 정책 문제가 언급되어 있기 때문입니다.

첩보원이 무크덴에서 보낸 서한에는 다음과 같이 기술되어 있습니다.

"부왕 흐슈시찬(Хсю Ши Чан)은 조만간 수많은 적에 의해 자신에게 쏟아질 비난의 희생물이 될 것임을 예견하여, 중상(中傷)으로 제거되지 않으려고 자진 퇴직을 선택했습니다. 그의 사직은 처리되었으나, 다른 곳으로 이직할 것입니다. 전반적으로 부왕은 영국과 미국에서 지지를 찾고 있습니다. 일본인들은 그를 무크덴에서 몰아내려 하고 있습니다. 일본인들은 이런 식으로 그들을 방해하고 있는 두 명의 관원, 즉 무크덴에 있는 헤유리앙(Хею Лианг)과 하얼빈에 있는 아프레드 제(Афред Цзе)라는 두 고문에게서 벗어나길 원하고 있습니다.

위의 두 고문은 무크덴을 자주 방문하여 종종 량(Лианг)과 상담을 합니다. 요하에서의 항행 조건 개선을 명분 삼는 준설작업의 실행 및 동 항로를 남동만주 지역 주요 상업용 교통로로 발전시키려는 부왕의 계획, 또한 뉴좡 변두리에서 발견된 …[63] 만에서 상항(商港)의 건설에 관한 계획이 일본인들을 강하게 자극했습니다.

무크덴에서 모든 이들은 철도 분야에서 시위원회와 촌락위원회가 공공관리를 하고, 사회적 필요에 의해 세금을 징수하는 문제로 동청철도 관리국과 청국 현지 당국 사이에 발생한 오해에 실로 관심을 갖고 있는 것으로 보입니다. 미국과 영국 공사 그리고 총세무사 왓슨(Ватсон)은 러시아 당국이 원세개의 실각 이후 수용된 지대에서 공공관리에 관한 새로운 규정을 강제적 방법으로 도입하기로 결정했다는 관점을 고수하고 있습니다. 미국은 잘 알려진 것처럼 비밀스럽지만 확실한 형태로 중국인들을 지원하고 있으며, 영국은 만약 이런 규칙이 러시아 영향권 내에만 도입될 뿐 일본에 의해 자신들의 대규모 상업적 이익이 집중되어 있는 남만주철도 영역으로 확대되지 않는 게 확실하다면, 완전한 중립을 유지할 것입니다. 그러나 모든 것은 일본이 다름 아닌 러시아의 예를 따르기를 바라고 있으며, 그런 생각에서 동청철도의 공공관리제 도입과 필요한 세금 도입에 서둘러 동의했다는 것을 증명하고 있습니다.

일본은 만주에서 자신의 지위를 의심할 바 없이 강화하면서 서서히 북쪽으로 움직이

---

63 역주: 판독이 어려우나 요동으로 보인다.

고 있습니다. 무크덴 내에서 일본의 활동이 특별히 눈에 띈다고 말할 수는 없습니다. 그들이 텔린(鉄嶺)과 창춘에 특별한 관심을 보인 것 같습니다. 무크덴에는 5,000명 이상을 계산한 일본 병영과 창고가 있습니다. 거류지가 몇 곳에 건설되고 있습니다.

그러나 특별한 관심을 끄는 것은 남만주에 있는 두 기업, 즉 푸순(撫順)의 탄광과 압록강 삼림회사입니다. 첫 번째 회사를 본 외국인들은 그 회사가 만주에서 가장 현대적인 장비를 갖췄다고 평가하고 있습니다. 정부가 행한 막대한 지출을 고려하면, 경비가 아직 회수되지 않았으나, 채굴되는 석탄의 양이 점차 증가하고 있으므로 그런 상황이 오래 지속될 것 같지는 않습니다. 일일 생산량이 곧 3,000톤에 달할 겁니다. 서부탄광과 동부탄광은 서로 4마일 떨어져 있습니다. 탄층은 거의 모든 곳이 60야드에 달합니다. 광상의 깊이는 1,400피트입니다. 탄층 내에는 편암점토[64]층이 발견되는데, 이것은 일정한 깊이에 원유가 있다는 추측을 가능하게 만듭니다.

단순 노무자는 대부분 중국인이며, 중요하거나 복잡한 업무는 일본인 노동자들이 수행하는데, 그런 일본인들이 이곳에 총 900명입니다. 푸순탄광은 학교, 병원, 상점, 전기와 증기난방이 들어오는 주택 등으로 이루어진 온전한 현대식 도시입니다.

압록강 삼림회사에 관해 말씀드리면, 그 회사의 활동이 현지 주민들의 불만을 야기하고 있으며, 소문에 따르면 이 삼림회사가 근거 없이 책정한 가격에 통나무를 판매할 수밖에 없는 상태인 청국의 소규모 삼림업자들이 봄에 폭동을 일으킬 수도 있다고 합니다. 목재의 가격 결정권이 압록강 양안을 따라 60리에 걸친 면적에 적용되었으나, 삼림회사는 훈(Хун) 계곡에서 흐르는 훈하(Хун, 渾河)를 따라 부송되는 통나무에도 이 권리를 적용했습니다. 예전에는 목재업자들이 상하이와 톈진에 직접 판매했으나, 현재는 삼림회사 없이는 아무것도 할 수 없으며, 삼림회사는 회사대로 위 지역에 삼림공장을 설립하려고 준비 중입니다. 삼림회사는 통나무의 가격을 결정하면서 지금 운영되는 회사가 설립되기 전에 존재했던 가격에 기초한 것으로 보입니다. 그런데 문제는 그때 이후 통나무의 가격은 확연하게 인상되었으며, 생산량은 줄어들었다는 것에 있습니다. 청국 당국은 일본인들과 동등한 몫으로 이익에 관여되어 있기 때문에 이 모든 불화에 간섭하지 않고 있

---

64   역주: 요즘으로 말하면 셰일가스층을 말한다

습니다. 그러나 회사의 정관에 따르면 이익의 5%는 150만 엔,[65] 즉 자본금의 절반에 수치가 도달할 때까지 예비금으로 공제되어야만 하는바, 당분간은 큰 이익을 기대하기 힘들어 보입니다. 회사는 안둥에 자신의 본부를 지니고 있으며, 만주의 통화(Тонхоа), 추파이부(Чупайфу) 그리고 사호칭(Сахочинг)[66] 등지에 3개의 지부가 있습니다. 대표인 고지마(Кодзима) 장군은 1만 5,000엔의 연봉을 받고 있으며, 두 명의 대표이사인 일본인 하시구치(Хашигучи)와 중국인 호춘인(Хо Цунг Иин)은 각각 1만 엔의 연봉을 수령하고 있습니다. 이 외에도 두 명의 부대표로 일본인[사카모토(Сакамото)]와 중국인[추코안칭(Чу Коан Чинг)] 그리고 선임기사인 일본인 마루야마(Маруяма)가 있습니다. 전반적으로 다음의 사실을 언급할 필요가 있어 만약 이 회사가 쓸데없는 탐욕을 거부하고 현지 주민들과 좋은 관계를 수립할 수 있다면 장래가 창대하다는 것입니다."

첩보원은 지린에서 발송된 서한에서 다음과 같이 서술했습니다.

"지린은 상대적으로 놀라울 만큼 조용합니다. 두 개의 무역회사와 다수의 복마전을 제외하면, 이곳에서 일본의 다른 이익은 존재하지 않습니다. 주민들은 일본을 극단적 적대감으로 대하고 있으며, 이런 사실은 다른 곳에서도 유명합니다. 이곳에서의 화폐 유통은 심각하게 얽혀 있어서 무역 발전을 저해하고 있습니다. 창춘에서 지린으로 향하는 도로 상황이 매우 열악하며, 교량은 무거운 것은 건널 수 없을 정도로 형편없습니다. 군사행동이 발발할 경우 계획된 창춘-지린 노선이 부설될 때까지 지린에서 동청철도 방향 또는 그 반대 방향으로의 일본군 이동은 극히 힘들 것입니다.

이곳에서는 모두가 치엔다오(Чиендао)[67] 사건에 관심을 두고 있는 것으로 보이며, 청국 정부가 지린성의 이 지역에 대한 자신의 권리를 스스로 포기하지 않기를 바라고 있습니다. 일본인들은 간도 그 자체는 물론, 그 섬에서 서쪽으로 향하는 일대의 실로 풍부하고 비옥한 지대 또한 "간도"에 속한다는 구실을 들어 그곳마저 점령했습니다.

지린에서 훈춘으로 향하는 도로를 따른 일본의 상행위는 눈에 띄지 않습니다. 일본이 계획 중인 지린을 출발하여 동해[68]로 향하는 철도와 관련하여 이곳에서 들리는 얘기는

---

65 즉 자본금의 5% 범위 내에서 이익은 예비금으로 공제됩니다.
66 역주: 沙河子?
67 역주: 간도(間島)로 보임. 이하 간도로 번역함.
68 역주: 원문은 일본해

전혀 없습니다. 지린의 당국과 통상 대표들은 지린에서 직접 텔린을 거쳐 푸쿠민으로 향하는 중국 노선 계획을 오래전부터 간직하고 있으며, 익히 알려진 대로 푸쿠민은 신민툰과 연결되어야만 합니다. 텔린까지의 노선은 지린에서 무크덴으로 물건이 이동되었던 오래된 무역로를 따를 것입니다. 이런 노선은 지린에게 직예성 시장으로 향하는 직접적인 접근로를 열어 줄 것입니다. 위 철도의 부설 의도로 인해 1906년 청국과 일본이 공동 부설하기로 이미 원칙적으로 결정되었던 창춘-지린 노선의 부설에 관한 최종 결정이 늦어지고 있습니다.

 무엇보다 창춘에서 일본의 활동이 놀라움을 주고 있습니다. 이 지역은 남만주에서의 대규모 무역 중심지가 될 것입니다. 러시아는 갖은 방법으로 일본이 하얼빈과 교신하기 쉽게 하면서, 만주에서 일본권역의 발전에 협력하고 있으며, 블라디보스토크와 연해주를 파멸시키고 있습니다. 전적으로 확신할 수 있는 것이자 만주에 있는 모든 중국인들과 외국인들의 이런 의견은 만약 반대의 상황, 즉 일본인들이 관청즈와 시베리아횡단철도 간 교신의 주인이었고, 러시아인들이 남만주철도와 남만 지역 시장의 소유자였다면, 일본인들은 하얼빈과 창춘 간의 이동이 불가능하도록 모든 방책을 채택했을 것이며, 남만주철도를 고립시켜 지역 간 교신에만 사용되는 노선으로 만들었을 것입니다. 우리는 현재 반대의 상황을 보고 있으며, 만주 북부와 중부의 모든 상품, 모든 생산품이 남부의 다롄(Дальний)과 뉴좡(牛莊)[69]으로 향할 날이 머지 않았습니다.

---

69 역주: 잉커우

16. 고이예르가 주일 대사에게 보낸
일본의 간도 지역 정보 수집 및 군사전략에 대한 분석 보고서

1909.4.2

Ф.560, оп.28, д.392 л.252-266.

지린주에서의 첩보와 만주 내 일본인

저는 이전의 보고서에서 제가 특별한 인사를 만주의 간도 및 러시아 영토와 인접한 만주와 한국의 접경 지역으로 파견했다는 사실을 각하께 증명해 드렸습니다.

이에 대한 보충으로서 저는 상기 파견 인사의 관찰에 기초하여 무크덴과 지린 내 일본인들의 활동에 관해 각하께 이미 통보해 드렸으며, 이 첩보원이 만주의 여타 지역에서 수집한 정보를 간략하게 서술해 드리는 영광을 갖게 되었습니다.

남만주 전 지역을 돌아보고 받게 된 전반적 인상은, 일본인들은 수많은 외국인들이 쳐다보고 있는 무크덴에서는 눈에 띄지 않으려 하는 반면, 눈에 덜 띄는 여타 지역에서 그들의 모든 사업을 집중하라는 목표를 부여받은 듯합니다. 창춘과 텔린은 의심할 여지 없이 무역과 군사 관련 사업의 중심지입니다. 남만주철도 노선에 위치한 텔린과 오래된 교역로인 기린-이툰초우-텔린-신민툰은 일본이 상업적으로 크게 개발하였습니다. 현재 그곳에 중국인들이 일본 증권과 펀드를 거래하기 위해 설립한 일본 증권거래소가 개장함으로써, 이 분야에서는 아마도 무크덴을 앞설 것입니다. 텔린에는 대규모 창고가 있으나, 상업용보다는 군사용이 더 많은 것으로 보입니다. 창춘은 만주에서의 일본 수도로 불릴 수 있는바, 이곳에는 같은 수준에서 일본의 상업 및 군사적 활동이 끓어오르고 있습니다. 일본은 일본인 거류지와 변두리에 도로를 부설하고 있으며, 강과 수로를 건너는 교량을 축조 중이고, 온갖 종류의 건설물, 창고, 막사 등을 건설하고 있습니다. 창춘에는 외국인의 수가 적은데(네 개 회사), 외국인들의 말에 따르면 그곳에서 일하기가 힘들기 때문이라고 합니다. 그 주된 장애 요인은 복잡한 금전 유통구조와 남만주철도의 불만족스

러운 상태입니다. 일본 상인들만이 온갖 이익을 누리고 있으며, 외국으로부터의 반입과 반출은 상품 운송에서 지속적인 장애와 마주하게 됩니다. 외국 회사 중에서 만주에 성공적으로 정착한 것은 무크덴에 대규모 공장을 갖고 있고, 무크덴성과 지린성의 가장 작은 모든 도시와 촌락에도 대리점을 보유하고 있는 영미 담배회사뿐입니다.

무크덴에는 러청은행 퇴거 이후 모든 업무의 독점권을 이관받은 스페치예(Специе)은행이 성공적으로 영업하고 있습니다. 따라서 영국의 홍콩-상하이은행이 러시아은행을 대신할 준비를 하고 있으며, 빠른 시일 내에 그곳에 지점을 개설할 것으로 보입니다.

창춘에는 평상시 갖은 종류의 무기를 지닌 약 수천 명의 사람을 수용할 수 있는데도, 일본인들은 5,000여 명을 수용할 수 있는 병영 약 30동을 추가로 건설했습니다.

전직 군인으로 트란스발 작전을 수행했던 요원의 가장 흥미로운 관측은, 하사관급에 비교했을 때 만주에 막대한 수의 장교들이 …(판독 불가). 그는 만주 전 지역을 돌아본 후 이곳에는 매 5명의 병사마다 1명의 일본군 장교들이 있다는 결론에 도달했다고 합니다. 그는 상하이에서 알던 일본인을 창춘에서 만났는데, 그 일본인은 제가 보기에 매우 중요한 다음과 같은 정보를 통보해 주었습니다. <u>일본군 당국은 예외 없이 모든 일본인 장교가 장래의 가능한 전쟁터를 상세하게 파악하도록, 장교 집단을 일정한 순서에 따라 일본에 있는 사단에서 대륙으로 파견하여 그곳 부대에 임시로 배속시키고, 일반적으로 1년이 지나면 그 자리를 다음 집단에게 물려주고 원 배속 사단으로 되돌려 보낸다는 결정을 내렸습니다.</u> 이것과는 별개로 대륙으로 파견된 이런 장교들은 계속해서 이동하고 있습니다. 그들은 더 중요한 지점에서는 약 두 달을, 상대적으로 덜 중요한 곳에는 한 달을 머무르고 있습니다. 지형측량과는 만주의 각 지역에 대한 상세지도를 지속적으로 새로이 작성하고 있습니다. 이처럼 수년 후에 군사행동이 발발할 경우 일본 육군에는 자신이 수행하거나 혹은 작전 개시라도 해야 할 지역에 대한 조건을 상세하게 파악하지 못한 장교가 단 한 명도 없게 될 것입니다.

6주 동안 동쪽으로 향하면서 도로의 노반에서부터 한러 국경까지 모든 지역을 조사한 첩보원은 이 지역을 다음과 같이 묘사하고 있습니다.

창춘에서 지린까지의 거리는 245리(중국 1리는 약 1/3 영국마일)입니다. 겨울에는 이 도로를 이틀 만에 통과할 수 있으나, 여름철에는 5일 정도 걸리는데, 흙이 너무 부드러워 비가 온 다음에는 바퀴가 빠져나갈 수 없는 진흙으로 더러워지기 때문입니다. 두 개의 교량을 건너야 하는데, 창춘에서 30리와 80리 지점에 있으며, 이 중 하나는 상설 교량이지만, 다른 하나는 여름에만 사용됩니다. 무거운 짐이나 대포는 다리를 건널 수 없습니다. 창춘에서 150리의 지형은 구릉지로 행군으로 이동하는 보병이 활동하기에 실로 편리하지만, 포병에게는 적합하지 않습니다. 언덕 사이에는 개천의 폭넓은 하상이 있으며, 언덕 뒤편은 사격으로부터 잘 보호될 수 있으나, 언덕이 지나치게 작고 치밀하게 모여 있어 포병은 적을 찾아 포격하기 전에 충격을 받기 쉽습니다. 언덕은 키가 3~4피트 정도 되는 관목으로 덮여 있습니다. 개간된 지역도 있습니다.

지린에 도착하기 15마일 전에 상당히 험한 고갯길이 있으며 그다음부터 목적지까지는 지리 조건이 더 험하고 거칠어집니다. 이 구간은 계획된 철도 부설을 일부 곤란하게 만듭니다.

저는 보고서 No.15에 우리 첩보원이 지린에서 받은 인상을 통보해 드렸습니다. 지린에는 일본의 무역 이익이 없다는 점, 그리고 일본에 대한 현지 주민들의 증오 등이 제가 이미 상기한 특징들입니다. 모든 러시아인에게 익히 알려져 있고, 그곳에 병원을 세운 그리크(Григ) 박사는 지린의 핵심 인물입니다. 우리 첩보원은 그에게서 흥미로운 정보를 많이 얻을 수 있었습니다. 박사의 말에 따르면 일본인들은 창춘에서 지린까지, 그리고 지린에서 오모소[70]를 거쳐 닝구타(宁古塔)까지 그리고 지린에서 오모소, 오토첸(Оточен), 간도, 훈춘으로 이어지는 주요 무역로에 일련의 관측소가 이어져 있다고 합니다. 사실 관측소는 위에 언급한 도로를 따라 형성된 모든 주요 역에 마련된 유곽입니다. 이 유곽의 주인은 개인에게서 정보를 캐내는 일본인 첩보원입니다. 지린 시내에는 이런 첩보센터가 세 개가 있으며, 시드니에서 6년을 보냈던 유능한 일본 영사가 총괄적으로 감시하고 있습니다.

지린에서 동쪽으로 한국과 러시아의 국경 방향으로 향하는 두 개의 도로가 있습니다. 주요 도로는 산찬(Санчан)과 오모소를 지나다 오모소에서 하나의 도로가 북쪽 닝구타를 향해 이어져 있고, 다른 하나는 남동쪽으로 오토첸을 거쳐 간도 지역의 북쪽 국경을 따라 훈춘[노보키예프스키(Новокиевск)와 포시에트(Поссиет)만]으로 이어져 있습니다. 닝구타 역시 사시코찬(Сашикочан)을 거쳐 도로로 훈춘과 연결되어 있습니다(지린, 오모소, 닝구

---

70 역주: 지린에서 북서쪽으로 150킬로미터의 거리에 무단강(牧丹江)을 따라 형성된 작은 도시

타, 훈춘으로 이어지는 전신선로). 그 외에도 지린에서 남쪽으로 쑹화강을 따르다가 지린에서 120리 거리에서 북동쪽으로 방향을 바꾸어 오모소와 훈춘을 연결하는 주요 도로와 합해집니다. 쑹화강을 따르는 도로는 계속해서 남쪽으로 직접 압록강의 상류로 향하며, 북쪽으로 방향을 틀어 오히려 산등과 산맥을 따라 오모소와 오토첸 사이에 있는 조그만 도시 리우타오(Лиутао)로 이어지는 산속 오솔길이라고 부르는 게 맞습니다. 방향을 튼 곳에서 리우타오까지의 거리는 100리이며, 지린에서 오모소까지는 약 230리, 리우타오에서 오토첸까지는 250리, 오토첸에서 간도까지는 370리 그리고 간도에서 훈춘까지는 350리입니다.

(그림)

지린과 오모소 사이의 지형은 높은 산으로 형성되어 있으며, 길은 오르막길과 내리막길로 이어집니다. 따라서 동절기에는 모두가 쑹화강를 따르는 도로를 택합니다. 한국 국경에서 지린으로 향하는 철도는 오모소를 지나며, 오모소에서 지린에 이르는 구역에서는 엄청난 기술적 난관이 제기될 것으로 보이나, 우회 노선은 실로 비쌀 것입니다. 쑹화강을 따라 남쪽으로 향하는 도로는 겨울철에는 이동이 편리하지만, 급속한 강물의 흐름 때문에 두세 곳은 얼지 않아 강을 따라 말이 끄는 썰매를 타고 이동할 수 없습니다.

강의 양안에서부터 반원형으로 산들이 우뚝 솟아오릅니다. 도로는 강에서 북동쪽, 즉 주요 도로 방면으로 꺾인 뒤 좁은 오솔길과 모올룬툰(Моолунтун)산맥을 거치는, 다니기에 상당히 곤란한 고갯길로 변합니다. 지린으로부터 200리 지점에서 시작되는 전나무 숲은 거의 간도에 다다를 때까지 이어집니다. 자연이 거칠어서 홍호자(紅鬍子)[71]들이 좋아하는 장소입니다.

일본의 상업적 이익은 없으나 주요 교통로를 따르는 모든 이동을 관찰하기 위한 첩보 감시소만 있는 훈춘과 닝구타의 두 방향으로 나뉘는 오모소와 오토첸 간의 도로는 비록 구릉과 숲으로 이루어져 있으나 넓고 전반적으로 편리하게 마을을 지나는 길이며, 계획된 철도 부설에 큰 걸림돌이 되지는 않을 것입니다. 오토첸은 인구 1만 명의 만주의 오래된 작은 도시입니다. 이 도시는 가난하지 않습니다. 한편으로는 도시에서 북쪽 방향으로 거의 철도 노선에 다다를 때까지 밀과 수수가 생산되는 비옥한 농토가 이어져 있으며, 남

---

71 역주: 중국인 마적단을 가리킨다.

쪽 방면으로 압록강과 두만강의 상류를 향해서는 모든 곳이 삼림으로 뒤덮여 있기 때문입니다. 심지어 이곳으로도 닝구타와 지린을 거쳐 외국 상품이 침투하고 있습니다. 오토첸에서 동쪽으로 향하는 도로는 약 50리에 걸쳐 산악지형을 거치다가 이후 산의 경사면을 따라 짙은 숲으로 덮여 있는 내리막길이 시작되며, 산기슭 근처 가장자리 15리 길이에 2리 넓이의 평평한 늪지대 공간에서 이 숲이 바로 없어집니다. 도로는 이 늪지대를 지납니다. 남쪽 측면에서는 거의 간도까지 이어지는 언덕이 있고, 남쪽 측면에는 험한 절벽이 이어져 있습니다. 이처럼 이 늪지대를 우회하는 건 불가능합니다. 동절기에는 늪이 얼지만, 빙판이 두껍지는 않으며, 하절기에는 이 늪지대를 지나는 게 매우 어렵습니다.

우리 첩보원의 주장에 따르면, 이 지역은 만약 적이 이런 지형적 조건을 이용하려고 할 때 한국 국경에서 지린으로 향하는 육군에게 심각한 장애가 될 수 있다고 합니다. 육군은 늪지대를 거의 우회할 수 없고, 적들이 산과 숲을 장악한 상태에서 모든 공간을 향해 자유롭게 엄폐 사격을 가할 수 있는 곳으로 향해야 하므로 이 늪지대를 통과해야만 합니다. 이어 도로는 3~6리까지 비옥한 협곡을 따라 구부러집니다. 북쪽에는 낭떠러지가 있으며, 남쪽에서는 일련의 언덕이 간도에 이를 때까지 이어집니다. 한편 서쪽, 즉 중국 측에서 간도의 입구 역할을 하는 곳은 통포수(Тонгфосу)시입니다. 이곳은 영토 분쟁 지역의 북서쪽 끝입니다. 이곳에는 10개 일본군 헌병대가 부사관의 지휘하에 주둔 중이며, 일본인 장교가 한 달에 두 번 양계친(Янгечин)에서 이곳으로 파견을 옵니다. 시의 지도자는 중국인 고관입니다. 일본인들은 현지 주민과 섞이지 않으려고 자신의 막사에서 거주하고 있는데, 그들이 이곳에 거주하는 것은 이 지역에 대한 그들의 원칙적 주장을 강조하려는 것입니다. 도로는 통포수에서 간도의 북쪽 국경을 따라 이어져 영토 분쟁 중인 북동 국경 지점인 양계친에 이릅니다. 통포수와 양계친의 거리는 120리입니다. 도로는 북쪽 측면의 낮은 언덕과 간도 측의 높은 언덕 사이에 형성된 계곡을 따라 이어집니다. 교량은 없습니다. 양계친은 두만강이 남동쪽 방향으로 방향을 트는 곳에서 매우 가까운 데 있습니다. 양계친에는 만주 도대(Даотай, 道臺)인 타오핀(Тао Пин)이 있습니다. 일본인들은 행정에 관여하지 않고 있으며, 그곳에 17명의 하사관과 3명의 장교로 이루어진 소규모의 수비대만 주둔시키고 있습니다. 양계친은 첫째, 지린과 닝구타에서 한국 국경으로 이어지는 유일하고도 편리한 도로에 있으며, 둘째, 이곳에서 두만강을 도하하는 것이 다른 장소에서보다 쉽다는 이유에서 중요한 전략적 의미를 지니고 있습니다. 북쪽에서 또는 북서쪽에서 한국 방면으로 향하는 모든 육군은 우선 양계친을 점령해야만 할 것입니다.

　간도는 거리 약 1,500리에 걸쳐 폭이 가장 넓은 곳은 북쪽으로는 오모소에서 훈춘으로 향하는 도로를 따라 이미 앞에서 언급한 바와 같이 120리이며, 다른 곳에서는 남쪽으로 점차 좁아지는 두만강의 왼쪽 연안을 따라 위치한 고원지대입니다. 전시에 이 고원지대를 점령하면, 두만강과 접해 있는 한국 쪽의 모든 지역을 자신의 지배하에 둘 수 있을 것입니다. 따라서 한국 방어의 관점에서 일본은 두만강과 함경도의 무방비 상태인 지역으로의 접근을 가능하게 해주는 이 지대를 점령하는 게 중요합니다. 닝구타를 향한 북쪽 도로와 지린을 향한 서쪽 도로가 이 지역을 통해서 (북쪽 국경을 따라) 이어지기 때문에 공격 행동의 관점에서 간도의 점령 또한 매우 중요합니다.

　이것과는 별개로 간도는 매우 풍요로운 지역입니다. 이유를 알 수 없으나 많은 이들이 이곳을 섬으로 착각하고 있습니다. 간도는 두만강의 지류와 유입천이 흐르는 곳입니다. 전문가들의 견해에 따르면 이곳에는 세계에서 가장 풍부한 은광이 존재할 수도 있다고 합니다. 이 지역의 천연자원 역시 일본을 위한 먹잇감이 될 것임에 의심할 바 없습니다. 이 지역이 언제나 지린성의 일부였다는 것은 이곳 누구도 의심하지 않습니다. 압록강과 두만강 그리고 이 두 강의 상류를 나누고 있는 장백산맥으로 이어지는 자연 국경선은 언제나 한국과 만주를 구분하는 분계선이었습니다. 양계친과 훈춘 간의 강은 항행이 가능하지만, 급류와 암초가 있어서 작은 배나 바지선만이 운항할 수 있습니다. 양계친에서 훈춘까지는 항행거리로 245리이며, 육로로는 230리입니다. 육로는 산악지대를 따라 이어집니다. 한국 측은 높은 산악 지형이며, 중국 측은 훈춘으로 다가갈수록 지대가 낮아집니다. 도로는 한 곳에서 한국 영토를 따라 이어집니다. 이곳에 있는 일본군 전초(前哨)는 지휘관인 장교 1명과 10명의 병사로 구성되어 있습니다.

　풍요로운 도시인 훈춘의 인구는 3만 명의 중국인과 5,900명의 한국인으로 구성되어 있습니다. 훈춘은 활기찬 무역 거점의 인상을 주고 있으며, 바다인 포시에트(Посьет)만과 접해 있지만 않다면 만주에서 가장 크고 풍요로운 도시 중 하나로 손쉽게 발전했을 것입니다. 이곳에서는 러시아인들의 우월한 영향력이 느껴집니다. 훈춘과 노보키예프스크 간의 연락을 위해 러시아식 4륜 무개마차를 이용하고 있습니다. 이곳에는 3개의 일본인 관측소가 유곽의 형태로 존재하며, 하나는 중국인으로[프랑스식 성인 피숑(Пишон, Pichon)

을 지니고 있음] 매우 소중한 첩보원이자 전신국(닝구타와 지린 노선)의 관리인입니다. 이곳의 강은 폭이 넓으며 많은 곳이 결빙되지 않습니다. 훈춘에서 노보키예프스크까지 넓고 좋은 도로를 따라서 90리이며, 약간 파도가 치는 지점을 거쳐 흐르고 있습니다. 두만강 방면으로 오른쪽에 있는 높은 산들이 보입니다. 노보키예프스크에서 포시에트까지는 만을 따라 30리입니다.

이와 같이 포시에트만에서 지린까지 약 1,350리 또는 450마일 정도 떨어져 있으며, 모든 장소는 산악지형인 것에 더해 지린과 오모소 사이는 지형이 거칩니다. 또한 리우타오와 오토첸까지, 달리 말하면 지린에서 동쪽으로, 이후 양계친과 훈춘 간의 지형 등 도로의 첫 번째 1/3, 오토첸과 양계친 간의 두 번째 1/3 역시 산악 지형을 따라 이어지고 있습니다. 탐사가들에게는 난관인 지역으로, 도로가 언덕 사이에서 꺾이면서 비옥한 계곡을 따라 이어지다 마침내 훈춘에서 바다까지 가는 마지막 구간은 편리한 길입니다. 전 구간의 첫 번째 1/3은 곡물이 자라지 않는 거친 지역을 지나지만, 다른 구간은 개발이 덜 되었지만 풍부하고 천연자원이 가득한 사람이 거주하는 지역입니다.

전 구간에서 일본의 무역상 이익은 매우 적습니다(일본은 이 지역에서 진행 중인 모든 것을 예민하게 관측하고 있습니다). 현지 주민들은 일본인들에게 대체로 비우호적입니다.

강조해야 하는 것은, 바다에서 달리 표현하면 한국 국경, 즉 일본 기지에서 두 개의 도로가 서쪽과 북서쪽으로 이어진다는 사실입니다. 두 도로의 시작점은 훈춘이고, 목적지는 지린이며, 두 도로 모두 한국 국경의 양계친 근처에서 그다음에 서쪽에서, 즉 오모소로 향하는 방향으로 지린에서 멀지 않은 곳에서 서로 교차됩니다. 보다 북쪽에 형성된 하나의 도로는 닝구타로 향했다가(그리고 계속해서 러시아 철도의 노반으로 향한다), 그곳에서 지린을 향해 남서쪽으로 방향이 꺾입니다. 다른 도로는 직접 오토첸을 거쳐 오모소와 지린을 향해 서쪽으로 이어집니다.

일본인들은 간도에서 도로가 북쪽과 서쪽으로 분기되기 때문에 간도를 점령함으로써 지린성과의 연락 중심지를 자신의 수중에 장악하고 있습니다. 일본인들이 계획한 지린까지의 철도 노선은 경성군에 있는 청진항에서 부령을 거쳐 압록강 연안에 있는 회령까지 이미 초기 상태로 존재하는 협궤철도의 연장선입니다. 양계친 근처의 어딘가에서 압록강을 건너 오토첸, 오모소 방향으로 지린까지 이어지는, 약간의 차이는 있더라도 위에서 언급한 주요 도로를 따를 것으로 보입니다. 전문가의 의견에 따르면, 극복할 수 없는 장애는 아니지만 도로의 마지막 부분에서 매우 큰 비용이 들 거라고 합니다. 아무르 노선의 완공 이전에 일본인들이 이 노선의 부설이권을 확보하게 될 경우(간도, 푸쿠민 그리고 그들이 의도적으로 만들어 낸 다른 문제들), 전쟁이 발발하면 블라디보스토크와 전(全) 연해주가 작전 개시 이후 몇 주 동안(혹은 그보다 더 일찍) 우리와 단절될 것입니다. 오소모를 점령한 상태에서 일본군의 기병대가 닝구타에 제때 등장하면, 그 이후 무렌(Мурэн) 근처에서 연락이 단절될 수 있습니다. 철도가 없는 동안의 일본 계획은 약간 다를 것입니다. 여하튼 의심할 여지 없이 무크덴과 텔린에 의지하여 창춘에서 하얼빈으로 전진할 육군 주력의 작전과 동시에 다른 육전대는 지린을 점령한 다음 위에 묘사한 전장에서 행동할 수 있을 겁니다. 함대의 엄호하에 청진에 상륙할 이 부대의 임무는 간도 전 지역을 이미 점령한 분견대와 합류하여 후방 보호를 목적으로 훈춘과 포시에트를 점령한 뒤, 사쉬코찬과 닝구타를 거쳐 북쪽 도로를 따라 전(全) 연해주를 단절시키는 것이 될 수도 있습니다. 유격대 역시 서쪽 도로를 따라 오모소까지 파견되어 지린을 점령한 주력부대 분견대의 전진기지와 합류할 수 있을 것입니다. 이처럼 주력부대는 하얼빈을 목표로 삼고 그 주력의 우익은 지린에 의지하면서 닝구타를 거쳐 후방에서, 그리고 블라디보스토크와 연해주의 통신선을 거쳐 오모소에서 군사작전을 수행하는 '한국 육군'을 지원할 수도 있을 겁니다.

보병과 기병대 그리고 병참부대는 이 지역에서 큰 어려움 없이 활동할 수도 있으며, 우리 첩보원의 의견에 따르면 포병의 경우 일본인들이 이 부대에 경포와 산악포를 공급해야 할 것 같다고 합니다.

이 첩보원의 증언은 한국과 지린성 북동부에서 일본의 활동 계획과 관련하여 제가 각하께 발송한 작년 10월 30일 자 보고서의 내용을 확인해 주고 있습니다. 일본인들은 실제로 매우 서서히(아마도 자금이 없기 때문에), 그러나 방법론적으로 일치하는 경성 지역(청진에 있는 항구, 나남[72]에 있는 병영, 부령에 있는 창고, 그리고 아직은 회령에 예정된 전진 기지)에서 더욱 확고해지고 있으며, 지린성의 열쇠인 이 간도 지역을 통제하면서 러시아에 속한 동청철도의 두 개 지선으로 러시아 영토와 접해 있는 한국이라는 광대한 후배지를 감시하고 있습니다.

---

72   역주: 원문에 난암/Наннам/으로 되어 있으나 나남/羅南/으로 번역함.

이에 더하여 부언할 것은, 최근 소식에 따르면 일본인들은 현재까지 우리 러시아가 압도적 영향력을 누리고 있던 지린성의 세 개 지역에서도 우리와 상업적으로 경쟁하기 위해 준비 중입니다. 이처럼 우리는 블라디보스토크에서 가져온 우리 상품을 무역 중심지인 훈춘에 공급했습니다. 현재 자유무역항이 폐쇄되면서 세금이 부과될 것이며, 일본인들은 이것을 예견하여 한국의 북동 지역 항구인 성진 또는 청진으로 상품을 수입하기 위해 모든 대책을 수립하고 있습니다. 한국의 관세가 지금까지는 높지 않으며(중국과의 공통 규정에 기초), 이로 인해 일본인들은 우리의 훈춘 시장과 현재까지 우리가 거의 독점적 지위를 누리고 있던 지린성의 모든 지역을 쟁취할 수 있었습니다.

재무관
엘 폰 고이예르

17. 고이예르가 주일 대사에게 보낸 고종 황제 비자금 및 일본의 원산 지역 요새화에 대한 정보 보고

1909.4.16

Ф.560, оп.28, д.392 л.279-284.

한국에서 입수한 몇 가지 소식을 각하께 전해드리는 것이 제 의무라고 생각합니다. 최근 저를 방문한 한국인 고관 현상건은 한국의 황제께서 제가 각하께 통보해 드렸던 계획을 두 가지 이유에서 임시로 거절하셨다고 합니다. 첫째, 황제께서는 자신의 의도를 완수할 경우 일본인들이 현재 일본에 있는 황제의 아들에게 분풀이할 것이라고 깊이 확신하고 있습니다. 그는 심지어 일본이 자신을 상대로 모종의 적대적 의도를 갖고 있다고 여기며, 자신을 속박하기 위해 자기 아들을 볼모로 잡고 있다는 생각을 하고 있습니다. 황제께서는 자기 자식이 불행한 인질일 뿐이라고 생각하고 있습니다.

둘째, 황제께서 타인의 명의로 상당히 축적한 자신의 사적 자금을 전혀 회수하지 못하고 있습니다. 또한 저는 현상건의 발언을 통해 맥 레비 브라운이 홍콩-상하이은행에 저축한 자금 이외에도 나머지 모든 금액이 상당한 의문 속에 남겨져 있다는 사실을 알았습니다. 그가 최근 환멸을 느낀 것은 블라디보스토크의 러청은행이 본 은행의 지점에 용익(Ионик)[73]이 자신의 명의로 2~3년 전에 십만 혹은 이십만[74]을 입금하였는데, 이를 용익의 아들에게 지급하지 않았다는 것으로 귀결됩니다. 잘 알려진 바와 같이, 그 이후[75] 용익은 사망했으며, 은행은 그의 유서에 적힌 조건 및 다른 상황에 대해 모르는 상태에서 그가 전혀 알지 못하는 사람에게 돈을 지급할 수 없었던 것으로 보입니다. 용익의 아들은 돈을 찾기 위해 필수서류와 증명서가 필요하지만, 돈을 몰수당하거나 다른 갈등이 생

---

73 역주: 이용익으로 보인다.
74 역주: 단위가 없으나, 루블로 보인다.
75 역주: 입금 이후를 말하는 것으로 보인다.

길까 두려워 일본 영사와의 만남을 원하지 않고 있습니다.

다른 한국의 소식 중에서 한국의 비밀 첩보원이 원산의 요새에 관해 저에게 통보한 몇 가지 소식을 전달해 드리는 것을 의무로 생각합니다.

원산의 요새는 두 개의 보루로 되어 있습니다. 첫 번째는 샵섬[Сиап Сиам, 또는 시우토(Сиу То)]이라는 섬에 있습니다. 이 섬은 만의 입구에 있으며 원산으로부터 약 15리 정도의 거리에서 길쭉한 고지의 형태를 띠고 있습니다. 섬의 길이는 20리이고 넓이는 6~7리입니다. 한국의 어부들은 이 섬의 두 곳이 강화되었다고 합니다. 달리 표현하면 그곳에 두 개의 포대가 있다는 뜻입니다. 그중 하나는 북동쪽을 향하고 있으며 섬으로 다가가면 눈에 잘 띈다고 합니다. 어부들의 말에 따르면, 섬에는 10~12문의 대구경 대포가 배치되어 있습니다. 섬과 항만 간의 통신을 위해 매일 소규모의 일본 기선이 운항하고 있습니다. 이 섬에는 20~25명의 병사들이 지속적으로 주둔하고 있습니다. 원산으로 입항하는 선박들은 모두 이 섬의 남쪽으로 지나갑니다. 강화된 지역으로의 접근은 엄격하게 금지되어 있으나, 포대로부터 얼마간 떨어진 곳에 한국인 어부의 가옥이 있습니다. 샵섬의 강화는 완전히 종결되어, 그곳에서는 어떤 작업도 이루어지고 있지 않습니다. 두 번째 요새화 지역은 녹도라고 불립니다. 이 섬은 원산으로부터 남동쪽으로 갑(岬)이 끝나는 지점에 있으며, 만으로의 진입을 막고 있습니다. 이곳의 모든 지점은 명사십리라는 명칭으로 잘 알려져 있으며, 일본의 요새로부터 멀지 않은 곳에 대규모의 한인 촌락이 있습니다. 소문에 따르면 그곳에도 두 개(일부는 세 개라고 합니다)의 포대가 있는데 대포는 샵섬에 있는 것과 같은 것이고 소규모 일본군 수비대가 있습니다. 일본인들은 한인 촌락과 아주 가까운 곳에 600명을 수용할 수 있는 50'칸'에 달하는 대규모 병영을 구축했습니다. 현재 그곳에는 80명 미만의 병사들이 주둔 중입니다. 병영 근처에 무기와 군사용품을 적재한 선박용 양륙장이 있습니다. 녹도와 이 지점 간에 협궤철도가 부설되었으며, 이 철도를 따라 수동식 핸드카가 운행되고 있습니다. 이처럼 강화된 지점을 위해 고안된 모든 화물은 상항에는 전혀 들어가지 않고 있으며, 이 양륙장으로만 운송되어 특별한 기선이나 언급된 철도를 따라 샵섬이나 녹도로 이송됩니다.

첩보원은 원산 근처의 상기 지점을 제외한 다른 요새들은 존재하지 않으며, '에이코(Эйко)'라는 명칭은 한국인들에게 잘 알려지지 않았다고 주장합니다(요새의 명칭은 일본의 문헌에 따른 것입니다).

결론으로 재무부가 저에게 4개월간의 휴가를 허락하였으며, 제 임무는 일시적으로 재무부의 관료인 라만스키(В.В. Ламанский)로 대체될 것임을 각하께 통보하여 드리는 영예를 지니옵니다. 저는 러시아로 떠나기 전에 첩보망 문제로 반드시 일본을 방문해야 할 것 같습니다. 따라서 돌아오는 주에 도쿄와 요코하마로 출항하여 그곳에서 쓰루가를 거쳐 블라디보스토크로 향할 것입니다.

18. 주청 재무관 고이예르가 주청 공사에게 보낸 자신의 휴가 기간 정보 임무 이관에 대한 보고서

1909.4.17

Ф.560, оп.28, д.392 л.285-296.

중국의 상이한 지역으로부터 입수한 정보 보고

쑤저우 성주가 상하이 도대에게 저지른 중상비방에 대한 심의가 난징 성주에게 이전되었으며, 따라서 제가 마지막 보고서에서 각하께 보고드린 바와 같이 상하이 도대에 대한 두안판(Дуанфан)의 적대적 관계를 고려하면 무죄 판결을 예상할 수 있는 근거가 존재합니다. 그러나 도대는 이곳에서 찬치둔(Чан Чи Дун)의 끄나풀로 여겨지고 있으며, 그런 이유에서 베이징과 난징에서도 영향력 있는 인사의 지지를 받고 있어, 자신의 운명에 대해서는 특별히 걱정하지 않습니다.

상하이의 다른 소식 중에서 오래된 영국회사인 벨치, 루이스 앤드 컴퍼니(Велч, Люис и Ко)의 파산을 강조하고자 합니다. 이 회사는 현재 일베르트 앤드 컴퍼니(Ильберт и Ко)사가 차지한 지위를 청국 정부가 한때 점유하고 있었습니다. 이 회사의 대표는 10년 동안 (문서번호 л.285의 끝. 중간 없음, л.294부터 시작) … 이에 현지의 체현(че-хиены)들이 법정에서의 임시 대표가 될 것입니다.

모든 사법 개혁은 1916년에 완결될 것입니다. 법률가를 양성하기 위해 우찬(Учан) 현지에 있는 임시법률학교 산하에 성(省) 법정의 감시를 받는 특별법학원[양첸셴판쑤(Янг Чен Шен Пан Соо)]이 설립될 것입니다. 교육 과정은 2년입니다. 매년 80명의 학생이 입학할 것입니다.

우찬에서 입수한 일부 군사 관련 정보 또한 한자본으로 첨부합니다.

결론적으로, 저는 청국 정부가 이른 시일 내에 훈춘을 개항장으로 포고하려고 준비 중이라는 중국 언론의 기사에 각하께서 관심을 두시길 바랍니다. 저는 이 소식이 제가 지난

3월에 러시아 영토와 접경한 만주와 한국의 지역으로 파견한 첩보원이 저에게 통보한, 우리의 도쿄 주재 대사에게 발송한 보고서의 자료로 사용되었던 정보와 연관이 있다고 봅니다. 첩보원은 훈춘과 지린성 동부의 모든 변경 지역이 러시아의 배타적인 정치적·상업적 영향력하에 있다는 사실을 확인했습니다. 일본은 한국 국경과 인접했음에도 불구하고 그곳에서 군사첩보 외에 다른 행동을 취한 것은 아직 없습니다. 모든 외국 상품을 블라디보스토크를 통해서 훈춘으로 전달하고 있습니다. 현재 자유무역항의 폐쇄로 인해 연해주에서의 상품 단가가 확연하게 상승했습니다. 이것을 고려한 일본은 지린성 내 이 지역에서의 우리 영향력에 결정타를 날리고, 우리의 훈춘 시장을 탈환하고자 모든 노력을 다 하고 있습니다. 상품은 한국 북동부의 항구인 성진이나 청진 중 한 곳으로부터 수입하여 회령까지 그리고 도문(図们)을 거쳐 훈춘까지 협궤를 따라 운송합니다. 중국인들은 두만강 하구에서부터 훈춘까지 약 90리의 거리를 상선이 운행할 수 있는 도시로 도문을 만들고, 그런 방법으로 동해(원문에는 일본해)에서 자신의 항구를 보유하고자 갈망하고 있습니다. 그러나 이런 계획은 두만강의 양안을 소유하고 있는 러시아와 한국의 동의를 얻어야만 하는바, 러시아는 약 40리 정도의 거리를, 그리고 한국은 훈춘까지의 거리를 영유하고 있습니다. 두 나라 모두 이런 계획에 동의할 리 없습니다. 그 이유는 훈춘 지역과 외국 상선 간의 직접적인 왕래가 두 나라의 이익에 부응하지 않기 때문입니다. 청국은 훈춘을 개항장으로 선포하는 방법으로 이 문제에서 다른 나라들의 호감을 쟁취하고 싶어합니다.

라만스키가 어제저녁 도착했다는 사실을 각하께 보고드리는 게 의무라 생각합니다. 저는 첩보단의 업무를 그에게 소개하고, 보관된 문서도 이관한 후 4월 22일 수요일에 도쿄로 출발할 예정입니다. 저는 상하이 첩보단 일본 파트의 향후 활동에 관한 문제를 규명한 후 5월 1일에 블라디보스토크를 방문할 것 같습니다.

19. 고이예르의 후임 라만스키가 주일 대사에게 보낸
　　한국의병 지도자 및 이범윤 관련 보고서

1909.5.28

Ф.560, оп.28, д.393, л.24-25.

저는 올 5월 21일 자 귀하의 서한을 수령한 즉시 귀하께서 관심을 두신 문제에 대한 정보를 수집하기 시작했으며, 충분히 검증된 정보가 저에게 들어왔기에 각하께 그것들을 통보하여 드립니다.

현재로서는 제게 제시된 질문 중에서 세 번째 사안, 즉 얼마 전 처형된 한국인인 반도의 지도자 이(Ли)에 대해서만 답할 수 있을 뿐입니다. 전문에서 언급된 리 또는 한국식 발음으로 이는 한국의 북부에서 활동하고 있는 이범윤과 아무런 관련이 없습니다. 리 또는 성명 이은찬(李殷贊)은 항상 한국의 남반부에서 활동했습니다. 그는 예전에 혁명인의 지도자로서 전라도(全羅道)에서 활동했던 이강년(李康年)의 조수였으며, 이강년이 체포되어 작년에 사형당한 후 그 스스로 혁명지도자가 되었습니다. 그의 부대에 있는 일당은 전라도에서 계속해서 활동했으나, 얼마 전 그 옆에 있는 충청도(忠淸道)로 이동하여 활동하다가 그곳에서 해산되었고, 이은찬 본인은 3개월 전에 체포되어 한 달 동안 투옥되어 있다가 5월 초 영산(榮山)에서 처형되었습니다.

이범윤(또는 Li-poum-youn, 李範允)에 대해 말씀드리면, 그는 현재 한국의 북부인 함경도에서 활동하며 건재합니다. 여기 언급된 총 3명의 지도자는 동일한 성[76]인 이(Ли)를 쓰고 있으며, 그에 더하여 이들 중 마지막 인사(이범윤)는 페테르부르크 주재 한국공사였던 이범진(李範晉)과 같은 가문에 속합니다.

저의 진정한 존경과 깊은 충성심을 받아들여 주시기를 각하께 간청드립니다.

76　역주: 본문에는 이름으로 되어 있으나 성으로 번역했다.

20. 라만스키가 주청 무관에게 보낸 유럽에서 한국 육군을 위해 납품된 소총과 탄약 관련 보고

1909.5.28

Ф.560, оп.28, д.393, л.26-27.

저는 금년 5월 26일(6월 8일) 자 귀하의 서한 No.44와 No.45의 접수를 확인하면서, 본 서한에서 언급된 문제와 관련하여 본인이 획득한 정보를 함께 나누고자 합니다.

각하께서는 한국 정부가 최근의 전쟁까지 한국 육군에 모든 납품을 적시에 공급하고 있었고, 경의선 철도 부설권과 같은 대규모 사업을 보유하고 있었던 프랑스 회사 론돈(L.Rondon, 용동)을 통해 유럽에서 예약한 소총과 탄약에 관해 서술하셨습니다. 예약된 소총과 탄약은 일본이 이미 한국을 점령했기 때문에 배달할 수 없어서 홍콩에 있는 상품창고에 보관료를 지불하며 보관하고 있었습니다. 종전 후 한국이 점령되자 한국 정부에 납품하던 모든 업자는 청구와 손실 계산서를 제출했습니다. 이권 취소와 상기 언급된 무기 운송으로 손해를 입은 론돈 역시, 사람들이 말하듯 80만 엔의 계산서를 제출했습니다. 청구는 한국 정부에서 받은 총 30만 엔으로 보상되었으며, 이후 론돈사는 홍콩의 상품창고에 보관료를 지불한 후 그 무기들을 유럽으로 반송했습니다. 이처럼 이 문제는 스스로 소멸하여 버렸습니다.

한국에 대한 정보 관련하여 현상건 대위를 통하는 첩보에 관한 두 번째 문제는 정기 정보를 상하이로 전달하는 의무를 지니고 있었던 현상건의 형제가 한국으로 가는 방식으로 해결되었습니다. 만약 귀하께서 어떤 것이든 특별한 정보를 보유하고 싶으시면, 저에게 문의 사항을 보내 주시기를 바랍니다. 그럼 저는 현상건을 통해서 정보를 한국으로 발송하겠습니다.

하얼빈에서의 무기 집결에 관한 귀하의 질문과 관련하여 통보해 드릴 수 있는 것은 청국 세관이 자아무르 관구로의 탄약 운송을 매우 어렵고 만들고 있는 바, 세관을 통한 운송은 불가능할 것입니다.

귀하께 보낸 두 번째 서한에 첨부된 지도는 사모일로프 대령의 주석이 달린 상태로 받았으며, 사모일로프가 이익을 가져다줬을 수도 있는 기관이나 인물을 저에게 알려 주시기를 간절히 요청합니다. 저는 즈뱌긴체프(Звагинцев)와 코르프(Корф)가 예전에 자신이 맡았던 한국 지도 작성용 자료를 계속해서 보고할지, 아니면 안 할지 모릅니다.

저의 깊은 존경과 진정한 충심에 믿음을 주시기를 바랍니다.

21. 고이예르가 코코프초프에게 올린 일본 현지 첩보망 점검 및 정세 분석 보고서

1909.5.28

Ф.560, оп.28, д.393, л.37-75.

올해 4월 일본 방문 보고서

저는 각하께서 허락하신 휴가를 떠나기 전, 제가 자리에 없는 동안 상하이 첩보단의 일시적인 기능이 정지되는 상황이 발생하지 않도록 상하이 첩보단 일본 분과의 업무 설정과 관련하여 황제 폐하의 도쿄 주재 대사에게 요청하기 위해 일본 방문이 필요하다고 여겼습니다.

저는 최근 반년 동안 일본에 체류하며 다양한 분야에서 입수한 일련의 정보를 확인하고, 개인적인 관측에 기초하여 현재 일본의 정치적, 재정적 그리고 군사적 상태를 묘사하는 모든 자료와 정보들을 총괄적으로 결산했습니다. 이에 그 문제에 대한 간략한 보고를 각하께 삼가 제출하옵니다.

최근 제가 일본을 방문한 이후 겨우 8개월이 흘렀으며, 정치적으로 신흥국가인 이곳에서는 사건이 빠르게 전개되는 압축적인 일상임에도 불구하고 지난 8개월간 특별한 변화가 없었습니다. 따라서 저는 각하께 발송한 저의 지난 여정의 보고서 격인 작년 4월 19일 자 보고서 내용에 첨언할 새로운 소식이 많지 않습니다.

제가 이번에 전반적으로 받은 인상은 다음과 같습니다. 즉 계급과 거의 상관없이 모든 주민이 계속되는 경제적 위기에 힘들어하고 있으며, 매일 물가 상승에 동요하고 있으나, 수입은 늘지 않고 있습니다. 모든 이들이 말하는 '후케이키(ふけいき)'[77]는 '무역의 부진, 자금난'을 의미하며, 실제로 잘 알려진 바와 같이 수출은 지금까지 정상화될 수 없으며,

---

77 역주: 불경기

그와 동시에 나라 안에 자유로운 현금 부족, 그리고 심지어 상인과 기업가들 간의 상호 불신으로 야기된 무역과 산업의 정체가 지속되고 있습니다. 이 모두 전쟁 이후 뒤따랐던 전반적인 상승의 시기에 신중하지 못했던, 그리고 일부분은 거품 경영의 결과입니다. 전쟁 중 정부가 해외에서 쟁취한 현금과 인민의 수중으로 들어간 현금은 헛되게 투기되어 버렸으며, 그 결과로 모든 새로운 상공업 계획과 기업에 대한 불신감이 등장했습니다. 최근 들어 국가기금이 가치가 가장 높아졌는데, 이것은 다음과 같이 설명될 수 있습니다. 즉 다른 곳을 믿지 않는 놀란 범부가 자신의 돈을 믿을 수 있는 은행에 저축하여 적더라도 이자 받기를 택하면, 은행은 이자를 지불해야 하나 불경기로 인해 유리하면서도 보장된 거래를 할 수 없기에 은행대로 국가채권을 수매하고 있기 때문입니다. 도쿄 철도회사의 발각된 무절제, 또는 지금 막 발생한 일본 제당 공장들의 파산, 그리고 그로 인해 밝혀진 일본 대기업과 사회 활동가의 비리와 의원 매수 같은 추잡한 사건들이 사회의 신뢰 복구에 도움이 될 리 없을 것입니다.

룬넨(Г.Луннен)이 대표이자 추진 엔진이었던 프랑스와 벨기에의 일본 소재 기업조합의 소속이었던 모든 기업이 파산하고 룬넨이 일본을 출국한 것은 외국인 기업가들에게 영향을 미칠 것입니다. 아마도 이로 인해 외국인 기업가들은 아직은 일본에서의 무역 및 생산 기업에 자금을 투자할 때가 아니며, 일본의 상업 윤리가 유럽의 수준에 올라오고 외국인들에 대한 태도가 근본적 형태로 바뀌었을 때가 투자의 시기임을 확신하게 될 것입니다. 그럼 이 두 가지가 빠른 시일에 모두 완수될까요? 일본은 오래된 자신의 유산, 즉 동방의 모든 나라들이 아픈 경험을 겪게 만들었던 이방인들의 야수적인 정책으로 야기된 외국인들에 대한 적대적이고 의심에 가득 찬 태도, 또한 상인 신분이 수세기에 걸쳐 지니고 있는 사회적 지위로 인해 발현된 낮은 수준의 상업 윤리 등을 아직까지는 버릴 수 없습니다. 사회적 하층계급을 의미하는 '쇼닌(Шонин)'[78]이라는 단어는 욕설로 사용되었습니다. 그에 더하여 상인을 천대하는 태도는 동방의 다른 나라에서도 보입니다. 중국에서는 심지어 오랜 기간에 상인들은 비단을 입을 수 없었고, 말을 타고 다닐 수도 없었으며, 명예로운 직책을 가질 수도 없었습니다. 그리고 그들을 비하하며 부르던 "상인과 기타 고리대금업자들"이라는 표현이 있습니다.

---

78 역주: しょうにん

현재 일본에서는 지속적인 산업 발전과 나라의 계획된 균형 조절을 위해서 외국 자본의 유입이 그 어느 때보다 필요합니다. 따라서 일본의 국가 대출이 지난 시기에 비해 올해가 더 높은 것은 비생산적 지출 예산의 축소라는 의미에서 현 내각이 국가 경제를 허위적으로 정리하는 것이라고 설명됩니다. 지방의 지자체에 의해, 즉 준정부적 차원에서 일련의 해외 차관이 이루어졌습니다. 총 3개 도시가 약 4천만[79]을 차지했습니다. 정부는 런던 시장에서 적당한 순간을 이용하여 국채를 집중적으로 수출하여 그것들을 런던에서 판매하기 시작했습니다. 최근 몇 달 동안 국채가 2천만 엔 이상 수출되었습니다. 이렇게 도입된 차관과 함께 몇 차례에 걸쳐 총 1,200만 엔의 국내 대출이 이루어졌습니다. 이로써 많은 이들이 국내시장에서 재정 상황 개선의 징후들을 목격했습니다. 그러나 이게 그렇게 될 리 없는 바, 한편으로는 위에 언급된 바와 같이 소극적 자본가들의 자금이 고정되어 있는 은행이 기선회사인 오사카 쇼젠 카이샤(Осака Шозен Кайша, 大阪商船會社), 홋카이도 개척사(北海道 開拓使),[80] 제지공장과 직조공장인 후지(Фудзи)와 닛신(Ниссин) 등과 같이 유명한 대기업에 7~8%의 이자로 약 2백만[81] 정도 제공하고 있는데, 이것은 상기 대기업에 속박된 상태를 보여 주고 있기 때문입니다.

그럼에도 중국에서 상황이 더 나아졌기 때문에 가까운 시일 내에 일부 개선된 상황을 기대할 수 있을 것으로 보입니다. 중국 시장과 일본 시장의 긴밀한 관계를 고려할 때, 일본에도 영향을 줄 것입니다. 지속적인 위기 상황으로 나라가 지쳐 있기 때문에 상황이 호전되는 때가 올 것입니다. 더구나 일본 시장에 유익한 결과가 있으나, 이러한 평화적인 상황은 일본 시장 때문이 아니라 현재 주민들 사이에서 느껴지는 보다 안정적인 분위기 때문이라고 말해야 하지 않을까요? 왜냐하면 진지한 관측자들은 전쟁 전 5년 동안 그리고 종전 후 현재 대중의 기분 속에서 느껴지는 그 차이점을 놓치지 않기 때문입니다. 당시 나라의 모든 관심과 힘이 눈앞의 불가피한 전쟁을 향해 있었으니, 모든 주민은 나머지 일과 걱정을 잊은 채 존재를 위한 숙명적 투쟁만을 생각하고 있는 것으로 느껴졌었습니다. 지금은 인민이 전쟁이라는 유혈적 악몽을 털어 내고 만족스러운 자존심으로 정

---

79 역주: 단위가 없다.
80 역주: 원문에 колониальная компания/colonial company/로 되어 있다.
81 역주: 단위가 없다.

상적이고도 평범한 삶을 다시 살기 시작했다는 게 더욱 명확해졌습니다. 저는 이것으로써 일본에서 군국주의 정신이 더 이상 느껴지지 않는다는 사실을 얘기하고 싶은 게 아닙니다. 오히려 전쟁 준비가 차례대로 이루어지고 있습니다만, 그것은 군국주의 지도부의 이야기이고, 지금까지 하층민에게서는 평화적인 무저항주의가 존재합니다.

제 생각으로는 최근 일본에서 관측할 수 있는 흥미로운 현상은 바로 여기에 있습니다. 즉 정부는 강력하게 그리고 지체없이 지속적인 무장의 길을 가고 있으며, 외국인들은 물론 자신의 인민에게도 정치적 목적을 치밀하게 은폐하고 있습니다. 그러나 인민은 힘든 경제적 조건의 압력하에 열병 같은 긴장의 시대를 마치고 나라의 삶이 평범한 틀 속으로 들어가기를 원하는 것처럼 보다 평화적 정신에 젖어 있음이 분명합니다. 인민 사이에서 이런 경향은 매우 강하여 대부분의 외국인들은 이런 풍조를 받아들여 "일본의 평화 우호적 계획" 그리고 일본제국에서 군국적 시기의 종결이라는 잘못된 결론에 도달했습니다.

일본 정부는 자신의 정책을 포기하지 않았으며, 예정된 과제를 거부하지도 않았습니다. 따라서 우리는 메이지 시기를 만든 사무라이의 후손인 씨족 대표들의 통치 집단들과 점진적으로 형성 중인 사회 중간계급의 투쟁으로 특징되는 새로운 시기의 직전, 더 정확하게 말하면 시작점에 있을 수도 있는 겁니다. 만약 메이지 시기까지 일본에서는 사실상 세 개의 사회 계급이 있었다는 것을 기억한다면, 이 사회적 운동은 전적으로 명확해질 겁니다. 이 세 개의 계급은 봉건영주인 다이묘라는 귀족, 이런 영주의 수행 군인 계급인 소규모 귀족인 사무라이, 그리고 나머지 상인 쇼닌을 포함하는 모든 인민 하층계급 등입니다. 68년의 정변은 귀족계급의 완전한 타락과 후진성을 보여 주었으며, 그로 인해서 귀족원에서 귀족의 몫은 명예 직함과 직위에 한정되었으며, 사무라이, 즉 군인계급이 집권했다는 것으로써 메이지 정부의 군국주의 정신을 부분적으로 설명할 수 있습니다. 수많은 대중들은 사실상 이와 관련이 없습니다. 일본에서의 예외적인 교육발전으로 인해 대중이 피지배 계층으로 남아 있을 수는 없었고 조만간 자신의 권리를 요구할 것입니다. 유럽 문명국가를 신속하게 건설하고 신생 제국의 보존과 독립을 지켜야 한다는 부담감은 사회 문제에 대한 국민들의 관심을 돌릴 수 있었고, 1880년대 흠정헌법이 하사되었을 때도 이 문제는 몇십 년이나 미룰 수 있었습니다. 그러나 일본의 대외적 안전 문제가 해결되면, 대내적인 사회시스템을 정비해야 할 시기가 반드시 다가올 것입니다. 많은 이들은 이것이 일본에서의 사회주의 운동으로 이어질 것이며 그런 운동의 탄생 기미로 보인다는 견해를 밝히고 있습니다. 제가 보기에, 무엇보다 우선적으로 일본 내 지식인 계층, 귀족 이외의 사회 활동가 그리고 독립된 '사업가'들이 미약하지만 중간계급을 형성할 것입니다. 인민 출신으로 출세한 그들은 우선적으로 의회에서 명예로운 지위를 쟁취한 다음, 내각의 폐쇄된 내성(內城)으로 침투할 것입니다. 저는 현 시점에서 순수 사회주의가 동시 발현되지 않았다고 말하는 게 아닙니다. 일본의 사회주의 역사는 짧지만 불꽃이 꺼져 버리지는 않을 것입니다. 그러나 근시일 내에 발전하지도 않을 겁니다.

첫 번째 사회주의 조직인 '아즈마 신문(あづま新聞)'의 창간자이자 25년 전 '동양자유회(Восточное Общество Свободы의 직역)'[82]의 창립자인 오이(Ои)[83]라는 사람이 보통 일본 사회주의의 아버지로 여겨집니다. 이 단체의 목적은 노동자계급의 이익 보호였습니다. 현재까지 일본 사회주의는 오직 노동자의 운명 개선 문제만을 원리로 삼고 있습니다. 이 계층은 정말 불행하여 의회 내에 자기 대표도 없으며(잊지 말아야 할 것은 일본에서는 대개 천 명당 평균 17명만이 선거권을 지니고 있다는 사실입니다), 물가 상승과 소득 추구 등으로 인해 농촌 지역 주민들이 산업 중심지로 집중되면서 삶의 조건이 해마다 더 나빠지고 있습니다. 데지마(Тедзима) 교수의 발언에 따르면 노동자 주민들의 도덕적 쇠퇴는 두려운 것인 바, 노동자 주민은 가족이라는 삶을 거의 알지 못한 채, 사람마다 음주와 방탕함에 탐닉하게 되기 때문입니다. 노동자들은 자신의 지위를 개선하려는 그 어떤 희망도 없습니다. 따라서 노동자는 개선을 지향하는 것이 아니라, 단순한 '쿨리'의 수준까지 서서히 떨어지고 있습니다. 역사에서 사회주의 발전의 다음 행보는 1899년 다카노(Такано), 사와다(Савада), 사쿠마(Сакума), 시마다(Симада) 그리고 다른 이들에 의한 활동가 집단의 설립이었습니다. 그러나 '노동자의 권리'당 '쇼쿄규카이'[84]는 겨우 3년 동안 존재한 후 정부에 의해 금지되었습니다. 거의 비슷한 시기에 조직되었던 제철공장, 철도 노동자 그리고 마지막으로 7년 전 사회민주주의자 정당을 조직하려던 마지막 시도 등 다른 일련의 노동자 단체들이 이런 식의 운명을 겪었습니다. 현 정부의 엄격한 탄압정책으로 인해 사회주의는 중단된 듯하나, 많은 이들의 견해에 따르면 그것은 깊은 잠으로, 사회주의는 가까운 시일 내에 그

---

82 역주: 동양자유당(東洋自由黨)을 말하는 것으로 보인다.
83 역주: 오이켄타로(大井憲太郞)를 말한다.
84 1897년 도쿄에서 조직된 직공의우회(職工義友會)를 말하는 것으로 보인다. 일본식 발음은 'しょっこうぎゆうかい(쇼코규우카이)'다.

잠에서 깨어날 것입니다. 우리는 이 문제에 관심을 갖지 않을 수 없는바, 일본의 대외정책 방향은 국내정치에서의 이러저러한 추세와 연관되어 있기 때문입니다. 예를 들어 러일전쟁 이전 시기의 사회주의 조직이었던 『헤이민(平民)신문』[85]은 언론사 중 전쟁에 반대하며 유일하게 항의의 목소리를 냈으나, 그 때문에 정부에 의해 폐간되었습니다.

현재의 '사무라이' 정부에서 점차 형성되고 있는 씨족 출신이 아닌 부르주아, 즉 일본식 제3신분으로 정권이 이양되는 데 그 어떤 의심의 여지가 없으며, 그것은 일본 군국주의의 하락 및 러시아와의 친화로 귀결될 것입니다. 현재의 과두체제가 존재하는 동안에는 일본이 근본적으로 우리에게 손을 내밀 것으로 기대해서는 안 됩니다. 일본은 청국 및 러시아와의 새로운 충돌로 불가피하게 이끌어 줄 '대륙정책'을 계속해서 유지할 것입니다. 그리고 정부는 명확하게 그것을 인지하고 있으며, 따라서 해외 열강의 관심을 무디게 만드는 동시에 그렇게 열정적으로 무장하고 있는 것입니다. 제가 이미 보고를 드렸으나, 한 번 더 반복하겠습니다. 일본 정부는 최근의 전쟁(러일전쟁) 이후 (현재의 육군으로는 러시아에 결정적 타격을 주기에는 충분치 못하다는 것을 고려하여) 자신의 군사력이 질과 양 모든 면에서 육군은 두 배, 해군은 세 배로 강화되는 것을 목적으로 하는 거대한 무장 계획을 포기하지 않았습니다. 그뿐만 아니라 새로운 필요성이 드러나는 정도에 따라 점진적으로 계속해서 군사력을 증강하고 보강할 것입니다. 외관상 지출이 줄어든 것은 세 가지 이유로 설명됩니다. 첫째, 1906년 프로그램을 작성하면서 모든 지출 하중이 계획에 따라 첫 몇 년 동안에 집중되다 5~6년이 흐른 뒤 일 년에 200~300만[86]으로 축소되는 것입니다. 달리 말하면, 1911년까지 신규 편성, 재무장, 강화 등이 완결되어야 하며, 이후에는 이미 세부 항목의 완성에 착수한다는 것입니다. 1906~1909년까지 무장에 막대한 금액을 지출한 일본 정부는 새로운 평화 애호적 흐름과는 상관 없이 작성된 계획에 따라 그리고 이미 완수된 과업들에 부응하여 비상시 군사 지출에 상대적으로 작은 규모의 자금을 할당할 수 있게 된 것입니다. 둘째, 일본 정부가 한편으로는 제한된 재정 상황 및 러시아의 극단적인 평화 애호적 표현을 고려하여 일부 상대적으로 덜 중요한 지출을 프로그램의 전체 기간 범위 내에서 분할할 수 있는 가능성을 발견했다는 것입니다. 육군 정

85　역주: へいみん 新聞
86　역주: 단위 없으나 엔으로 추측된다.

비라는 관점에서 1911년까지 반드시 이루어져 있어야 할 것이 1913년으로 늦춰졌다는 겁니다. 셋째, 일반지출 및 특별지출에 대한 일반적인 예산과 일련의 추가 예산이 있는데 그것에 대한 상세한 보고서는 발행되지 않고, 간략하게 "비용은 수입으로 충당된다"고 언급되어 있을 뿐입니다. 그리고 많은 경우 이 예산에서의 지출은 일반목록에서 축소되고 있다는 것을 숨기고 있습니다. 예를 들어 다음을 말하는 것만으로도 충분한 바, 작년 일반예산에 이러한 수치가 형성되어 있습니다. 즉 일반예산의 군비 지출 7,200만 엔, 특별예산 1,500만 엔 등 총 8,700만 엔이 지출되었는데, 일본에 있는 모든 군사 첩보원들의 견해에 따르면 실제로 사용된 것은 1억 4,700만 엔이라고 합니다. 저는 언급된 모든 것들을 수치 자료로 확인할 것인데, 그 수치 중 일부는 도쿄에 있는 제 군사정보원이 제공한 것입니다.

국가의 수입과 지출 목록은 금년 5억 5,400만 엔에 비해 5억 1,600만 엔의 지출과 작년에 수입 5억 8,300만 엔으로 대차대조표가 작성되어 있습니다(금년 철도 예산이 전체 목록에서 삭제되었음을 고려하여 저는 1908년의 예산 중에서도 그 예산을 분리했습니다). 이것으로부터 내릴 수 있는 결론은 일반지출이 3,800만 엔 줄어들었으나, 이게 올바른 수치가 아니라는 것입니다. 왜냐하면 위의 5억 1,600만 엔(일반 4억 100만 엔, 특별 1억 1,500만 엔) 외에도 올해에는 작년에 이행이 되지 않은 프로그램으로 인해 이월된 1,191만 1,024엔, 그리고 "이월된 장기 지출"액 1,410만 3,000엔이 추가로 지출될 것이기 때문입니다. 이 지출은 작년의 잔여분 중에서 2,591만 4,000엔으로 충당될 것입니다. 아래에서 언급될 추가예산이나 특별예산 말고도 금년 전체 예산 지출이 작년의 5억 5,400만 엔과 비교했을 때, 5억 4,200만 엔으로 둘의 차이가 겨우 1,200만 엔에 불과합니다.

이후 오직 작년의 특별 지출을 올해의 지출과 비교해 보면, 특별한 흥미를 끄는 부분이 있는데 지출의 대부분이 육군과 해군 무장에 집중되어 있으며, 우리는 이 수치가 작년에 1억 5,900만 엔에서 올해는 1억 1,500만 엔으로 군사 무장에 대한 지출이 4,400만 엔 줄었다는 결론을 내릴 수 있습니다. 그러나 이 또한 잘못된 것일 수 있습니다. 왜냐하면 정부가 명목을 변경하고, 수년 동안 공제하여 할당하지만 절대 포기하지 않는 특별지출은 거의 배타적으로 계획된 지출에서만 이루어지기 때문이며, 또한 부분적으로 지출 중에서 정부가 눈에 띄지 않도록 하는 것 외에도 추가예산이나 특별예산에서 손쉽게 하나로 옮길 수도 있기 때문입니다. 일본에서는 통일된 현금출납구가 없어서 국가지출을 통제하기 어려우며, 이로 인해 정부가 외국인들, 그리고 자국 인민들 또한 쉽게 속일 수 있습니다.

언급된 것을 명백하게 하려면 악명 높은 '전후(戰後) 프로그램'과 관련된 모든 세목과 이 프로그램의 두 개 명목 변경을 반드시 식별하고, 얽히고설킨 특별예산 중에서 몇몇 항목들 역시 조사해야만 합니다.

1906년 종전 후 일본 정부는 잘 알려진 바와 같이 5억 4,343만 8,238엔의 액수로, 여러 가지 필요한 것에 대해 예정된 특별지출 프로그램을 입안했습니다. 이 프로그램에는 예전에 아직 수행되지 않은 과업에 대한 이월액 1억 8,42만 9,153엔이 추가되어 전체 액수인 6억 5,186만 7,391엔이 향후 15년에 걸쳐 할당되었습니다. 그러나 이후 첫 3년 동안 이 금액의 거의 절반을 중요한 곳에 지출한 일본 정부는 한편으로는 남은 금액을 보다 다양하게 12년에 걸쳐 할당하는 의미에서 이 프로그램을 두 번 변경하는 것이 가능하다고 보았습니다. 또한 새로운 필요가 발생하는 것을 고려하여 1908년에 1,046만 3,012엔으로, 그리고 금년에는 1,074만 4,876엔으로 이 계획을 확대했습니다. 따라서 거의 모든 세계에서 인정받는 지출 프로그램의 축소에 관한 의견에도 불구하고 일본인들에 의해 통제되는 언론 덕분에 아직은 2,100만 엔으로 지출 프로그램을 확대하는 것에 관해서 그리고 그 금액을 15년 기간으로 보다 더 동등하게 분배하는 것에 관해서만 언급할 필요가 있습니다.

<표 1> 1906년의 최초 계획

연도	신규 지출	이월액	계
1907	88,322,400	25,140,539	113,768,939
1908	88,377,035	21,328,025	109,695,060
1909	86,554,938	16,995,555	103,450,488
1910	76,445,551	14,990,093	90,435,644
1911	68,884,440	13,475,008	82,359,448
1912	55,416,249	11,430,916	66,847,165
1913	45,559,787	5,072,915	50,632,782
1914	6,459,201		6,459,201

연도			
1915	6,120,236		6,120,236
1916	6,963,864		6,963,864
1917	5,635,028		5,365,028
1918	2,562,119		2,562,119
1919	2,592,119		2,592,119
1920	2,325,788		2,325,788
1921	1,983,788		1,983,788
	543,438,338	108,429,053	651,897,397

<표 2> 1908년의 제1차 변경 계획

연도	명목 변경	신규 1,000만 엔	계
1907	이행		
1908	97,445,354	2,802,354	100,247,708
1909	73,312,931	2,653,766	75,966,697
1910	58,731,683	1,371,259	60,102,942
1911	83,922,688	926,179	84,848,867
1912	66,477,218	761,999	67,239,227
1913	56,382,757	647,879	57,030,636
1914	45,158,915	647,879	45,804,794
1915	32,271,799		32,271,799
1916	5,405,657		5,405,657
1917	5,027,621		5,027,621
1918	1,983,921		1,983,921
1919	1,983,921		1,983,921
1920	같음		〃
1921	같음		〃
	530,967,612	10,463,612	541,436,592

<표 3> 1909년의 제2차 변경 계획

연도	명목 변경	신규 1,000만 엔	계
1907	이행		
1908	이행		
1909	61,542,769	1,970,418	62,513,187
1910	51,114,904	1,175,041	52,289,945
1911	55,404,144	1,609,938	57,014,082
1912	51,957,880	2,276,770	54,234,650
1913	48,238,858	475,772	48,714,618
1914	46,250,397	396,745	46,647,427
1915	53,945,297	396,817	54,315,114
1916	27,570,782	458,496	28,029,278
1917	13,754,041	458,496	13,754,041
1918	10,661,706	458,496	11,120,212
1919	10,548,440	497,873	11,048,313
1920	1,983,912	597,014	2,580,926
1921	1,983,912		1,638,912
	434,148,545	10,744,876	444,893,421

 제2차와 제3차 계획의 결과는 제1차보다 적은데 이는 제1차 계획에서 1907년에, 그다음에는 1908년에 이미 이행되었기 때문입니다. 보는 바와 같이 계획이 21,208,488엔으로 증액되었고, 1921년에 종료될 것이나, 다만 견적서만 예산 연도에 따라 보다 더 균등하게 배분되어 있습니다.

 일본의 무장에 관한 문제를 계속해서 설명하려면 '전후 프로그램'의 지출 명목 중 어떤 부분이 군사적 수요에 배분되었는지 반드시 제시해야만 합니다.

<표 4> 육군과 해군에 필요한 지출과 전체 계획의 비교

연도	전체 금액	육군과 해군의 필요
1909	63,513,187	50,839,368
1910	52,289,945	39,093,654
1911	57,014,082	44,257,802
1912	54,234,650	44,076,928
1913	48,714,628	33,036,281
1914	46,647,142	37,118,057
1915	54,315,114	44,312,950
1916	28,029,278	21,265,600
1917	13,754,041	9,327,370
1918	11,120,212	6,961,838
1919	11,048,913	6,894,776
1920	2,580,926	종결
1921	1,633,912	
	444,983,421	337,684,452

여기에 정확한 그림을 그리기 위해 1907년 같은 목적에서 총액 1억 1,376만 8,939엔 중에서 지출된 8,509만 5,734엔을, 그리고 1908년의 1억 24만 7,708엔 중에서 7,979만 2,017엔을 더해야 합니다.

마침내 완전한 명백함을 위해 초안과 육군 및 해군 관청의 변경된 계획 비교표를 인용해야 합니다.

<표 5> 육군 계획

연도	기본	1908년 변경	1909년 변경	변경 결과	변경된 계획 (신규 계획)
1907	38,433,439				
1908	39,198,008	- 3,182,991			36,016,017
1909	36,382,245	- 14,800,000	- 7,907,572	- 22,707	- 13,674,673

1910	24,833,761	- 19,900,000	- 602,509	- 20,592	4,241,252
1911	18,522,474	+13,600,000	- 17,963,633	- 4,363,653	14,158,821
1912	5,066,884	10,000,000	- 4,966,888	5,038,112	10,104,996
1913	2,202,136	8,945,579	128,846	9,074,425	11,276,561
1914	1,967,093	5,054,421	365,763	4,688,653	7,655,746
1915	1,928,128	272,991	4,386,915	4,669,906	6,593,034
1916	1,916,481		6,645,582		8,562,063
1917	2,710,345		6,617,041		9,327,390
1918			6,861,838		6,851,838
1919			6,894,776		6,894,776

<표 6> 해군 계획

1907	46,662,295				43,776,565
1908	48,744,536	- 4,967,971			43,776,565
1909	48,808,084	- 11,838,389	- 1,250,000	- 12,633,389	36,164,695
1910	48,192,104	- 9,373,300	- 2,866,602	- 12,239,902	35,852,202
1911	49,272,239	- 11,953,133	- 7,220,115	- 19,173,248	30,098,981
1912	52,320,140	- 11,244,969	- 7,103,239	- 18,463,084	33,931,932
1913	35,939,586	- 4,812,496	- 9,366,370	- 14,179,876	21,759,720
1914		- 4,812,496	1,507,406	30,462,306	30,462,306
1915		28,954,900	13,449,666	38,229,924	38,229,924
1916		23,780,248	12,703,577		12,703,577

위에 인용된 계획과 그 변경된 계획을 통해서 다음과 같은 결론을 내릴 수 있을 것으로 여겨집니다.

    1. 계획의 규모 변경이 아직은 매년 약 천 만 엔 정도 증액하는 것으로 반영되었습니다.
    2. 지출의 보다 더 균등한 분배가 애초에 예정되었던 것보다 3년 늦게, 즉 1913년에서 1916년에 함대가 준비되고, 육군은 2년 늦게, 즉 1917년이 아닌 1919년에 준비될

것이라는 의미에서 군비에 반영되었습니다. 그러나 전문가들의 의견에 따르면 육군의 주력부대는 (1911년에 예정되었던 것보다 이른) 1913~1914년에 준비될 것이나, 보다 덜 중요한 세부사항의 마무리만이 예상된다는 사실을 아래에서 보게 될 것입니다.

3. 이런 계획 및 그 항목 변경과 특별예산의 비교를 통해 결론을 내릴 수 있는 것은 종종 일반예산에 따라 연기되고 추가예산에 따라 실행된다는 것입니다. 이것을 설명하려면 처음부터 일본의 특별예산 및 다양한 부처마다 우스꽝스럽게 뒤섞인 지출 상태를 조사할 필요가 있습니다.

특별 및 추가예산은 다음과 같습니다. 즉 작년에 배정된 철도예산, 대만, 관동, 사할린, 청국에서의 이권, 이후 주화공장, 저축은행, 대학교, 삼림경영, 와카마쓰(Вакамацу)[87]의 철강공장, 육군과 해군의 조병창, 그리고 다른 상대적으로 덜 중요한 것입니다. 수입은 여기에서 이론상 지출과 균형이 맞아야 하며, 적자는 특별차관으로 충당됩니다. 이 특별예산에 따라 특별 '전후 프로그램'이 작성되었으며, 그 프로그램 이행에 1억 3,375만 8,729엔의 예산이 15년에 걸쳐 할당되었습니다. 그래서 모든 예정된 계획은 5억 7,865만 2,150엔의 금액으로 명시되어 있습니다.

특히 조병 예산을 살펴보겠습니다. 공식 보고서에는 다음과 같이 언급되어 있습니다. 즉 도쿄 조병창 수입-1,862만 엔, 지출-1,850만 5,000엔. 오사카 조병창 수입-1,383만 8,000엔, 지출-1,322만 8,000엔. 어떤 수입이 될 수 있을까요? 이 조병창은 군 관청의 예약을 이행하기 위해 밤낮으로 일하고 있으며, 사적인 업무는 거의 수행하지 않는다는 사실이 모두에게 잘 알려져 있습니다. 해군 조병창은 사적인 건조(建造) 덕분에 자신의 지출을 상당 수준에서 보충하고 있으며, 군 조병창의 경우 군사 첩보원의 정보에 따르면 일 년 동안 철망 및 그와 유사한 제품들의 제조 등 겨우 수십만 엔 규모의 예약 몇 건을 이행했을 뿐입니다. 사적인 예약이 아마도 지출에 대한 수입의 여분, 즉 72만 5,000엔을 준 것으로 보이며, 나머지 3,200만 엔은 군 관청의 지출에서 충당되었으나, 일반예산에서는 이것이 표시되어 있지 않습니다. 우리는 아래에서 이런 자금이 다름 아닌 어디에서

---

87 역주: 와카마쓰는 지금의 후쿠시마나 센다이 지역의 옛 명칭. 철강공장임을 보면 후쿠시마(福島)로 추정된다.

확보되었는지 보게 될 것입니다.

　이제 일부 지출을 해당 없는 관청에 할당하여 예산이 극단적으로 복잡해진 문제에 대해 살펴보겠습니다. 군 관청을 예로 들겠습니다. 이미 잘 알려진 바와 같이 대중을 위해 작성된 일반예산에는 겨우 7,200만 엔의 일반지출 그리고 1,500만 엔의 특별지출만이 게재되어 있습니다. 실제로 예산은 다음과 같습니다.

　　72,291,842엔-일반 지출
　　15,440,223엔-특별 지출
　　36,978,824엔-개별 예산-조병창과 센쥬(도쿄에 있는 千住?)의 나사공장
　　11,911,034엔-작년에서 이월된 이행되지 않은 계획(작년의 잔액으로 충당)
　　7,286,800엔-내년 예산에서의 추가 예산
　　3,630,000엔-한국 주둔 부대의 유지비. 대장성 예산에 표시되어 있음

　　147,538,013엔(8,700만 엔이 아님)

　이 수치는 전적으로 확실하나 이 수치에 (육군부의 일반예산에 표기되어 있다 할지라도 만주에 주둔 중인 6개 대대로 구성된 경비대 유지비 금액으로 최초의 조건에 따라 남만주철도에 의해서 육군부에 보상될 것으로 보이는) 166만 8,710엔을 추가해야 할 것으로 보이며, 그럼 우리는 금년에 육군의 수요에 지출되는 총액이 1억 5천만 엔임을 알게 됩니다. 이 비용은 한국에 주둔 중인 부대를 위해서는 대장성이, 만주에 주둔 중인 부대를 위해서는 남만주철도가 지불해야 할 것입니다. 무슨 이유에서인지 해군부 예산에 해군부을 위해 가동되는 와카마쓰 철강국영공장의 적자가 기입되지 않은 채, 180만 엔의 적자가 농상공성의 예산에 게재되어 있습니다. 한마디로 육군과 해군 관청과 배타적으로 관련된 금액이 다른 성의 예산에 기입되어 있는 것입니다. 그 외에도 일련의 특별예산이 존재하며, 작년 보관 금액으로 그리고 그에 더해 다가오는 시기의 대부금으로 보충하기 위해 결국 추가 지출에 의존하고 있습니다. 이런 저글링으로 인해 그토록 예산이 뒤섞이고 있는 것이며, 어리둥절해진 대중은 지출 감축분이 실제로 문화와 생산 분야에 투입되고 있는 것으로 믿기 시작했습니다. 저는 귀하께서 다음과 같은 기묘한 일치에 관심을 가져주시길 바랍니다. 우리는 〈표

5)에서 다음의 사실을 목격한 바, 최근 변경된 계획에 따라 금년에 총 2,270만 7,572엔의 군사 지출이 보류되었습니다. 이런 일치가 이상하지 않은 게, 육군부 일반예산에 반영되지 않은, 그리고 그것 외에도 위에 인용된 전체 군사예산에서 목격되는 바와 같이 지출된 1,190만 엔에 720만 엔을 더하고, 그래서 나온 액수에 360만 엔을 더하면 총 2,270만 엔이 되기 때문입니다. 이것은 위 금액이 외견상으로만 보류된 것일 뿐, 실제로는 모두 지출되었음을 의미하는 것입니다. 배분에 따라 그 금액의 지출 시기가 도래할 것이라는 점에서 이것이 심지어 계획이 해당 금액으로 확대된 것을 의미하는 것인 바, 군 관청이 자기 자금을 거부할 리 없습니다. 저는 다른 기묘한 것에서 다음과 같은 사실을 지적하겠습니다. 육군부의 보류된 지출의 상세 견적을 보면 90만 엔이라는 수치가 병영용 토지구매에 반영되었습니다. 이를 통해 다음의 사실을 간과할 수 있습니다. 즉 그때부터 병영건설이 연기되었으나, 실제로는 전혀 그렇지 않다는 것입니다. 이것은 대지를 할부로 구입했고, 병영은 이미 건설되고 있음을 의미하는 것입니다.

이처럼 저는 군 관청이 지출을 줄이지 않았으며 그 어떤 지출도 거부하지 않았다고(극단적인 경우 육군의 준비태세를 2년 연장했으나, 그 역시도 상당히 의문스럽습니다) 주장합니다.

그러나 위에 인용된 수적 자료 중에서 확실해지는 것은 일반예산으로 충당되지 않는 군비 지출을 실행하기 위해서는 비밀스러운 특별수입원이 필요하다는 점입니다. 어딘가로부터 비밀스러운 자금이 유입되고 있다는 사실이 실로 확연합니다. 이처럼 예를 들어, 몇 쪽이나 차지하는 육군부의 상세한 예산은 병사들의 제복에 달린 단추가 거의 모두 기입되어 있으나, 왜인지 원산에서의 요새 건설, 한국 북동부에서의 창고와 병영 건설, 청진항에서의 작업 등에 관해서는 전혀 언급되지 않고 있습니다. 어떤 자금으로든 이 거대한 무장이 이루어지고 있습니다. 일본의 비밀요원들은 중국, 동아시아 전 지역 그리고 심지어 유럽에서도 재정을 지원받고 보조금을 지급받고 있습니다. 이 문제에 답을 하려면 가장 피상적인 형태로라도 전반적인 일본의 재정지도를 살펴봐야 합니다.

1908년까지 모든 특별지출을 위한 자금은 특별군사기금에서 공급되었습니다. 군사기금은 잘 알려진 바와 같이 황제의 특별령에 기초하여 1903년 10월 1일 조성되어 1907년 4월 1일에 폐지되었으며, 총 17억 4,642만 1,841엔의 금액으로 승인을 받아 폐지될 때까지 15억 847만 2,838엔이 지출되었습니다. 1억 엔이 1907년의 적자를 메우기 위해서 투입되어 1억 3,700만 엔이 남았습니다. 대장성은 그 이후 10년 동안 수입과 지출에 대한

국가의 수입 및 지출 일람표를 작성하고 그에 기초하여 자산과 부채가 적자 없이 균형을 이루어야만 했습니다. 이 예산 계획을 인용하겠습니다.

<표 7> 향후 11년에 대한 프로그램   수입

연도	일반 수입	특별 수입	총계
1909	470,667,970	34,777,830	505,445,800
1910	471,826,739	24,654,565	496,481,304
1911	480,661,681	25,218,452	506,880,133
1912	485,643,917	24,854,815	510,498,732
1913	485,744,417	24,419,662	510,164,079
1914	485,744,417	23,223,467	508,972,884
1915	485,744,417	22,523,447	508,167,864
1916	485,743,626	22,171,067	507,914,693
1917	485,739,072	21,084,491	506,823,563
1918	485,739,072	21,003,491	506,742,563
1919	485,739,072	20,998,401	506,737,473

지출

연도	일반 수입	특별 수입	총계
1909	400,912,102	115,288,693	516,200,795
1910	408,832,777	94,352,853	503,185,630
1911	411,925,909	96,282,446	508,209,355
1912	410,452,247	86,910,410	497,362,657
1913	412,103,256	81,760,789	493,864,048
1914	412,764,371	87,289,248	500,153,619
1915	415,082,732	93,849,452	508,932,134
1916	416,592,390	66,470,670	483,063,060
1917	417,993,560	52,353,569	470,347,129
1918	418,783,864	49,692,480	468,476,354
1919	419,556,992	49,595,328	469,152,320

수입과 지출 간의 차이는 다음과 같습니다.

1909	- 10,754,995	1915	664,370
1910	- 6,704,326	1916	24,851,633
1911	- 2,329,222	1917	36,476,454
1912	13,136,075	1918	38,266,209
1913	16,300,033	1919	37,585,753
1914	5,819,265		

결론적으로 지출을 초과하는 수입액은 1억 5,498만 1,889엔입니다.

이 남은 수입액은 특별예산을 조성하는 특별계획에 따라 지출될 것입니다.

<표 8> 특별 수입 특별 계획

연도	연기된 장기 지출	특별 지출	총계
1909	14,103,803	11,911,024	26,014,827
1910	6,890,943	7,504,188	14,395,121
1911	5,785,000	1,650,000	7,435,000
1912	2,415,000	3,981,983	6,396,683
1913	635,000		635,000
1914	650,000	3,000,000	3,650,000
1915	100,000	5,257,009	5,357,009
1916		7399274	7,399,274
1917		동일	동일
1918		동일	동일
1919		동일	동일
	30,579,746	62,901,300	93,481,046

이처럼 아직 지출되지 않은 6,150만 843엔이 남아 있으며, 이 금액은 향후 10년 동안 이루어질 수 있는 아직 이행되지 않은 지출에 투입될 것입니다.

계획은 전반적으로 정연합니다. 일반 수입을 4억 3,800만 엔에서 4억 7,000만 엔으로 인상한 것은 금년 해외 열강과의 관세협약 개정으로 1912년까지 지속적으로 발전할 담배 전매사업과 사케로부터의 새로운 수입으로 설명됩니다. 또한 약 2,000만 엔의 특별수입 역시 정상적인 것이나, 그럼에도 이 모든 것이 특수지출과 비밀지출의 원천을 설명해 주지는 못합니다. 이 업무가 비밀이기 때문에 정확하고 전적으로 신뢰할 수 있는 지표는 없을 것으로 보이지만, 다소간 근거가 잘 갖추어진 예상을 할 수는 있습니다. 일부 통달한 해외 첩보원들이 공유하고 있는 의견이 그런 것에 속합니다. 정부가 지속적으로 얼마간 축소된 규모로 수입을 보여 주고 있으며, 차액은 비밀수요에 지출되고 있습니다. 이런 의견과 관련하여 금년 3월 자 재무경제지 『요코하마 보에키(橫浜貿易)』'[88] 지에 게재된 기사가 매우 흥미로워 보입니다. 본지(本紙)에서는 최근 18년 동안 매년 남는 잔고가 상세하게 계산되어 있으며, 그 잔고의 지출내역 그리고 남아 있어야 하는 것 등이 정리되어 있습니다. 차관과 군사기금을 포함하여 모든 수입으로부터의 잔액이 거기에 포함됩니다.

<표 9> 잔고 및 예상 외 지출

연도	잔고	예상 외 지출
1890	24,343,950	-
1891	19,675,597	197,786
1892	24,727,171	-
1893	57,484,22	6,001,686
1894	20,041,385	2,252,310
1895	33,115,541	719,317
1896	18,162,914	2
1897	2,711,278	5,252,645

---

88 역주: よこはまぼうえき

1898	296,558	1,723,418
1899	88,956	
1900	3,104,809	748,156
1901	7,502,224	
1902	8,114,693	3,465,908
1903	10,624,626	5,868,949
1904	50,411,253	11,251,720
1905	27,160,585	36,254,931
1906	65,975,497	9,474,950
1907	25,4680,133	6,976,056
1908	-	5,366,787
	606,485,622	95,553,597

 차액이 5억 1,093만 2,025엔입니다. 이 중 1억 엔은 이미 잘 알려진 바와 같이 1907년 적자를 충당하는 데 사용되어 기금 중에 잔액이 1억 3,700만 엔입니다(그에 더해 프랑스 정보에 따르면 6,500만 엔은 현금, 그리고 7,200만 엔은 허가가 났으나 아직 지출되지 않은 차관입니다). 그럼 나머지 2억 7,300만 엔은 어디에 있는 것일까요? 이에 대해 그 누구도 답을 주지 못하고 있습니다. 그 금액은 일본 정부가 런던에 유지하고 있는 황금 기금을 구성하고 있다고 예상할 수밖에 없습니다. 기금은 존재한다는 것에 의심의 여지가 없으며, 대장성 차관이 작년에 반대파 회원의 질문에 행한 답변에서도 반론되지 않았습니다. 기금의 규모는 2억에서 3억 엔 사이로 몇 차례에 걸쳐 산정되었으며, 따라서 2억 5천~2억 7천만 엔이라는 수치는 진실에서 멀지 않습니다. 이 기금에서, 그리고 제시된 수익 이상의 실제 잉여 수익금에 근거하는 이 금액에서 일본 정부는 비밀 견적에 따른 지출을 충당할 자금을 획득하고 있으며, 특히 다양한 생산 업무 또는 일본 정부가 자신의 군사력 강화를 위해 비밀이 유지되길 원하는 시설의 건설자금으로 사용하고 있습니다. 평화를 사랑하는 일본의 계획과 희망, 그리고 자국의 재정을 정돈하려는 일본의 진지한 의도가 모든 세계에 스며들면서, 일본의 신용이 상승되는 만큼 열강의 관심은 마취되었습니다. 반면 일본은 지난 전쟁 당시보다 1.5배나 강력해져 있으며, 5년이 지나면 두 배나 더 강해질

것입니다. 그럼 일본은 극동의 실질적인 맹주가 될 것인데, 일본이 자신의 추상적 우월함에 만족할 것으로 볼 수 있겠습니까? 자신의 조건을 강요할 수 있는 가능성을 보유한 상태에서 일본이 조용하게 있을 거라고 기대할 수 있겠습니까? 우리가 현재 방어가 취약한 극동의 변방에 주민을 이주시키고 그곳을 강화할 때까지 기다려 줄 것으로 기대할 수 있겠습니까?

저는 일본이 이미 지난 전쟁보다 1.5배가 강하고, 1913~1914년이 되면 두 배가 강해질 것이라고 언급했으며, 수치화된 자료로 명백하게 그것을 증명하려 노력하고 있습니다. 저는 여러 차례에 걸쳐 이전의 보고서에서 이에 대해 언급했습니다. 그러나 문제의 중요성을 고려하고, 6개월마다 일본의 무력이 성장하고 있으며, 그럼에 따라 힘의 관계가 변하고 있다는 사실을 감안하여, 간략하게 상황을 요약할 수 있도록 허락해 주실 것을 요청 드리옵니다. 저는 일본의 국력을 (지난 전쟁 중이던) 1904년과 (계획의 종결 시점인) 1909년과 1914년을 비교한 표를 제시하겠습니다.

육군

1. 수적 구성

1904년. 평시: 13개 사단, 1개 혼성여단, 3개 독립포병대 그리고 2개 기병여단, 15개 진지포병대대.

1904년. 전시: 사단의 구성원 2만 명까지 전개되며, 약 3개 연대로 구성된 예비대가 추가된다. 소실을 충원하기 위한 예비대는 보병 1개 연대에 1개 대대, 1개 기병연대에 기병대, 포병대당 1개 포병중대…

1909년. 평시: 19개 사단, 2개 독립여단, 3개 독립포병여단, 4개 독립기병여단, 25개 요새포병대대, 그 외에도 4개 중야전포 연대, 4개 산악사단, 2개 기병대대, 통신여단. 사단의 인원이 증강되었으며, 공병중대와 기마운송중대 그리고 기관총 중대가 도입되었다.

1909년. 전시: 사단의 구성원이 2만 3,000명까지 증원되고, 동일한 병력으로 구성된 1개 야전사단을 추가한다. 예비대는 이전의 시스템에 따라 형성한다.

1914년. 평시: 22개 사단, 2-3독립대대, 5개 독립포병연대, 6개 독립기병연대, 12개 중

포병 연대, 4개 산악포 연대. 기마포병중대, 통신여단 및 기타 부대.

1914년 전시 : 각각 2만 3,000명으로 구성된 44개 사단, 위에서 언급한 독립부대, 그리고 손실을 보충하기 위한 예비대.

2. 무장

1904년: 특별히 성공적이지 못한 대포와 일본의 기관총.

1909년: 크럽사에서 제조한 뛰어난 대포와 예비부대에 배치된 예전의 대포. 현대화된 기관총.

1914년: 예비대에 아리사카(Арисака)와 크럽 사의 보다 더 새로운 현대화된 대포.

위에 언급된 모든 것에 이미 존재하는 그리고 2,000문까지 갖추게 될 12인치 포까지 포함하여 다양한 구경의 대포를 갖춘 거대한 병기집적소를 추가해야 합니다.

3. 관둥에서의 전략적 지위

1904년: 전무했음. 러시아가 뤼순과 남만주 전체에서 요새를 지니고 있었음.

1909년: 진해와 원산에 있는 요새, 그리고 나남, 회령, 평양 및 영산의 준비된 창고 등을 갖춘 전체 한국 교두보, 진해와 부산에서 압록강까지, 그리고 나남과 청진에서 도문(图们)까지의 철도. 만주의 뤼순 요새, 탈린과 창춘에 있는 군사용 창고, 세 개의 철도 노선과 네 번째 중국 철도의 가능한 점령.

마침내 준비된 대륙 육군의 핵심으로 3.5개 사단과 1904년과 비교했을 때 두 배로 강화된 교통 능력.

1914년 위에 언급된 요새와 병영의 지속적인 발전과 강화, (러시아와의 국경 근처인) 청진 주재 해군기지의 건설, 한국 내에서 교통로의 지속적 발전, 만주에서 그런 노선의 현대화 및 한국에서 지린까지의 가능한 철도 부설. 이 노선의 부설은 청진-도문 노선을 연장하는 것으로 일본 군사력을 순식간에 블라디보스토크의 후방으로 이동시킬 수 있게 될 것이며, 하얼빈 점령 이전에 연해주 전 지역을 단절시킬 수 있게 될 것이다. 첩보원의 정보에 따르면 일본인 기사들이 이미 예정된 철도 노선을 따라 조사를 수행하고 있다.

함대

1904년: 장갑함 6척, 장갑순양함 8척, 경순양함, 해군기지 5곳.
1909년: 1등급장갑함 11척, 2등급장갑함 4척, 장갑순양함 12척, 경순양함. 해군기지 10곳.
1914년: 18척의 1등급 및 2등급장갑함. 장갑순양함 16척. 순양함 ?척,[89] 잠수함 및 기타.

병력도 강력하게 증원되어 현재 평시에 4만 7,000명이지만 전시에는 6만 4,000명으로 증대.

위에 인용된 전적으로 신뢰할 수 있는 자료에 대한 가장 피상적인 검토만으로도, 제가 일본의 군사력을 평가하면서 지난 군사행동 이전과 비교했을 때 현재 1.5배 그리고 2~3년 뒤에 2~3배 강해진다고 말한 게 전혀 과장되지 않았음을 확인할 수 있습니다. 실제로 54개 보병연대가 1904년에 우리와 전쟁을 시작했으며, 그 부대에 지속적으로 같은 수의 연대 병력으로 예비대를 편성했는데, 이 중 다수가 3개 대대 구성이라는 완편 상태가 아니었습니다. 현재는 80개 연대가 전쟁을 시작할 것이며, 동일한 편성으로 80개 연대를 예비대로 즉시 지원받게 됩니다. 지난 전쟁에서 17개 기병연대가 현재는 27개, 19개 포병연대가 현재는 32개입니다. 이것은 수치에서 다음과 같이 반영될 것입니다. 1904년 현역 30만 명에 예비군과 결원 보충을 위한 예비병력 등이 22만 명이었습니다. 1909년에는 현역 50만 명에 약 40만 명의 예비군과 결원 보충을 위한 예비병력이 있습니다.

다수 권위자들의 견해에 따르면 올해 또는 향후 군사행동의 경우, 1백만 군대를 위한 장교가 충분하지 못할 수도 있다고 합니다. 그 외에도 예비사단은 기병부대와 포병부대를 완편으로 보유하지 못할 것이며, 우리가 위에서 확인한 바와 같이, 일부 부대 편성이 아직 종결되지 않았고, 한국에서의 거대한 무장 계획이 진행 중인데다, 무장의 현대화도 남아 있다고 합니다. 이 모든 것이 전문가의 의견에 따르면 4년 정도 뒤에는 완결될 것

---

89 역주: 판독 불가

이라고 합니다(장교 요원이 매년 1,000명씩 추가될 것입니다). 무장 계획을 통해 1913년까지 모든 병영이 완결될 게 명백하며, 새로운 부대 편성이 이루어질 것으로 보입니다.

언급된 모든 것 중에서 또한 일본 내 대중의 전반적 분위기를 통해서 임박한 전쟁 위험이 우리를 위협하고 있다는 결론을 내릴 수 있습니다. 조심성, 치밀함, 일부 융통성이 없는 부분 등이 일본의 고유한 특성입니다. 그런 특성은 예정된 것, 고안된 것을 정확하게 이행하고 맙니다. 1914년까지 일본은 준비를 완전히 마칠 것이며, 그 시점이 되면 아마도 정부가 말문을 열 것입니다. 상황이 형성되면 먼저 일본이 자신이 목소리를 높일 것이며, 고지식함은 최상의 시점을 놓치지 않을 것입니다. 그러나 저는 사건의 통상적 진행을 염두에 두고 있습니다.

일본은 빈약한 재정 상황에도 불구하고 부단한 에너지로 지속적으로 무장하고 있으며, 가까운 장래에 강력한 육군과 위협적인 함대를 보유하기 위해 가능한 모든 것을 수행하고 있습니다. 이런 무장이 누구를 상대로 한 것이겠습니까? 영국, 독일, 프랑스, 아메리카, 오스트리아 이런 나라들의 전혀 예상하지 못한 공격으로부터 자신을 보호하기 위해 육군이 필요하겠습니까(극단적 경우라면, 지금 구축 중인 함대는 필요합니다)? 일본은 위에 언급된 나라들을 공격할 계획이 없습니다. 그리고 지리적 조건으로 인하여 그럴 수도 없습니다. 필리핀, 인도차이나, 청두 같은 서구의 식민지 지역을 공격하는 데는 현재의 10분의 1 정도의 군대로도 충분합니다. 러시아 또는 중국만이 일본 무장의 대상이 될 수 있을 것입니다. 저는 이전에 발송한 보고서 중 한 곳에서 일본이 다른 전장에서 모종의 갈등이 발생할 경우 적극적인 행동에 착수할 준비 중인 것 같다고 했습니다. 그리고 만약 열강이 예를 들어 발칸반도에서의 전쟁 또는 영국과 독일 또는 독일과 프랑스 간의 가능한 경쟁에 관심을 기울일 경우, 일본은 자국 육군을 동원하여 반드시 자신의 강력한 요구를 말할 것입니다. 저는 지금도 이런 사실을 반복합니다. 그러나 그 경우 일본 요구의 객체는 불가피하게 러시아 또는 중국의 영토가 될 것입니다. 일본 무장의 일부 특징은 위의 두 나라 중 일본이 러시아를 더 고려하고 있음을 보여 주고 있습니다. 중국을 상대로는 2,000문의 대포를 지닌 병기집적소가 필요치 않습니다. 중국에는 그런 요새가 없으며, 그것은 오직 블라디보스토크를 상대로만 필요합니다.

산악포 사단을 야전포로 교체한 것은 육군을 북만주에 있는 향후의 전쟁터에 적응시키려는 것이며, 공격적 군사행동의 성공에 대한 확신, 전장을 러시아 지역으로 이동시키는 것 등을 증명하는 것입니다(남만주와 한국에서는 산악포가 필요합니다). 이런 무장은 만약 러시아가 중국의 편을 들 경우에 필요하며, 근본적으로 그것은 재차 우리와의 전쟁으로 이어질 것입니다. 일본의 일부 북만주 지역 점령은 러시아에 대한 선전포고와 동등한 것입니다. 그러나 저의 깊은 확신에 따르면, 일본은 중국보다는 러시아를 더 고려하고 있으며, 이것은 두 개의 주요 원인 때문입니다. 1) 중국과의 전쟁은 동시에 러시아와 전쟁하는 것, 즉 두 개의 열강을 상대하는 것과 거의 같은 의미를 지니기 때문입니다(러시아와의 전쟁은 전혀 중국과의 전쟁을 의미하지 않습니다). 2) 중국과의 전쟁은 그곳에서 무역과 정치적 이익을 보유한 영국을 필두로 하는 다른 열강들과의 거대한 갈등을 의미합니다(러시아와의 전쟁은 다른 열강들을 정치적 그리고 도덕적 동맹자로 보유하게 될 것임을 의미합니다). 이에 대해 저는 반론을 제기할 수도 있는바, 최근 상황이 크게 변하여, 이제는 일본이 러시아와 전쟁할 경우 영국과 미국의 지원을 계산할 수 없을 것입니다. 이건 의심의 여지없이 맞는 것이며, 따라서 일본 역시 자신에 대한 지지, 심지어 아마도 독일을 수장으로 하는 다른 나라들의 실질적인 지원을 찾고 있는 것입니다. 영국이 일본을 냉담하게 바라보게 되었던 시점부터(이런 냉담함은 일본이 만주와 중국 일부에서 점유한 거의 독점적 지위로 인해 극동에서 영국이 입어야 했던 상업적 손실 때문에 야기되었습니다), 영국이 "동쪽에서의 러시아의 진출을 점검"이라는 목표를 달성했다는 것이 분명해진 이후, 일본은 그 자리를 거의 불필요한 연합으로 교체하기 위한 새로운, 더 효과적인 연합을 탐색하기 시작했습니다.

일본은 한편으로 오스트리아-독일 동맹에서, 다른 한편으로는 개혁된 중국에서 맹방을 찾기 시작했습니다. 일본은 언제나 중국이 러시아를 상대로 자신의 자연스러운 동맹이라고 생각하고 있습니다. 이성은 언제나 중국을 동맹으로 삼도록 일본을 부추겼으나, 탐욕과 급속하고도 손쉬운 이익에 대한 갈망은 적대적 행동을 하도록 재촉했습니다. 저는 심지어 그 이상으로 언급할 것입니다. 일본은 위기의 순간 중국과 언제든지 결탁할 수 있다는 확신을 지니고 있으나, 지금은 (그 결탁이-역주) 심각할 정도로 불가피한 게 아니기 때문에 그렇게 하지 않는 것입니다.

중국의 상황에 대해 말씀드리면, 다음과 같습니다. 즉 고대문학과 유교적 원칙에서 구축된 낡은 체제, 즉 '구 중국의' 중국인은 일본인을 어느 정도 업신여기고 있으며, 마치 존경 받는 노인이 길들여야 할 족쇄 풀린 어린애를 바라보듯 합니다. 그러나 '새로운 중국'은 얼마간 자신의 관점을 바꿨다고 보아야 합니다. 그리고 만약 중국이 자신의 영토

중 일부를 점령한 전투적인 이웃을 불신과 극도의 조심스러움으로 대한다고 해도 중국은 그 이웃의 의심할 바 없는 매력에 빠지게 됩니다. 이와 다른 상황은 불가능할 것입니다. 일본이 실질적으로 젊은 중국의 양육자라는 점을 잊어서는 안 됩니다. 도쿄 한 곳에 5천 명의 중국 학생들이 유학 중이며, 나머지 모든 나라에서 유학 중인 이들은 천 명이 채 안 됩니다. 중국 내에서도 가장 대규모 학교에는 모두 일본인 선생들이 있습니다. 장교의 절반이 일본에서 수학했습니다. 청일동맹의 개척자인 후쿠시마(福島安正)[90] 장군의 감시를 받고 있는 도쿄의 학교 한 곳에서 수학 중인 이들이 300명입니다.

청년 중국은 일본에 의해 교육되어 건설되고 있습니다. 일본은 자신이 무엇을 하고 있는지 명확하게 인지하고 있습니다. 중국 대표들이 개혁 이전의 구 중국이라는 담장을 넘어 밖으로 나올 때 결과가 나타날 것이며, 그 시간은 빠른 걸음으로 다가오고 있습니다. 이것과는 별개로, 최근 중국이 취한 정책 중에는 러시아에게 위험한 일련의 다른 증상이 존재합니다. 저는 러시아와의 경계지역, 특히 아무르 변경 및 세미레치야(Семиречия) 지역과 인접한 중국 영토에 중국인들이 대규모로 정주하는 것을 의심하고 있습니다.

'만주리아(Маньчжурия)' 역에서 저에게 통보하길, 이 국경을 통해 매일 최고 600명의 중국인들이 월경하고 있답니다. 그들은 집단으로 쑹화강을 따라 북쪽으로 움직이고 있으며, 수를 셀 수 없는 군중으로 아무르와 우수리강을 건너고 있습니다. 러시아 기선이 쑹화강의 중국 측 연안에 접안하는 것을 금지시키면 하얼빈과 블라고베셴스크 그리고 하바롭스크 간의 무역 거래만 힘들어질 뿐, 대규모 이주를 막을 수는 없습니다. 현지 당국의 발언에 따르면, 중국 당국과의 관계는 과거의 우정 그 정도라고 하는데, 현지 신문을 통해서 확인되는 것은 공고한 평화적 관계를 확신할 수 없음에도 중국 상인들이 러시아 무역상들과 장기계약을 체결하지 않는다고 합니다.

이와 동시에 언급해야 하는 것은 중국이 신속하게 무장하고 있다는 것입니다. 올해 초까지 루춘(Лучун)의 '현대식 부대' 10개 사단과 16개 혼성여단의 편성(1개 사단에 1만 1,184명과 대포 54문 등 총 17만 5,000명)이 완료되었습니다. 1913년까지 예정된 36개 사단이 반드시 완비될 것이나, 권위자의 의견에 따르면 그 시점까지 22~23개의 사단이 준비될 것이고, 나머지 부대 편성은 1917년 무렵에야 완결될 것입니다. 더구나 운명적인 1913~1914년까

---

90 역주: ふくしまやすまさ(후쿠시마 야스마사) 육군대장을 말하는 것으로 보인다.

지 중국은 전시에(모든 예비대를 포함하여) 후방, 통신로 방어 및 국내 질서유지를 위한 수비대인 '슌판두이(Сюньфаньдуй)'를 제외하고도 40만 명의 현역 육군 보병을 보유하게 됩니다. 잘 알려진 바와 같이 통신로는 외국 자본가들의 노력 덕분에 역시 급속하게 개발되고 있습니다.

그래서 일본에 의해 교육된 중국은 빠른 시일 내에 대규모 군사강국이 될 것입니다. 다른 한편으로 최근 몇 년 동안의 예는 중국이 자신이 현재 점유하고 있는 그런 피후견인의 지위에서 벗어나서, 청일전쟁과 의화단의 난 이후 불행과 모욕의 시간에 잃어버렸던 많은 것들을 되돌리고자 하고 있습니다. 중국에게는 외국과의 충돌에 대한 핑계가 과거에도 그랬던 것처럼 지금도 역시 많습니다. 그런 차이를 지닌 중국은 아직 자신이 투쟁에 준비된 상태가 아니라고 보아 일반적으로 양보하고 있으나, 때가 되면 중국의 융통성은 보다 덜할 수도 있습니다.

제가 보기에, 그 시기에 일본은 강력한 중국에서 적이 아닌 동맹을 보유하고자 원하기 때문에 미리 그에 적절한 대책을 마련할 것입니다. 독일과 함께하는 일본의 음모에 대해서 무엇인가 말씀드리기가 어렵습니다. 왜냐하면 그 음모가 주로 유럽에 있기 때문입니다.

극동에서 우리는 일본 및 중국과 함께하는 독일의 외교적 불장난을 동시에 볼 수 있습니다. 이것은 최근 반 년 동안 극동의 정치생활에서 가장 특징적인 현상으로서, 저는 그런 사실을 적시에 보고 드렸습니다. 가장 강력한 유럽 열강과 가장 강력한 아시아 열강 간의 접근이 우리를 바람직하지 못한 상황에 처하게 할 것이라는 사실을 말하는 정도에 그치는 건 쓸데없는 짓일 겁니다. 일본과 중국의 동맹은 우리에게 모두 한 가지로 바람직하지 못합니다. 이 경우 몽골철도의 부설은 이루쿠츠크에서 동맹군의 행군을 이틀 동안의 이동으로 줄여 줄 것입니다. 1904년 대비 두 배의 일본군, 그리고 거기에 추가된 50만 중국 육군과의 투쟁은 미친 짓이라는 점은 언급할 필요도 없습니다.

<u>그러나 영일동맹의 향후 냉각은 두 개의 조합(일본과 중국의 접근 또는 독일과의 접근) 중 하나를 결과로서 지니게 될 것이기 때문에, 이 동맹의 냉각은 현재 일본이 아시아 대륙에서 점유하고 있는 지위로 인한 불가결하면서도 논리적인 결과라는 사실을 의심할 수 없습니다. 그럼 이런 파멸적인 정치적 국면에 대응하여 반응할 수 있는 러시아의 대책은 무엇일까요?</u>

제가 보기에는 여기에 두 개의 답변이 있습니다.

첫째, 극동에서 강력해지는 것입니다. 일본의 무력에 대응하는 무력을 배치하는 것입니다. 지나치게 조심스러운 일본은 모험적 엽기주의를 실행하거나, 자신의 존립을 도박에 걸 정도는 아닙니다. 일본은 확실할 때만 행동합니다. 일본을 유혹으로 이끌어갈 필요는 없습니다. 일본은 자연스럽게 갈등이 가장 적은 방향으로 팽창정책을 추구할 것입니다. 만약 러시아가 극동에서 위협이 되는 군사대국이 되었다면, 아마도 일본의 침략적 움직임이 다른 방향으로 향했을 수도 있었을 것이며, 그로써 일본의 에너지를 다른 방향으로 향하게 만드는 데 성공할 수도 있었을 겁니다.

저는 군사 분야의 전문가는 아닙니다만, 극동의 러시아가 믿지 못할 정도로 약하다는 사실을 많은 전문가들로부터 들어서 알고 있습니다. 저는 전문가로부터 일본인들이 맨손으로도 블라디보스토크를 점령할 수 있다는 말을 들었습니다. 또한 아무르의 영웅으로 현재 블라디보스토크에서 가장 높은 직위 중 하나를 맡고 계신 노령의 장군과 함께 급행을 타고 여행하면서, 장군에게서 우리의 유일한 극동기지에 관해 별로 유쾌하지 못한 얘기를 듣고 공포와 우울함에 사로잡혔습니다. 저는 현재 일본이 대륙으로 3주 안에 8~10개의 사단을 운송할 수 있는 반면, 우리의 극동 병력은 지난 전쟁 이전처럼 적기 때문에 니콜라예프스크, 하바롭스크, 사할린이 무방비 상태라는 것, 그리고 우리 국경과 거의 인접한 한국 내에 마련된 일본군 기지가 곧 무장할 것이나, 우리의 거점은 아직 유럽의 러시아라는 사실을 알고 있습니다. 다시 말씀드리면 저는 지금 무엇을 해야 할지 모르겠습니다. 아무르 철도의 복선화를 서둘러야 하는지, 자바이칼 지역 어디에든 무기고와 병영을 건설해야 하는지, 블라디보스토크를 정말로 일등급 요새로 변모시켜야 하는지, 바이칼로부터 동쪽으로 대규모 병력을 집결시켜야 하는지 등등의 문제는 전문가에게 더 잘 보일 것입니다. 다만 제가 목격하면서 명백하게 인식하고 있는 것은 황인이 준비 중인 습격으로부터 러시아를 보호하기 위해 신속하고 역동적인 조치를 채택할 필요가 있으며, <u>5년 뒤에는 우리가 그렇게 하도록 두지 않을 것</u>이기 때문에 바로 지금 해야 한다는 것입니다.

둘째, 중국과 일본 간의 바람직하지 않은 접근, 즉 동방에서 우리의 '존재 목적(raison d'être)'을 좌지우지할 접근을 막기 위해 위의 두 나라 중 한 나라와 동맹을 체결할 필요가 있습니다.

저는 이 문제에 대해서 제 권한 밖의 분야를 다루는 것이 걱정이 됩니다. 이에 이 문제의 실행 가능성이 아니라, 순수하게 추상적 관점에서 논의하겠다고 선을 긋겠습니다. 일본과 중국 또는 일본과 독일이 동맹을 맺으면, 극동에서의 우리는 거의 출구가 없는 입장에 처하게 될 것이 확연합니다. 우리가 일본이나 중국과 동맹을 맺으면 전쟁 가능성이 제거됩니다. 50만 명의 중국 육군을 후방에 둔 상태에서는 일본군이 러시아 영토로 침입하지 못할 것이라는 사실에 그 누구도 논쟁하려 들지 않을 것입니다. 어떤 경우에도 러시아 극동정책이 보수적이며 공격적이지 않다는 것은 전적으로 명확하며, 러시아는 향후 세대를 위해 현지에 있는 무수한 자원을 보존해야지 새로운 것을 쟁취하려 해선 안 됩니다. 이런 관점에 기초하여 다음과 같은 방식으로 논의해야 할 것입니다. 아무르 노선이 준공되면, 러시아에게 만주철도가 더 이상 본질적으로 필요하진 않을 것입니다. 주로 하얼빈에 집중되어 있는 러시아의 상업적 이익은 그곳에 상하이에 있는 것과 비슷한 국제 정착지를 설치함으로써 전적으로 보장될 수 있을 것입니다(영국이 상하이를 통치하듯, 막대한 토지를 차지해야 함을 고려하여 도시의 실질적인 통치권은 우리가 확보해야 합니다). 그리고 러시아의 상업적 이익의 합목적적 발전과 러시아가 점하고 있는 지리적 위치는 '그 자체로(eo ipso)' 러시아에 이 지역에서의 압도적인 정치적 영향력을 제공할 것입니다. 이것과는 별개로 우리가 1896년의 협약에 의거하여 18년 이후 만주철도를 중국에 반환하는 것은 문제가 되지 않습니다. 이와 같이 아무르 노선의 완공 이후 시점에 중국인들에게 철도를 판매하는 것이 목적에 부합하지 않을까요? 제가 보기에는 이 노선으로 두 개의 목적이 달성될 것으로 보입니다. 즉 일본은 만주철도에서 자기 몫을 양보하지 않을 것이기 때문에 일본과 중국 간에 균열을 만들 수도 있습니다. 이것은 막대한 비용과 노력을 들인 한국이라는 후배지 전체를 일본이 포기하는 것을 의미할 수 있습니다(현재 일본이 점령 중인 만주 지역은 태고부터 한국의 영토였으며, 그래서 한국의 역사적 경계 내에서 한국을 부활시키는 것은 일본이 포기하지 못할 소중한 계획입니다).

이런 양보로 우리가 도달할 다른 목적은 중국과의 긴밀한 접근 토대를 발견했다는 것에 있습니다. 만주 문제는 중국의 아픈 상처입니다. 잃어버린 만주의 반환은 중국에겐 돌아온 탕자와 같이 모든 국민들에게 말로 표현할 수 없는 환희를 불러일으켰습니다. 우리 손으로 만주철도를 중국 가족의 품에 되돌려주는 것은 두 개의 위대한 아시아 국가 간의 살아 있는 연결고리가 될 것이며, 일시적으로 단절되었지만, 우리의 절대절명의 과

제인 우정과 신뢰의 복구가 두 나라 간의 유대를 수세기 동안 강화시켜 줄 것입니다. 지체할 게 없습니다. 아무르 노선의 준공 이후 만주철도의 해당 부분을 이성적 가격으로 반환하겠다고 지금 바로 중국에게 비밀리에 약속하는 것, 그리고 아무르 철도의 준공을 가능한 한 단축시키는 것 등은 아직까지는 성립되지는 않았지만 효율적인 양국 동맹의 자연스러운 체결로 이어질 것입니다. 결과적으로 극동에서 정치적 대기가 순화될 것입니다. 시간이 흐르면서 중국이 더 강해지면, 중국과의 공식적인 동맹 체결은 우리에게 유익한 결과만을 안겨 줄 것입니다.

저는 여기서 언급한 것을 다음과 같이 요약하고자 합니다. 즉 일본과 중국이 군사력을 급속하게 증강하고 있고, 일본이 자신들의 공격적인 경향을 충분히 지지하지 않는 영국을 대신할 새로운 동맹을 찾으려는 시도를 하고 있는 상황을 고려할 때 극동의 현 상황은 위험합니다. 저는 일본 인민과 정부 간의 전반적인 분위기 속에서 일부 분열을 강조하면서, 보다 평화적 목적을 향한 국가 방침에 영향을 줄 수 있는 그런 것을 생각할 수 있었습니다. 그러나 현재의 군국주의적이자 과두적 정부의 계획은 향후 십년을 목표로 삼고 있다는 사실을 검증했습니다. 따라서 반작용 행위가 그 시점까지 결실을 맺지 못한 채, 깨어나고 있는 인민의 정치적 자아인식을 호전적인 애국주의라는 급류 속에 침몰시키는 것을 변하지 않는 정치적 과업으로 삼고 있는 현 정부가 제국주의 계획을 더 빨리 진행하지 않을까 걱정하고 있습니다. 따라서 저는 극동에서 하루가 지날 때마다 약해지고 있는 우리의 정치적, 군사적 지위를 강화시킬 대책을 즉각 수립해야 한다고 봅니다.

결론적으로 저는 아시아 동부에서 삶의 지도를 구성하고 있는 모든 부정적 현상 중에서 강조하고 싶은 것은 하나의 빛나는 장래를 위해 우리의 모든 희망과 기대를 집결하고 싶었던 바로 이 한 페이지입니다. 저는 유럽의 러시아 출신 이주민들을 동원한 시베리아로의 대규모 이주를 염두에 두고 있습니다. 시베리아에 이주시켜야 합니다. 그렇지 않을 경우 중국인들이 시베리아에 정주할 것입니다. 반드시 태평양 변경 지역에 이주시켜야 합니다. 그렇지 않으면 일본이 그곳을 장악할 것입니다. 또한 이런 방향에서 우리가 행한 현저한 진보를 기뻐하지 않으면 안 됩니다. 저는 시베리아 철도를 세 번이나 완주했는데, 그 마지막은 두 달 조금 더 전이었습니다. 여하튼 어렵게 모든 장소들을 알게 되었습니다. 툰드라와 타이가가 지금은 방목장과 밀밭이 되었습니다. 톰스크주, 예니세이주, 이르쿠츠크주 등 주민이 거주하면서 젊은 문화가 형성 중인 지역을 다녔습니다.

역들은 놀라운 구경거리들을 제공하고 있습니다. 각 역들은 부인과 아이들을 동반한 수백 명의 이주민들로 가득 찼습니다. 5월 초부터 이주민이 첼랴빈스크(Челябинск)를 거쳐 하루에 6,000명이나 통과했습니다. 되돌아가는 사람은 적었습니다. 당연히 새로운 과업에는 곤란하고 성가신 결함이 있기도 합니다. 러시아에서 동쪽으로 이주하는 이들은 전혀 좋은 사람이 아니라고 말하기도 합니다. 새로운 주거지 중 대부분은 현지 농민사회에 의존하여 그곳에서 멀지 않은 곳에 자리 잡은 게 사실입니다. 이주민은 이 마을에 등록해야 하며, 이런 등록은 종종 이주민의 경제력을 그 즉시 파산시킬 정도로 비쌉니다. 의심할 바 없이 현지 당국은 작은 역에 그리고 다른 이주민 중심지에 엄청난 수의 사람이 몰려드는 것을 고려하여 모종의 대책, 특히 위생 대책을 마련해야 할 필요가 있었습니다(사람들이 비를 피해 숨을 수 있는 작은 역사에 다수의 처마를 만들 필요가 있습니다). 그러나 이 모든 것은 이런 이동이 지니고 있는 광대한 국가적 구상과 비교하면 사소한 것으로 서서히 정리되고 해결될 것이라고 들었습니다.

빛나고 안개가 피어오르며 그리고 불현듯 등장하는 타이가를 보면서, 마법사의 손으로 만들어진, 아직 뿌리가 뽑히지 않은 거대한 가지들 한가운데 있는 젊은 마을, 동쪽으로 밀려드는 사람들을 맞이하려고 인민의 의지가 높아졌으며, 일시적인 불행과 실망에도 불구하고 마지막 승리의 가능성을 다시 믿는 것, 그것이 극동에서 러시아의 장래입니다.

22. 라만스키가 주청 러시아 공사에게 보낸 일본의 만주와 간도 지역에서의 활동에 관한 보고

1909.11.10

ф.560, оп.28, д.393, л.147-151.

　만주에서의 무장과 관련하여 제가 이곳 상하이에서 입수한 소식을 전달해 드립니다. 아른골드 카르베르크(Арнгольд Карберг) 앤 컴퍼니사의 운영진 업무를 맡아 보는 중국인 중 한 명이 9월 만주에서 곧 소총과 탄약을 예약할 거라는 소식을 회사 측에 전했습니다. 그는 이에 대해 전문으로 회사의 톈진 지부에 바로 통보하여 사태의 추이를 감시하라고 부탁했습니다. 얼마간의 시간이 흐른 후, 톈진 지부는 이 소문이 가짜로 보인다고 답했습니다. 이 회사의 중국인 고객은 10월 예약이 임박했음을 다시 통보하며, 무크덴으로 대표들을 파견해 보라고 조언했습니다. 두 번에 걸친 통보를 고려하여 이 회사는 무크덴으로 자기 회사 '관리부(government department)'의 판매상을 파견하는 동시에 톈진 대표자도 그곳에 같이 가라고 하명했습니다. 약 2주 동안 무크덴에서 지낸 판매상은 얼마 전 회사 명의로 부왕 셀랸(Селян)과 3천 정의 소총 공급과 관련하여 체결한 계약 조건을 가지고 복귀했습니다. 1907년식 마우제라(Маузера) 소총으로 구경 6.8밀리와 탄약 1,500만 발이었습니다. 무기는 내년 4월까지 무크덴으로 배달해야 했으며, 지불조건은 물건을 기선에 선적했다는 전신을 받은 후에 대금의 절반을, 배송이 끝나면 그 즉시 나머지 절반을 지불하는 것이었습니다. 소총은 1정당 운송비 포함하여 80마르크로 계약 총액이 약 55만 마르크였습니다. 판매상의 말에 따르면 이것은 시작에 불과하며, 곧이어 훨씬 대규모의 예약이 대기하고 있습니다.

　저의 무크덴 통신원의 정직성에 확신을 가지고 그의 마지막 서신에서 발췌한 몇 가지 자세한 소식을 여기에 인용하겠습니다.

　무크덴의 중국인들은 10월 중순에 부왕이 미국의 대표인 스트로트(Строт), 그리고 무크덴을 방문했던 영국 신디케이트의 대표인 프렌첸(Фрэнчен) 경과 가졌던 교섭에 큰 의미를 부여하고 있습니다. 첫 번째 사람은 목이산(木耳山)의 금광개발권을 얻었으나, 결과는 아직 알려지지 않았습니다. 두 번째는 부왕에게 철도 부설 및 광산개발과 관련하여 일련의 제안을 했습니다. 만주에 있는 미국인들의 활동과 관련하여 강조해 둘 것은 현지의 자원개발이라는 특별한 목적을 가지고 이곳으로 왔다는 점, 그리고 미국 자본가들의 새로운 대표로서 지금은 만주에 있으나 곧 베이징에 모습을 드러낼 맥클루어(Мак-Клюр, McClure)가 새로운 이권을 받았다는 것 등입니다. 저는 이곳 상하이에서 맥클루어의 도착과 그의 특별한 임무와 관련된 소식을 신뢰할 수 있는 정보원을 통해 입수했습니다. 여하튼 그의 요원 중 한 명인 갈라거(Галлагер, Gallagher) 씨는 이곳 상하이에서 이미 얼마간 거주 중입니다.

지린에서 회령으로 향하는 철도는 간도 소재의 군사전권 우 장군이라는 열렬한 보호자를 찾았습니다. 우 장군은 이 노선이 지린성을 위해 행정적 측면에서는 물론, 전략적 관계에서도 극도로 중요하다는 내용의 보고서를 작성했습니다.

간도에서 일본과 중국 병사들이 계속해서 충돌하고 있습니다. 일본 영사가 얀지틴(Янцзитин)에 도착하기 얼마 전, 그곳에 살고 있는 한인들에게 일본 통치부에 세금을 납부하라는 일본 당국의 요청이 발표되었습니다. 일본 헌병대의 지원을 받는 일본인들의 끈질긴 요청을 못 이긴 한인들은 세금을 납부할 수밖에 없었습니다. 이것이 일본인들이 조약을 실행에 옮기기 전에 받고 싶어 했던 과거의 체납금으로 보였습니다. 중국의 군사전권에 대한 한인들의 불평이 발생했으나, 이 전권은 일본 영사와 그 어떤 협약도 체결하지 못한 상태로 부왕과 외무부에 탄원을 전달했습니다.

지린성 순무의 간도 방문은 현지에서 일련의 문제를 해결하고 청일협약의 실행을 목적으로 삼고 있었습니다. 특별한 법률적 교육을 받은 몇 명의 관원이 그를 수행했습니다. 얀지틴에서 순무와 군사전권 간에 이루어진 협의에서 이 지역과 관련된 다음과 같은 대책들이 입안되었습니다. 1) 협약에서 예정된 4개의 국제마을 건설에 40만 량의 할당금과 관련하여 정부에 청원할 것, 2)이곳의 후두툰(Фудутун)을 동남도(東南道)로 개명한 후, 행정적으로 얀지틴 관구를 훈춘에 복속시킬 것, 3) 얀지틴 관구를 새로운 얀지후(Яньцизфу)로 만들고 그 안에 화룡현(和龍縣)과 왕청현(汪淸縣)을 만들 것. 보기에 체류지 '후(Фу)'가 거주민이 많지 않은 얀지틴이 아닌, 그보다 크고 일본 당국이 위치한 육도구(六道溝)에 의해 선택된 것 같으며, 얀지틴은 왕청현으로 개명한다. 4) 협약에 따라 룬

진툰(Лунцзинцун), 쥬이지제(Цзюйцзыцзе), 토우다오고우(Тойдаогоу) 그리고 바이차오고우(Байцаогоу) 등 4개의 작은 마을에 개설되는 것을 제외하고도, 새로운 '후' 안에 6개의 새로운 법정을 개설할 것. 법정 개설은 육도구와 왕청현(현재의 얀지틴)에 예정되었다. 이런 법정은 훈춘에도 개설한다. 이 7개의 하위 법정 외에도 하나의 주법정(дифаншэнпантин)과 하나의 검사청(檢査廳)을 설립한다. 5) 지역의 일반 통치와 군대 지휘는 예전 군사전권의 수중에 집결시켰다가, 나중에 그의 통치를 해체하면서 남부 군사 도대의 새로운 직책을 개설할 것, 6) 훈춘에 국제마을 개설은 자금 부족을 고려하여 연기하기로 결정한다.

이 통신원은 지린과 한국 사이의 공간을 조사 중인 일본의 첩보원과 지형측량학자들이 한국 국경에서 지린까지 이어진 비교할 수 없을 정도로 짧고 편리한 짐마차와 부대 이동용 도로를 발견했다고 합니다. 현재 알려진 도로는 둔화현(敦化縣), 청아령(靑兒嶺), 선화(善花), 전자(甸子) 등을 지나며, 길이가 300리입니다. 일본인들이 발견한 도로는 한국 국경 무산부(茂山府) 근처에서 시작하여 협피구(夾皮溝)를 거쳐 직선으로 지린으로 향합니다. 길이는 총 500리입니다. 이 소식은 매우 중요하니 그것을 확인해 보는 게 흥미로울 것입니다.

같은 통신원이 보낸 다른 소식 중에서 강조할 만한 것은 무크덴 소금부(соляное бюро)의 직권남용에 관한 소식입니다. 일본인과 관련하여 이 부가 재차 필요한 이유가 흥미롭습니다. 무크덴 소금부는 이전 무크덴 장군 차오에르슌(Чао эрр сюн)에 의해 설립되었습니다. 슈이시찬(Сюй ши чан) 당시 일본에서 교육을 받은 루(Лу)라는 이가 이 부서의 담당자로 임명되었습니다. 현재 지난 과거 내내 10만 량의 뇌물을 받은 루가 일본산 소금(요동산)을 수입하여 무크덴성에서 판매하도록 허락한 사실이 밝혀졌습니다. 부왕이 조사를 지시했습니다.

23. 고이예르가 주청 공사에게 보낸 청(淸)의 정치 상황과 안중근을 면담한 영국인 변호사 관련 보고서

1909.12.10

Ф.560, оп.28, д.393, л.176-186.

결론적으로 저는 일본에 대해 몇 가지 더 언급하고 싶습니다. 여기에서는 가까운 시일 내에 한국의 합병이 여기에서는 불가피한 사건으로 여겨지고 있습니다. 아마도 이 사안은 한국인 스스로 합병을 주장하면, 일본은 마지못해 동의하는 것처럼 정리될 것 같습니다. 합병이라는 단어는 연방, 군합국(君合國) 혹은 다른 조화로운 용어로 바뀌게 될 것입니다. 이미 라만스키가 통보했을 수도 있겠지만, 영국인들이 관동주에서의 치외법권을 영국인들이 거부할 것으로 보이는 것과 관련하여 각하께 정보를 상기시켜 드리는 것이 또한 흥미롭다 봅니다. 더 정확하게 말하면, 다롄에 있는 영국 공사는 해당 지역에서 대영제국 신민들에 대한 사업권이 자신에게 속하지 않는다고 성명했다는 것입니다. 저는 회의론적으로 대하고 싶지만, 그럼에도 이 정보는 권위자, 즉 이토 공작을 살해한 한인을 보호하는 의무를 받아들이기 위해 얼마 전 뤼순으로 온 변호사에게서 유래한 것입니다. 그 변호사는 이 문제에 대해 영국과 일본 간에 이미 존재하거나, 아니면 협약이 작성 중이라고 주장했습니다. 그는 저에게 살해에 관해 언급하기를, 그를 봤고 찾았는데 훌륭한 상태였다고 합니다. 범인은 변호사[더글라스(Дуглас)]에게 자신을 위해 근심하는 동지들에게 감사를 전해 달라고 부탁했습니다. 아직은 사전 조사가 이루어지고 있으나, 변호사는 그 과정에 참석할 수 없습니다. 그러나 그는 뤼순으로 되돌아가기 위해 일본인들로부터 예정된 소송의 개정 소식을 기다리고 있습니다.

24. 주청 재무관 고이예르가 재무대신 코코프초프에게 보낸 미국의 만주철도 개입 정책에 대한 보고

1910.1.6

Ф.560, оп.28, д.393, л.203-221.

지난 여러 해 동안 중국에 있는 대규모 건설회사 '브리티시-차이나 코퍼레이션(British-China Corporation)'과 프랑스의 홍콩-상하이은행의 대표였던 블렌드 씨가 가까운 시일 내에 페테르부르크를 거쳐 철도편으로 런던에 갈 것입니다. 이 회사는 한때 중국 내 철도 부설 건으로 거의 독점적 지위를 누렸으며, 부설한 철도 중 대표적인 노선으로는 이미 완공된 상하이-난징 노선 그리고 현재 부설 중인 홍콩-광둥(廣東) 노선과 톈진(天津)-난징(南京) 노선이 있습니다.

블렌드는 반년 전, 즉 독일인들이 영국과 프랑스의 자본에 기초하여 항커우(韓口)-광둥 노선과 항커우-스주안(Сычжуань) 부설 계획을 교란하고, 베이징 주재 독일-아시아은행 대표 코르데스(Кордес)를 시켜 블렌드의 등 뒤에서 기민하게 찬치둔(Чанчидун)과 협상을 진행하여 이 회사가 상기 노선 부설에 독일의 공동참여를 받아들이도록 강요하던 때에 이 회사를 사퇴했습니다. 코르데스는 철도의 수입으로 보장을 받는 것이 아니라, 단순하게 말하면 중국의 전체 국가 수입으로 보장받는 돈을 철도 부설용으로 중국인들에게 빌려주자는 더욱 유리한 조건을 제안했습니다. 블렌드는 부설, 납품, 중개 수수료 및 기타 사항들을 감시하는 조건으로 순수하게 '철도용 차관'을 고집했습니다.

한마디로 블렌드는 상하이-난징이나 다른 노선의 조건 속에서 일련의 계획된 철도 부설이 이어져야 한다고 했으나, 코르데스는 새로운 조건이 필요한 새로운 시대가 도래했다는 것을 알고 있었습니다. 중국 철도에 관심을 두고 있던 재정집단 대표들의 유럽 회의에서 완전히 따돌림당할 것을 두려워한 영국인들은 독일인들과 함께 간다는 결정을 내렸습니다. 블렌드의 비타협적 정책은 승인받지 못했습니다. 이에 그는 런던을 방문했으며, 긴 협상 이후 마침내 대담하게 '신뢰의 문제'라고 규정지었습니다. 답변이 그에게 유리하지 않자 그는 '회사'를 사퇴했으며, 홍콩-상하이은행, 그리고 동방에서 자신이 여러 해 동안 챔피언으로 군림했던 모든 재정 및 산업 분야와의 관계를 이렇게 단절했습니다.

이 집단들과의 관계를 단절한, 자존심 강한 블렌드는 그 즉시 중국에 있는 철도기업의 개발을 고려한 자본가들의 새로운 신디케이트 형성을 목표로 삼았습니다. 지금까지 중국에서의 철도 부설에 대한 재정 지원에 참가하지 않았으나, 최근 들어 블렌드의 시선은 본능적으로 동방에서 더욱 적극적인 정책을 추구하려는 의지를 명백히 보여 준 미국으로 향했습니다. 그와 해리만(Хариман, Harriman) 간의 만남이 파리에서 이루어졌는데, 미국의 철도왕과 블렌드 간의 만남은 완전한 합의로 종결되었습니다. 그는 런던에서 로트쉴드(Ротшильды)[91] 가문 및 홍콩-상하이은행에 항상 어느 정도 반대의 입장이었던 은행가 일파의 지지를 확보했습니다. 또한 남아프리카에서의 활동으로 유명한, 그리고 지금까지 중국에서 이권을 구했으나 보람이 없었던 파울린(Паулин) 건설사와 합의했습니다. 새로운 재정집단을 편성한 블렌드는 주로 두 개의 적대적 경향, 즉 중국에서 역동적으로 발전하고 있는 독일 및 일본의 주도권을 상대로 투쟁을 생각하고 있었습니다. 일본인들은 최근 3년 동안 자신의 권력적 '비토권'으로 블렌드의 모든 계획을 방해했는데 그중에는 신민툰(新民屯)-파쿠민 노선 부설권도 있었습니다. 독일은 중국인들을 새롭게 집결시킨 바로 그 요인, 즉 재정 지원을 받는 기업의 운영에서 채권자를 제외하는 조건의 차관 협약으로 후베이 노선의 문제에서 블렌드를 패하게 만들었습니다. 청국 정부의 눈에는 다른 모든 나라와 자본가들이 공동 참가하는 새로운 신디케이트에게 큰 힘과 막대한 권위를 실어주는 게 바람직하다고 보았습니다. 재정적 관점에서 프랑스인들의 참가가 필요했으며, 정치적 목적에서는 러시아의 참가가 중요했습니다. 신디게이트에 대한 러시아와 프랑스의 협력으로 그들이 일본과 헤어지는 게 아니라 일본과 연합하여 만주에서 영국과 미국의 모든 사업 착수 면전에 극복할 수 없는 장애물을 두 배로 만들지 않도록 할 필요가 있었습니다. 잘 알려진 바와 같이 오래전부터 미국은 '동북 3성'에 특별한 관심을 두고 있었습니다. 만주에서 활동하기로 결정한 미국인들은 러시아 또는 일본과 반드시 함께해야 한다는 것을 깨달았습니다. 블렌드는 손쉽게 합의에 도달할 수 있는 나라로, 그리고 그에 더해 프랑스의 금융시장에 대한 영향력을 지닌 나라로 해리만에게

---

91 역주: 금융계의 왕조로 불리는 Rothschild가를 말하는 것 같다.

러시아를 지목했습니다.

해리만과 블렌드는 영국, 미국, 프랑스, 그리고 러시아가 연합하여 만주, 몽골의 모든 철도 기업에 공동으로 재정을 지원하고, 심지어 러시아의 동의하에 자신의 활동을 동시베리아 전역으로 확대할 수도 있는 강력한 자본가 집단의 형성을 구상했습니다. 모든 것이 성공적으로 잘 진행되었으며, 블렌드는 이미 자기 친구를 통해 같은 생각을 지니고 있었던 상트페테르부르크 주재 미국 대사 록힐(Рокхиль)[92]에게 러시아 정부의 의견을 타진했습니다. 그러나 해리만이 죽으면서 계획이 와해한 것은 아니지만, 지체되었습니다. 그래도 모건-쿤-롭(Морган-Кун-Лоеб), 제1산업은행 및 다른 기업이 참가한 미국 블럭이 성립될 수 있었습니다. 그들은 베이징 주재 대표로 스트레이트(Стрейт)를 임명했습니다. 파울린(Паулин)사의 대표였던 로드 프렌치(Лорд френч)가 미국의 대표가 되었습니다. 이제 러시아 및 프랑스와 최종적으로 협의하는 것만이 남았습니다. 이에 블렌드는 약 3주 후에 재차 유럽으로 출발할 예정이며 가는 길에 상트페테르부르크를 방문할 것입니다.

잘 알려진 바와 같이 영국과 미국인들이 철도 노선의 네트워크 계획을 작성하였는데, 그중 갈간(Калган)-캬흐타, 지린-영고탑-산신(Сансин)-린잔초우(Линьцзянчжоу, 아무르에 있음) 그리고 아이훈(愛輝)-치치하얼-타우난푸(Таунанфу)-진저우(Цзинчжоу)[93] 노선이 특별한 관심을 끌고 있습니다. 첫 번째 노선의 경우, 중국 자본에 의한 몽골횡단철도(베이징-갈간 노선)로, 첫 번째 공사 구간의 준공은 중국인들이 외국의 제안을 거절하고 순수하게 북청철도의 수익금으로 비용을 지급하면서 독자적으로 철도 부설을 실행하도록 중국을 종용할 것입니다. 두 번째 노선에 대해 말씀드리면, 상당히 표피적 성격의 사전 조사만이 이루어지긴 했지만, 종착점인 린잔초우가 아직 충분한 상업적 의미를 지니고 있지 못하다는 이유에서 이 노선에 관한 진지한 언급이 아직은 없습니다. 현재까지는 모든 관심이 아무르와 보하이(渤海)만을 연결하여 전적으로 새로운 지역인 만주의 후배지, 홍안령 너머에 있는 코르친(Корчин)과 제이림(Джейрим) 세임(Сейм)[94]이라는 명칭으로 유명한 몽골 지역에 활기를 넣어줄 계획인 아이훈-진저우 노선에 집중되어 있습니다.

---

92 역주: William Woodville Rockhill, 1854~1914. 러시아지리학회 명예 외국인 회원이기도 하다.
93 역주: 요동만에 있음, 錦州를 말한다.
94 역주: 몽골어라고 하나 의미 파악이 힘들다.

제가 작년 11월 베이징에 있을 당시 이 노선의 건설 문제에 모든 관심이 집중되어 있었습니다. 말하기를, 중국은 자신으로부터 떨어져 나가는 만주를 순수한 중국의 철도로 연결하려는 것이기 때문에 원칙적으로 이 프로젝트에 동감하고 있으며, 만주의 이 지역에서 러시아 기업이나 일본 기업 아닌 모든 기업의 발전 확대를 원한다고 합니다. 이 노선의 성공적인 사용은 일본 노선의 의미를 상당히 낮출 것이며, 새로운 진저우항은 다롄 및 뤼순과 경쟁할 수 있을 것입니다. 이런 프로젝트에 중국 다음으로 만주철도회사에 가장 관심을 두고 있는 두 개의 나라, 즉 러시아와 일본의 입장은 어떠한지 설명하는 것이 남았습니다.

러시아가 항의를 표명하면 일본은 이 노선과 어느 정도 유사한 신민툰-후쿠민 노선의 부설을 허락하지 않은 것처럼 이 노선의 부설도 허락하지 않을 것이라고 한결같이 주장했습니다. 영국과 미국의 대표인 블렌드, 프렌치 그리고 스트레이트와 베이징에서 수차례에 걸친 협의 후 저는 전적으로 확정적인 인상을 받았으며, 그것을 각하께서 검토하시도록 감히 제출합니다.

첫째, 영국과 미국이 이중적 게임을 한 것입니다. 즉 그들은 우리와 일본을 상대로 동시에 공작을 한 것입니다. 제가 보기에 프렌치는 일본인들이 재료의 일부를 제공하는 조건으로 이 노선의 건설에 동의할 수 있냐며 일본과 타진했습니다. 그들은 러청은행을 통해 전체 업무에 재정 지원을 하기로 우리에게 약속했습니다. 자신들에게 유익한 것을 제공하는 사람들의 지지를 미리 확보하려 했던 스트레이트와 프렌치는 진정한 기회주의자처럼 행동했습니다. 만약 우리가 그들에게 긍정적 형태로 지지를 약속했다면 그들은 그것으로 만족했을 것입니다. 그러나 우리의 늑장과 중립을 우려한 그들은 도쿄에서 자신을 위해 보험에 재차 가입했을 것으로 보입니다. 두 번째 결론은 우리가 이 시점에서 매우 유리한 지위를 차지하고 있다는 것입니다. 만주 이용에 관심이 있는 일본과 미국은 우리의 정치적 영향력보다 지리적 위치 때문에 우리가 필요합니다. 우리를 자기편으로 끌어당기는 데 성공한 쪽이 상대적으로 지배적 지위를 차지하게 될 것입니다. 일본인들은 미국의 계획을 예견하여 우리와 가까워지고, 만주 문제에 대한 국제적 간섭에 대한 공동 저항으로 합의에 이르고자 애쓰고 있습니다. 미국인들도 만주에서 일본이 점하고 있는 독점적 지위에 맞서 투쟁하기 위해 우리의 지지를 확보하려 들 것입니다. 선택은 우리의 몫입니다. 만주 문제와 관련하여 일본과 합의를 이루어 모든 영국과 미국의 계획에 반대할 것인가, 혹은 미국, 그리고 부분적으로 영국과 (정치적이라기보다는 상업적으로) 협력하여 대륙에서 탐욕스러운 일본의 압력에 대응해서 공동으로 투쟁해야 할까? 이 둘 다 가능하고도 목적에 맞는 것입니다. 그러나 신속하고 단호하게 선택하는 것이 중요합니다. 우리는 이런 상황에서 머뭇거리지 말아야 합니다. 동방에서의 삶과 사건은 상황이 오래도록 남아 있지 않고 지나치게 빠른 속도로 전개됩니다. 그 외에도 현재 우리는 동방에서 우리의 비위를 맞추게 하면서 장기적이고 강력한 영향력을 행사할 수 없습니다. 기다리면 우리 없이 해결될 것입니다. 우리를 제외하고 훈장을 나눠 가질 것입니다. 이것이 제가 베이징에서 본 것들로부터 얻은, 그리고 상하이에서 블렌드와 가진 협상을 통해서 받은 두 번째 인상입니다.

만약 제가 중국에서의 상황을 제대로 이해하고 있다면, 우리는 일본과 함께 영미조합에 반대할 것인지 혹은 영미와 함께 일본의 계획에 반대할 것인지를 즉시 표명해야만 합니다. 만약 우리가 어느 것도 결정하지 못하면, 2~3년 후에 철도가 치치하얼로 그리고 아이훈-몽골-산신으로 우리를 빼고 부설되는 결과가 발생할 것은 물론, 심지어 아무런 방해도 받지 않고 손쉽게 우리의 시베리아횡단철도에서 치치하얼을 향한 간선이 독일에 의해 부설되고, 일본이 우리의 시베리아철도 노선과 평행하게 지린에서 동해로 철도를 부설할 것입니다. 반면 때늦은 우리의 항의는 작년 7월 후베이 차관에 대한 우리의 간섭과 같은 그런 성공을 얻게 될 것입니다.

이제 가장 중요한 문제, 즉 일본과 같이 가냐, 혹은 미국이냐의 결정에 관심을 기울여야 합니다. 첫 번째 조합은 우리를 위해서도 그리고 우리에 반해서도 많은 것을 지니고 있습니다. 이 조합을 위하여 무엇보다 상황이 중요합니다. 즉 일본은 베이징에서 원하는 걸 실질적으로 성취할 것인데, 미국이나 영국도 같다고 얘기해서는 안 됩니다. 영국과 미국은 러일전쟁의 순간부터 중국에서 자신들의 이권을 점진적으로 상실했으며[베이징 신디케이트, 리스터(Листер), 프리차드 모건(Причард Морган), 리틀(Литтл) 및 기타], 그 사이 일본은 1905년 12월 그리고 1909년 8월에 두 개의 유리한 조약을 체결했습니다. 베이징에서 일본의 영향력은 승리를 가져다 주는 전쟁은 물론, 만주 일파와의 비밀연합으로 설명됩니다. 만주 일파는 일본의 도덕적, 금전적 영향력하에 있습니다. 푸룬(Пу Лун)과 수(Су) 황자는 불가피할 때마다 보조금을 받고 있으며, 텔랸과 나툰은 일본으로부터 봉급을 받고 있습니다. 영향력 있는 중국인 중에는 랸툰이엔(Льянтуиен)이나 차오주린

(Чаоджулин) 같은 친일파가 적지 않습니다. 블렌드가 일본의 소식통에게서 들은 바에 따르면 황후의 사망 직전에 일본 재무관 오다기리(Одагири)가 베이징에서 발생할 수 있는 지출에 대비해 3백만 엔의 차관을 제공했다고 저에게 통보해 주었습니다. 후쿠시마 장군 역시 괜히 매년 한 번씩 중국의 수도를 방문하는 것이 아닙니다. 만주인과의 연합은 일본의 강력한 일면입니다. 일본과의 동행은 철도건설과 만주와 몽골에 있는 다양한 기업들에 대한 재정 지원에 참가할 수 있는 권리의 획득을 의미합니다.

이런 협약의 추잡한, 또는 더 정확하게 말하면 위험한 측면은 우리 스스로 그런 식으로 일본에게 도움을 주고, 만주에서 확고해지고 강화되는 것입니다. 그리고 최근 몇 년 동안에 미국과 영국의 상업 대표들이 실로 역동적으로 반대했던 일본의 환상을 실행하는 데 부응하는 것입니다. 즉 우리는 우리 손으로 일본 대륙 정책의 지속적 발전을 위한 이상적인 기지에 설비를 갖추어 주는 것입니다. 일본은 영원히 또는 최소한 향후 수십 년간 만주에서 우리보다 강력해질 것입니다. 그 이유는 일본은 그곳이 자기 집이지만, 우리에게는 아주 먼 낯선 곳이기 때문에 부설된 철도망과 그 지역의 실질적인 점령을 통해서 도출되는 모든 이익은 결정적 순간이 되면 우리가 아닌 일본만 누리게 될 것입니다.

일본 지배층은 무역과 공업, 나라의 군사 정치적 세력의 지속적 발전을 위해 반드시 외국의 돈이 필요합니다. 차관의 체결 역시 러영이 가까워지고, 일미 관계가 냉각되면 어려울 것입니다. 이외에도 일본은 중국에서 상업적 이익을 가지는 모든 나라들의 일본에 대한 적대적 감정을 인식하고 있으며, 그런 적대감은 만주에서 일본을 대하는 태도에서 명백하게 나타나고 있으며, 일본의 대륙 프로그램 실행을 방해하고 있습니다. 일본이 러시아에 접근하는 것은 유럽의 금융시장에 손쉽게 접근할 수 있게 해 주며, 대륙에서 자기 다리로 굳건하게 설 수 있는 가능성을 제공할 것입니다.

이렇게 언급된 것에 기초하여 일본과의 접근이 우리가 재정 지원한 철도와 공식화된 약속 같은 식의 미심쩍은 이익만을 주는 반면, 일본은 실질적인 만주의 점령과 계속된 무장을 위한 금전적 이익을 얻을까 걱정입니다.

시뮬레이션이 아닌 실질적인 러일의 접근은 러시아 외교가 극동에서 달성할 수 있는 최고의 결과임에 전혀 의심의 여지가 없습니다. 개인적으로 저는 중국의 중요한 인종적 조직이 건강하기 때문에 중국의 미래를 믿고 있으며, 중국인들은 황인종의 추상적 힘을 스스로 구현하고 있으나 일본인들은 구체적인 힘을 구현하기 때문에 미래가 일본이 아닌 중국에게 속할 것으로도 믿고 있습니다. 하지만 오늘도 그리고 내일도 일본은 중국보다 강력하며, 따라서 일본과의 동맹은 중국과의 동맹보다 더욱 이성적입니다. 저는 항상 러시아가 두 개의 극동 열강 중 한 나라와 친해져야 하며, 그럼으로써 중국과 일본의 상호 접근, 즉 아시아 대륙에서 유럽의 군사적, 상업적 점령에 종말을 고할, 아시아 대륙의 두 열강의 자연스러운 형제연합을 막아야 한다고 보았습니다. 두 열강의 연합은 많은 면에서 인민의 역사에 새로운 시대의 시작이 될 것입니다. 그러나 일본과의 연합은 위에 언급한 원인 때문에 극도로 위험하다고 봅니다. 젊은 일본의 군사적 에너지, 확장을 향한 자연스러운 욕구의 대상은 오직 중국과 러시아 단 둘뿐입니다. 중국과의 투쟁은 그 누구도 허락하지 않을 것입니다. 해외 열강의 대중국 무역유통액은 수십 억 루블이 넘습니다. 영국 재산과 기업의 재산은 수십 억입니다. 독일은 그것보다 약간 적습니다. 이 나라들은 일본과 중국이 싸워서 일본이 중국 내에서 주인처럼 행세하도록 허락하지 않을 겁니다. 절대 그럴 리 없습니다. 일본은 오직 러시아와만 싸울 수 있습니다. 연해주, 아무르주 또는 관동 지역에 투자된 외국자본은 실로 소액이라 영국과 미국이 그 자본을 위해 일본과 싸우지는 않을 것입니다. 지난 전쟁에서 일본에 대한 동정이 약간 있었으며 그 이상은 없었습니다. 전쟁 비용의 경우에도 첫째, 러시아와의 접근은 일본에게 사전 차관을 실행하거나 혹은 어떠한 경우에도 일본의 재정 상태를 어느 정도 개선할 수 있는 가능성을 제공하여, 일본이 국내에서도 대규모 자원을 발견하게 될 것임을 조심해야 합니다. 둘째, 일정한 조건에서 항상 자금을 구할 수 있는 그런 지위에 이의를 제기하는 사람은 거의 없을 겁니다. 특별한 경우 자금을 지급한 것은 영국도, 미국도, 독일도 아닌, 모든 전쟁에 재정 지원을 한 것은 국제은행가 집단입니다. 이 은행가 집단에는 프랑스를 포함한 모든 나라의 유대인 은행가들이 참가했습니다. 승리가 있는 곳에 돈이 있었습니다. 철도, 세관, 독점 등과 같은 담보가 있는 곳에 대출이 있습니다. 따라서 모든 것은 무방비상태의 러시아 변방을 점령하는 것, 만주 지역에서 승리를 얻은 이가 되는 것, 그리고 해외 열강의 직접적인 간섭을 막는 것으로 귀결될 겁니다. 애석하게도 현 상황에서는 달리 말할 수 없습니다.

   위에 언급된 모든 것에서 저는 다음과 같은 결론을 내리고 싶습니다. 만약 일본이 우리에게 실제로 자신의 평화애호에 대해 명료하고도 효과적이며 실질적인 증거를 제시하고, 우리와의 접근으로부터 획득한 여하한 이득을 가까운 시일 내에도 그리고 미래에도 우리에게 반하는 것으로 만들지 않겠다는 보장을 해줄 수 있다면, 영국과 미국을 무시하고 일본과 협약하는 것이 더 이득입니다. 그러나 그 반대의 경우 다음의 사실을 고려할 필요가 있는 바, 미국과 영국을 배척하고 일본과 공동으로 만주에서 활동한다면, 우리는 우리를 속이고 있는 일본과 향후 단교할 때 상당 수준까지 영미의 호감을 잃게 될 것이며, "당연히 혼자서 국을 끓였으니, 혼자서 다 핥아 먹으시오!"라는 그들의 말을 들을 준비가 되어 있어야 합니다.

따라서 일본의 진정성에 조금의 의심이라도 든다거나, 일본이 적절한 보장(예를 들어 우리에게 치명적인 지린-회령 노선의 포기)을 제공하려 들지 않을 경우, 미국과의 협약이 더욱 합목적적일 것이며, 어떠한 경우에도 우리를 위협하는 위험으로부터의 보험이 될 것입니다.

영미와의 협약이 지닌 약점은 다음과 같습니다. 이런 협약이 의심할 바 없이 자극적 형태로 일본에게 작용하여 독일에게 접근하도록 만들 수도 있습니다. 하지만 그와 동시에 이 협약은 일본이 북만주 전 지역을 급속하게 점령하는 데 걸림돌이 될 수도 있음에 의심의 여지가 없으며, 만일 영미 자본가들이 동시베리아로 접근하고 일본이 러시아에 적대적인 행동을 할 경우, 영미가 그것에 역동적으로 저항할 수도 있을 것입니다.

이상의 딜레마에서 만주 문제에 있어서 일본과 함께하느냐 아니면 영미와 함께하느냐는 미국 국무성이 제기한 만주철도의 중립화 문제에 대한 러시아의 태도와 연관되어 있습니다.

이 계획은 적절한 시점에서 원세개에 의해 잉태된, 그의 소중한 아이디어입니다. 그는 현재의 상황하에서 러일의 수중에서 중국의 수중으로 직접적인 만주 양도가 가망 없으며, 따라서 중재적 절차를 구축하는 게 불가피하다고 보았습니다. 즉 다름이 아니라 점령된 지역을 포함하는 만주 전체를 모든 열강에게 넘겨주면, 그 이후에 만주를 다시 중국에 되돌리기가 훨씬 쉬워진다는 것입니다. 당소위(唐紹威)에게 이 문제를 미합중국 대통령과 논의하라는 명령이 내려졌고, 그는 그대로 이행했습니다. 원세개 일파가 몰락하자 미국이 베이징에서 자신의 제의가 어떻게 받아들여질 것인지 확신하지 못하면서 논의가 지연되었습니다. 실제로 이 계획은 관둥 일파의 두드러진 바람이었으나, 만주인과 외무부의 친일파 대표가 이에 적대적으로 대응했습니다.

재정적 관점에서 전(全) 프로젝트가 비판을 이겨내지는 못합니다. 이익이 아니라 손실을 주는 기업이 거대한 자본의 투자처를 어떻게 찾겠습니까? 정치적 관점에서 일본이 남만주에서 퇴거하지 않을 것은 조금도 의심할 바 없습니다. 왜냐하면 일본은 만주 전체와 지린성 일부분을 마치 한국의 자연스러운 연결, 즉 한국의 후배지로서 비싼 값에 자신이 획득한 곳으로 보고 있기 때문입니다. 그 후배지로부터 일본의 퇴거는 오직 새로운, 그러나 이번에는 패배를 경험하는 전쟁의 경우뿐입니다. 모든 만주 지역은 이미 앞에서 지적한 것처럼, 고대 한국의 일부였으며, 수도는 선양(沈阳), 즉 현재의 무크덴이었습니다. 한국의 역사적 국경 내에서 복구는 일본의 대륙 계획의 일부분을 형성하고 있으며, 녹스(Нокс)의 간섭도 일본이 이런 거대한 사상을 거부하도록 강요하지 못합니다.

이제 러시아에 대해 관심을 돌리면서, 아무르 노선의 완공 전에 우리 철도의 양도를 언급하는 것은 시기상조라고 여겨집니다. 우리 극동 지역의 모든 영토는 대도시로부터 단절되어 있습니다. 아무르 노선이 완공되었을 때, 철도 양도에 대한 답변은 일본과 함께할 것이냐, 아니면 영미와 함께할 것이냐를 결정하는 데 달려 있다고 봅니다. 첫 번째 경우 이 도로 외에도 우리에게는 그 시점까지 북만주에 새로운 기업들이 등장할 것 같습니다. 이 모든 지역이 우리의 영향권이자 상공업적 주도권하의 영토로 변모할 것입니다. 그리고 그 경우 그곳에서 퇴거할 필요가 없습니다. 두 번째의 경우, 불가피하거나 바람직한 퇴거입니다. 아시아 대륙의 이 지역에서 영미와 우리 러시아의 공동 행동은 이미 평화 보장으로 이어질 것이므로 일본과 오해가 발생할 때 일본은 한 나라가 아닌, 지금 언급된 세 열강 모두를 직접 상대하게 될 것입니다.

이것과는 별개로, 군사적 관점에서 러시아와의 전쟁이 일본에게 극도로 곤란할 것입니다. 즉 요동과 한국에 있는 자신의 무장 기지에 의지하고 후방에 텔린과 관청즈에 위치한 창고를 보유한 상태에서 네 개의 철도로 하얼빈을 향해 공격하는 것 대신에, 부유하고 주민이 많은 지역에서 공격한다는 것은 낯선 땅에 전 육군을 상륙시키고, 후방에 바다를 둔 상태에서 도로도 없고 식량도 없는 곳에서 진군하는 것입니다. 도문(图们) 근처에서 한러 국경을 이루고 있는 좁은 지대를 따른 진군은 생각조차 할 수 없는 것입니다. 그곳에는 육군을 전개할 장소가 없습니다. 거기에는 엄폐물을 잔뜩 가져다 놓은 상태에서 분견대 간의 소규모 전투나 벌어질 정도입니다. 따라서 아무르 노선의 준공 이후 중국에게 국제 신디케이트의 중개를 통한 동청철도의 매각이라는 관점에서 보면, 신디케이트 내에서 이론상으로 러시아는 다른 나라들과 동등한 지위를 점유하고, 실질적으로는 지리적 조건 덕분에 (러시아가 차지할-역주) 압도적인 지위는 러시아의 이익에 부응할 것입니다. 왜냐하면 이것은 상당 수준에서 고통스러운 극동 문제의 해결이기 때문입니다.

어쨌든 정부가 어떤 결정(일본인들과 합의에 도달할 것인가 아니면 영미인가)을 내리든, 가장 중요한 것은 가능한 빠른 속도로 결정짓는 것입니다. 그렇지 않을 경우, 다른 나라들이 우리 없이 문제를 해결할 것이며, 그럼 우리는 한편으로는 극동에서 정치적으로 고립될 것입니다. 다른 한편으로는 모든 철도가 우리를 빼고 부설되어 만리장성 밖의 중국이 우리의 참가 없이 사용되어, 우리의 역할은 현재 만주에서 이탈리아나 오스트리아-헝가리가 점유하고 있는 그런 지위로 귀결될 것입니다. 영미 신디케이트가 가까운 시일내에 치치하얼-진저우 노선의 부설에 관한 협약을 체결할 것이라는 소문이 돌고 있습니다. 제가 베이징에 체류할 당시 프렌치와 스트레이트는 제가 전권을 지니고 있다고 보아 러청은행이 모든 기업의 재정 지원을 담당할 것을 저에게 제안했습니다(만약 현재 우리 은행이 이 사업에 참가하지 않을 경우, 그것은 은행 자신의 잘못이거나, 혹은 은행의 마음이 내키지 않아서일 것입니다).

여기 언급된 모든 것에 저는 결론의 형식으로 다음의 사실을 부언하고자 합니다. 외국인들의 모든 철도 부설계획에 반대하는 청국 정부의 외견상의 방해에도 불구하고 역시 대부분의 철도는 외국인들에 의해 부설될 것입니다. 중국의 모든 지역에서 이런 의미의 정보를 접수하고 있습니다. 예를 들면, 교통부 차관 셴유엔페이(Шен Юен Пей)는 철도 부설을 예상하고 중국 북부와 중부의 모든 지역을 둘러본 후, 자신의 탐문 결과에 대해 황태자에게 보고서를 제출했습니다. 그의 의견에 따르면 "그 누구도 약속된 금액을 입금하지 않을 중국 회사에 하명하면 아니 되오며, 남용과 상호 불신이 도처에 있습니다"라고 언급한 뒤, 계속해서 "만약 정부가 정말로 철도 부설을 불가피한 것으로 인식한다면, 단 한 가지 방법만이 존재합니다. 외국인이 보유하고 있는 자금에 기초하여 부설하는 것"이라고 보고했습니다.

이와 같은 의미에서 광둥성을 일부 거쳐 지나가는 광둥-한커우 노선의 부설에 관하여 남쪽으로부터 온 정보가 접수되었습니다. 도대 봉핀안(Вонг Пин Ан)은 부왕 유안(Юан)의 명령에 따라 광둥주식회사에 의한 철도 부설사업을 조사한 후, 지난 3년 동안 총 98리가 부설되었으나, 거기에 전체 노선(530리)의 부설에 배정된 총금액의 2/3가 소모되었다고 보고했습니다. 그는 현지 '젠트리'의 자금으로는 완공될 수 없을 것이라고 주장했습니다.

체키앙(Чекианг, 浙江?)에서 보고하기를, 상하이-한커우-닝보[95] 철도 노선부설 수석 엔지니어인 탕(Танг)은 주주 출자자들이 출자한 돈으로 투기를 했습니다.

이 외에도 한커우 근처에 대형 교량을 건설하려면 외국인 기사가 반드시 필요하여 포드(Форд, Ford)를 초빙했습니다. 톈진-난징 노선에서 남쪽은 물론, 북쪽 구간에서도 남용이 있었습니다. 도대 리(Ли)와 루(Лу)는 법정으로 이관될 것입니다. 한편 이 노선의 1마일 값은 영국인이 부설한 가장 비싼 노선인 상하이-난징 노선보다 1.5배나 더 쌉니다.

한마디로 중국인들이 자신의 철도를 부설하기 위해 지방에 있는 사립회사에 의지해서는 안 된다고 인식하게 될 시간이 머지않았습니다. 철도 부설업무가 중앙당국에 위임될 경우, 중앙당국은 외국자본의 협력에 호소할 것입니다. 따라서 우리는 시간을 소비하지 말고 우리의 정치적 노선을 설정하고 여기든 아니면 다른 곳이든 재정블록에 가입한 후, 베이징 주재 우리의 외교대표와 러청은행에 의지하여 예정된 식량 및 공업회사에 재정을 지원하여 그곳에서 우리의 영향력을 주장하고 중국에서 그리고 극동 전체에서 우리의 권위 상승 등을 위해 정력과 체계 있게 행동해야 할 것입니다.

심심한 존경 및 충심과 함께 명예를 담아.

---

95 역주: 寧波로 보인다.

25. 주청 재무관 고이예르가 주청 러시아 육군무관에게 보낸 이갑과 현상건 면담 관련 보고

1910.6.3

Ф.560, оп.28, д.394, л.110-114.

어제 대한제국 군대의 대령 이갑(李甲)[96]이라는 자가 각하께서도 이미 들으신 바 있으실 대한제국 황제의 전직 부관 현상건(玄尙健)과 함께 저를 방문했습니다. 이갑이라는 자의 약력은 다음과 같습니다. 즉 그는 일본 육군사관학교에서 교육을 받았으며, 총 17년을 일본에서 지냈습니다. 일본어를 일본인처럼 구사합니다. 그는 러일전쟁 전까지 한국에서 육군 고위직을 지냈고, 수만 명의 한국 북부 3도 출신(그 역시 북부 출신입니다) 청년들이 교육을 받았던 '서북학회(西北學會)'라는 계몽운동단체를 설립한 이로 잘 알려져 있습니다. 그는 오랫동안 일본파의 지지자로 여겨졌으며, 심지어 (러일전쟁 당시-역주) 랴오량 전투를 포함하는 전쟁 초기에 전 시기 동안 일본 육군 소속의 무관이었습니다. 1905년 11월 일본의 강압적 보호 관계 선포 이후 그는 일본에 대한 비타협적 저항자가 되었습니다. 그때부터 그의 활동은 일본의 한국 점령에 반대하며 역동적인 선전의 성격을 띠었습니다. 그는 지난 가을 이토 공작을 살해한 것과 관련하여 체포되었습니다. 왜냐하면 그는 이토를 일본 체제와 동일시하여 이토에게 사형선고를 선포했던 비밀결사의 회원이었기 때문입니다. 그러나 일본 체제에 반대하여 동참했다는 직접적인 증거가 없었기 때문에 일본은 그를 투옥한 지 3개월 뒤 방면했으나, 완전한 자유의 조건으로 반년 동안에 걸쳐 서우학회를 친일적 청년동맹으로 재건하든가, 아니면 북한의 3도에서 일본에 우호적인 새로운 청년동맹을 설립하라는 의무를 그에게 부과했습니다. 이갑의 능력을 극단적으로 높게 평가한 일본인들은 위에 언급된 북부 3도에서 그가 누리고 있는 영향력에 막대한 의미를 부여했으며, 따라서 그를 일본 쪽으로 돌려 놓으려고 갖은 노력을

---

96 역주: 李甲, 이하 동일

다했습니다. 이갑은 북부로 향하여 그곳에서 칭다오(Циптау, 靑島)를 거쳐 상하이(上海)로 도피했습니다. 이곳에서 그는 일본 당국의 눈을 피해 2~3일 내에 블라디보스토크로 탈출하려고 준비 중입니다. 그는 '서북학회' 회원으로 기꺼이 조국에 봉사할 준비가 된, 교육받은 청년 5만 명을 자신의 지휘하에 두고, 한국 북부 전 지역에서 첩보부의 조직자로서 러시아군 당국에게 봉사하겠다는 제안을 하고자 어제 현상건과 함께 저를 방문했습니다. 이갑은 블라디보스토크에 정착하여 러시아 영토에서 살고 있는 한인사회 내에서 자기 인맥을 이용하여 함경도 및 간도의 주민들과 함께 첩보 활동을 지휘할 준비를 하고 있습니다.

그는 하바롭스크 또는 블라디보스토크에 있는 육군 참모부로 자신을 보내 달라고 저에게 부탁했습니다. 이에 저는 이갑이 향후 블라디보스토크로 향할 때 귀하께서 필요하다고 생각하시는 모든 인사들 및 그의 의도에 관해서 저에게 알려 주시고, 향후 이갑과 계속해서 서신 왕래를 하게 될 현상건에게 알려 줄 수 있게 그 인사들의 성명도 통보해 주시라고 요청합니다. 이런 방식으로 이갑은 누구에게 호소해야 하는지를 알게 될 것이며, 해당 군사당국은 그의 등장에 미리 대비할 수 있을 것입니다.

저는 개인적으로 이갑의 제안에 특별한 관심을 가질 필요가 있다고 생각하는데 그 이유는 다음과 같습니다. 1) 이갑은 일본의 육군사관학교에서 교육을 받고, 일본 육군에서 복무한 전직 군인입니다. 따라서 그의 복무는 아마추어의 첩보 복무가 아니라, 그 분야에 준비된 자의 첩보 복무가 될 것입니다. 2) 그는 일본어를 모국어 수준으로 구사합니다. 3) 그는 자신의 나라를 위해 모든 것을 헌신할 준비가 확고하게 되어 있는 광신적 애국자의 유형으로, 돈이나 공적이 아닌 자신의 이념을 위해서 우리 군에서 복무할 것이므로 그의 복무는 국고에 지나치게 부담되지 않을 것입니다. 4) 한국 북부에서 정치교육 단체의 설립자이자 지도자라는 그의 신분 덕에 우리가 큰 관심을 가지고 있으며 그 지역에서 거대한 영향력을 행사하며 넓은 인맥도 보유하고 있습니다. 그는 함경도 지역 반도[97]의 지도자인 이범윤, 조상갑(趙尙甲), 지성명(Джи Сен-Мен, 지청천?) 및 여타 무장봉기의 지도자들과 지속해서 연락하고 있습니다. 5) 일본과 개전할 경우 이런 사람은 한국 북부에서 봉기를 손쉽게 조직하여 일본 육군의 후방에서 활동할 수 있는 수만 명으로 구

---

97 역주: 본문 мятежник의 직역

성된 부대를 우리의 도움으로 무장할 수 있을 것입니다.

저는 이 모든 사실을 귀하의 판단에 전달해 드리는 것을 의무로 여기고 있으며, 귀하께서 연해주의 우리 군 당국과 이갑이 관계를 원만하게 이어 가고, 그가 세운 계획의 성공적 완수에 협력할 수 있기를 바랄 뿐입니다. 제 생각에는 일본과의 정치적 접근에도 불구하고, 우리는 우리 조국의 문지방인 극동에서 이루어지는 모든 일에 대해 부단한 경계를 거부해서는 안 되며, "평화를 원한다면 전쟁을 준비하라(si vis pacem para bellum)"는 원칙에 따라 최악의 상황에 대비해야 한다고 봅니다. 현 상황에서 우리는 우리의 평화 우호적 성향과 외교적 보장에 대한 답변으로 한국을 병합하고, 함대를 강화하며 24개 사단으로 육군 병력을 증강한다는 결정을 내린 일본의 예를 따라야 할 것입니다.

재무관
고이예르

26. 고이예르가 육군무관에게 보낸 이갑의 페테르부르크 방문 시 총참모부와 접촉 주선을 요청한 서신

1910.6.4

Ф.560, оп.28, д.394, л.115-117.

여기 첨부된 코르닐로프(Корнилов) 대령 수신의 서한 사본에서 5등관이 '정치교육단체의 수장으로서 한국 북부의 3개 도에서 넓은 인맥과 막대한 영향력을 지니고 있으며, 일본어를 뛰어나게 구사하면서, 여러 해 동안 복무하여 일본 육군을 잘 알고 있는 한국군 대령 이갑이 러시아 및 만주 국경과 접경한 한국 각 도에서의 첩보 업무 조직을 위해 자신이 봉사하겠다'는 제안을 살펴보고 계십니다.

현재 이갑은 사리사욕을 목적으로 삼고 있지 않으며, 애국적 의무를 수행하고 있는바, 그의 주장에 따르면 이런 의무는 일본의 압제로부터 자신의 조국을 해방해 주기로 예정된 나라에 자신이 봉사한다는 것으로 이루어졌다고 합니다. 일본이 러시아와의 새로운 전쟁을 준비 중이라는 사실을 한국에서는 그 누구도 의심하지 않고 있습니다. 이것은 러시아와의 접경 지역에서 일본에 의해 실행된 중무장 및 한반도를 강력한 군사교두보, 즉 지속적인 대륙 진출을 위한 견고한 기지로 전환하는 목적을 지닌 전면적 준비 작업을 목격한 모든 이들에게는 명백한 것입니다.

한국에서 반일파 투사 중 한 명인 이갑은 서울에서 그에게 내려진 훈령에 따라 블라디보스토크에서 상트페테르부르크로 향할 준비를 하고 있습니다. 이에 저는 그에게 감히 귀하의 주소를 주었으며, 귀하를 방문하여 자신의 계획을 설명하도록 권고했습니다. 아마도 귀하께서는 그를 총참모부로 향하게 하거나, 어쨌든 그에 관해 참모부에 통보를 하시고, 상트페테르부르크가 연해주 군 당국과 그의 성공적인 관계를 촉진하도록 노력하셔야 할 것입니다.

이것 또한 귀하께 말씀드리는 게 의무라고 생각되오니, 이갑의 봉사에 특별한 의미를 부여하고 싶은바, 그는 제가 협력해야 하는 교육을 받고 가장 재능을 갖춘 사람이며, 우리나라와 인접한 지역에서 그 자신의 명령하에 5만 명의 젊은이를 보유하고 있는 이런 사람이 우리에게 줄 수도 있는 이익은 적당한 조건 아래에서는 매우 귀중한 것이 될 수도 있을 것이기 때문입니다.

이갑과의 회담 결과를 저에게 통보해 주시기를 바랍니다.

27. 고이예르가 주일 대사에게 이갑 대령과 연해주 군 당국의 정보협력 주선을 요청한 서신

1910.6.10

Ф.560, оп.28, д.394, л.118-131.

한국으로부터의 소식

본인이 입수한, 각하께서 관심을 보이실 수도 있는 한국의 상황에 관한 일부 소식을 감히 각하께 통보해 드리는 것을 저의 의무로 생각합니다.

며칠 전 현상건 대위가 상하이에서 얼마 전에 도착한 다른 한국인 한 명과 함께 저를 방문했습니다.

이 한국인은 이갑입니다. 한국군의 대령으로 일본에서 군사교육을 받고, 러일전쟁 전반기에는 일본 육군의 무관이었습니다. 그는 오랫동안 친일파로 여겨졌으나, 1905년의 을사조약 이후 타협이 불가능한 일본의 적대자 중 저명한 지위를 차지했습니다. 그는 한국의 북부 3도의 대규모 교육계몽단체인 '서북학회'의 설립자로서, 이갑이 개교한 학교에서 교육 과정을 마친 청년회원 5만 명이 이 학회의 회원입니다. 그 역시 한국 북부 출신으로 그 지역에서 막대한 영향력을 지니고 있습니다. 아시는 바와 같이 오래된 전통에 따라 북부 출신들은 일정한 직급, 즉 실로 낮은 등급 이상의 직무를 맡을 수 없었으나, 이런 제한은 이갑의 청원으로 전 황제에 의하여 폐지되었습니다. 그때부터 한국 북부에서 그의 이름은 민족적 영웅들의 이름과 동등하게 여겨졌습니다. 작년 11월 그는 이토 공작의 살해를 조직한 비밀결사의 회원이라는 이유로 일본 당국에 의해 체포되었습니다. 일본은 그에 불리한 증거를 전혀 찾을 수 없었기 때문에 3개월 동안 가두었다가 방면했습니다. 그러나 일본은 방면의 대가로 '서북학회'를 친일적 청년동맹으로 변환시키되, 만약 그 단체의 방향 변경이 전적으로 불가능할 경우, 이갑이 특별한 영향력을 행사하고 있는 한국 북부의 3개 도에서 새로운 친일 단체를 설립하라는 조건을 제시했습니다. 이갑은 일본 당국에게 필요한 약속을 한 후, 서울에서 얼마간 시간을 보내다가 단체 설립이라는 핑계를 들어 한국의 북부로 가서 국경을 넘어 도주했습니다.

그가 서울에 있었던 4월과 5월에 그가 전임 황제와 함께 있는 모습이 여러 번 목격되었으며, 비밀리에 저에게 전적으로 신뢰할 수 있는 다음과 같은 정보를 통보했습니다. 즉 황제께서는 도피하기로 단호하게 결정했으며, 가까운 시일 내에 자신의 계획을 이행할 준비 중이라고 합니다. 현재까지 황제의 계획은 두 가지 사정으로 인해 지연되고 있습니다. 첫째, 차명으로 등록된 황제의 재산을 현실화하여 해외에서 자신의 존재를 보장하려는 희망, 둘째, 복잡한 가족 문제로, 황제의 도피가 일본의 수중에 있는 아들에게 영향을 줄까 걱정한 황제의 부인이자 세자의 어머니인 엄 왕후가 그런 결정을 택하지 못하도록 갖은 방법을 동원해서 황제에게 권고하고 있다는 것입니다.

현재 상황은 다음과 같이 변했습니다. 황제가 자기 재산의 일부만 구할 수밖에 없다 할지라도, 그의 생존은 보장될 것입니다. 해외 거주한 모든 한국인들이 그를 돌보게 될 것입니다. 그들은 비밀 결사를 이루고 있으며, 그 결사의 수장은 전(前) 황제 자신입니다. 가족 사정에 관해 말하면, 황제는 황후가 일본인의 영향력 아래로 들어간 자기 아들의 생명을 걱정하고 있다고 판단하여, 의도를 황후에게 숨길 정도로 현재 황제와 엄 황후 간의 불화가 진행되었습니다. 따라서 이 계획에서 황후를 빼는 것은 물론, 황후도 모르게 도주하려고 준비 중입니다. 가장 흥미롭고 전적으로 신뢰할 수 있는 정보는 이 계획에서 황제의 주된 협력자가 현재 총리대신(Первый министр)인 박제순(朴齊純)이라는 것입니다. 황제는 북쪽으로 향하여 그곳에서 이범윤 및 함경도 지방 모반자[98]들의 지원을 받아 혼자서 도주하려 합니다. 그는 러시아 국경을 넘어 블라디보스토크에서 안전해지기를 기대하고 있습니다. 그는 최악의 경우 사람들이 자기를 친러적인 정치범을 보듯 한다면, 러시아 정치범들이 일본에서 도피처를 찾는 것처럼 그도 러시아 영토에서 도피처를 찾겠다는 겁니다.

황제의 계획된 도피와 관련하여 필요한 대책을 세우기 위해 사전에 블라디보스토크로 몇 명의 인사들이 파견되었습니다.

세 명의 한국인은 정치적인 항일 선전을 수행하려는 목적으로 칭다오(Циндау)에서 한

---

[98] 역주: 원어 'инсургент'의 직역

자 신문을 창간하려고 그곳으로 파견되었습니다.

특히 황제는 이갑에게 두 개의 임무를 부여했습니다. 황제의 개인도장이 날인되어 러시아 황제 폐하께 보내는 친필 서한이 이갑에게 전달되었습니다. 저는 그 편지를 보았으며, 정확한 번역문은 다음과 같습니다.

"황제 폐하! 제가 불행한 한국의 상황에 관한 호소로 재차 폐하를 귀찮게 해드리는 것에 대해 용서를 구합니다. 그러나 제 백성의 과도한 불행을 보는 제 고통은 너무 커서 침묵하기 어려운 상황입니다. 일본은 한국을 자신들의 보호 관계에 있는 나라가 아니라, 심지어 쟁취한 식민지도 아닌, 예속된 나라처럼 대하고 있습니다. 따라서 저와 제 백성은 변함없이 폐하께 의지하여, 폐하께서 우리를 혐오스러운 압제로부터 자유롭게 해주는 그날이 오리라는 희망으로 살고 있습니다. 이제 한국의 완전한 병탄 시점이 다가오고 있습니다.

일본은 많지 않은 한국인 배신자들을 매수하여 일본에 의한 한국병합을 청원하도록 독려하고 있습니다. 그러나 일본은 전체적인 봉기를 두려워하여 지금까지 이런 행보를 실행하지 않고 있습니다. 현재 러시아와 일본 간에 협약이 체결될 것이며, 이 협약의 조건 중 하나가 일본의 한국병합에 대한 러시아의 동의라는 소문이 퍼지고 있습니다. 저는 이 소문을 믿지 않으며, 폐하께서 한국의 보호자가 된다는 생각을 거부하지 않으셨고, 노예처럼 되어 버린 불행한 백성들에 대한 연민으로 우리 백성의 완전한 파멸에 동의하지 않으실 거로 생각하고 있습니다. 저는 이 소문이 한국과 해외 열강이 어떻게 반응하는지 확인하려는 목적에서 일본이 유포한 것으로 추측하고 있습니다. 최근 몇 년 동안 러시아가 그럴지도 모른다는 추측에 제 마음은 고통스러웠습니다. 하지만 우리 민족과 우리나라를 위한 마지막 간청과 함께 폐하께 호소합니다.

이 서한을 저의 신뢰할 수 있는 충복 이갑에게 전달하여 귀 정부의 대표를 통해 폐하께 전달하도록 위임하겠습니다.

행복하고 만세에 걸친 폐하의 치세를 간절히 바랍니다."

이갑은 이 서한을 각하 또는 외무대신께 전달해 달라고 저에게 부탁했습니다. 그러나 저는 이런 비밀서한이 각하를 곤란하게 만들 수 있음을 걱정하여 그의 부탁을 이행할 수 없다고 판단했습니다. 이에 저는 이 일이 제 권한 밖임을 설명한 후, 외무부 대표에게 부탁해 보라고 권고했습니다. 이갑은 이 문제를 현상건과 논의한 후, 그가 직접 블라디보스토크를 떠나 상트페테르부르크로 향하여 그곳에서 자신에게 부과된 전 황제의 특명을 이행하기로 결정했다고 저에게 통보해 주었습니다.

요즘 이갑은 칭다오(Цинтау)로 갔다가 거기에서 블라디보스토크를 거쳐 상트페테르부르크로 향하여 그곳에서 외무부를 방문할 것으로 보입니다.

그에게 내려진 두 번째 임무는 그의 개인적 능력을 넘어서는 것, 즉 한반도 북부에서 일본인들의 활동을 감시하는 데 있어 러시아 연해주 군 당국에 협력하는 것입니다.

블라디보스토크에서의 정착을 준비 중인 이갑은 자신이 설립한 서북학회에 소속된 한국 국내 및 러시아와 중국에 있는 다수의 회원을 통해 한국과 남동만주에서 일본의 모든 행보를 경계, 관찰하는 조직을 설립하는 데 헌신하겠다고 제안했습니다. 그 외에도 중국[99] 반도의 지도자들, 이범윤 그리고 다른 이들과 꾸준히 연락 중인 이갑은 러시아와 일본 간에 분규가 발생하면, 러시아와 접경한 한국 북부 전 지역에서 대규모 봉기를 조직하여 그곳에서 일본의 모든 행동을 곤란하게 만들 수도 있습니다.

이갑은 돈이 아니라 일본에 대한 광신적 증오심과 조국을 구원하려는 뜨거운 열망으로 가득 찬 이념을 위해 일할 것입니다. 이에 더해서 저는 이 사람이 최고의 군사교육을 받았고, 일본어를 모국어처럼 구사하며 실로 능력을 갖춘 인상을 준다는 사실을 첨언하고 싶습니다. 그는 자신의 봉사를 제안할 수 있게 자신을 연해주의 우리 군 당국과 연결해 달라고 저에게 부탁했습니다. 군사적 관점에서의 한국 감시는 사모일로프(Самойлов) 장군의 전문 분야이므로, 귀하께서는 귀하 선에서 연해주 군관구 참모부와 이갑의 관계가 원만해질 수 있게 우리의 일본 주재 육군무관께 통보해 드리는 것이 맞을 수도 있을 것입니다.

이갑과 현상건으로부터 제가 입수한 다른 소식에 따라 귀하께서도 익히 알고 계시듯이 전기회사의 사건과 서류가 들어 있는 두 개의 철제가방 몰수와 연관되어 황제의 친척인 조남성(Чо Нам Сенг)이 체포되었음을 강조합니다. 조남성과 금조현(Кун Чо Хиен)의 체포와 상자를 빼앗긴 진정한 원인은 다음과 같습니다. 즉 일본은 그 상자 안에 여러 은행에 분산된 전 황제 개인의 자본내역서가 있을 것으로 확신했으며, 이에 그 돈을 빼앗으려 했습니다.

---

99 원문에 'китайских'되 되어 있으나, '한국의', 즉 'корейских'의 오타인 듯. 여기서는 본문 그대로 번역했다.

실제로 조남성이 일부 내역서를 지니고 있었으며, 따라서 그가 체포된 즉시 현상건은 황제께서 자기 사재의 나머지를 잃어버리셨다고 저에게 통보해 주었습니다. 그러나 이곳에 도착한 이갑은 상자에는 내역서가 이미 없었으며, 일본인들이 아무 의미나 가치도 없는 서류들만을 차지한 것이라고 설명해 주었습니다.

계속해서 저는 몇 주 전 일본이 한국의 병합에 관한 친일파들의 청원에 동참하도록 현 황제를 설득하기로 결정했다는 사실을 이갑으로부터 알아냈습니다. 이갑의 말에 따르면 황제는 통곡하시며, 그런 짓을 하느니 차라리 자살로 생을 마치는 게 더 낫다고 말씀하셨답니다. 그 이후 일본인들은 더 이상 황제에게 그런 제안을 하지 않고 있지만, 다른 방법을 택했다고 합니다. 데라우치(寺內正毅)를 총독에 임명하면서 일본의 주구들로 이루어진 새로운 내각을 구성하면, 이 주구들은 총독이 강요한 문서에 서명할 것으로 보입니다. 주요 역할이 송뷕준(Сонг Пуиг Чун)[100]에게 할당될 것으로 보입니다. 합병에 유리한 소란스러운 선전은 일진회에 의해 조직되어 일본 국고의 보조금을 받는 단체인 '국민찬성회'의 회원들에 의해 이루어질 것입니다.

그 사이 치엔다오(Чиендао)[101]와 연해주의 국경 근처인 북부에서는 이범윤의 지휘 아래 2,000명의 한국인으로 구성된 육군이 창설되었습니다. 육군은 조상갑(Чо Сан Кап, 趙尙甲?), 이신호(Ии Син Хо, 이승호?, 이성호?), 방병기(Панг Пин Ки, 方丙基?), 진익교(Дзин Ик Гуе?), 한긴서(Хан Гин Соу, 한경서?) 그리고 진신일(Чин Син Ол, ?) 등이 지휘하는 개별 부대로 분할되었습니다. 이 부대는 무장 상태가 좋지 못해 일본을 공격할 수 없었습니다. 예전에는 전 상트페테르부르크 주재 한국공사였던 이범윤이 군자금과 무기를 공급해 주었으나, 현재는 어느 곳에서도 지원을 받지 못해 반군의 지도자는 공격적으로 활동할 수 있는 상태가 아닙니다.

함경도 회령군의 한국인과 일본인 단체는 치엔다오와 훈춘 간의 왕래가 쉬워지도록, 한국식 56리 길이의 서수라(西水羅)와 토리(토리동?) 사이에 철도지선을 부설해 달라고 서울에 있는 당국에 결정을 요청했습니다.

일본은 언론에서 종종 언급되었던 한국에서 계획된 철도와 병행하여 올해 내내 주로

---

100 역주: 송병준인 것 같다.
101 역주: 간도(間島)

함경도의 청진, 회령 그리고 무산 사이에, 함흥과 시호진(Сихочжин)[102] 사이에, 경성과 청진 사이에 양질의 비포장도로를 부설하고 있습니다. 경성과 청진을 연결하는 도로 부설에는 7만 5,000엔이 들었습니다. 그 외에도 평안도와 경상도 등지에서 도로가 부설되고 있습니다. 올해 내내 도로 부설에 150만 엔이 지출될 것으로 예상됩니다.

그런데 청진의 새로운 항구에 있는 주민은 다음과 같이 구성되어 있다고 통보해 주었습니다. 즉 일본인 2,200명, 한국인 1,192명 그리고 중국인 334명입니다.

현상건이 제게 가져다 준 나머지 정보는 6사단이 2사단(32, 42 및 65보병연대, 제2포병연대와 제2기병연대)으로 변경되었으나, 지도부의 성명에는 거의 새로운 인물이 없다는 것입니다.

전반적으로 한국에서는 그 누구도 조선의 합병이라는 사안이 가까운 미래의 일이라는 점, 그것이 새로운 봉기의 폭발을 야기할 것이라는 점, 일본인들이 가능한 조약들의 사문화에도 불구하고, 대륙에서의 향후 공격적 행동을 위해 꾸준히 무장하고 견고한 기지를 한국에 설립할 것이라는 점 등에 의문을 품지 않고 있습니다.

---

102 역주: 서호진으로 판단된다.

자료 원문

제1부

러시아 재무대신 코코프초프의 극동 시찰과 안중근의 하얼빈 의거

1. Телеграмма Г.А.Виленкина из Токио.

1909.7.10 (10 Июля 1909 г.)

Ф.560, оп.28, д.416, л.3.

Министр действительно предполагает посетить Маньчжурию и Владивосток, но осуществится ли это предположение, выяснится не раньше половины сентября. Во всяком случае поездка предполагается самая кратковременная тем безусловно исключается возможность Японии (и) поступится Собственного Китая.

2. Всеподданнейший доклад В.Н.Коковцова

1909.9.9 (9 Сент. 1909 г.)

Ф.560, оп.28, д.416, л.6-8.

При последнем всеподданнейшем докладе моём ВАШЕМУ ИМПЕРАТОРСКОМУ ВЕЛИЧЕСТВУ благоугодно было ВЫСОЧАЙШЕ указать на желательность посещения мною территории Китайской Восточной железной дороги и важнейших центров нашей окраины на Дальнем Востоке, какими являются Владивосток и Хабаровск. Полагая осуществить такое Высочайшее указание в ближайшем же времени, я однако вынужден считается с необходимостью предварительного окончания работ по составлению проекта государственной росписи на будущий год, между тем в настоящую минуту я лишен возможности выяснить в точности, когда и как удастся завершить это сложное дело. Кроме того, теперь не представляется возможным прийти к определенному заключению о том, какие дела будут назначены к рассмотрению в законодательных учреждениях тотчас после возобновления их деятельности, и не потребуют ли эти дела моего безотлучного пребывания в Санкт-Петербурге с целью представления в указанных учреждениях, могущих потребоваться от меня объяснений. Тем не менее я считаю своей обязанностью теперь же принять некоторые подготовительные меры, для того, чтобы быть в состоянии замедления

отправится на Дальний Восток, если только по ходу дела это окажется возможным.

При этом вменяю себе в долг всеподданнейше доложить ВАШЕМУ ВЕЛИЧЕСТВУ, что в необходимости указанной поездки укрепляет меня сознание той ответственности, которая лежит на мне, как лице, призванном к заведыванию делами Общества Китайской Восточной железной дороги, а равно желание ближе уяснить себе те требования, которые предъявляются теперь по-военному и морскому ведомствам к Государственному Казначейству с целью усиления обороны нашей дальневосточной окраины. Само собой разумеется, что я отнюдь не имею в виду вмешиваться в дела посторонних ведомств, но я не считал бы себя выполнившим своего долга, если бы не пользовался предполагаемой поездкой для ознакомления на месте с теми вопросами, по которым мне приходится вести отношения с Военным и Морским Министерствами и высказывать свои суждения в Совете Министров. По этим соображениям, спрашивая ВЫСО-

ЧАЙШЕЕ ВАШЕГО ИМПЕРАТОРСКОГО ВЕЛИЧЕСТВА разрешение предпринять поездку на Дальний Восток теперь же, как только это представится возможным, я вместе с тем приемлю долг всеподданнейше ходатайствовать о всемилостивейшем соизволении ВАШЕГО ВЕЛИЧЕСТВА на то, чтобы нашим местным военным властям было предложено ознакомить меня с основными условиями и ближайшими задачами обороны крепости Владивосток.

Самая поездка могла бы состояться на нижеследующих основаниях.

1/ По расчёту времени на поездку потребуется не менее 5 недель.

2/ Предвидя возможность того, что через посредство наших представителей в Китае и Японии будут сделаны заявления о посещении этих стран, в особенности Японии, на это у меня уже имеются косвенные указания, я полагал бы решительно уклониться от поездок куда бы то ни было вне полосы отчуждения Китайской Восточной железной дороги.

3/ На время отсутствия моего из Санкт-Петербурга я полагал бы передать заведывание текущими делами Министерства Финансов Товарищу Министра финансов тайному советнику Веберу, сохранив в бою общее руководство ведомством, к чему представлена полная возможность при условии периодических телеграфных сообщений.

К участию в поездке я полагал бы привлечь директора Общей Канцелярии Министра финансов статского советника Львова, Товарища Председателя Правления Общества Китайской Восточной железной дороги действительного статского советника Вентцеля и Правителя дел этого Правления статского советника Зейде.

Расходы, вызываемые командировкой действительного статского советника Вентцеля и статского советника Зейде, я полагал бы отнести на средства Общества Китайской Восточной железной дороги в размере, принятом в Обществе для подобных командировок. Что же касается расходов статского советника Львова и имеющих сопровождать меня канцелярского чиновника и курьера, то таковые расходы я полагал бы покрыть за счёт кредита, назначенного по действующей государственной росписи на экстренные и не предусмотренные сметами надобности, при чём размер соответствующих выдач можно было бы, применительно к бывшим примерам и руководствуясь нормами, установленными в действующем законе, с увеличением однако, в виду дальности поездки, подъемных денег, определить: для статского советника Львова прогонных денег – 2 701 рублей, суточных квартирных 54 рубля, и подъёмных 1045 рублей, а всего три тысячи восемьсот рублей, для канцелярского чиновника прогонных, суточных и квартирных 920 рублей и подъёмных 580 рублей, а всего тысячу пятьсот рублей, и для курьера прогонных, суточных и квартирных 450 рублей и подъёмных 250 рублей, а всего семьсот рублей.

Вышеуказанные предположения, намечаемые мною на случай возможности предпринять поездку на Дальний Восток, приемлю долг всеподданнейше повергнуть на **ВЫСОЧАЙШЕЕ ВАШЕГО ИМПЕРАТОРСКОГО ВЕЛИЧЕСТВА** благо воззрение.

Министр Финансов, Статс-Секретарь, /Подписал/ В.Коковцов.

3. Телеграмма Правления Общества КВЖД И.Я.Коростовецу

1909.9.10 (10 Сент. 1909 г.)

Ф.560, оп.28, д.416, л.9.

Министр выезжает из Петербурга между 26 и 29 сентября, в Пекин не поедет, но крайне желал бы повидаться с Вашим Превосходительством. Хорват вернется к приезду Министра.

4. Письмо В.Н.Коковцова С.А.Воеводскому

1909.9.12 (12 Сент. 1909 г.)

Ф.560, оп.28, д.416, л.12-12 об.

ГОСУДАРЮ ИМПЕРАТОРУ, по всеподданнейшему докладу моему, в 9 день этого сентября благоугодно было ВЫСОЧАЙШЕ разрешить мне предпринять, если это окажется по ходу дела возможным, поездку на Дальний Восток, с тем, чтобы мною были посещены, кроме территории Китайской Восточной железной дороги, также Владивосток и Хабаровск. При этом ЕГО ИМПЕРАТОРСКОЕ ВЕЛИЧЕСТВО всемилостивейше соизволил на то, чтобы нашим местным военным властям было предложено ознакомить меня с основными условиями и ближайшими задачами обороны крепости Владивосток.

Предполагая, что совершение указанной поездки представится для меня возможным в непродолжительном времени, имею честь, во исполнение изложенного выше ВЫСОЧАЙШЕГО повеления, обратиться к Вашему Превосходительству с покорнейшей просьбой не отказать в зависящих распоряжениях по Морскому Ведомству о предоставлении мне возможности, в случае посещения нашей окраины на Дальнем Востоке, ознакомиться с положением обороны крепости Владивосток.

В ожидании уведомления о последующем, прошу Вас, Милостивый Государь, принять уверение в совершенном моём почтении и искренней преданности.

5. Протокол Заседания Правления Общества КВЖД

1909.9.15 (15 Сент. 1909 г.)

Ф.560, оп.28, д.416, л.15.

Присутствовали: Товарищ Председатель: А.Н. Вентцель. Члены Правления: И.И. Ходоровский, В.У. Соллогуб, А, д. Иванов, Г.Н. Иосса, к Ревизионного Комитета: В, л. Жадвойн и ф.ф. Дараган. Присутствовал с правом совещательного голоса И.В. Жарновский.

СЛУШАЛИ:	ПОСТАНОВИЛИ:
Для сопровождения господина Министра Финансов в предстоящей поездке Его высокопревосходительства в Маньчжурию командируется Правитель Дел Правления Общества, л.В. Зейде. Командировочное довольствие для, л.В. Зейде предполагалось бы определить, по примеру последних командировок, а размере: а) подъемные деньги – двухмесячный оклад содержания, что составит 1000 рублей; б) на проезд туда и обратно 700 рублей и в) суточные за всё время командировки, по изложению, в полуторном размере, как при командировках заграницу, а именно по 15 рублей в сутки. Х) нормальный размер суточных денег при командировках внутри Империи для лиц, получающих содержание 6000 рублей в год = 10 рублям. Скрепил: За Правителя Дел В. Конопко С подлинным верно (подпись) За Правителя Дел (подпись) Сверял: (подпись)	Назначить командируемому в Маньчжурию для сопровождения господина Министра Финансов Правителю Дел Правления, л.В. Зейде командировочное довольствие в следующем размере: а) подъёмные деньги в размере 2-х месячного оклада содержания (1000 рублей); б) на проезд туда и обратно 700 рублей и в) суточные за всё время командировки по 15 рублей в сутки. Подписали: Вентцель, Ходоровский, Солногуб, Иванов, Иосса, Жадвойн, Дараган и Жарновский. С подлинным верно: За Правителя Дел: (Подпись)

6. Письмо А.П.Извольского В.Н.Коковцову

1909.9.17 (17 Сент. 1909 г.)

Ф.560, оп.28, д.416, л.16.

В ответ на письмо от 17 Сентября за №623 о ВЫСОЧАЙШЕ разрешенной поездке Вашего Высокопревосходительства на Дальний Восток, спешу уведомить, что, признавая весьма полезным личные объяснения Ваши во время поездки с Посланником и Консулами по вопросам, касающимся Северной Маньчжурии и Монголии, я вместе с этим предложил Действительному Статскому Советнику Коростовцу, по получении им известия о дне прибытия Вашего в Харбин, выехать туда, а равно снабдить необходимыми указаниями подлежащих Консулов.

Примите, Милостивый Государь, уверения в отличном моём почтении и совершенной преданности

(Подпись)

7. Письмо А.А.Поливанова. В.Н.Коковцову

1909.9.18 (18 Сент. 1909 г.)

Ф.560, оп.28, д.416, л.18.

Вследствие письма Вашего от 13-го Сентября за №613, мною, вместе с этим, сообщено по телеграфу Командующему войсками Приамурского военного округа, для зависящих распоряжений, что Вашему Высокопревосходительству ВЫСОЧАЙШЕ разрешено ознакомиться с положением обороны крепости Владивосток при предстоящей поездке Вашей на Дальний Восток.

Прошу принять уверение в совершенном моём уважении и искренней преданности.
Ал.Поливанов

8. Письмо С.А.Воеводского В.Н.Коковцову

1909.9.22 (22 Сент. 1909 г.)

Ф.560, оп.28, д.416, л.32.

На письмо Вашего Высокопревосходительства, от 12-го Сентября за №614, имею честь уведомить, что одновременно с этим мною сделано распоряжение об оказании Начальником Морских Сил Тихого океана полного содействия Вашему Высокопревосходительству для ознакомления с положением морской обороны Владивостока.

Прошу, Ваше Высокопревосходительство, принять уверение в совершенном моём почтении и искренней преданности

С. Воеводин

9. Письмо А.П.Извольского В.Н.Коковцову

1909.9.23.

Ф.560, оп.28, д.416, л.38.

Благоволите передать Коковцову:
ГОСУДАРЮ ИМПЕРАТОРУ благоугодно было одобрить мнение, высказанное Вами самими и Столыпиным, что поездка Ваша в Токио и Пекин при нынешних обстоятельствах нежелательна.

10. Телеграмма В.Н.Коковцова И.Я.Коростовецу

1909.9.25 (25 Сент. 1909 г.)

Ф.560, оп.28, д.416, л.41.

Будучи лишен возможности посетить Пекин, очень прошу Ваше Превосходительство в виду выраженного Министром Иностранных Дел согласия не отказать приехать в Харбин, куда прибуду 11 октября.

Коковцев

11. Телеграмма Г.А.Виленкина В.Н.Коковцову

1909.9.28 (28 Сент. 1909 г.)

Ф.560, оп.28, д.416, л.44.

Расшифрована 28 сентября.

Маркиз Ито отправляется на днях в Маньчжурию; просил меня через Гото узнать, находите ли Ваше Высокопревосходительство удобным, чтобы маркиз Ито имел с Вами встречу в Харбине. Виленкин.

12. Письмо Департмента Гос. Казначейства Общей Канцелярии Министра Финансов

1909.9.28 (28 Сент. 1909 г.)

Ф.560, оп.28, д.416, л.45.

В Общую Канцелярию Министра Финансов.

Вследствие выраженного Господином Министром Финансов желания иметь в своём распоряжении во время поездки на Дальний Восток сведения о наличности кредитов на хозяйственно-операционные расходы военного ведомства, Департамента Государственного Казначейства имеет честь препроводить при этом в Общую Канцелярию Министра финансов справку и ведомость об означенных расходах.

Вице-Директор (Подпись)

13. Справка о состоянии, назначенных по сметам Военного Министерства 1908 и 1909 гг.(I)

Ф.560, оп.28, д.416, л.46-47.

Общая стоимость постройки казарм для вновь сформированных и переформированных войсковых частей Омского, Иркутского и Приамурского военных округов исчислялась Военным Министерством в 72 миллиона рублей. В счёт этой суммы по сметам 1906-1909 г.г. отпущено 27 миллиона рублей в том числе:

В 1906 г. .... 6 миллионов рублей
В 1907 г. .... 5 миллионов рублей
В 1908 г. .... 8 миллионов рублей
В 1909 г. .... 8 миллионов рублей

В проект сметы на 1910 год также внесено 8 миллионов рублей.

Кредит в 8 миллионов рублей, ассигнованный по смете 1909 года, остаётся целиком неизрасходованным. Остаток же от кредита, отпущенного в то же размере по смете 1908 г., может быть определён лишь приблизительно. Кредит этот входит в состав общей суммы в 18,5 миллионов рублей, ассигнованной по смете Канцелярии Военного Министерства 1908 г. /в числе других расходов по ликвидации войны/ на хозяйственно-операционные расходы. Так как от этой последней суммы числится в настоящее время неизрасходованных остатков 7,4 миллиона рублей, а некоторые хозяйственные расходы, как, например, заготовление вещевого довольствия, без сомнения, уже выполнены, то можно предполагать, что остаток от 8 миллионов рублей по постройке казарм определяется в сумме не менее 4 миллионов рублей.

Остатки от обыкновенных строительных кредитов, ассигнованных по смете Главного Инженерного Управления и Главного Штаба 1908 и 1909 г.г. составляют:

	1908 год		1909 год	
	Ассигновано	Остаётся	Ассигновано	Остаётся
По главному Инженерному Управлению. §10 ст. 1/ оборонительные сооружения/	4,6 миллиона рублей	1,7 миллиона рублей	4,5 миллиона рублей	3,4 миллиона рублей
§11 ст. 1/ необоронительные работы	4,5 миллиона рублей	1,8 миллиона рублей	4,4 миллиона рублей	3,4 миллиона рублей
По Главному Штабу. §8 ст. 1/ постройка казарм распоряжением Казарменной Комиссии	2,2 миллиона рублей	0,1 миллиона рублей	2,8 миллиона рублей	1,5 миллиона рублей

Таким образом наличность неизрасходованных кредитов на строительные расходы по названным сметам по обыкновенному и чрезвычайному отделам росписей определяется в сумме 23,9 миллионов рублей.

При этом представляется обычная ведомость о состоянии к 15 Сентября 1909 г. кредитов, назначенных по сметам Военного Министерства 1908 и 1909г.г. на чрезвычайные хозяйственно-операционные расходы и на расходы, вызванные последствиями Русско-Японской войны, а также на строительные расходы.

14. Телеграмма В.Н.Коковцова Барону Гото

1909.9.28 (28 Сент. 1909 г.)

Ф.560, оп.28, д.416, л.50.

Erst heute hat sich entschieden dass ich Reise Mandschurei Wladiwostok antreten kann. Zu grösstem Bedauern bin ich aber der Möglichkeit beraubt Reise über Chinesische Ostbahn Amurgebiet hinaus auszudehnen da hauptsächlich Budgetarbeiten meine rechtzeitige Rückkehr Petersburg verlang Hoffe jedoch sehr, dass mir Gelegenheit geboten wird zur Erfüllung meines sehnlichen Wunsches Sie in Ihrem schönen Lande zu besuchen.
Staatssekretär

Перевод:
Его Превосходительству
Министру Транспорта
Барону Гото
Токио.

Только сегодня было решено, что я могу поехать из Маньчжурии во Владивосток. Однако, к величайшему сожалению, я лишен возможности продлить свое путешествие за пределы Китайской Восточной Железной Дороги Амурской области, так как в основном бюджетные работы требовали моего возвращения в Петербург вовремя.
Статс-секретарь Коковцев

15. Доклады о положении транспорта Дальнего Востока

1906.1.22 (22 Января. 1906 г.)

Ф.560, оп.28, д.416, л.55-56.

Безотлагательная прокладка второго рельсового пути по всей, ныне существующей магистрали вплоть до крепости Владивосток и Хабаровска с сооружением и пополнением подвижного состава настолько, чтобы мы, в случае надобности, могли занять надёжной охраной всю Маньчжурскую дорогу и сосредоточить войска к югу от Харбина скорее, чем это сделает неприятель.

Нужно теперь же решить вопрос о продолжении ветки Карымск – Сретенск до станции Покровской, дабы можно было полностью использовать пароходное сообщение по реке Амуру в продолжении целой навигации в виду того, что как выяснилось на опыт многих лет, навигация по реке Шилке от Сретенска до Покровки настолько ненадежна, что почти ежегодно грузовое пароходное сообщение по этой реке прекращается от полутора до двух месяцев.

Генерал-губернатор Унтербергер 22 января 1906г.

Развитие во Владивостоке пристаней для причала до 25 пароходов, для чего необходимо до 1.000 пог. саж. пристаней, а так как сих последних имеется ныне /100 – 200 – 100 – 100/ 500 пог. саж., то надо устроить до 500 пог. саж. новых пристаней.

Устройство надлежащего количества новых пакгаузов, в виду выше упомянутого несоответствия существующих складов грузообороту порта. При осуществлении этой меры необходимо предусмотреть также вышеуказанную потребность в тёплых пакгаузах для грузов, портящихся от мороза, и рефрижераторах для хранения мяса, рыбы и масла, а равно потребность в пакгаузах для импортных грузов долгого хранения и элеватор для хлебных грузов.

Оборудование портовой набережной дековилевскими путями и устройство погрузочных платформ на 60 вагонов, благодаря чему облегчилось бы передвижение грузов по рельсовым путям, а, следовательно, стала бы более удобной погрузка и выгрузка грузов, прибывающих с железной дороги в порт и следующих на неё из этого последнего.

В виду тесной связи коммерческого порта с железной дорогой, настоятельно необходимо соответствующее развитие железнодорожной станции, которая ныне совершенно не отвечает современным нуждам, что чрезвычайно вредно отзывается на торговле, удорожая выгрузку и нагрузку до крайне высоких размеров (до 16 рублей за вагон).

Действительный Статский Советник Вентцель.

Тариф на лес и дрова по Уссурийской дороге так высок, что создал привоз во Владивосток не только американских строительных материалов, но даже дров из Японии. Сучанская железная дорога для перевозки каменного угля, до сих-пор незаконченная, является последней глупостью XX века: сначала идёт обыкновенный ширококолейный путь потом особые вагоны поднимаются на блоках, в роде итальянских фуникулёров, и, наконец, следует подвесная система. Движение грузов возможно только в одном направлении, перевозка пассажиров немыслима, угольные же вагоны разбиваются чуть не ежедневно, а между тем посёлки, существующие в этом направлении, как равно в долине реки Сучана и далее к бухте Святой Ольги, не имеют с Владивостоком никакого сухопутного сообщения.

Записка К.Э. Ласского 1907 г. Корреспонденция Нового Времени.

Несогласованность деятельности разных ведомств, наглядный пример: оборудование Владивостокского порта. Стесненность площади г. Владивостока в отношении свободных мест. Постройка военного порта небрежна, между тем она стоит выше 1 миллиона рублей.

Действительный Статский Советник Слюнин 16 апреля 1908г.

Недостаточное развитие фабрично-заводской промышленности и кустарной, что особенно важно для областей Забайкальской и Приморской.

Вследствие неимения судовых средств и наличной охраны по всему среднему и нижнему течению Амура идёт открытая контрабандная торговля спиртом русских, а ниже Николаевска тем же добром и тем же путём японские рыбопромышленники снабжают гиляцкие стойбища.

Действительный Статский Советник Слюнин 26 апреля 1909 года.

16. Телеграмма В.Н.Коковцова Г.А.Виленкину

1909.9.28 (28 Сент. 1909 г.)

Ф.560, оп.28, д.416, л.57.

Министр Финансов поручил мне телеграфировать что. Буду очень рад и польщён встречей с таким выдающимся государственным деятелем Японии как Маркиз Ито. В Харбине Министр будет от 11 по 14 октября, затем от 25 по 27. Буду ждать уведомления о дне встречи с Маркизом.

(Подп.) Коковцов

17-1. Телеграмма С.Д.Сазонова В.Н.Коковцову с приложением телеграммы Н.А.Малевского-Малевича из Токио

1909.9.30 (30 Сент. 1909 г.)

Ф.560, оп.28, д.416, л.60-61.

60

За Министра Иностранных, Камергер Сазонов, свидетельствуя совершенное почтение Его Высокопревосходительству Владимиру Николаевичу, имеет честь препроводить у него для сведения, копию с секретной телеграммы Посла нашего в Токио от 28 Сентября этого года за №210, касательно предстоящей поездки Князя Ито в Дальний, Мукден и далее в Харбин.

№1018.

29 Сентября 1909 года.

17-2. Секретная телеграмма Гофмейстера Малевского-Малевича.

28 Сентября/11 Октября 1909 г.

61

На днях Князь Ито отправляется в Дальний и Мукден, откуда намерен проехать в Харбин и возвратиться через Владивосток. Его будут сопровождать частный секретарь, доктор, переводчик китайского языка от Министерства Иностранных Дел, один майор Генерального Штаба, один чин Двора, один член Парламента, чиновник Юго-Маньчжурской железной дороги и писарь. Ито доверительно сообщил мне, что очень желал бы встретиться в Харбине с Министром Финансов, приезд которого, по сведениям Мотоно, ожидается туда 25 нового стиля Октября. По словам его, он едет без официального поручения, но желал бы воспользоваться поездкой и, в особенности, встречей со Статс-Секретарём Коковцовым, чтобы выяснить возможность более тесного сближения между Японией и Россией в связи с соглашением между Китайской Восточной и Южно-Маньчжурской железными дорогами, и развитием коммерческих отношений. В продолжительной беседе со мной он уверял в своих неизменных приязненных чувствах к России и выражал мнение о необходимости тесного единения между обоими Государствами по всем делам Дальнего Востока, которые, по мнению его, теперь главнейшим образом сводятся к столкновению взаимных интересов Держав в Китае. Телеграфирую о поездке Ито Консулу в Дальнем, Приамурскому Генерал-Губернатору и Посланнику в Пекин.

18. Телеграмма Г.А.Виленкина В.Н.Коковцову

1909.9.29 (29 Сент. 1909 г.)

Ф.560, оп.28, д.416, л.71.

Маркиз Ито прибудет в Харбин 13 октября. Благоволите телеграфировать, приезжать ли мне в Харбин, чтобы ознакомить Ваше Высокопревосходительство с предполагаемыми мотивами внезапной поездки Ито в Маньчжурию и со взглядами нашего Посла. Виленкин.

19. Телеграмма В.Н.Коковцова Г.А.Виленкину

1909.9.30 (30 Сент. 1909 г.)

Ф.560, оп.28, д.416, л.72.

Ответ телеграмм 29 Сентября Дабы не ждать повода к лишним умозаключениям, Министр предпочитает получить от Вас подробное письменное сообщение (с тем чтобы) то прибыло (в) Харбин к 11 Октября, когда приедет Министр. Если это, почему-либо невозможно, Министр разрешает Вам приехать лично.

20. Телеграмма П.Ф.Унтербергера В.Н.Коковцову

1909.9.29 (29 Сент. 1909 г.)

Ф.560, оп.28, д.416, л.75.

Только что получил телеграмму нашего Посла в Токио, сообщающего, что Князь Ито со свитой в восемь человек думает прибыть из Дальнего в Харбин к 25 Октября нового стиля; оттуда Князь Ито предполагает проехать во Владивосток. Гофмейстер Малевский-Малевич убедительно просит оказать Князю Ито возможное содействие и любезный приём. Поездке этой придаётся, видимо, важное политическое значение, хотя они и не имеет официального характера. Об изложенном имею честь сообщить Вашему Высокопревосходительству, для сведения.

21. Письмо С.Д.Сазонова С.Ф.Веберу

1909.9.30 (30 Сент. 1909 г.)

Ф.560, оп.28, д.416, л.77.

Милостивый Государь
Сергей Федорович,

Посол наш в Токио в дополнение к телеграмме своей, уже сообщённой Министру Финансов перед отъездом его из Санкт-Петербурга, о предстоящей поездке в Маньчжурию Князя Ито, передаёт теперь некоторые дополнительные сведения по тому же предмету.

Принимая во внимание важное значение этих сведений для Министра финансов, имею честь покорнейше просить Ваше Превосходительство отправить шифром, прилагаемый текст телеграммы вслед Статс-Секретарю Коковцову.

Примите, Милостивый Государь, уверение в отличном моём почтении и совершенной преданности.

22. Текст телеграммы Н.А.Малевского-Малевича

1909.9.30 (30 Сент. 1909 г.)

Ф.560, оп.28, д.416, л.78-78 об.

Посол наш в Токио телеграфирует:

Целью поездки князя Ито в Харбин, как оказывается, является свидание с Министром Финансов. При этом имеется в виду дать успокоительные заверения относительно последнего Японо-Китайского соглашения и быть может, сделать попытку подготовить почву для дальнейшего согласования наших взаимных интересов в Маньчжурии. Будут, вероятно, также затронуты и вопросы об окончательном заключении договора между Восточно-Китайской и Южно-Маньчжурской железными дорогами о перевозке грузов и о наших претензиях, до сих пор не разрешённых. Отъезду Князя Ито предшествуют постоянные совещания с Членами Кабинета, хотя он не является членом настоящего Правительства и едет без официальной миссии. Во всяком случае, установившаяся за ним репутация русофила и его личный авторитет будут использованы Японским Правительством для воздействия на русское общественное мнение в благоприятном для Японии смысле».

23. Письмо Общей Канцелярии Министра Финансов Правлнию Общества КВЖД

1909.10 (Октябрь 1909 г.)

Ф.560, оп.28, д.416, л.93.

В Санкт-Петербургский Монетный Двор Правление Общества КВЖД

По распоряжению Господина Министра финансов Общая Канцелярия Министра финансов имеет честь сообщить Правлению Монетному Двору Общества КВЖД для руководства, нижеследующие указания, данные Его Высокопревосходительством на время поездки на Дальний Восток.

За время отсутствия Господина Министра Финансов из Санкт-Петербурга Монетному Двору Правлению надлежит периодически доставлять Его Высокопревосходительству сведения, о важнейших вопросах, которые будут возникать по Монетному Двору Правлению по телеграфу или по почте. При этом телеграммы должны быть отправляемы с таким расчётом, чтобы они могли поступить к Господину Министру Финансов на тех более крупных станциях где, по маршруту назначена остановка днём, как например: Челябинск, Новониколаевск, Красноярск, Иркутск, Чита, Маньчжурия, Харбин и так далее. Телеграммы надлежит адресовать следующим образом название станции Министру Финансов вслед.

Все письменные сообщения должны быть доставлены Господину Министру ко времени обратного следования с Дальнего Востока в Харбин, Иркутск или Челябинск.

Все адресуемые на имя Господина Министра финансов донесения как телеграфные, так и почтовые, должны быть, предварительно представлены Господину Товарищу Министру Финансов Действительному Статскому Советнику Веберу, а затем почтовые передаваемые для отправки по назначению в Общую Канцелярию Министра финансов.

На случай необходимости в секретных сообщениях учреждениями Министерства Финансов в распоряжении Господина Министра финансов будет находиться шифр экземпляр которого имеется в Общей Канцелярии Министра финансов.

24. Текст секретной телеграммы Н.А.Малевского-Малевича

1909.9.30 (30 Сент. 1909 г.)

Ф.560, оп.28, д.416, л.95.

Посол наш в Токио телеграфирует:

«При свидании Министра финансов с Князем Ито будет затронут вопрос о столь интересующем Японию соглашении между Китайской Восточной и Южно-Маньчжурской железными дорогами. На этот случай прошу поставить в известность Статс-Секретаря Коковцова, что Японское Правительство полагает оставить без удовлетворения все наши претензии о конфискованных судах; между тем в числе захваченных судов есть принадлежащие Обществу Китайской Восточной железной дороге, а именно – Маньчжурия, Аргун, Мукден». – Сазонов. –

25. Телеграмма Общей Канцелярии Министра Финансов Г.А.Виленкину

1909.10.3 (3 Окт. 1909 г.)

Ф.560, оп.28, д.416, л.101.

Евгений Дмитриевич Львов, сопровождающий Министра финансов в поездке, просит телеграфировать сущность и главные основания важнейших претензий наших к Японии, до сих пор не разрешённых. Не можете ли Покорнейше прошу Вас телеграфировать это в Харбин к 11 октября Львову, имеющему шифр для встречи с Вами, не касаясь судов Китайской Восточной железной дороги, капитала города Порт Артура и претензий Русско-Китайского банка и Тифонтая, о которых сообщит Канцелярия Министра финансов. Благоволите ответить.

26. Телеграмма А.П.Извольского В.Н.Коковцову

1909.10.2 (2 Окт. 1909 г.)

Ф.560, оп.28, д.416, л.103.

Министр Финансов представил ГОСУДАРЮ докладную записку о том, что вследствие письма агента Министерства Финансов в Японии и разговоров с Председателем Совета Министров и Вами, он решил принять приглашение Маркиза Ито встретится с ним в Харбине. ЕГО ВЕЛИЧЕСТВО прислал мне эту записку с пометкой: «ТАКАЯ ВСТРЕЧА НА НЕЙТРАЛЬНОЙ ПОЧВЕ МОЖЕТ БЫТЬ ПОЛЕЗНА». Благоволите сообщить эту ВЫСОЧАЙШУЮ резолюцию Председателю Совета и Министру Финансов.

27. Телеграмма С.Ф.Вебера В.Н.Коковцову

1909.10.3-4 (3-4 Окт. 1909 г.)

Ф.560, оп.28, д.416, л.112.

Товарищ Министра Иностранных Дел просит сообщить Вашему Высокопревосходительству следующую телеграмму Посла в Токио: «При свидании Министра финансов с князем Ито будет затронут вопрос интересующем Японию соглашении между Китайской Восточной и Южно-Маньчжурской железными дорогами. На этот случай необходимо иметь в виду, что Японское Правительство полагает оставить без удовлетворения все наши претензии конфискованных судах, между тем в числе захваченных судов есть принадлежащие Обществу Китайской Восточной железной дороги, а именно Маньчжурия, Аргун, Мукден».

Вебер

28. Телеграмма В.Н.Коковцова П.Ф.Унтербергеру

1909.10.5 (5 Окт. 1909 г.)

Ф.560, оп.28, д.416, л.118.

Министром Финансов получена телеграмма Генерала Унтербергера зашифрованная шифром Министерства Иностранных Дел, именно: «Он направится из Харбина сначала в Хабаровск, а оттуда во Владивосток, с тем расчётом, что тогда успеет проследовать вперёд Князя Ито». – По расшифровке благоволите передать шифром Канцелярии Министерства.

29. Телеграмма Общей Канцелярии Министра Финансов В.Н.Коковцову

1909.10.6 (6 Окт. 1909 г.)

Ф.560, оп.28, д.416, л.126.

Директору Канцелярии Министра Финансов.

Ответ на телеграмму 2 октября.

Сообщу в Харбин сведения о следующих претензиях к Японии: суда Китайской Восточной железной дороги, капиталы городского управления Порт Артура, имущество Тифонтая, претензии Русско-Китайского банка. Так как о других претензиях в Канцелярии сведений нет, то мною было сделано сношение с Виленкиным, который телеграфирует, что список претензий с объяснением послан Посольством 5 октября Министру Финансов с курьером во Владивосток, оттуда почтой в Харбин в Консульство.

30. Телеграмма С.Ф.Вебера В.Н.Коковцову

1909.10.7 (7 Окт. 1909 г.)

Ф.560, оп.28, д.416, л.130.

По сведениям Сазонова, приезд Ито преследует Следующую тайную цель. Япония стремится заключить очень крупный заём для военных целей. СевероАмериканский рынок на это не идёт, английский тоже, в виду новых отношений Англии к России и опасения, что военные приготовления Японии будут направлены против нас. Япония хочет доказать Англии, что её опасения напрасны, и поэтому нужно ожидать всяких заигрываний с нами; в путешествии Ито Сазонов видит первый шаг.

Вебер

31. Телеграмма Управления КВЖД Е.П.Львову

1909.10.9 (9 Окт. 1909 г.)

Ф.560, оп.28, д.416, л.132-133.

Дополнение телеграммы 6 октября. Перечисляю Претензии к Японии:

1/ Японцы захватили три парохода Китайской Восточной железной дороги: Мукден в фузане 24 января, Аргун в Корейском архипелаге 25 января и Маньчжурию, стоявшую в Нагасаки, 4 февраля. Этот захват был опротестован перед японским призовым судом на следующих основаниях; военные действия начались лишь 26 января ночью, указом Микадо всем русским судам дан был семидневный срок, считая с 27 января, для ухода из японских портов, Мукден находился в нейтральном порту, Маньчжурия без экипажа с неисправными машинами должна считаться не пароходом, а недвижимостью. Призовой суд признал захват правильным, считая, что военные действия начались 23 января с момента перерыва дипломатических отношений, и нейтралитет Кореи фактически не существовал. Балансовая стоимость Мукдена 217, Аргуни 619, Маньчжурии 923, всего 1759 тысяч рублей.

2/ В момент сдачи Порт Артура по книгам местного отделения Русско-Китайского банка значился вклад Порт Артурского городского управления в сумме 245.000 рублей, выдачи которого и требуют японцы. Между тем в этом вкладе значатся, кроме городских денег, залоги и другие суммы частных лиц и обществ, не подлежащие по Гаагской конвенции конфискации. От этих лиц поступил уже ряд ходатайств о выдаче принадлежащих им сумм.

3/ За особые услуги, оказанные Тифонтаем русской армии, японцы конфисковали всё его имущество на Квантуне и в южной Маньчжурии стоимостью до 2.500.000 рублей. Наш протест основан на принятии Тифонтаем русского подданства, японцы же, ссылаясь на китайские законы, считают его китайским подданным. Тифонтаю выдано из казны 500.000 рублей в счёт возможного вознаграждения от Японии.

4/ Бывшим посланником в Токио Бахметевым были заявлены следующие четыре претензии Русско-Китайского банка о возврате 10.000 рублей, отправленных Шанхайским отделением банка на пароходе Китайской Восточной железной дороги Мукден и конфискованных японцами вместе с пароходом; о вознаграждении за пользование японцами имуществом банка в Порт Артуре и Дальнем; о возврате незаконно арестованного имущества должника банка Тайхо, которое служило обеспечением вексельных операций Тайхо; о вознаграждении за сгоревший дом фонвайхина в Дальнем, на который дом банк имеет закладную. Последние три претензии были заявлены Бахметовым без указания сумм вознаграждения, составляющих приблизительно по второй претензии 70.000 рублей, по третьей 60.000 рублей и по четвёртой 40.000. По сведениям банка, цифры эти до сих пор не сообщены японцам.

5/ Министерство Финансов просило включить в список претензии возврат русской духовной миссии в Китае сооруженной Обществом Китайской Восточной железной дороги в Дальнем церкви школы, но, по газетным сведениям, дело это урегулировано, хотя Общество Китайской Восточной железной дороги ничего об этом не знает.

(Подпись)

32. Письмо За Министра Внутренних Дел С.Ф.Веберу

1909.9.30 (30 Сент. 1909 г.)

Ф.560, оп.28, д.416, л.157-157 об.

**Милостивый Государь,
Сергей Фёдорович.**

Наш посол в Японии уведомил Приамурского генерал-губернатора, что в середине Октября из Дальнего через Харбин прибудет во Владивосток князь Ито со свитой в восемь человек, причём посол наш просит оказать князю Ито возможно любезный приём и всякое содействие, так как поездка его во Владивосток хотя и не официальная, но имеет важное политическое значение.

Сообщая об этом, Приамурский генерал-губернатор просит на расходы по приёму указанного лица, ассигновать кредит в размере 1.500 рублей.

В виду особого значения, которое придаётся поездке князя Ито, признавая необходимым оказать ему и сопровождающей его свите соответствующий приём и принимая во внимание, что в распоряжении генерал инженера Унтербергера, а также Министерства Внутренних Дел не имеется каких-либо средств для покрытия означенного расхода, имею честь покорнейше просить Ваше Превосходительство, не признаете ли Вы возможным принять этот расход на счёт 10-ти миллионного фонда, ассигнованного по смете Департамента Государственного Казначейства, на расходы не предусмотренные сметами, и о последующем меня уведомить.

Покорнейше прошу Вас принять уверение в отличном моём уважении и совершенной преданности.

33. Телаграмма Ротмистра Никифорова Департменту Полиции

1909.10.13 (13 Окт. 1909 г.)

Ф.560, оп.28, д.416, л.159.

Сегодня по прибытии поезда в котором прибыл в Харбин князь Ито со свитой после обхода почётного караула из толпы стоявшей сзади караула на перроне вокзала выскочил неизвестный и произвёл шесть выстрелов из браунинга, которыми ранены князь Ито, консул Каваками, директор дороги Тонато Танака и секретарь Мори. Князь Ито раненый двумя пулями через полчаса скончался. Остальным раненым медицинская помощь была немедленно оказана; преступник пытался застрелиться, но был схвачен лично и обезоружен. Назвался впоследствии корейцем. Преступник стрелял разрывными пулями; подробности дополнительно.

Подписал: Ротмистр Никифоров.

34. Телеграмма В.Н.Коковцова С.Ф.Веберу

1909.10.13 (13 Окт. 1909 г.)

Ф.560, оп.28, д.416, л.160-160 об.

Передайте Сазонову следующее: в дополнение к телеграмме об убийстве Князя Ито и ссылаясь на телеграмму Агентства, в которой помещены все выясненные подробности, дополнительно считаю нужным сообщить Вам, на случай неблагоприятных суждений о недостатке предосторожностей со стороны железнодорожных властей, что вся публика допускалась на вокзал с особенными именными билетами. За 2 дня Управление Китайской Восточной железной дороги просило японского консула указать, кому из японских подданных следует послать билеты. В ответ на это консул просил допустить японцев совершенно свободно без всяких билетов. По своей внешности убийца имеет вид чистого японца, находился среди японских подданных. Некоторые из последних заявили, что они не обратили на него никакого внимания. Факт просьбы консула о свободном допуске японцев подтвердил мне лично секретарь японского консульства, присутствовавший на допросе преступника, занесён в протокол и подтверждён мне также через переводчика полицейским стражником японского консульства, сопровождавшим консула на вокзал и находившимся в группе японцев. Достойно внимания показание преступника, что он прибыл прямо из Гензана во Владивосток и без остановки там приехал в Харбин вчера вечером, проведя ночь в окрестностях вокзала. Моё личное впечатление, что показание это вымышленное с целью сокрытия истины. Наиболее вероятно прибытие его в Харбин ранее и участие в организованной шайке для убийства Ито. Никто из чинов полиции на вокзале не видел всю ночь посторонних лиц. Между тем охрана вокзала и моего вагона, стоящего у самой платформы, сравнительно весьма сильна. Крайне обяжете меня если сообщите оценку события иностранной печати, особенно японской, и отношение Японского Правительства. Нами оказаны все возможные почести; Посланник в Пекине и Хорват лично провожают тело до передачи на южно-Маньчжурскую (железную дорогу). Статс-Секретарь Коковцов.

35. Телеграмма В.Н.Коковцова С.Ф.Веберу

1909.10.13 (13 Окт. 1909 г.)

Ф.560, оп.28, д.416, л.161-161 об.

Передайте Сазонову следующее дополнительно к предыдущим телеграммам. С согласия прокурора пограничного окружного суда считаю полезным сообщить следующие данные. Следственное производство сегодня будет совершенно закончено. В виду окончательного выяснения корейского подданства убийцы и принадлежности Японии юрисдикции в Корее, всё дело будет передано на распоряжение Японского Генерального Консульства. Следствию удалось напасть на доказательства, по-видимому, широкой организации. В руках его, кроме убийцы, имеется еще 8 лиц исключительно корейцев. Ожидается арест на линии дороги еще нескольких лиц. Имеются указания на весьма широкое разветвление. Японский консул, сам тяжело раненый, выразил прокурору своё изумление по поводу быстроты, энергии и результатов следственных действий и не находит достаточно слов благодарить за действия русских властей. По-видимому, всякие поводы каких бы то ни было нареканий на неправильные действия или на непредусмотрительность русских властей у японцев совершенно отсутствуют. Я получил уже 2 телеграммы от спутников покойного князя Ито с выражением благодарности за оказанное внимание и почёт. Может быть признаете полезным сообщить об этом для сведения ЕГО ВЕЛИЧЕСТВУ. Телеграфирую от себя Министру Юстиции о действиях прокурорского надзора в Харбине, вызывающих изумление японцев. Коковцов.

36. Дополнительные сведения В.Н.Коковцову

1909.10.13 (13 Окт. 1909 г.)

Ф.560, оп.28, д.416, л.162-162 об.

Передайте Сазонову ещё дополнительные сведения:

1/ В сообщение Агентства необходимо ввести поправку, что арест подозрительных лиц на станции Дзядзягоу произведён не вчера, а сегодня утром уже по получении сведений о событиях в Харбине. Станционный жандарм, которому показалось подозрительным пребывание на маленькой станции трёх неизвестных лиц, из которых один исчез по получении названного известия, арестовал двух остальных, сознавшихся в принадлежности к шайке, поставившей целью убить князя Ито. Доставленные в Харбин двое арестованных оказываются корейскими подданными, проживавшими по паспортам, выданным русскими властями. На допросе здесь они отвергают сделанное сознание, но уличаются тем, что отобранные у них револьверы имеют пули с теми же надрезами, как и у убийцы Ито. По предъявлении убийцы Ито, вызванному сюда со станции Дзядзягоу жандарму последний признал в нём третьего из заподозренных им лиц, исчезнувшего со станции Дзядзягоу. Этим фактом опровергаются показания убийцы о непосредственном его прибытии из Владивостока и неимении соучастников. Неприятное для железной дороги показание преступника о пребывании его в течение всей ночи на вокзале решительно опровергается следственными данными.

2/ Окончательно установлено и подтверждается самим генеральным консульством факт, что свободный пропуск японцев на встречу князя Ито был результатом /х/ Один шифр не разобран. настойчивых просьб консульства. Просьба была заявлена 9 октября утром в связи с мерами предосторожности в виде распоряжения о пропуске на вокзал по билетам по поводу моего приезда. Генеральное консульство просило не делать этого в отношении японцев к приезду князя Ито. На вопрос прокурора, обращённый к генеральному консулу, каким образом оказалась непредусмотренной опасность со стороны корейцев, он прямо заявил, что такая опасность не приходила им в голову. Повторяю, что отличить по наружности убийцу от японца совершенно невозможно. Это подтверждается тем, что японцы, среди которых он стоял не обратили на него внимания. Статс-Секретарь Коковцов.

37. Перевод статьи Кёнисберг Hartungsche Zeitung

1909.10.14 (14 Окт. 1909 г.)

Ф.560, оп.28, д.416, л.164-164 об.

Париж, 14/27 октября. Незадолго до убийства Ито русский министр финансов Коковцев имел с ним важную беседу. Оба они получили предостережение не показываться в публике вместе, потому что на одного из них подготовляется покушение. Столь неожиданно прерванные смертью Ито русско-японские переговоры на время будут приостановлены. Хотя правительство в Токио нисколько не опасается, чтобы низшие слои населения могли воспользоваться этим событием, как поводом к демонстрациям против России, но всё-таки необходимо выждать, не станут ли некоторые фанатики в провинциях изображать это происшествие в извращённом виде и тем вновь разжигать вовсе не угасшую ещё ненависть к русским.

Берлин, 14/27 октября. Господствующее, по сообщению Парижских газет, в настоящее время в Петербургских правительственных кругах смущение представляется весьма понятным в виду того, что до русско-японской войны в Корее действовали русские эмиссары, а потому антирусская партия теперь легко может воспользоваться этим обстоятельством.

38. Телеграмма В.Н.Коковцова С.Ф.Веберу

1909.10.15 (15 Окт. 1909 г.)

Ф.560, оп.28, д.416, л.166.

Передайте Камергеру Сазонову следующее. По поводу известной мне телеграммы нашего Посланника в Пекине считаю нелишним сообщить, что я получил от нашего Посла в Японии, Агента Министерства Финансов в Токио и лично мне знакомого японского Министра Путей сообщения барона Гото телеграммы в таких выражениях, которые по-видимому совершенно устраняют мысль о малейшем чувстве горечи по отношению к нам со стороны Японского Правительства. Японская печать признаёт, что нами сделано было всё от нас зависевшее. Барон Гото же телеграфирует, что несчастье князя Ито и все обстоятельства, сопровождавшие это печальное событие, послужат только для дальнейшего сближения Японии и России. Этим мне кажется устраняется взгляд Действительного Статского Советника Коростовца и моя поездка в Японию делается вполне излишней, если только она не будет признана желательной ЕГО ВЕЛИЧЕСТВОМ по каким-либо иным причинам. Лично я продолжаю совершенно не желать этой поездки. Ближайшие дни проведу во Владивостоке. Коковцов.

39. Телеграммы Н.А.Малевского-Малевича

1909.10.15 (15 Окт. 1909 г.)

Ф.560, оп.28, д.416, л.169.

Благоволите сообщить Министру Финансов.

Отношение Японского Правительства к Харбинской катастрофе корректное и спокойное. Некоторые газеты упрекают наших железнодорожных властей в недостаточности охраны, считают убийцу принадлежащим к русофильской партии корейцев, свившей себе гнездо во Владивостоке и обсуждают вопрос выдачи.

40. Телеграмма Г.А.Виленкина В.Н.Коковцову

1909.10.22 (22 Окт. 1909 г.)

Ф.560, оп.28, д.416, л.217-219 об.

Ваше Высокопревосходительство
Милостивый Государь
Владимир Николаевич,

Сегодня состоялась в Токио торжественная церемония похорон князя Ито в присутствии членов императорского дома, Дипломатического корпуса и всего Токио, в обширном городском парке был устроен Катафалк и среди множества венков, возложенных представителями иностранных государств, только 4 венка были помещены у гроба покойного князя, а именно: от нашего Императорского правительства, от английского короля, от германского императора и от Вашего Высокопревосходительства, все же прочие венки были помещены в некотором отдалении от катафалка. Внимание, оказанное семьей покойного помещением Вашего венка с вышеупомянутыми тремя, было замечено всем здешним дипломатическим корпусом. Отсюда тело покойного князя Ито отправилось в его загородную виллу, в Омори, где он в присутствии лишь членов семьи и близких друзей был предан яме и у его могилы будет воздвигнут храм его имени.

Сегодняшний день является днём национального траура во всей Японии и следует отдать справедливость японцам – люди всех классов и состояний одинаково сознают потерю, понесённую страной и, хотя смерть его не может иметь непосредственных последствий, но люди всех партий признают его громадные заслуги, оказанные им своей родине.

За последние дни немецкие телеграфные бюро «Deutche Japan Gost» ежедневно посылают телеграммы в Токио, сообщающие из Берлина о приезде Вашего Высокопревосходительства в Японии «для продолжения переговоров, прерванных в Харбине смертью князя Ито»; манёвр этот по-видимому имеет целью вызвать с нашей стороны опровержение, которое германская пресса тотчас же использовала бы в своих интересах, впрочем, в сегодняшней полуофициальной газете «Japan Daily Mail» появилась заметка следующего содержания. «Официально опровергается слух о том, что будто бы русский Министр Финансов намеревается посетить Японию», этот предполагаемый приезд является одной из многих газетных уток, пущенных в публику за последнее тревожное время. Таким образом это официальное опровержение, исходящее из японских источников, положит конец, циркулировавшим слухам. Некоторые японские газеты под влиянием этих берлинских телеграмм посвятили передовые статьи предполагаемому приезду Вашего Высокопревосходительства в Японию, как например газета «Асахи», статью которой «Мир на Востоке», я имею честь при этом приложить; в указанной статье газета заявляет о важном значении Вашего приезда в виду того, что Япония и Россия имеют много общих сложных задач на Дальнем Востоке; далее газета стремится доказать, что интересы обоих государств на Китайской территории то есть другими словами в Маньчжурии солидарны. Вообще за последнее время, с момента охлаждения отношений между Японией и Соединёнными Штатами, Япония напрягает все усилия убедить Китай и Америку, что интересы России и Японии в Маньчжурии общие. Вообще под влиянием слухов о предполагаемом протесте Соединённых Штатов относительно последнего Китайско-японского соглашения начинает замечаться некоторая растерянность в политике Японии по отношению к Маньчжурии.

С глубоким почтением и совершенной преданностью имею честь быть Вашего Высокопревосходительства покорным слугой Григорий Виленкин.

41. Телеграмма Г.А.Виленкина В.Н.Коковцову

1909.10.27 (27 Окт. 1909 г.)

Ф.560, оп.28, д.416, л.226-227 об.

Ваше Высокопревосходительство
Милостивый Государь
Владимир Николаевич,

В моём последнем донесении за №167 я имел честь сообщить, что немецкое телеграфное бюро «Deutoche Japan Post» за последние дни ежедневно посылает в Токио телеграммы, сообщавшие из Берлина о приезде Вашего Высокопревосходительства в Японию «для продолжения переговоров, прерванных в Харбине смертью князя Ито». Несмотря на официальное опровержение японским правительством этого слуха, третьего дня во всех здешних газетах появилась телеграмма «Deutoche Japan Post» сообщающая из Берлина, что «поездка русского Министра финансов в Токио расстроилась вследствие несогласий, возникших между ним и русским Министром Иностранных Дел.

В виду этого, я по соглашению с нашим Послом Н.А. Малевским-Малевичем в виде интервью с представителем японского телеграфного агентства поместил следующее опровержение, которое сегодня помещено во всех здешних газетах: «ссылаясь на телеграмму Deutoche Japan Post сообщающую о том, что господин Коковцов, русский Министр Финансов, имел намерение посетить Токио и должен был отказаться от своего намерения вследствие несогласий, возникших между им и русским Министром Иностранных Дел, мы имеем случай интервьюировать господина Виленкина, Финансового агента русского правительства в Японии. Господин Виленкин сообщил нашему телеграфному агентству, что Его Превосходительство господин Коковцов в виду недостатка времени никогда не предполагал расширить свой маршрут за пределы Харбина, Хабаровска и Владивостока и потому, вышеупомянутое телеграфное сообщение абсолютно не имеет оснований».

При этом имею честь приложить вырезки из газет вышеупомянутого сообщения и моего опровержения, некоторая шероховатость в слоге опровержения объясняется тем, что я перевёл его буквально с английского.

С глубоким почтением и совершенною преданностью имею честь быть Вашего Высокопревосходительства покорным слугою Григорий Виленкин

42. Письмо КВЖД Е, д.Львову

1909.11.12 (12 Нояб. 1909 г.)

Ф.560, оп.28, д.416, л.229-231.

Милостивый Государь,
Евгений Дмитриевич,

При этом имею честь препроводить перевод нескольких заметок, появившихся в Пекинских Китайских газетах в связи с поездкой Господина Министра финансов на Дальний Восток.

Прошу Вас, Милостивый Государь, принять уверение в совершенном почтении и таковой же преданности.

Бэй-цзин-жи-бао, 27 сентября/10 октября 1909г.
Российский Министр Финансов прибывает в Харбин. По слухам, Российский Посланник в Пекине на днях отправится в Харбин, чтобы встретиться с Министром Финансов. Говорят, также, что Российский Министр Финансов посетит Пекин.

Бэй-цзин-жи-бао, 13/26 октября 1909 г.
Японский Граф Ито собирается на днях отправиться в Харбин для свидания с Российским Министром Финансов. По дошедшим до нас сведениям, он будет совещаться с ним о покупке железной дороги от Харбин до станции Маньчжурия. Кажется, эта линия теперь еще приносит убыток. Поэтому, японцы желают купить её и связать с Южно-Маньчжурской железной дорогой. Если русские не согласятся продать её, японцы предполагают предоставить им некоторую долю влияния в Южной Маньчжурии, чтобы таким образом побудить их к согласию на продажу. Относительно Китайской Восточной железной дороги существует договор. Если бы русские желали продать эту дорогу, они должны были бы предварительно условиться об этом с Китаем. Мы надеемся, что Правительство с должным вниманием относится к этому вопросу.

Бэй-цзин-жи-бао, 18/31 октября 1909г.

Из Берлина телеграммой от 29 октября по западному календарю сообщают следующее. Российский Министр Финансов уже прибыл в Маньчжурию и предполагает пробыть некоторое время на Дальнем Востоке, где он будет обсуждать важнейшие маньчжурские дела. Согласно пекинским слухам, этот сановник обращает серьёзное внимание на американские торговые интересы в Харбине.

Бэй-цзин-жи-бао, 3/15 ноября 1909 г.

По слухам, Гириньский Губернатор Чэн Чжао-чан в Харбине обсуждал дела с Российским Министром Финансов. Между ними установились очень хорошие отношения. Они вместе прибыли в Харбин.

Чжун-го-бао, 4/17 ноября 1909 г.

Возвращение Российского Министра Финансов в Россию. В газетах ранее сообщали, что Российский Министр Финансов Коковцов прибудет в Пекин. Сейчас получено достоверное известие, что этот Сановник получил приказ от своего Правительства спешно вернуться в Россию. 28-го числа прошлого месяца он вернулся в Россию и прибыл в Санкт-Петербург /?/. Нечего, поэтому, и говорить о том, что он прибудет в Пекин.

Шунь-тянь-ши-бао, 5/18 ноября 1909г.

Российский Министр Финансов Коковцов пригласил недавно Гириньского Губернатора и беседовать с ним за обедом. Он сказал ему, что во Владивостоке он произвёл на него хорошее впечатление и что теперь ему очень приятно видеть его в Харбине; что ему очень желательно, чтобы между Россией и Китаем установились самые близкие отношения; что он был бы очень рад продолжать с ним знакомство, если бы тот прибыл в русскую столицу, и что он желает всяческого счастья и успеха, как Китаю, так лично и Губернатору.

Губернатор Чэн Чжао – чань ответил, что он преисполнен тех же чувств, что и Российский Министр Финансов, что он искренно хочет, чтобы между обоими Государствами существовали добрые соседские отношения и развивалась торговля, что он желает Министру Финансов доброго здоровья и всяческого преуспевания России.

Они долго беседовали за обедом о финансовых вопросах.

43. Телеграмма барона Гото В.Н.Коковцову

1909.9.10 (10 Сент. 1909 г.)

Ф.560, оп.28, д.417, л.7.

На немецком
Im Besitz erfreulicher Nachricht, day Eure Exzellenz Cald Inspektionsreise nach Mandschurci urternehmen, bitte ich Eure Excellenz auf cinige Tage nach Japan herüber zu fahren urd uns mit Eure Excellenz Bezuck zu bcehren. Auch Premierminister hegt wärmiten Wunsch, Eurer Excellenz Bekanntschaft hier zumachen. Indem ich Eure Excellenz zugleich in seinem Namen Zum kurzen Besuch nach Japan cinlade, hoffe ich auf gütige Zusage.
Baron Goto

Приблизительный перевод на русский
Имея хорошие новости о том, что Ваше Превосходительство совершает инспекционную поездку в Маньчжурии, я прошу ваше превосходительство приехать на несколько дней в Японию и оказать нам честь Вашим Превосходительством. Премьер-министр также очень рад встретиться здесь с Вашим Превосходительством. Приглашая одновременно Ваше Превосходительство с коротким визитом в Японию от его имени, я надеюсь, что вы будете любезно приняты.
Барон Гото

44. Телеграмма В.Н.Коковцова барону Гото

1909.9.11 (11 Сент. 1909 г.)

Ф.560, оп.28, д.417, л.8.

На немецком:
Die überaus freundliche Einladung seitens Ihrer Exzellenz und des Herrn Premierministers hat mich tuf gerihrt. Ihr herzliches Telegramm hat mich lebhaft an unsere Begegnung in Petersburg, die in mir unauslöschliche Eindrücke hunterlassen hat, crinnert. Allein ich kann noch nicht mit völliger Bestimmtheit sagen, ob mir die komplicierten Budgetarbeiten, gestatten werden, die schon löngst geplante Reise anzutreten, und ob ich für einen Besuch in Ihrem lande werde Zeit erübrigen können. Ich bette aber Eure Excellenz zu glauben, dass es mich mit dem Gefühle lebhaftester Freude orfüllen würde, wenn ich die Möglichkeit hätte, Ihnen persönlich in Ihrer Heimat für Ihre Aufmerksamkeit zu mir zu danken und mit einem so hervorragenderc Slaatsmann, wie der Herr Premierminister, unmitted bar bekannt zu werden.
Stats-Sekretär Kokowtzoff

Приблизительный перевод на русский
Меня глубоко тронуло чрезвычайно дружеское приглашение от Вашего Превосходительства и премьер-министра. Ваша сердечная телеграмма ярко напомнила мне нашу встречу в Петербурге, которая оставила у меня неизгладимые впечатления. Но я не могу с полной уверенностью сказать, позволит ли мне сложная бюджетная работа отправиться в давно запланированную поездку и смогу ли я уделить время для посещения вашей страны. Но я прошу ваше превосходительство поверить в то, что я был бы полон чувства самой живой радости, если бы у меня была возможность лично поблагодарить вас на вашей родине за ваше внимание ко мне и с таким выдающимся человеком, как премьер-министр.
Статс-Секретарь Коковцов

45. Письмо А.П.Извольского В.Н.Коковцову

1909.9.17 (1 Сент. 1909 г.)

Ф.560, оп.28, д.417, л.11.

В ответ на письмо от 17 этого сентября за №632 о ВЫСОЧАЙШЕ разрешённой поездке Вашего Высокопревосходительства на Дальний Восток, спешу уведомить, что, признавая весьма полезным личные объяснения Ваши во время поездки с Посланником и Консулами по вопросам, касающимся Северной Маньчжурии и Монголии, я вместе с этим предложил действительному статскому советнику Коростовцу, по получении им известия о дне прибытия Вашего в Харбин, выехать туда, а равно снабдить необходимыми указаниями подлежащих Консулов.

Примите и пр. /подписано:/ Извольский.

46. Телеграмма В.Н.Коковцова П.Ф.Унтербергеру

1909.9.21 (21 Сент. 1909 г.)

Ф.560, оп.28, д.417, л.13.

В виду выяснившейся возможности совершить поездку на Дальний Восток, довожу до сведения Вашего Высокопревосходительства: предполагаю прибыть в Харбин 11-го октября, Владивосток 16-го. Пребывание в последнем пункте и дальнейший путь в Хабаровск будет зависеть от соглашения с Вами.
/Подписано:/ Министр Финансов Коковцов.

47. Телеграмма В.Н.Коковцова С.Д.Сазонову

1909.10.1 (1 Окт. 1909 г.)

Ф.560, оп.28, д.417, л.67.

В конце июля мною возбуждено ходатайство о награждении японских делегатов на конференции, по прямому сообщению, и других японских подданных. Благоволите телеграфировать в Харбин в каком положении это дело. Желательно разрешение в благоприятном смысле ко времени приезда моего туда.

48. Телеграмма К.М.Иогансона В.Н.Коковцову

1909.10.6 (1 Окт. 1909 г.)

Ф.560, оп.28, д.417, л.107а.

Ответ на телеграмму 2 октября. Сообщу в Харбин сведения о следующих претензиях к Японии: суда Китайской Восточной железной дороги, капиталы городского управления Порт-Артура, имущество Тифонтая (х) один шифр не разобран Русско-Китайского банка, так как о других претензиях в Канцелярии сведений не имеется, то мною было сделано сношение с Виленкиным, который телеграфирует, что список претензий с объяснением послан посольством 5 октября Министру Финансов с курьером во Владивосток, оттуда Виленкин 2 октября отправил Министру в Харбин по адресу Консульства донесение о причинах поездки князя Ито. Грум-Гржимайло просит в отчёт Гана, находящемся у Вас на странице второй исправить 20 миллионов десятин на 200 миллионов. Иогансон.

Отправлена 8 октября со станции Чита.

49. Телеграмма В.Н.Коковцова
Директору Департмента Таможенных Сборов

1909.10.8 (16 Окт. 1909 г.)

Ф.560, оп.28, д.417, л.121.

Ознакомившись с порядком таможенного досмотра пассажиров на станции Танхой, я нахожу, что для пассажиров, едущих из Китая, Японии, Приморской области и Маньчжурии, совершенно достаточно одного досмотра в Маньчжурской таможне. Вторичный досмотр их ручного багажа в Танхое излишен и вызывает только справедливое недоумение. Его нужно сохранить лишь для пассажиров, поступающих в поезд на запад от Маньчжурии, поручив одновременно жандармскому и таможенному надзору следить, не прибегая без нужды к прямому досмотру за не водворением пассажирами поездов между Маньчжурией и Танхоем беспошлинных или низко пошлинных предметов из Забайкальской Области в Иркутскую губернию.

/подписано:/ Статс-Секретарь Коковцов.

50. Телеграмма о посещении В.Н.Коковцова Харбинского городского совета

1909.10.14 (16 Окт. 1909 г.)

Ф.560, оп.28, д.417, л.156.

Петербургское телеграфное агентство циркулярно вестник 3428.14/х Харбин Министр Финансов посетил городской совет биржевой комитет общество взаимного кредита общину красного креста посещение городского совета министра отвечал поданную, ему докладную записку относительно деятельности финансового положения города. Его очередных нужд причём высказал свой взгляд экономическое положение Харбина и задачи, которые должны преследовать городские деятели интересах дальнейшего процветания города личное ознакомление министра с городом даёт основание заключить его жизнеспособность надеется кульминационная точка длительного экономического кризиса для города уже миновала городской бюджет.

51. Телеграмма В.Н.Коковцова Императору

1909.10.16 (16 Окт. 1909 г.)

Ф.560, оп.28, д.417, л.165-165 об.

Из далёкой русской окраины дозвольте мне ГОСУДАРЬ выразить мою верноподданническую радость по случаю благополучного совершения путешествия и возвращения в пределы родной земли. Дозвольте также доложить ВАШЕМУ ВЕЛИЧЕСТВУ, что, проехав всю Китайскую Восточную железную дорогу, посетивши почти все части Заамурского Округа и железнодорожной бригады, я счастлив, что могу свидетельствовать о блестящем состоянии дороги и войсковых частей. Вернувшись я повергну на благо воззрение ВАШЕГО ВЕЛИЧЕСТВА рапорт Начальника Отдельного Корпуса Пограничной Стражи, только что изучившего всю организацию и состояние Округа и удостоверяющего, что лучшего положения войск нельзя было ожидать. Железнодорожную бригаду я нашёл в блестящем состоянии и считаю долгом совести свидетельствовать перед ВАМИ о её непоколебимой верности ГОСУДАРЮ и преданности исполнению долга. Переданная мною от ИМЕНИ ВАШЕГО ИМПЕРАТОРСКОГО ВЕЛИЧЕСТВА благодарность войскам Округа, везде вызывала восторженные ликования и побудить к дальнейшему совершенствованию службы и обучения, стоящих и так на большой высоте. Равным образом в лице высших чинов железнодорожного управления я встретил людей, всецело отдавшихся трудной работе и с честью служащих Своему ГОСУДАРЮ и родине. От имени этих русских людей в далёкой Маньчжурии и своего повергаю к стопам ВАШЕГО ИМПЕРАТОРСКОГО ВЕЛИЧЕСТВА наши общие верноподданнические чувства. Завтра буду в Хабаровске; 19 надеюсь быть во Владивостоке.

Министр Финансов Статс-Секретарь /подписано/ Коковцов

52. Программа В.Н.Коковцова в Харбине

1909 (Б/Д 1909 г.)

Ф.560, оп.28, д.418, л.56.

Дата	Календарь	время
24 Октября	Харбин прибытие	в 6 часов вечера
25 Октября	Утром посещение приюта в Ст. Харбине	в 9 ½ ч. утра
	Завтрак в вагоне	в 12 ч. дня
	Совещание с Управлением	в 2 ч. дня
	Обед в.Бригаде	в 7 ч. вечера
26 Октября	Утром	в 8 ½ ч. утра
	Осмотр главных мастерских и склада	в 9 ½ ч. утра
	Завтрак в вагоне	в 12 ч. дня
	Совещание с Округом	в 2 ч. дня
	Обед китайский	в 6 ч. вечера
	Бал от приюта	в 10 ч. вечера
27 Октября	Утром	в 8 ½ ч. утра
	Осмотр фудзядяня, бойни, банк и Чурин	в 9 ½ ч. утра
	Завтрак в вагоне	в 12 ч. дня
	Совещание с Управлением	в 2 ч. дня
	Обед от города	в 7 ч. вечера
28 Октября	Утром	
	Завтрак от имени Министра	в 11 ½ ч. утра
	Отъезд	в 3 ч. дня

53. Перевод статьи The Japan Daily Mail

1909.10.19 (30 Окт. 1909 г.)

Ф.560, оп.28, д.418, л.85.

The Japan Daily Mail 19 октября

Из Харбина получено странное известие, что 100 русских солдат из гарнизона станции Ханьдаохэдзы дезертировали и соединились с 80 китайскими из лагеря у Су-дао-хэ-цзы. Как на причины своего побега русские указывают – не получение жалования и дурное обращение своих офицеров.

Вероятно, они захватили с собой оружие и патроны и восстановить порядок среди них будет задачей затруднительной.

54. Телеграмма консула Манахина о плане приветствия министра

1909.10.27 (27 Окт. 1909 г.)

Ф.560, оп.28, д.418, л.86.

Сообщаю для сведения губернатор высылает станцию Цицикар для приветствия Министра при приезде его обратно в Россию депутацию во главе депутации Генерал Чжан. Я также буду депутации с ним, прошу доложить Министру.

    Консул Манахин

55. Телеграмма В.Н.Коковцова Н.А.Малевского-Малевичу

1909.10.28 (28 Окт. 1909 г.)

Ф.560, оп.28, д.418, л.92.

Только что узнал, что издаваемая газета в Йокогаме The Japan Daily Mail от 19 октября поместила телеграмму о том, что со станции Хандахедзы будто бы дезертировало 100 русских солдат вместе с 80 китайцами вследствие неполучения жалованья и дурного обращения офицеров. Не сочтёте ли Вы Ваше Превосходительство возможным категорически опровергнуть это вздорное известие, не имеющее решительно никакого основания. В войсках Заамурского округа не было дезертиров, и газета очевидно смешала с русскими порядками какие-либо другие.

/подписано:/ Коковцов

56. Телеграмма П.А.Столыпина В.Н.Коковцову

1909.10.29 (29 Окт. 1909 г.)

Ф.560, оп.28, д.418, л.104.

Статс-секретарю Коковцеву.

Государь Император соизволил выразить желание, чтобы Ваше Высокопревосходительство прибыли в Ливадию для личного доклада Его Величеству вскоре по возвращении Вашем в Петербург. Примерно в середине ноября.
Статс-секретарь Столыпин.

57-1. Телеграмма В.Ф.Люба начальнику Таможенного Округа

1909.10.29 (29 Окт. 1909 г.)

Ф.560, оп.28, д.418, л.106.

Владивосток
Начальнику Таможенного Округа

Министр Финансов поручает Вам принять участие в образованной Харбине Комиссии для обсуждения правил действия таможен и плавания на Сунгари. Время начала работ Вам сообщит Генеральный Консул.

57-2.

Ф.560, оп.28, д.418, л.107.

Сообщаю Вашему Превосходительству, что Министр Финансов поручил Начальнику Приамурского Таможенного Округа принять участие в комиссии в Харбине для обсуждения правил действия таможен и плавания по Сунгари.
Телеграф Общества Китайской Восточной железной дороги.

58. Телеграмма о расписании В.Н.Коковцова в Харбине по возвращении из Владивостока

1909.10.28 (28 Окт. 1909 г.)

Ф.560, оп.28, д.418, л.108.

Харбин. Министр Финансов по возвращении 24 Октября Хабаровска Владивостока последующие дни посвятил рассмотрению коммерческой деятельности железной дороги. 26 Октября на обеде, данном в честь министра гиринским губернатором последний подчеркнул свою особую радость по поводу искренности дружественных отношений между Россией и Китаем. 27 Октября министр посетил обед Харбинских горожан. Вслед за здравницами ГОСУДАРЮ БОГДЫХАНУ провозглашенными представителем городского совета восторженным встречным многократным ура. Всех присутствующих министр в ответ на обращенное к нему приветствие заявил, что беспредельно счастлив слышать выражение любви горячей благодарности русскому МОНАРХУ. От разно племенного населения Харбина выразил уверенность самодеятельность населения уже давшее благие результаты поведёт к дальнейшим успехам оплодотворить девственную почву Маньчжурию русской промышленной инициативой пользу в России и Китая приобщить ее к благам общечеловеческой культуры. На обеде присутствовали представители русского китайского населения других национальностей. 28 Октября в три по полудни министр отбывает в Россию.

59. Письмо В.Н.Коковцова П.Ф.Унтербергеру

1909.10.30 (30 Окт. 1909 г.)

Ф.560, оп.28, д.418, л.114-117.

Милостивый Государь
Павел Фёдорович.

В бытность мою во Владивостоке местным городским главой был подан мне целый ряд письменных заявлений, касающихся различных вопросов, затрагивающих интересы города. Отлагая до возвращения моего в Петербург рассмотрение большинства этих вопросов, как требующих освещения различными справками в соответствующих учреждениях, я не могу уже в настоящую минуту не остановить своего внимания на одном из этих вопросов, нуждающемся, по-видимому, в безотлагательном его направлении.

Вопрос этот имеет своим предметом столь важную потребность жизни всякого города, как снабжение его доброкачественной питьевой водой. Владивостокским Городским Общественным Управлением, по-видимому, выработало в этом отношении вполне определённый план, имеет необходимое предложение со стороны английских капиталистов, и окончательное разрешение дела останавливается, по объяснению городской главы, возражениями местного военного ведомства, вытекающими из требований обороны крепости. Сущность высказываемых военным ведомством возражений ведется главным образом по двум положениям: 1/ для устройства правильного водохранилища, которая предполагается избрать в среднем течении речки Седанки, город признаёт необходимым сохранить в неприкосновенности участок примерно было 900 десятин лесных насаждений на городской земле, между тем как, по мнению Коменданта крепости, участок этот, как и многие другие участки занятых лесами городских площадей, подлежит вырубке для освещения местности, устранял замаскированного подступа к крепостным сооружениям, 2/ Второе затруднение усматривается Комендант крепости в не возможности допускал к до проводным работам иностранных инженеров.

Отнюдь не считая себя в праве входить в рассмотрение каких-либо специальных вопросов в деле организации обороны крепости, я не могу тем не менее не обратить на объяснённые затруднения внимание Вашего Высокопревосходительства уже по тому одному, что на совместное разрешение Министерств Внутренних Дел и финансов поступило ходатайство г. Владивостока о разрешении ему облигационного займа, между прочим и на устройство городских водопроводов.

Со своей стороны, позволяю себе высказать что едва ли участие иностранных инженеров в сооружении сети водопроводов может вызывать, по моему мнению, сколько-нибудь серьезные возражения. Вашему Высокопревосходительству лучше, чем кому бы то ни было известно, насколько затруднительны мероприятия, направленные на охрану секретности тех или иных оборонительных сооружений, и насколько бесполезны такие ограничения, как воспрещение иностранным инженерам производить те или другие работы. Иностранцы обыкновенно лучше нас осведомлены обо всём том, что может представлять собой выдающийся государственный или местный интерес, и я полагал бы, что в данном случае, как и в других случаях, следует принимать меры не столько в смысле ограничения национальности лиц, наблюдающих за работами, сколько в смысле согласования самых работ с интересами обороны.

Не могу также не обратить внимание Ваше и на политическую сторону дела. При существующем сближении нашем с Англией и несомненно проявляющейся готовности английских капиталистов интересоваться русскими делами, ограничение, указываемое Владивостокским городским главой, неизбежно вызовет вполне понятное неудовольствие со стороны английских правящих сфер и едва ли не поставит наше Министерство Иностранных Дел в весьма затруднительное положение.

Обращаясь затем к вопросу о требовании очистить от лесных насаждений площадь в 800 десятин, предназначенную городом для защиты водохранилищ, я не могу, конечно, высказывать каких-либо соображений по вопросу о степени необходимости сохранения всей указываемой весьма обширной площади лесных насаждений. Позволяю себе, однако, обратить внимание Вашего Высокопревосходительства, что, вообще, вопрос о снятии ведении леса с на городских землях в пределах подступа к крепости, в особенности с северного её фронта, представляется вопросом, требующим особого его внимания для при его разрешении. Я безусловно, разделяю заключение как Вашего Высокопревосходительства, так и Коменданта крепости Владивосток о совершенной бесполезности затрачивать крупные государственные ресурсы на устройство оборонительных сооружений, ограждающих Владивосток от нападения с севера, коль скоро местность, обстреливаемая с этих сооружений, не приведена в прямое соответствие с задачами обороны, я в то же время вырубка леса во имя задач обороны, на землях, принадлежащих городу, может быть допущена, по справедливости, не иначе как за соответственное вознаграждение собственника земли, при чём вознаграждение это может быть установлено или в порядке добровольного соглашения или путём принудительного отчуждения, как самой земли, так и, безразлично принадлежности её – лесных насаждений. Предвидя заранее, что этот вопрос в полном его объёме потребует продолжительных соображений и производства весьма сложных расчётов, я позволяю себе, в виде личного моего предположения, высказать мысль о том, не представится ли возможным, не затрагивая общего вопроса, войти в соглашение с городом по частному вопросу сохранения лесных насаждений, приуроченных к сооружению водопровода. Соглашение это, как мне кажется, могло бы быть начато ведено в двояком направлении: или городу, как заинтересованному теперь в скорейшем разрешении водопроводного вопроса возможно было бы могло бы быть предложено ограничить площадь защитных (по отношению к водохранилищу) лесов меньшей площадью с тем, чтобы по остальным площадям в местностях реки Седанки город сам приступил в пределах необходимых для крепости к вырубке лесных насаждений и тем облегчил разрешение вопроса о лесе как препятствии к организации обороны крепости, хотя бы по участкам, затрагиваемым водопроводом, или же с другой стороны, между городом и крепостью состоялось бы соглашение о таком освобождении площади от леса, которое, не лишая вовсе источников воды защиты лесными насаждениями, удовлетворяло бы и нуждам обороны. В этом последнем случае, не беря на себя, конечно, каких-либо специальных заключений, я позволю себе лишь высказать, что из объяснений, происходивших в Вашем присутствии на оборонительной линии, у меня возникло, быть может ошибочное, заключение о том, что помехой целям обороны являются не столько отдельные крупные лесные насаждения, сколько мелкая порось, заполняющая пространство между крупными деревьями и служащая надежным прикрытием для подступа противника. Быть может, поэтому, в порядке ближайших соглашений с городом разрешение приступить к постройке водопроводов в районе крепости, могло бы быть обусловлено тем, чтобы город взял на себя очистить площадь необходимую для интересов крепости от мелких густых поросшей и насаждений, с обязательством содержать и впредь эту площадь, согласно требованиям крепости.

Все изложенные мои соображения составляют результат моих единоличных предположений. Я не входил по этому поводу ни в какие объяснения с городским главой г. Владивостока и, если позволяю себе сообщить их на Ваше усмотрение, то исключительно потому, что замедление с постройкой столь необходимого для г. Владивостока водопровода представляется одинаково нежелательным как для Правительства, близко заинтересованного в развитии благоустройства Владивостока, так и для самого города уже и теперь испытывающего величайшие затруднения в снабжении жителей хорошей питьевой водой, развозимой по городу в бочках из отдельных далеко друг от друга отстоящих естественных источников.

Примите и прочее.

60. К приезду Министра Финансов

1909 (Б/Д 1909 г.)

Ф.560, оп.28, д.420, л.1-1 об.

Харбин становится центром всеобщего внимания на Дальнем Востоке. Сюда же устремлены взоры Европы и Америки. Центральной фигурой, привлекающей такое внимание, является русский Министр Финансов. Его приезду придают важное политическое значение, одни с надеждой, на хорошие результаты, другие с опасением за будущее. Появилось много самых невероятных слухов, которые переходя из уст в уста, вырастают в чудовищную нелепость. К числу таких слухов относится, например, предположение, что одновременный приезд в Харбин князя Ито, вопреки официальному заявлению японского правительства о частном его характере, имеет целью создать почву для объединения русской и японской политики в Маньчжурии в ущерб интересам Китая. Мы уже опровергли в нашей газете неосновательность этих слухов. Теперь же считаем необходимым указать и нашу точку зрения на предстоящее свидание двух наиболее выдающихся государственных деятелей России и Японии.

Прежде всего следует сказать, что в отношениях России и Японии после Портсмутского договора остались некоторые второстепенные вопросы не вырешенными; возникли и новые, не предусмотренные этим договором. Но все эти вопросы имеют исключительно экономическое значение и касаются только интересов этих двух держав, не затрагивая интересов других держав. Что же касается Маньчжурии, то текущая деятельность показывает нам, что Россия и Япония понимают свои интересы в этой стране неодинаково и преследуют неодинаковые цели. Отсюда и вытекает и различие их действий. В то время как Япония продолжает принимать все меры для упрочения своего господства в Маньчжурии, видя главный залог для этого в захвате путей сообщения,- как средство стратегического и экономического преобладания, Россия преследует исключительно экономические задачи. Политические же задачи преследуются Россией лишь настолько, насколько это необходимо для сохранения Китаем его действительных хозяйских прав в Маньчжурии и предупреждения захвата их другими иностранцами. Этим объясняется то, что Россия, не задаваясь целями подавления суверенных и административных прав Китая на его же территории, сделала Китаю многие такие уступки в политическом отношении, по сравнению с прежним положением дел, которые (уступки) представляют для Китая огромное политическое значение. Поэтому если даже со стороны Японии и были сделаны предложения, клонящиеся к ущербу Китая, то Россия их отклонит, как не отвечающие её целям сохранит действительно дружественные и благожелательные отношения к Китаю.

Мы не можем не заметить здесь, что китайское правительство отчасти и само виновато в тревожных слухах по поводу приезда князя Ито, так как упустило из вида, что приезд русского Министра финансов представляет удобный случай для обмена мнениями по важнейшим вопросам русско-китайской политики. Поэтому в Харбин следовало командировать от Пекина также одного из министров. Встреча и беседа двух министров содействовала бы выяснению взглядов обоих правительств, а, следовательно, и лучшему пониманию взаимных интересов. Это, к сожалению, китайское правительство упустило из внимания, чем и создаёт почву для всяких подозрительных толков о предстоящем свидании русского и японского сановников.

61. Посещение Г. Министром Финансов Харбинсого Городского Общественного Управления и Других Общественных Организаций

1909 (Б/Д 1909 г.)

Ф.560, оп.28, д.420, л.5-5 об.

14 октября русский Министр Финансов статс-секретарь Коковцов посетил Общественное Управление, Биржевое Общество, Банк Взаимного Кредита и другие учреждения. Господин Министр обратился к собранию уполномоченных и Городскому Совету с блестящей по форме и содержанию речью, длившейся более часа и посвященной выяснению точки зрения господина Министра и русского правительства на экономическое значение и правовое положение Харбина. В отношении экономических нужд господин Министр высказал удовольствие по поводу того, что личное ознакомление с жизнью города и деятельностью его населения даёт ему уверенность, что процветание города лежит в самодеятельности его населения, уже достигнувшего значительных результатов в этом направлении. Город не может надеяться на денежную помощь извне от его творца – Правление Китайской Восточной железной дороги, уже понёсшей огромные затраты на это, так как оно имеет свои задачи – возвращать те расходы и приплаты из государственной казны России, которые были сделаны для экономического поднятия чужого края, подлежащего возврату по окончании концессионного срока его хозяину – Китаю. Эти затраты были сделаны в том соображении, что экономическое процветание соседней страны даст выгоды и прилегающей русской окраине, а также послужат посредником в развитии культурного и экономического общения и сближения двух великих народов – русского и китайского. Китайская Восточная железная дорога, создавшая экономическое процветание Маньчжурии, должна поэтому теперь обратиться к прямой задаче коммерческого предприятия и поставить соответственно свою деятельность на новых началах,- началах увеличения процентов на затраченный капитал.

Переходя к правовому положению Харбина, господин Министр Финансов прежде всего отметил, что положение России в Маньчжурии обосновано на договорах и потому её исключительные интересы по сравнению с другими иностранцами составляют её неотъемлемое право. С этой точки зрения господин Министр считает недопустимым вмешательство иностранцев в существующий порядок, установленный добровольным соглашением России и Китая. По словам господина Министра, не может быть также речи о допустимости того толкования договоров России с Китаем и Японией, по которому Харбин считают международным городом. Для такого толкования нет никаких оснований, так как Китай не мог открывать для международной торговли русский город, а мог лишь выделить для этого территорию, состоящую в полном его единоличном распоряжении. Касаясь последнего русско-китайского соглашения (27 апреля этого года) об Общественном Управлении Харбина, господин Министр Финансов отметил, что, давая подтверждение прежним договорам России и Китая, оно даёт также равноправие иностранцам в участии их наравне с прочим населением в установлении культурной благоустроенной общественной жизни. Давая право это, соглашение налагает на иностранцев и обязанность участвовать в повинностях, создающих благоустроенную общественную жизнь. Ни одно культурное государство, по словам господина Министра, не может допустить, чтобы пользующиеся благами установленного им порядка культурной и благоустроенной жизни, отказывались участвовать в несении общественных расходов на поддержание этого порядка. Современное положение неустановившееся сбора городских налогов, по словам господина Министра финансов, не должно поэтому смущать Общественное Управление. Этот вопрос в недалёком будущем будет вырешен и нынешнее Общественное Управление не должно опускать руки, а наоборот продолжать свою полезную деятельность по городскому благоустройству, привлекая к участию в расходах на это всех жителей города без различия национальностей.

62. Русско-Японское Сближение

1909 (Б/Д 1909 г.)

Ф.560, оп.28, д.420, л.6-6 об.

По поводу приезда князя Ито в Харбин ходило много слухов, предсказывавших невыгодные для Китая последствия предстоявшего свидания русского Министра финансов с первым по своему влиянию государственным деятелем Японии. Трагическая смерть последнего не положила конец этим слухам. Взамен князя Ито, говорят здесь граф Окума. Мы уже отмечали маловероятность этого слуха, как потому, что граф Окума не может быть послан нынешним правительством, как состоящий в оппозиции политике нынешнего японского кабинета министров, так и потому, что едва ли японское правительство имело в виду воспользоваться приездом русского Министра финансов для решения каких-либо неотложных вопросов. Свидание двух высокопоставленных сановников не могло быть, конечно, бесцельным, но насколько можно видеть из различия действий России и Японии в Маньчжурии, последняя могла служить предметом переговоров вне всякого ущерба для интересов Китая. Наоборот, можно было ожидать, что свободная от всякой агрессивности политика России могла бы содействовать японской политике в Маньчжурии, если бы между двумя сановниками зашла речь об установлении обязанности взаимной поддержки в проведении тех или других интересов. Между Россией и Японией, не смотря на заключение Портсмутского мирного договора, стоят признаки жертв кровавого боя, которые поддерживают взаимную подозрительность и недоверие и создают неуверенное и кажущееся неустойчивым мирное положение дел на Дальнем Востоке. Эта неуверенность более всего чувствуется в Маньчжурии, где слухи о предстоящем повторении русско-японской войны никогда не прекращаются. Правда, в подогревании этих слухов много виновата японская явная и тайная печать в Китае, продолжающая травлю России и запугивание всех, а китайцев в особенности, её агрессивными намерениями так горячо, что кажется сами руководители этой травли из-за угла верят в собственные измышления. Но действительность, вопреки планам этого сорта печати показывает, что из всех держав, имеющих важные интересы в Китае, одна только Россия не предъявляет ему никаких новых требований и ценит прежде всего дружбу Китая, а не те единичные выгоды, которые она могла бы исторгнуть от Китая, подобно другим его соседям, пользуясь силой или заманчивыми обещаниями. Мы признаём, что политическая дружба должна основываться на взаимном уважении к правам и интересам обоих сторон; из этого основания вытекают сами собой, как естественный результат, и различного рода выгоды политического и экономического значения, но не наоборот. Если же в основу взаимных отношений поставить только преследование выгод, то непременно одна сторона – слабейшая – получит меньше выгод, а другая – сильнейшая – более. В последнее время по некоторым признакам можно судить, что руководящие круги китайского правительства начинают отличать действительность русской политики от того предубеждения, которое стараются поддержать против России её враги и завистники.

Мы с удовольствием отмечаем также, что в этих кругах начинают понимать, что если в ответ, на благожелательную политику России Китай будет относиться к ней также, как и к другим державам, ценящим не только его дружбу, сколько возможность эксплуатировать его слабость, то этим побудить Россию изменить её нынешнюю политику. Между прочим, признак такого сознания необходимости дорожить существующими добрыми русско-китайскими отношениями мы видим в той тревоге, которую породила возможность более тесного сближения России и Японии, как результат встречи двух высокопоставленных представителей России и Японии. Мы поэтому ещё раз повторяем, что, хотя современное политическое положение Дальнего Востока не вызывает для России необходимости союза России и Японии в ущерб Китаю, но вообще такой союз возможен и если он когда-либо состоится, то смело можно сказать: виновником этого будет сам Китай.

63. ПОДРОБНОСТИ АРЕСТА КОРЕЙСКИХ ТЕРРОРИСТОВ.

1909 (Б/Д 1909 г.)

Ф.560, оп.28, д.420, л.7-8.

В пополнение наших сведений относительно случайного ареста на станции Цяйцзягоу сообщников убийцы маркиза Ито приводим следующие интересные подробности:

На станции Цзяйцзягоу.
11-го октября, в 12 часов дня, на остановке почтового поезда, шедшего из Харбина на юг, из вагона II класса соскочили трое иностранцев, которых с первого момента приняли за японцев. Это были убивший маркиза Ито корейский подданный Инчин-ангай, и товарищи его, Чидо-осен и Чен-джуги. Один из молодых людей, свободно владевший русским языком, осведомился у жандарма унтер офицера – далеко ли станция Сан-Чахэ. Получив ответ, кореец тотчас его перевёл своим спутникам, после чего подробно расспросил также о расписании движения поездов по линии Куаньчэнцзы – Харбин. Затем компания удалилась в буфет. Остановка в глухой станции иностранцев, прибывших почти без всяких дорожных вещей, показалась странной и вызвал различные догадки относительно самой цели приезда. Любопытство усиливалось ещё тем, что путешественники внимательно осматривали проходящие мимо станции поезда на вопрос жандармского чина – кого они ждут, один из корейцев ответил: «я встречаю брата, а тот мать и сестру родственника». Объяснение это показалось подозрительным. Не имея, однако, веских оснований арестовать иностранцев, унтер-офицер попросил у них показать свои виды.

«Телеграмма».
По-видимому, их оживил телеграфный запрос, посланный ими же в Харбин на имя корейского доктора Ким:- «телеграфируйте приехал – ли да, нет, ждём Цзяйцзягоу», на это последовал ответ: «завтра утром будет в Харбине».

Отъезд убийцы.
Поговорив товарищи простились с Ангаем. Прощание их носило трогательный ха-

рактер, и оставило у очевидцев сильное впечатление. Ангай ответил несколько земных поклонов, на которые спутники его ответили тем же. Лица их опечалились, на глазах навернулись слёзы. Агай уехал в Харбин поездом №4.

Подозрение.

Загадочное поведение корейцев вызвало у станционного начальства предположение, что пребывание их в Цзяйцзягоу находится в связи с приездом маркиза Ито. Опять-таки пришлось ограничиваться установлением негласного надзора за оставшимися корейцами; кроме того, по распоряжению роты. Волкодавова, усилением ночного патруля на станции. На следующее утро, 13 октября, поезд в котором следовал маркиз Ито, должен был проследовать в 6 часов 10 минут. В виду этого распорядились, чтобы корейцев, оставшихся в комнате станционного буфетчика на ночлег, на станцию до прохода поезда не пропускали. Корейцы проснулись рано и поспешили выйти, но двери комнаты оказались запертыми. Осведомившись о поезде маркиза Ито, корейцы к ужасу своему узнали, что он уже проследовал. Вскоре в Цзяйцзягоу получилась депеша о смерти Ито и что тело его следует обратным поездом.

Арест сообщников убийцы.

Получив известие, унтер-офицер Сёмин с 4 солдатами поспешил под свою ответственность арестовать корейцев. В комнате иностранцев послышалось: «ни с места, вы арестованы». Тут же молодые люди были схвачены за руки. При обыске у корейцев нашли – у одного заряженный браунинг с запасной обоймой; у другого пяти зарядный револьвер системы «Смит и Виссон» с 23 запасными пулями. Часть найденных у обоих задержанных пуль оказались разрывными системы «экспресс», обладающими большой разрушительной силой. Затем арестованные были отведены в дежурную комнату. На вопрос чина о цели приезда один из корейцев заявил: «да», мы приехали убить маркиза». Когда задержанным сообщили, что Ито убит корейцем, Чидо-Осен заметил, что, по всей вероятности, убийца наш товарищ.

Весть о смерти Ито.

Весть о смерти Ито корейцы встретили очень радостно. Они несколько раз переспрашивали действительно ли маркиз убит и когда их убедили в подлинности сообщения, то пришли в неописуемый восторг: «японцам так следует, они нашу родину погубили, казну себе забрали, а императору нашему жалованье платят». Тут же корейцы сообщили, что они командировали своим генералом в числе 26 человек в Маньчжурию. Вскоре после этого последовало официальное распоряжение об аресте корейцев и доставке их в Харбин.

На первом показании Ангая японскому консульскому агенту в японском консульстве Ангай твёрдо подтвердил, что он в числе других 29 избранных корейцев покаялся отомстить Ито за его карательные экспедиции в Корее: «Смерти я не боюсь,- заявил Ангай, пытки ваши тоже уже нестрашны; мой разум и сердце уже переболели от них там на родине. Умирая я буду счастлив, что я первый начал дело освобождение родины» Японские власти получили новые сведения, что другая часть заговорщиков, ехавшая за Ито по пятам и теперь вернувшаяся в Корею, имела в своём распоряжении паровую шхуну, много сообщников по японской дороге и в Дальнем. Из документов, найденных у Ангая, нужно заключить, что главари заговора остались в Корее, и убийство Ито должно послужить сигналом к восстанию.

64. К Превыванию Русского Министра Финансов на Дальный Восток

1909 (Б/Д 1909 г.)

Ф.560, оп.28, д.420, л.9-9 об.

Среди различных слухов, порождённых прибытием на Дальний Восток русского Министра финансов статс-секретаря Коковцова обращает на себя внимание сообщение некоторых газет о том, что в противовес полученной Японией концессии на постройку железной дороги от Хуй-нин, в Северной Корее, до Куаньчэнцзы, для связи с Цзилинь-Чанъчуньской железной дороги, Россия обратилась к Китаю с предложением построить железную дорогу от станции Хайлин (вблизи Нингуты) до Хуньчуня. Отсюда Россия будто бы предполагает провести дорогу до своей территории на бухту Посьет и далее вдоль побережья моря до Охотска. Этот слух на первый взгляд кажется правдоподобным, если оценивать интересы России в Маньчжурии с той же точки зрения, как Япония оценивает свои интересы в этой стране. Но более внимательное рассмотрение политической и экономической стороны такого предприятия лишает этот слух всякого основания. Беспристрастные наблюдатели русской политики в Маньчжурии за последние годы, могут видеть, что если раньше (до последней войны) можно было подозревать, что Россия имела намерение прочно утвердиться в Маньчжурии, то после войны её исключительное внимание было обращено на культурное и экономическое развитие своей собственной далёкой окраины – русского Приамурья. Первым результатом и вместе с тем доказательством нового курса русской политики явилась постройка Амурской железной дороги. Меры по колонизации и упорядочению экономической жизни Восточной Сибири также служат несомненными признаками того, что главное внимание России сосредоточено ныне на её собственных дальневосточных владениях.

Всякие слухи о постройке русскими новых железных дорог в Маньчжурии следует считать поэтому явно противоречащими указанному курсу русской политики. Правда, высказываются соображения, что предстоящая постройка японцами железной дороги от Хуй-нин и Ань-дуна даёт Японии большие стратегические выгоды и являются угрозой не только Китаю, но и России, вынуждают Россию принять такие же меры. Мы не видим, однако, достаточных разумных оснований для России строить еще одну железную дорогу почти параллельную нынешней Восточной ветке Китайской Восточной железной дороги. В стратегическом отношении она не является для России необходимой, в экономическом же отношении и прямо вредной, так как содействовала бы исключительно экономическому развитию этой части Маньчжурии в ущерб прилегающих русских местностей. Вот почему мы считаем совершенно не основательным указанный слух, точно также, как и слух о желании России построить железную дорогу от Цицикара в Айхунь, как мы уже об этом писали. В обоих случаях выгоды от постройки этих дорог находится исключительно на стороне Китая. Не трудно конечно, догадаться, что источников всех этих слухов служит печать в Китае, которая от части из склонности мерить чужие поступки на свой аршин, отчасти для отвлечения внимания от активной политики самой Японии в Маньчжурии, приписывает России те планы, о которых она совершенно не думает.

65. К Превыванию Русского Министра Финансов на Дальный Восток

1909 (Б/Д 1909 г.)

Ф.560, оп.28, д.420, л.10-10 об.

Мы уже не раз отмечали, что китайские газеты, издающиеся далеко от Маньчжурии, частью невольно, часть намеренно извращают положение дел в ней и особенно в Северной Маньчжурии. В последнее время обилием разного рода небылиц обращает на себя внимание газета «Шэнь-чжоу-жи-бао». Хотя и не разборчивое помещение известий должно быть недостаточно уважающего себя серьезного органа печати, но когда на этих известиях строятся выводы одностороннего характера в угоду предвзятой идее обвинить кого-либо во что бы то ни стало, то о такой газете мы не можем сказать, что она думает снискать уважение к себе читателей. Характерным образчиком отношения газеты к известиям с Севера Маньчжурии служит следующая:

Русские в настоящее время проявляют во всех местах Северной Маньчжурии усиленную деятельность. Со времени заключения русско-японского договора Россия и Япония стремятся к уравнению своего влияния и выгод и установлению совместной политики. Вопрос этот обратил на себя внимание Государственного Совета и служит предметом его обсуждения.

Приводя это известие из неизвестного источника, вопреки очевидному, особенно за последнее время различию действий России и Японии в Маньчжурии и всем известному здесь факту, что в смысле количества японцев на юге и русских на севере Маньчжурии обе части последней нельзя и сравнивать, «Шэнь-чжоу-жи-бао» не, по искреннему убеждению, а в угоду заранее составленному русофобскому плану обвиняет Россию в агрессивных планах и в Маньчжурии, и в Монголии и так далее. В то же время газета сама не замечает того противоречия, в какое она впадает, приводя за достоверное известие о том, что Россия предложила Китаю купить Китайскую Восточную железную дорогу. Мы хотели бы спросить «Шэнь-чжоу-жи-бао»: каким образом полный уход русских из Маньчжурии с продажей дороги согласиться с её агрессивными планами.

Что касается вопроса о продаже дороги, о котором мы уже подробно высказали наш отрицательный взгляд, то приезд Министра финансов, возобновивший эти кривотолки, вновь вынуждает нас заявить, что этого рода слухи лишены всякого основания. Приезд князя Ито также послужил поводом для возникновения слухов о предстоящем закреплении совместной политики России и Японии в Маньчжурии. Уже одно сопоставление этих противоречивых слухов показывает, что оба они далеки от истины. Но, без сомнения, возобновлением этих слухов вновь воспользуются «Шэнь-чжоу-жи-бао» и ей подобные газеты, чтобы вновь нагромоздить на Россию обвинения, совершенно её незаслуженные. Как в интересах справедливости, так и в целях развития Русско-китайских дружественных отношений, едва ли не наиболее важных для Китая, мы и считаем долгом отметить всю необоснованность указанных слухов.

66. Борьба Международных Капиталов в Китае

1909 (Б/Д 1909 г.)

Ф.560, оп.28, д.420, л.11-11 об.

Возможностью американского господства в Китае заинтересованы не столько торговые круги, как финансовые группы; при чём положение формулируется так: «торговля следует за флагом, но последует ли она за займом».

Американское азиатское общество, насчитывающее среди своих членов главнейших представителей торговых интересов Америки на Дальнем Востоке, склонно к осторожному отношению к предполагаемым возможностям. В одном из последних отчётов этого общества говорится:

«Едва ли можно сомневаться, что отношение министерства иностранных дел к этому железнодорожному займу обусловлено побуждением со стороны президента Тафта; также можно утверждать, что финансовая группа, заявившая свою готовность разместить китайские обязательства в Америке, заручилась уверением президента в том, что она может положиться на силу и влияние правительства, которое поддержит всякое одобренное этой группой предприятие. Общественный интерес к китайским делам, сопутствовавший этому новому дипломатическому направлению, был раздут газетами. Но это привело к существенным результатам – к выяснению обществу некоторых великих международных вопросов и среди них одного, около которого суждено вращаться истории 20 века».

Главным предметом вывоза Соединенных Штатов в Китай до сих пор были хлопчатобумажные ткани. За последние два месяца торговля ими, весьма разросшаяся за 1908 год, быстро пала, вследствие повышения цен. Китайцы нашли, что англичане продают этот товар дешевле. Американские хлопчатобумажные мануфактуристы, с оживлением промышленности в их стране, ищут выхода в 15-25%, соответственно вздувая цены. Английская же хлопчатобумажная фабрика довольствуется доходом в 5 %. Тоже делают Германия и Япония. Россия даёт хотя и дороже, но высоких сортов доброкачественные ткани.

Соперники упомянутого финансового американского синдиката утверждают, что Ханькоуской железной дороги будут сделаны большие заказы в Соединённых Штатах на железнодорожные материалы, вследствие участия американцев в займе. Три другие страны также будут участвовать в поставке материалов так, что заказы, которые выпадут на долю Америки, едва ли превысят ежегодные заказы от любой из дюжины своих магистралей.

Но за поверхностным вопросом о барышах промышленников и банкиров усматривается величайшая финансовая игра, которую когда-либо видел свет. Расчленение Китая составляет давнишнее желание нескольких наций, которым при распадении древней империи могли бы достаться огромные территории.

Главная опасность, угрожающая теперь целости китайской империи – в национальном финансовом банкротстве. Пристрастившись к займам, трудно сказать, до каких крайних пределов дойдёт китайское правительство. В конце концов, оно может оказаться в сетях у банкиров, поддерживаемых соответствующими правительствами. А тогда начнётся раздел территории, ибо в наше время миром управляет капитал. Россия, как известно, не участвует в этой бешенной конкуренции международного капитала в Китае и поэтому считается каждой из этих держав желанной союзницей. Мы думаем, что ещё более оснований для Китая иметь Россию своей союзницей, как наименее нуждающейся в эксплуатации экономической и политической слабости Китая.

67. Телеграммы Н.А.Малевского-Малевича С.Д.Сазонову

1909.9.28 (28 Сентя. 1909 г.)

Ф.560, оп.28, д.421, л.3-3 об.

На днях князь Ито отправляется в Дальний и Мукден, откуда намерен проехать в Харбин и возвратиться через Владивосток. Его будут сопровождать частный секретарь, доктор, переводчик китайского языка от Министерства Иностранных Дел, один майор Генерального Штаба, один чин Двора, один член Парламента, чиновник Юго-Маньчжурской железной дороги и писарь. Ито доверительно сообщил мне, что очень желал бы встретиться в Харбине с Министром финансов, приезд которого, по сведениям Мотоно, ожидается туда 25 нового октября. По словам его, он едет без официального поручения, но желал бы воспользоваться поездкой и, в особенности, встречей со Статс-Секретарём Коковцовым, чтобы выяснить возможность более тесного сближения между Японией и Россией в связи с соглашением между Китайской Восточной и Южно-Маньчжурской железными дорогами, и развитием коммерческих сношений. В продолжительной беседе со мной он уверял в своих неизменных приязненных чувствах к России и выражал мнение о необходимости тесного единения между обоими Государствами по всем делам Дальнего Востока, которые, по мнению его, ныне главнейшим образом сводятся к столкновению взаимных интересов Держав в Китае. Телеграфирую о поездке Ито Консулу в Дальнем, Приамурскому Генерал-Губернатору и Посланнику в Пекин.

68. Телеграммы Н.А.Малевского-Малевича С.Д.Сазонову

1909.9.30 (30 Сентя. 1909 г.)

Ф.560, оп.28, д.421, л.5-5 об.

С.Д.Сазонов просит телеграфировать следующие сведения, сообщаемые Малевским Малевичем. Целью поездки князя Ито в Харбин, как оказывается, является свидание с Министром финансов. При этом имеется в виду дать успокоительные заверения относительно последнего Японско-Китайского тайного соглашения и, быть может, сделает попытку подготовить почву для дальнейшего согласования наших взаимных интересов в Маньчжурии. Будут, вероятно, также затронуты вопросы об относительном заключении договора между Китайской Восточной железной дорогой и Южно-Маньчжурской о перевозке грузов, наших претензиях доселе неразрешенных. Отъезду князя предшествует настоящее совещание с членами Кабинета, хотя он не является членом настоящего правительства и будет без официальной Миссии. Во всяком случае установившаяся за ним репутация русофила и его личный авторитет будут использованы японским правительством для воздействия на русское общественное мнение в благоприятном для Японии смысле.

Прочитано Господином Министром 1 Октября 11 ½ утра.

69. Телеграмма В.Н.Коковцова П.Ф.Унтербергеру

1909.10.1 (1 Окт. 1909 г.)

Ф.560, оп.28, д.421, л.6.

Шифр Управляющего Казённой Палатой. Благодарю Ваше Высокопревосходительство за сообщение о поездке князя Ито. Я был уже осведомлён. Сделал распоряжение об оказании ему содействия и внимания. Тринадцатого Октября предстоит мое свидание с ним в Харбине.

70. Телеграмма Г.А.Виленкина В.Н.Коковцову

1909.10.1 (1 Окт. 1909 г.)

Ф.560, оп.28, д.421, л.7-15.

Ваше Высокопревосходительство
Милостивый Государь
Владимир Николаевич,

Как я уже имел честь телеграфировать 28 Сентября/11 Октября этого года Князь Ито, отправляясь на днях в Маньчжурию, просил меня через барона Гото узнать, найдёте ли Ваше Высокопревосходительство удобным, чтобы он имел с Вами встречу в Харбине. Я не замедлил тотчас же передать ему полученный мною ответ и как я уже имел честь телеграфировать, князь Ито выбрал 13 Октября старого стиля.

Поездка князя Ито в Маньчжурию стала известной лишь на прошлой неделе и в здешних дипломатических кругах и местной прессе продолжаются делаться всевозможные предположения относительно мотивов вызвавших эту поездку. Хотя сам князь и заявляет, что, не занимая в настоящее время активного официального поста (он состоит Председателем Тайного Совета – учреждения совещательного) он предпринимает поездку в Маньчжурию для развлечения, чтобы снова увидеть места, в которых он давно не был, но не подлежит ни малейшему сомнению, что поездка его имеет строго определённую цель и носит деловой характер, в особенности если принять во внимание события, имевшие место за последнее время.

Китайско-японское соглашение, подписанное в Пекине 4-го Сентября этого года, о котором я своевременно имел честь донести Вашему Высокопревосходительству, в особенности III и IV пункты оного, касающиеся разработки фушунских и Янтайских каменноугольных копий, а также копий вдоль перестраиваемой Антунг-Мукденской железной дороги, произвели весьма неприятное впечатление в Соединённых Штатах; общественное мнение Америки видит в этом соглашение нарушений обязательств принятых Японией согласно ноты, которой обменялись в Вашингтоне 30 Ноября 1908 года американский министр иностранных дел Рут и Японский посол барон Токахира. На основании вышеупомянутой ноты оба правительства согласились поддерживать независимость и целость Китая и охранять принцип равных преимуществ (principle of equal opportunity) для всех наций в торговле и промышленности и в случае возникновения обстоятельств, угрожающих вышеупомянутому Statu quo или же по принципу равных преимуществ, оба правительства обязуются сговориться («to communicate with each other») к принятию необходимых мер, третий же и четвертый пункт Китайско-Японского соглашения 4-го Сентября этого года, представляя Японии преимущественное право разработки копий, является по мнению американской прессы прямым нарушением Японско-американского соглашения 30 Ноября 1908 года и, судя по телеграфируемым сообщениям из Нью-Йорка и Сан франциско, американское правительство намерено предъявить протест относительно китайско-японского соглашения.

Насколько слухи эти верны, сказать пока еще трудно, но во всяком случае американское общественное мнение не скрывает своего недовольства по-новому состоявшегося соглашения между Японией и Китаем и за последние 2 недели в американских газетах появляются статьи резко критикующие японскую политику в Маньчжурии.

Параллельно с этим произошел инцидент обративший на себя особое внимание японцев; вновь назначенный американский посланник в Пекине господин Крэн, отправляясь к своему посту, доехал в Сан франциско и внезапно был вызван обратно в Вашингтон; Крэн, известный своими симпатиями к Китаю, здесь не пользуется популярностью в особенности после того, как он допустил нескромность в беседах с американскими журналистами, заявив им, что правительство Соединенных Штатов собирается предъявить протест по поводу китайско-японского соглашения 4-го Сентября; судя по сегодняшним телеграммам Крэн уже поплатился за свою нескромность и был принужден подать в отставку, но самый факт недовольства Америки Китайско-Японским соглашением этим самым еще более подчеркнут. В связи с этим здесь стало известным, что Стрэт, представитель американского финансового синдиката Морган-Кун-Лэб прибыл из Пекина в Мукден и имел 4 свидания с вице-королём Маньчжурии; здесь предполагают, что представитель синдиката, в котором американское правительство принимает самое живое участие, успел добиться известных результатов.

Здешняя пресса, являющаяся отголоском правящих сфер и общественного мнения, весьма чутко следит за всеми этими событиями; в правящих кругах, которые всё время были хорошо осведомлены о настроении Соединенных Штатов по отношению к Японии, естественно должна была возникнуть мысль – с одной стороны отвлечь всеобщее внимание от поднятых вопросов, а с другой урегулировать неразрешенные вопросы с Китаем, как то об охранной страже вдоль Антуне-Мукденской железной дороги, о порядке взимания таможенных пошлин за ввозимый железнодорожный материал для перестройки пути и прочего. Для этой цели японское правительство решило послать в Маньчжурию, а оттуда может быть и в Пекин лицо, которое стояло бы выше всяких подозрений и пользующееся заслуженным авторитетом не только у себя в Японии, но и повсюду в Европе и Америки, а именно – князя Ито.

Следует признать, что выбор японского правительства в высшей степени дипломатичен; князь Ито, хотя и состоит председателем Тайного Совета, но как я уже имел честь упомянуть выше, пост этот носит скорее номинальный характер; князь Ито не состоит членом Кабинета у.е. фактического правительства и потому, входя в переговоры и беседы с китайскими государственными людьми, при всяком удобном случае будет выставлять на вид своё неофициальное положение и следовательно высказываемые им предложения не могут иметь обязательного характера, что конечно ставит его в более выгодное положение, тем более, что с другой стороны он может связать китайских государственных людей обещаниями, которые были бы ими ему сделаны.

Барон Гото, узнав из газетных телеграмм о предполагаемом приезде Вашего Высокопревосходительства во Владивосток, пытался всеми силами добиться Вашего приезда в Токио, но, видя, что это ему не удается, при посредстве премьера маркиза Катцуры успел убедить собиравшегося в Маньчжурию князя Ито взять на себя инициативу предложить Вашему Высокопревосходительству встречу в Харбине; князь Ито посетил нашего Посла Н.А. Малевского-Малевича и в беседе с ним выразить своё вышеупомянутое желание и одновременно с этим через барона Гото просил меня телеграфировать Вашему Высокопревосходительству.

По мнению нашего Посла, в факте приезда князя Ито в Харбин для встречи с Вашим Высокопревосходительством следует видеть дружественную манифестацию со стороны Японии по отношению к России, имеющую цель успокоить русское общественное мнение, которое за последнее время было возбуждено известной частной печати, и такая манифестация конечно должна встретить с нашей стороны самый радушный прием.

Несомненно, что при нынешнем весьма щекотливом положении, в котором находится Япония по отношению к Соединенным Штатам, Китай особенно зорко следит за всем тем, что делает Япония и потому японскому правительству особенно важно показать Соединенным Штатам и Китаю, что интересы Японии и России солидарны в Маньчжурии и что они обе идут рука об руку, и таким путем достичь дальнейших успехов со стороны Китая.

Весьма вероятно, что эти соображения побудят японское правительство сделаться более сговорчивым в удовлетворении русского правительства в разрешении целого ряда претензий, рассмотрение которых оно продолжает отклонять; между этими претензиями следует упомянуть, что вознаграждение за 3 русских парохода «Маньчжурия», «Аргун» и «Мукден» захваченные японцами у Китайской Восточной дороги, стоимость которых определена в 1.700.000 рублей, не только не возмещено, но японское правительство отказывается даже заняться пересмотром этих претензий; теперь же японское правительство, домогаясь железнодорожного соглашения, имеет весьма удобный случай показать России свои искренние чувства и путем удовлетворения неразрешенных претензий положить конец нападкам русской прессы.

С глубоким почтением и совершенной преданностью имею честь быть Вашего Высокопревосходительства покорным слугой Григорий Виленкин.

P.S. Во избежание японской почтовой цензуры означенное донесение отправляется мной со специальным курьером Посольства в Цуругу, где им лично будет сдано нашему Почтовому часовому находящемуся на пароходе Добровольного флота. Если Вашему Высокопревосходительству будет угодно преподать мне инструкции для сообщения здешней прессы по поводу Вашего свидания с князем Ито, покорнейше прошу сделать это шифром, так как иначе весьма трудно избежать здешней почтовой цензуры.

При этом имею честь препроводить вырезку их сегодняшних газет излагающую официальное «сообщение» об инциденте с господином Крэном, из которого явствует, что вопрос о протесте еще не закончен.

Г.В.

71. Телеграмма Г.А.Виленкина В.Н.Коковцову

1909.10.3 (3 Окт. 1909 г.)

Ф.560, оп.28, д.421, л.16-17 об.

Ваше Высокопревосходительство
Милостивый Государь
Владимир Николаевич

В дополнение к моему донесению от 1/14 Октября этого года за №141 отправленному в Харбин, имею честь представить при этом список лиц, сопровождающих князя Ито в Маньчжурию; поедут ли все эти лица в Харбин, здесь неизвестно; во всяком случае я считаю своим долгом перечислить их в порядке их последовательности при размещении их за обеденным столом:

1) Накамура (Nakamura). Председатель Южно-Маньчжурской железной дороги.

2) Мурота (Murota). Член палаты пэров; бывший посланник в Мексике; в настоящее время не состоит на государственной службе и занимает пост директора частного банка в Шимоносеки; личный друг князя Ито и сопровождает его в качестве такового.

3) Учи (Ouchi) Начальник Иностранного Отдела при Квантунском Генерал губернаторстве в Порт Артуре.

4) Фуруя (Furuya) Личный секретарь Председателя Тайного Совета (князя Ито); церемониймейстер Двора. фуруя состоит личным секретарём князя Ито в течении многих лет и считается его правой рукой; он женат на дочери вышеупомянутого Мурота.

5) Теи (Tei) Чиновник Министра Иностранных Дел; знаток Китая и вопросов, связанных с Китаем и Маньчжурией.

6) Мацуки (Matsuki) Майор Генерального Штаба; считается знатоком истории русско-японской войны и назначен для объяснений князю Ито исторических мер в военном отношении в Маньчжурии.

7) Татцуи (Tatsui) – Главный Секретарь Южно-Маньчжурской железной дороги.

8) Мори (Mori) – Личный Секретарь Министра Двора. Мори считается самым выдающимся современным японским поэтом, сопровождает князя Ито в качестве его друга.

9) Кояма (Koyama) Доктор, состоящий на службе у Министерства Двора.

Князь Ито предполагает выехать из Кванчендзы в Харбин 12/25 Октября с вечерним поездом.

С глубоким почтением и совершенной преданностью имею честь быть Вашего Высокопревосходительства покорным слугой

Григорий Виленкин

72-1. Телеграмма С.Ф.Вебера В.Н.Коковцову

1909.10.4 (4 Окт. 1909 г.)

Ф.560, оп.28, д.421, л.18.

С.Д.Сазонов просит сообщить Вашему Высокопревосходительству следующую телеграмму Малевского-Малевича: при свидании Министра финансов с князем Ито будет затронут вопрос об интересующем Японию соглашении между Китайской Восточной железной дорогой и Южно-Маньчжурской железной дорогой. На этот случай необходимо иметь в виду, что Японское Правительство полагает оставить без удовлетворения все наши претензии о конфискованных судах. Между тем в числе захваченных судов есть принадлежащие Обществу Китайской Восточной железной дороги, а именно «Маньчжурия», «Аргун», «Мукден». Вебер.

72-2.

1909.10.4

Ф.560, оп.28, д.421, л.19.

С.Д.Сазонов получил следующую телеграмму от Министра Иностранных Дел: Министр финансов представил ГОСУДАРЮ докладную записку о том, что, вследствие письма Виленкина и разговоров П.А. Столыпина и Вами, он решил принять приглашение князя Ито встретиться с ним в Харбине. ЕГО ВЕЛИЧЕСТВО прислал мне эту записку с пометкой: «Такая встреча на нейтральной почве может быть полезна.» Вебер.

73. Телеграмма П.А.Столыпина В.Н.Коковцову

1909.10.4 (4 Окт. 1909 г.)

Ф.560, оп.28, д.421, л.20.

На всеподданнейшей докладной записке Вашей о решении Вашем принять приглашение маркиза Ито встретиться с ним в Харбине ГОСУДАРЬ ИМПЕРАТОР Собственноручно начертать соизволил: «Такая встреча на нейтральной почве может быть полезна.» Поляков просит ознакомить его с докладом о нём в Совете Министров для возражения. Прошу Сообщить нет ли препятствий. Благодарю за интересную телеграмму о Московском пребывании. Здесь тихо, но пресса продолжает безобразничать. Статс-Секретарь Столыпин.

74-1. Телеграмма П.Ф.Унтербергера В.Н.Коковцову

1909.10.4 (4 Окт. 1909 г.)

Ф.560, оп.28, д.421, л.21.

Позволяю себе доложить Вашему Высокопревосходительству, что посещение Вами, хотя на короткий срок Хабаровска будет иметь очень важное значение для края. Если Вам угодно будет на это согласиться, то покорнейше прошу сообщить мне не признаете ли Вы соответственным из Харбина сначала направиться в Хабаровск и оттуда во Владивосток в расчёте, что тогда князь Ито успеет проследовать вперёд и представится возможность вполне использовать в интересах дела пребывание Вашего Высокопревосходительства во Владивостоке.

Генерал Унтербергер.

74-2. Телеграмма К.М.Иогансона В.Н.Коковцову

1909.10.6 (6 Окт. 1909 г.)

Ф.560, оп.28, д.421, л.22.

Передаю шифром Канцелярии текст сообщённой Вами телеграммы генерала Унтербергера: /он/ направиться из Харбина сначала в Хабаровск, а оттуда во Владивосток с тем расчётом, что тогда успеет проследовать вперёд князь Ито.

Йогансон.

75. Телеграмма С.Ф.Вебера В.Н.Коковцову

1909.10.8 (8 Окт. 1909 г.)

Ф.560, оп.28, д.421, л.23.

По сведениям С.Д.Сазонова приезд Ито преследует следующую тайную цель. Япония стремится заключить очень крупный заём для военных целей. Североамериканский рынок на это не идёт, Английский тоже в виду новых отношений Англии к России и опасения, что военные приготовления Японии будут направлены против нас. Япония хочет доказать Англии, что её опасения напрасны и потому нужно ожидать всяких заигрываний с нами. В приезде Ито Сазонов видит первый шаг.

Вебер.

76-1. Телеграмма между В.Н.Коковцовым и П.Ф.Унтербергером

1909.10.5 (5 Окт. 1909 г.)

Ф.560, оп.28, д.421, л.24.

Согласен поступить соответственно желанию Вашего Высокопревосходительства. О времени выезда из Харбина уведомлю телеграммой.
    /Подписано:/ Коковцов.

76-2.

1909. 10.9 (9 Окт. 1909 г.)

Ф.560, оп.28, д.421, л.25-25 об.

По имеющимся сведениям, князь Ито пробудет в Харбине два дня тринадцатого и четырнадцатого октября и затем проследует во Владивосток. Я предполагал бы выехать из Харбина в Хабаровск не ранее шестнадцатого октября с тем, чтобы оттуда проехать вместе с Вашим Высокопревосходительством во Владивосток. Прошу телеграфировать предполагаете ли сами видеться с князем Ито где и когда, о чем носятся слухи в Харбине. В утвердительном случае не лучше ли мне прибыть прямо во Владивосток. Если же Ваше свидание не последует, приеду согласно Вашему желанию в Хабаровск ранее посещения Владивостока.
    Статс-Секретарь /подписано/ Коковцов.

77-1. Телеграмма П.Ф.Унтербергера В.Н.Коковцову

1909.10.10 (10 Окт. 1909 г.)

Ф.560, оп.28, д.421, л.26.

Свидание моё с князем Ито совсем не предполагалось, но обязательно имел намерение сопутствовать Ваше Высокопревосходительство во Владивостоке из Хабаровска, если же Вам угодно будет сначала ехать во Владивосток, то выеду к Вам на встречу в Градеково. Покорнейше прошу телеграфировать, как изволите установить Ваш маршрут.
Инженер Генерал Унтербергер.

77-2. Телеграмма В.Н.Коковцова П.Ф.Унтербергеру

1909.10.11 (11 Окт. 1909 г.)

Ф.560, оп.28, д.421, л.27.

Шифр Управляющего Казенной Палатой.
Приеду в Хабаровск ранее посещения Владивостока. В виду совершенной неизвестности как долго задержит меня свидание с князем Ито, о дне выезда буду телеграфировать.
Статс – Секретарь /подписано/ Коковцев.

из Харбина.

78. Телеграмма В.Н.Коковцова П.А.Столыпину

1909.10.13 (13 Окт. 1909 г.)

Ф.560, оп.28, д.421, л.28.

Сейчас в минуту прибытия князя Ито, когда он обошел почетный караул из-за группы иностранных консулов какой-то кореец выстрелом из браунинга смертельно ранил князя Ито и тяжело японского генерального консула и одного спутника Ито. Я и другие русские находившиеся кругом князя остались невредимы.
/Подписано:/ Коковцов.

Отправлена 13 октября 1909г. из Харбина.

79. Телеграмма В.Н.Коковцова Н.А.Малевскому-Малевичу Отправлена 13 октября 1909 г. ещелкелкцз

1909.10.13 (13 Окт. 1909 г.)

Ф.560, оп.28, д.421, л.29.

Сегодня в девять с четвертью часов утра тотчас по прибытии князя Ито, как только князь вышел из вагона и вместе со мной и русскими начальствующими лицами, пройдя фронт почётного караула, приблизился к группе гражданских лиц и иностранных консулов из-за спины последних раздалось несколько выстрелов из браунинга, которыми смертельно ранен князь Ито, легко в ногу Танака, тяжело не опасно генеральный консул Каваками и легко Мори. Убийца, оказавшийся корейцем, арестован и показал на допросе, приехал специально с целью убить князя, сделал это за свою поруганную родину и за то, что будто бы князь велел казнить нескольких его близких, прибавил, что счастлив, что преступление ему удалось. Заговор был очевидно организован. Вчера на станции Дзядзягоу нашей полицией были уже арестованы трое подозрительных корейцев с браунингами. На случай нарекания на русские власти о неприятии мер предосторожности, имейте в виду, что генеральный консул Каваками просил железнодорожную полицию свободно допускать всех японцев на …

80-1. Телеграмма В.Н.Коковцова Н.А.Малевскому-Малевичу

1909.10.13 (13 Окт. 1909 г.)

Ф.560, оп.28, д.421, л.30.

Сегодня в девять с четвертью часов утра тотчас прибытии князя Ито, как только князь вышел из вагона и вместе со мной и русскими начальствующими лицами пройдя фронт почетного караула приблизился группы гражданских лиц и иностранных консулов из-за спин последних раздалось несколько выстрелов браунинга, которыми смертельно ранен князь Ито легко в ногу Танака, тяжело не опасно генеральный консул Каваками и легко Мори. Убийца оказавшийся корейцем арестован показал на допросе приехал специально с

80-2.

Ф.560, оп.28, д.421, л.31.

Целью убить князя сбылась его за свою поруганную родину и за то, что будто бы князь велел казнить нескольких его близких прибавил, что счастлив, что преступление ему удалось. Заговор был очевидно организован вчера на станции Дзядзягоу нашей полицией были уже арестованы трое подозрительных корейцев с браунингами. На случай нареканий на русские власти о непринятии мер предосторожности и иметь в виду, что генеральный консул Каваками просил железнодорожную полицию свободно допускать всех японцев на вокзал, что подтверждено лично

80-3.

Ф.560, оп.28, д.421, л.32.

мне полицейскими агентами Японского консульства. Отличить убийцу от простого Японца совершенно невозможно. Полезно иметь в виду, что все русские подвергались той же проверке. Лично я находился непосредственно около князя значительно ближе раненых японцев. Дорога оказывает: телу князя необходимые почести на всем протяжении пути Посланник наш в Пекине сопровождает лично … … …… распорядился о торжественной встрече в Кудигендзы.

Прошу передать Японскому Правительству лично от меня глубокое соболезнование тем более искреннее, что беседа моя с князем

80-4.

Ф.560, оп.28, д.421, л.33.

Ито до выхода из вагона носила самый симпатичный характер.
Статс Секретарь Коковцов

81. Телеграмма В.Н.Коковцова П.Ф.Унтербергеру

1909.10.13 (13 Окт. 1909 г.)

Ф.560, оп.28, д.421, л.34.

Сегодня в девять с четвертью часов утра тотчас по прибытии князя Ито, как только князь вышел из вагона и вместе со мной и начальствующими лицами, пройдя фронт почетного караула, приблизился к группе гражданских и иностранных лиц, из-за спины последних раздалось несколько выстрелов из браунинга, которыми смертельно ранен князь Ито, скончавшийся через короткое время, также тяжело ранен генеральный консул Каваками и легко двое спутников князя. Убийца оказался корейцем арестован, на допросе показал, что приехал специально с целью убить князя сделал это за свою поруганную родину и за то, что будто бы князь велел казнить нескольких его близких. Заговор был очевидно организован. Вчера на станции Дзядзягоу нашей полицией были арестованы трое подозрительных корейцев с браунингами. Я и другие русские, находившиеся кругом князя, остались невредимы.

Статс-Секретарь

82. Телеграмма В.Н.Коковцова С.Ф.Веберу

1909.10.13 (13 Окт. 1909 г.)

Ф.560, оп.28, д.421, л.35-37.

Передайте Сазонову следующее:

В дополнение к телеграмме об убийстве князя Ито и ссылаясь на телеграмму Санкт Петербургского Агентства, в которой помещены все выясненные обстоятельства, дополнительно считаю нужным сообщить Вам, на случай неблагоприятных Суждений о недостатке мер предосторожности со стороны железнодорожных властей, что вся публика была допущена на вокзал, по особым именным билетам и за два дня управление дороги просило Японского консула указать кому из японских подданных следует послать билеты. В ответ на это консул просил допустить японцев совершенно свободно без всяких билетов. По своей внешности убийца имел вид типичного японца и находился среди японских подданных. Некоторые из последних заявили, что они не обратили на него никакого внимания. факт просьбы консула о свободном допуске японцев подтвердили мне лично секретарь Японского консульства, присутствовавший при допросе преступника занесен в протокол и подтвержден мне также через переводчика полицейским стражником Японского консульства сопровождавшим консула на вокзал и находившимся в группе японцев. Достойно внимания показание преступника, что он прибыл прямо из Гензана во Владивосток и без остановки там приехал вчера в Харбин вечером, проведя ночь в окрестностях вокзала. Моё личное впечатление, что показание это вымышленное с целью сокрытия ... Наиболее вероятно, прибытие его в Харбин ранее и участие в организации шайки для убийства Ито. Никто из ... полиции на вокзале не видел во всю ночь посторонних лиц. Между тем, как охрана вокзала и моего вагона, стоящая у самого перрона сравнительно весьма сильна. Крайне обяжете меня, если сообщите оценку события иностранной печатью особенно японского и в отношении Японского правительства нами оказаны все возможные почести. Посланник в Пекине и Управляющий Китайской Восточной железной дороги лично провожал только до передачи Южно-Маньчжурскую дорогу.

83. Телеграмма В.Н.Коковцова С.Ф.Веберу

1909.10.13 (13 Окт. 1909 г.)

Ф.560, оп.28, д.421, л.38-38 об.

Передайте Сазонову еще дополнительные сведения: 1) сообщение Агентства необходимо ввести поправку, что арест подозрительных лиц на станции Дзядзягоу произведён не вчера, а сегодня утром уже по получении сведений о событиях в Харбине. Станционный жандарм, которому показалось подозрительным пребывание на маленькой станции трёх неизвестных лиц, из которых одно исчезло, по получении названного известия арестовал двух оставшихся, сознавшихся в принадлежности к шайке поставившей целью убить князя Ито. Доставленные в Харбин двое арестованных оказываются корейскими подданными, проживавшими по паспортам выданными русскими властями. На допросе здесь они отвергают сделанное сознание, но уличаются тем, что отобранные у них револьверы имеют пули с теми же надрезами, как и у убийцы Ито. По предъявлении убийцы Ито, вызванному сюда со станции Дзядзягоу жандарму, последний признал в нём третье из заподозренных им лиц исчезнувшее со станции Дзядзягоу. Этим фактом опровергаются показания убийцы о непосредственном его прибытии из Владивостока и неимении соучастников. Неприятное для железной дороги показание преступника о пребывании его в течение всей ночи на вокзале решительно опровергается следственными данными. 2) Окончательно установлен и подтверждается самим генеральным консульством факт, что свободный пропуск японцев на встречу князя Ито был результатом прямых настойчивых просьб консула. Просьба была заявлена 9 октября утром, в связи с мерами предосторожности в виде распоряжения о пропуске на вокзал по билетам по поводу моего приезда. Каваками просил не делать этого в отношении японцев к приезду князя Ито. На вопрос прокурора, обращенный к Каваками, каким образом оказалось не предусмотренною опасность со стороны корейцев, он прямо заявил, что такая опасность не приходила им в голову. Повторяю, что отличить по наружности убийцу от японца совершенно невозможно. Это подтверждается и тем, что японцы, среди которых он стоял, не обратили на него внимания.

84. Телеграмма В.Н.Коковцова С.Ф.Веберу

1909.10.13 (13 Окт. 1909 г.)

Ф.560, оп.28, д.421, л.39-39 об.

Передайте Сазонову следующее.

Дополнительно к предыдущим телеграммам с согласия Прокурора Пограничного Окружного суда считаю полезным сообщить следующие данные. Следственное производство сегодня будет совершенно закончено и в виду ... выясненной корейского подданства убийцы и принадлежности Японии юрисдикции в Корее все дело будет передано на распоряжение японского консульства. Следствию удалось напасть на доказательства, по-видимому, широкой организации, в руках его, кроме убийцы, имеется еще 8 лиц исключительно корейцев. Ожидается арест на линии дороги еще нескольких лиц. Имеются указания на весьма широкие разветвления. Японский Консул, сам тяжело раненый, выразил прокурору своё изумление по поводу быстроты, энергии и результатов следственных действий и не находит достаточно слов благодарить за действия русских властей. По-видимому, всякие поводы о каких бы то ни было нареканий на неправильные действия или на непредусмотрительность русских властей у японцев совершенно отсутствуют. Я получил уже две телеграммы от спутников покойного князя Ито с выражением благодарности за оказанное внимание и почет. Быть может признаете полезным сообщить об этом для сведения ЕГО ВЕЛИЧЕСТВА. Телеграфирую от себя Министру Юстиции о действиях прокурорского надзора в Харбине, вызывающих изумление японцев.

85. Телеграмма В.Н.Коковцова Министру Юстиции

1909.10.13 (13 Окт. 1909 г.)

Ф.560, оп.28, д.421, л.40.

Из телеграмм Агентства и дополнительных моих сообщений Министру Иностранных Дел, с которыми прошу Вас ознакомиться, Вы знаете о печальном событии сегодня утром в Харбине. Не могу не сообщить Вам о совершенно исключительных действиях прокурорского надзора в Харбине в связи с этим событием. Сейчас до истечения дня все следствие закончено, собраны веские улики, широко организованного заговора против представителя Японии и дело передается по принадлежности Японскому консулу так как права юрисдикции по отношению к обвиняемому несомненному корейскому подданному принадлежат Японии. Исключительная быстрота и умелость следственных приемов вызывают изумление и глубокую благодарность со стороны Японского консула, также тяжело раненого. Отрадно удостоверить, что это дело указывает на прекрасную организацию.

86. Телеграмма Министерства Иностранных Дел Генерал-Губернатору трех восточных провинций

1909.10.13.

Ф.560, оп.28, д.421, л.41.

1 числа 9 луны из Токио выезжает в Мукден и далее в Харбин японский князь Ито, который говорит, что он совершает поездку в Маньчжурию по собственному желанию и последняя не носит характера правительственной командировки. Это неправда. Он командирован Микадо для подробного ознакомления с положением дел в трех восточных провинциях и для закрепления последних новых договоров, заключенных между Японией и Кореей.

87. Телеграмма С.Д.Сазонова В.Н.Коковцову

1909.10.16 (16 Окт. 1909 г.)

Ф.560, оп.28, д.421, л.123.

Статс Секретарю Коковцеву Харбин, по получению известия о смерти князя Ито председатель совета Министерств и я выразили соболезнование Барону Мотоно. Нашему послу в Токио поручено от Имени Императорского правительства передать Японскому правительству выражение сочувствия и возложить венок Японский посол по получении из Токио благодарил за сочувствие и за особое внимание, проявленное Вашим Высокопревосходительством, русскими властями и служащими железной дороги.

Сазонов

88. Письмо Американского Консула в Харбине на имя Российского Генерального Консула в Харбине

1909.10.14 (14 Окт. 1909 г.)

Ф.560, оп.28, д.421, л.124.

I beg that I may be allowed to express my sincere gratification that neither His Excellency, Mr Kokovtzoff, nor other of your officials were injured in the unfortunate tragedy of yesterday, wherein they were in such immediate danger, and to offer my congratulations at their providential escape.

Believe me, etc.

/подпись/ Gordon Paddock

Перевод

Позвольте мне выразить свое искреннее удовлетворение, что ни Его Превосходительство, г-н Коковцов, ни другие из ваших должностных лиц не пострадали во вчерашней прискорбной трагедии, в которой они находились в такой непосредственной опасности, и выразить свои поздравления по случаю их благоприятного спасения.

Поверьте, мне и т. д.

/подпись/ Гордон Паддок

89. Телеграмма В.Н.Коковцова Г.А.Виленкину

1909.10.14 (14 Окт. 1909 г.)

Ф.560, оп.28, д.421, л.125.

Желая иметь сведения о том, как относится общественное мнение и правящие круги Японии к печальному событию прошу Вас держать меня в курсе о наиболее ярких проявлениях. Телеграммы направляйте в Харбин вслед.

90. Тext Приветственной речи

1909. 10 (Окт. 1909 г.)

Ф.560, оп.28, д.421, л.126-126 об.

Ваше Сиятельство.

Позвольте мне выразить Вам чувства истинного удовольствия по поводу того, что счастливый случай дал мне лестную возможность встретиться здесь с Вашим Сиятельством и приветствовать в Вашем лице выдающегося государственного деятеля Японии, имя которого известно далеко за пределами Вашего отечества.

Я особенно счастлив, что прибытие Вашего Сиятельства в Маньчжурию совпало во времени с моим прибытием на линию Китайской Восточной железной дороги и что на территории этой дороги, имеющей столь важное культурное, скажу даже мировое, значение в деле сближения не только России, но и всей Западной Европы с государствами и народами Дальнего Востока, Вы дали мне возможность выразить Вам одушевляющие меня чувства. Прошу Ваше Сиятельство верить искренности их. Впервые входя в личные сношения с Вами, я не могу, однако не ответить, что 8 лет тому назад Вы посетили русскую столицу и что в лице Вашем моя родина имела, как я смею надеяться, имеет и теперь, государственного человека Японии, открыто признававшего взаимную для обоих государств пользу и значение дружественной совместной работы на почве культурного единения обоих народов.

Моему ближайшему ведению вверены моим ГОСУДАРЕМ, как известно Вашему Сиятельству, финансовые и экономические интересы ЕГО страны и эти интересы непреложно указывают на то, что поприще для сближения и производительной совместной работы России и Японии велико. Позвольте мне поэтому выразить надежду, я хотел бы сказать уверенность, в том, что, узнавая ближе друг друга, входя постепенно в близкое тесное соприкосновение друг с другом, внося в это сближение открытую доверчивость и уважение, деятели различных отраслей знания и продуктивного труда в России и Японии, будут постепенно и верно содействовать прочному взаимному сближению обеих стран. Во имя этой великой культурной задачи я поднимаю мой бокал и приглашаю всех присутствующих выпить за здоровье маститого государственного деятеля Японии князя Ито.

91. Телеграмма В.Н.Коковцова С.Ф.Веберу

1909.10.15 (15 Окт. 1909 г.)

Ф.560, оп.28, д.421, л.142.

Передайте Сазонову следующее: По поводу известной мне телеграммы нашего Посланника в Пекине, считаю не лишним сообщить Вам, что я получил в пути от нашего Посла в Японии от Агента Министерства Финансов в Токио и лично мне знакомого японского министра путей сообщения барона Гото телеграммы в таких выражениях, которые по-видимому совершенно устраняют мысль о малейшем чувстве горечи по отношению к нам со стороны Японского Правительства. Японская печать признает, что нами сделано было все от нас зависевшее. Барон же Гото телеграфирует, что несчастье с князем Ито и все обстоятельства, сопровождавшие это печальное событие, послужат только для дальнейшего сближения Японии и России. Этим, мне кажется, устраняется взгляд действительного статского советника Коростовца и моя поездка в Японии делается вполне излишнею если только она не будет признана желательною ЕГО ВЕЛИЧЕСТВОМ по каким-либо иным причинам. Лично я продолжаю совершенно ...

92. Телеграмма Барона Гото А.Н.Вентцелю

1909.10.16 (16 Окт. 1909 г.)

Ф.560, оп.28, д.421, л.153.

Примите нашу теплую благодарность за Ваше и Вашего железнодорожного Правления сердечное отношение и внимание, выраженное в столь печальную минуту. Я считаю своею обязанностью высказаться от всей души за счастливые результаты русско-японских отношений для утешения души погибшего князя Ито. Усматривая в этом и Вашу симпатию, я еще раз высказываю Вам мою искреннюю благодарность.

Барон Гото.

93-1. Письмо А.С.Сомова А.П.Извольскому

1909.10.10 (10 Окт. 1909 г.)

Ф.560, оп.28, д.421, л.156-156 об.

Поездка князя Ито в Маньчжурию возбудила здесь самые разнообразные толки, а местные газеты дали полный ход своей фантазии.

Бывший Генеральный Резидент, хотя и покинул навсегда Корею, но не порвал всех связей со страной и по настоящее время считается опекуном Наследного Принца. Кроме того, ни одно дело, касающееся Кореи, не решается в Токио без его участия.

Если прибавить к этому большую популярность его в народе, то станет понятным тот интерес, который возбудило путешествие в Маньчжурию «своего человека», как именуют князя Ито корейцы.

Японское Правительство, в заботах своих придать поездке частный характер, неумело подлило только масла в огонь. Официальная телеграмма из Токио гласила, что князь Ито едет туристом для развлечения и по пути будет заниматься живописью и поэзией. Как ни наивны корейцы, но они не могли себе представить маститого государственного человека, отправляющегося на закате жизни в суровый климат изображать из себя художника или поэта...

Одной из газет прямо заявили, что князь Ито едет в Харбин, чтобы встретиться с Русским Министром Финансов и возбудить вопрос о разделе Маньчжурии. Другие объясняли поездку его желанием Японского Императора выяснить все те выгоды, которые можно было бы извлечь из нового положения, созданного Японией на материке последними соглашениями ее с Китаем.

93-2.

1909.10.10

Ф.560, оп.28, д.421, л.187-188.

Третьи, наконец, полагают, что князю Ито поручено изучить и составить проект полного слияния Корейского и Маньчжурского военных базисов.

В здешних же более осведомленных иностранных кругах, имеющих общение с японцами, выезду князя Ито дают совершенно иное толкование, сущность которого сводится к следующему: последние соглашения Японии с Китаем, касающиеся важной железнодорожной линии и представляющие Японии особенно выгодное стратегическое положение вдоль Российско-Корейской и Российско-Маньчжурской границ по отношению к Владивостоку и Харбину, вызвали понятное недовольство и подозрения в русской печати. Между тем в интересах Японии выиграть время и усыпить всякие опасения и подозрения со стороны России.

Узнав заблаговременно о предстоящем посещении города Харбина Русским Министром финансов, японцы задумали одновременно отправить туда доверенное лицо Императора, которое вовремя рассеяло бы возникающее недоверие.

Выбор пал на князя Ито, как на человека, наиболее подходящего для подобного поручения.

Слова его, как лица, пользующегося наибольшим доверием Императора и стяжавшего за полувековую славную деятельность прозвание миролюбца, должны были иметь более веса, чем всякого другого.

Поручение — это, конечно, не исключает и осмотра по пути положения дела в Маньчжурии и во Владивостоке, через который, как здесь, уверяют, вероятно, проедет князь Ито на возвратном пути.

Не имея положительных данных о причинах, вызвавших эту поездку, мне кажется невероятным, однако, чтобы японцы обладали наивностью предполагать, что посланному их удастся убедить нашего Министра Финансов, что они вооружаются с головы до ног против всех, но только не против России.

Такая задача явилась бы непосильною и для князя Ито, как бы ни был велик его авторитет и как бы ни было искренно его миролюбие.

С глубоким и прочее.

94. Телеграмма Н.А.Малевского-Малевича В.Н.Коковцову

1909.10.16 (16 Окт. 1909 г.)

Ф.560, оп.28, д.421, л.159.

Евгеньевка
Министру Финансов

Посол Токио телеграфирует Вашему Высокопревосходительству: «Телеграмму Вашу передал Министру Иностранных дел сообщения в печать благоволите телеграфировать состоялась ли выдача преступника Японской власти 232 Малевский». О состоявшейся выдаче преступника я телеграфировал послу еще ныне доношу ему Вашем отъезде из Харбина.

Поппе.

95. Телеграмма В.Н.Коковцова И.Я.Коростовецу

1909.10.17 (17 Окт. 1909 г.)

Ф.560, оп.28, д.421, л.160.

Считаю долгом сообщить Вам, что я получил от Малевского-Малевича, Виленкина и барона Гото телеграммы в таких выражениях, которые по-видимому совершенно устраняют мысль о малейшем чувстве горечи по отношению к нам со стороны Японского Правительства. Спокойный тон японской печати и правильный взгляд ее на дело Вам конечно уже известны. Барон же Гото телеграфирует, что несчастье с князем Ито и все обстоятельства, сопровождавшие это печальное событие, послужат только делу дальнейшего сближения Японии и России. Я сообщил об этих отзывах С.Д.Сазонову, сославшись на то, что мне известна Ваша телеграмма.

96. Телеграмма П.А.Столыпина В.Н.Коковцову

1909.10.17 (17 Окт. 1909 г.)

Ф.560, оп.28, д.422, л.5.

Говорил сегодня с Извольским по предмету телеграмм Коростовца и Вашей Веберу от 15 октября. Мы оба вполне согласны с Вашими соображениями и полагаем, что после телеграммы ГОСУДАРЯ к Японскому Императору Ваша поездка в Японию являлась бы излишнею и могла бы быть истолкована, как искупительная миссия. Статс-Секретарь Столыпин.

97. Записка прокурора Пограничного Округа Миллера

1909.10.24 (24 Окт. 1909 г.)

Ф.560, оп.28, д.422, л.23.

Печальное событие 13-го Октября /убийство князя Ито/ лишний раз красноречиво доказало всю ненормальность положения русской власти на территории дороги, беспомощность ее /юридическую/ в событиях с участием иностранных подданных и практическую несообразность существующей на территории дороги пестроты судебной и административной юрисдикции ее населения /на основании права экстерриториальности отдельных наций/.

Если бы убийство князя Ито не сопровождалось исключительными обстоятельствами, давшими возможность /хотя и несколько искусственную/ русским судебным властям принять дело об этом убийстве к своему производству /если бы например у убийцы оказался документ, устанавливающий его подданство или если бы сама стрельба по князю Ито и его приближенным не представляла опасности для русских властей/,- то к следствию должны были бы приступить Японские власти, которые оказались бы, однако, совершенно бессильны мы, так как необходимых средств для производства следствия и розысков, [в особенности для экстренных действий, требовавшихся на первых же порах для захвата заговора] – в распоряжении японских властей не имеется /полиция, розыскные органы, право выемки телеграмм и писем, которыми сразу же были добыты ценные данные и прочие/. При этих условиях и при отсутствии у японского правительства своих специальных судебных установлений на территории успех расследования был бы крайне гадателен.

По тому же делу об убийстве князя Ито обнаружено, что в Харбине живет значительная колония корейских подданных, до 250 человек, без всяких видов на жительство и без всякого контроля со стороны русской полиции, что колония эта является вполне организованным сообществом, имеет свои распорядительный и исполнительный комитеты, свою кассу, свой национальный выборный суд и прочее. Недосягаемость этой колонии для русской полиции, надо думать была одним из благодарных условий, обеспечивших собою успешную организацию и исполнение затем заговора на убийство князя Ито.

98. Ход Событий, относящихся к Убийству Князя Ито после 14 октября 1909 г.

1909.10.21 (21 Окт. 1909 г.)

Ф.560, оп.28, д.422, л.24-28.

ХОД СОБЫТИЙ, ОТНОСЯЩИХСЯ К УБИЙСТВУ КНЯЗЯ ИТО ПОСЛЕ 14 ОКТЯБРЯ 1909 ГОДА.

1) 15-го Октября Прокурору Пограничного Окружного Суда была доставлена телеграфными властями телеграмма за подписью «корейцы»- следующего содержания: «Харбин корейская колония Ура, Ура, Ура».
Телеграмма эта была подана в Благовещенск.

2) Того же 15 Октября в газете «Харбин» появилась статья, восхваляющая убийство князя Ито, доказывающая его неизбежность, подчеркивающая его назидательность для других народов и прочее. За статью эту, не подходящую под действие уголовного кодекса редактор газеты наказан 19 Октября Помощником Управляющего Китайской Восточной железной дорогой по гражданской части арестом на 1 месяц/ на основании обязательного постановления Управляющего Китайской Восточной железной дорогой, воспрещающего между прочим восхваление преступных деяний/.

3) 16-го Октября получены телеграммы от Иркутских жандармских властей о результатах обысков, произведенных по нашим требованиям в Иркутск у любовницы Чедоосена /одного из 2-х соучастников убийства, задержанных на станции Цайдзягоу/- Вожаевой,- корейки по национальности, живущей в Иркутске в корейской колонии. По обыску обнаружена большая «конспиративная», как говорится в телеграмме,- переписка на русском и корейском языках, указывающая при этом на постоянную связь Иркутской корейской колонии с такой же колонией в Харбине. Вожаева арестована; отобранные у нее письма и прочее еще в Харбин не доставлены. Если они дадут основание к обвинению Вожаевой и других членов корейской колонии в Иркутске в участии в приготовлениях к самому убийству князя Ито,- то о сем будет возбуждено

особое расследование в русских судебных установлениях; японским властям данные этого расследования переданы не будут; если же по результатам обыска у Вожаевой будет установлено лишь участие Вожаевой и других в антияпонском политическом заговоре общего характера,- то в виду ненаказуемости такого деяния по русским законам, производство о сем будет прекращено, опять таки без посвящения японских властей в данные этого расследования.

4) 17-го Октября японскими властями производились в Харбин, при участии русской полиции /с разрешения Генерала Афанасьева/, обыски у проживающих в Харбине корейцев, 5 из числа которых арестованы / обыски эти, как мне затем передавал Японский Прокурор,- производились, по агентурным сведениям, Японского Генерального Консульства/; при этом был вторично задержан арестованный в день убийства князя Ито старшина корейской колонии в Харбин – русский подданный кореец Тихон Ким, который, однако, японцам отдан не был, а в виду отсутствия доказательств его соучастия в убийстве освобожден; при дальнейшем расследовании русскими властями в отношении лица этого добыты некоторые данные, дающие основание к предположению, что он был в центр заговора в Харбине, что в доме его, на Лесной улице №28, была конспиративная квартира корейцев – заговорщиков, что у него же ночевал перед убийством – Ан-гай и т.п.; большинство этих сведений,- наиболее существенных,- прямо подтвердить не удалось, добытые же данные еще не достаточны для предъявления обвинения Киму в участии даже в приготовлениях к убийству, почему он до сего времени находится на свободе; расследование в этом направлении продолжается; японские власти предупреждены мною, что данные относящиеся к этому лицу им переданы не будут, против чего, как и против отказа моего ознакомить их с результатами Иркутских операций они не пытались даже возражать.

5) 18-го Октября Генерал Афанасьев получил угрожающее письмо /анонимное/ по поводу оказанного им содействия к обыскам у корейских подданных /17 Октября/; того же 18 и 19 Октября меня конфиденциально предупреждали 2 лица об опасности, угрожающей со стороны корейцев и мне/ за расследование и выдачу японским властям 9-ти корейцев, изобличенных 13-го Октября /х/. в этом отношении не могли не иметь известного значения газетные статьи,- как упомянутая выше, под пунктом 2, так и другие, доказывавшие неправильность передачи русскими властями корейцев – японцам.

6) 19-го Октября меня посетил на квартире в парадной форме, прибывший накануне в Харбин Прокурор Японского Крепостного Суда в Порт-Артуре господин Мизофучи и через переводчика,- секретаря Японского Генерального консульства в Харбин господин Сугино, приносил мне в 3-х последовательных речах торжественную благодарность от имени Японского правительства за оказанное в тяжелом горе страны содействие и за произведенное под моим руководством расследование, давшее японским властям в распоряжение главный очаг заговора; тогда же, во время 2 1/2 часовой беседы со мною Японский Прокурор просил меня изложить ему письменно мои личные наблюдения и впечатления о самом событии /убийстве/ и о производившемся по поводу его расследовании и составить план перрона вокзала Харбин и расположения на нем во время катастрофы отдельных лиц и групп в том числе Государя Министра финансов, князя Ито, Генерального Консула Каваками, убийцы и меня,- последнее, в виду показаний на следствии Статс-Секретаря Коковцова о том, что на мне кончилось представление князю Ито должностных лиц и князь повернул поздоровавшись со мною,- обратно к почетному караулу /просьба эта была мною исполнена 21 Октября/; кроме того, в той же беседе я пересмотрел вместе с Прокурором господином Мизофучи все обстоятельства, установленные предварительным следствием производившимся русскими властями, из числа которых, как выяснилось про этом, Прокурор до того не уяснял себе и доброй половины / между прочим ему не были достаточно ясны например совершенная изобличенность корейцев задержанных на станции Цайдзягоу, роль квартиры корейцев на Лесной улице и тому подобное.

Попутно при этом объяснении выяснилась желательность, в виду предстоящего суда над участниками заговора,- дополнения предварительного следствия, произведенного русскими властями некоторыми действиями, о чем Японский Прокурор также просил меня. Просьбу эту я признал необходимым исполнить и поручил выполнить ее по частям Начальнику Сыскного отделения Харбинской полиции штабс-ротмистру фон-Кюгельгену и Начальнику Харбинского Железнодорожного Полицейского Управления Китайской Восточной железной дороги ротмистру Кнаппу, коими все указанные мною действия и были выполнены в течении 1 1/2 суток самым исправным образом; дополнительным расследованием установлены между прочим: а/ личность и местожительство корейского подданного Юнтахо, на имя которого была отправлена телеграмма из Цайдзягоу – условного содержания; б/ факт молитвы Ангая перед иконою после объявления ему о смерти князя Ито; в/ его вопрос, обращенный во время следствия к секретарю Японского Генерального консульства о том, действительно ли князь Ито считался великим человеком в Японии; г/ факт пребывания 12 Октября убийцы Ангая на станции Цайдзягоу вместе с задержанными впоследствии на этой станции корейцами /новые свидетельские показания/; д/ факт сознания задержанных на станции Цайдзягоу корейцев в соучастии в убийстве и их заявления при задержании о том, что убийство должно быть учинил их товарищ, бывший с ними на станции Цайдзягоу /также новые показания лиц, ранее не имевшихся в виду/; е/ самые подробные сведения о жизни корейских подданных /колонии их/ в Харбине, существующем у них комитете, кассе, национальном суде и ролях в этом самоуправлении отдельных корейцев, арестованных по делу убийства князя Ито. Вместе с тем дознанием установлено точно, кем была получена /принята/ от разносчика телеграмма со станции Цайдзягоу и добыты красноречивые указания на причастность к заговору некоторых из задержанных корейцев; некоторые из них, как мне впоследствии говорил Прокурор Мизофучи, сознались в том при допросе их Прокурором и кроме того по словам того же Прокурора путем обмана телеграмм с японской резиденцией в Корее – Сеуле удалось установить важное обстоятельство, а именно отсутствие у руководителя антияпонским политическим заговором в Корее /скрывавшегося в последнее время/ одной фаланги на четвертом пальце левой руки, т.е. ту-же примету, которая имеется и у убийцы – Ангая. / Общие приметы этих двух лиц также совпадают/.

7) 20-го Октября я, отдавая визит Японскому Прокурору в Японском Генеральном Консульстве, вновь выслушал от него те-же благодарности, которые были мне заявлены накануне; того же числа меня посетил прибывший в Харбин Генеральный Секретарь Японской Императорской Резиденции в Корее господин Торий; вечером того же дня была передана Японскому Прокурору часть актов полиции об исполненных ею к тому времени действиях /согласно просьбе Японского Прокурора/.

8) 21-го Октября были переданы Прокурору Мизофучи остальные протоколы полиции, а вечером тог же дня, перед отъездом моим на Восток, я принял от Прокурора господина Мизофучи обед с ним и чинами Японского Генерального Консульства – в ресторан «Ориент».

99. Доклад прокурора Пограничного Округа Миллера

1909.10.21 (21 Окт. 1909 г.)

Ф.560, оп.28, д.422, л.29-30 об.

Грустная катастрофа 13/26/ Октября произошла в моем присутствии: я находился в числе других представителей русской власти, собравшихся на перроне вокзала Харбин-Новый город для встречи Председателя Тайного Совета Японской Империи, Князя Ито. Ход событий был следующий: по приходе в Харбин экстренного поезда князя Ито, в вагон к князю вошел русский Министр Финансов Статс-Секретарь В.Н. Коковцев, который затем, спустя минут 15, после краткой беседы с князем Ито, вместе с ним вышел из вагона на перрон. Здесь князь в сопровождении Министра финансов обходил почетный караул русской охранной стражи, а затем пройдя мимо небольшой группы японских подданных, стоявших рядом с караулом и китайского почетного караула,- подошел к группе представителей русского правительства и иностранных консульских учреждений. Из числа находившихся в этой группе князь Ито поздоровался с Председателем Городского Совета города Харбина господином Бергом, Председателем русского Окружного Суда господином Скворцовым и со мною. Подав руку мне – последнему – князь Ито по приглашению Министра финансов повернул обратно с тем, чтобы вновь отправиться к почетному караулу и пропустить его церемониальным маршем; не успели, однако, князь Ито и Министр Финансов сделал несколько шагов /5-7,- не более/ и поравняться с группою японских подданных как вблизи группы этой, в пространстве отделявшем японских подданных от почетного караула раздались один за другим несколько глухих выстрелов. После первых 2-х выстрелов, я бросился, в числе других, к месту выстрелов и видел, как злоумышленник, поддерживая левой рукой локоть правой руки, произвел еще один выстрел в князя Ито, продолжавшего идти вдоль фронта почетного караула, а затем, круто повернувшись на месте, стал стрелять по свите князя Ито. Выстрелов этих,- по свите князя,- злоумышленник сделал, насколько помню, 3-4, причем последний из этих выстрелов он производил уже прижатый к земле чем и объясняется, надо думать, что выстрел этот попал господину Танаки в ногу. После этого выстрела злоумышленник не мог уже стрелять, так как у него, после ожесточенной борьбы, револьвер был отобран исправляющим должность Начальника Железнодорожного Полицейского Управления Китайской Восточной железной дороги ротмистром Никифоровым при участии других подоспевших к нему русских офицеров /господин Никифоров бросился на стрелявшего после второго или третьего выстрела, но в начале, в виду значительной, должно быть, физической силы злоумышленника, не мог с ним совладеть/. Злоумышленник боролся с громадным ожесточением и можно думать, что целью борьбы было желание пустить последнюю оставшуюся в револьвере пулу в себя; такие по крайней мере движения /по направлению к себе/ он пытался делать вооруженною рукою во время борьбы.

На все 7 выстрелов злоумышленник употребил не более 30-40 секунд я думаю.

Доставленный в дежурную комнату железнодорожной полиции на вокзале злоумышленник вначале был значительно возбужден /по-видимому вследствие перенесенной им физической борьбы/, но вскоре пришел в себя и отчетливо дал мне, через переводчика, показания о своей личности и о мотивах своего преступления /показание это находится в переданном мною Государю Японскому Генеральному Консулу деле,- на листе 1-ом/. Узнав затем, спустя минут 20, что князь Ито скончался, злоумышленник стал в экстазе молиться перед иконами, находящимися на стене дежурной комнаты, переводчик же объяснил мне, что он благодарит Бога за то, что ему удалось довести свою миссию до конца, т.е. убить князя Ито. После этой вспышки злоумышленник вновь притих и давал показания свои уже совершенно спокойно, возбуждаясь лишь в те моменты, когда его спрашивали о мотивах его преступления/ при этом он вновь с явною гордостью в голос – заявлял, что он отомстил за свою родину/.

Расследование русскими властями было начато через 10 минут,- не более,- после совершения убийства,- тотчас же по доставлении убийцы в дежурную комнату/; производилось оно сначала /первый допрос/ мною лично, а затем по моему предложению Мировым Судьей 8-го участка города Харбина господином Стразовым, под моим постоянным наблюдением и руководством и при участии Товарищей Прокурора Пограничного Окружного Суда Государя господина Державича и Иванова. В начале следствия при нем присутствовал Секретарь Японского Генерального Консульства в Харбине господин Сугино. Ближайшее содействие в деле розысков – следствию оказывали и другие. Начальника Железнодорожного Полицейского Управления КВЖД ротмистр Никифоров, Начальник Харбинского отделения того же Управления ротмистр Кнапп, и об. Полицмейстера города Харбина ротмистр Черноглазов, Начальник Сыскного отделения Харбинской полиции штабс-ротмистр фон-Кюгельген и ряд других чинов общей и железнодорожной полиции города Харбина. К вечеру следствию удалось установить корейское подданство убийцы/ через допрос унтер-офицера Семина, видавшего у злоумышленника за 2 дня до убийства на станции Цайдзягоу – паспорт/, вследствие чего следствие было тотчас же приостановлено и передано Государю Японскому Генеральному Консулу, арестованные же русскими властями изобличавшиеся в участии в заговоре 9 корейских подданных были отправлены частью в Японское Генеральное Консульство /убийца/, частью же – в Харбинский арестный дом /остальные/. Распоряжался пересылкой арестантов Комендант города Харбина полковник Дунтен.

Прилагаю схематический план вокзала города Харбина новый-город с указаниями на нем между прочим расположения во время катастрофы:

1/ поезда князя Ито / /; 2/ русского почетного караула / /; 3/ группы японских подданных / /; 4/ китайского почетного караула / /; 5/ группы представителей русской власти / /; 6/ князя Ито / /; 7/ русского Министра финансов Статс-Секретаря В.Н. Коковцева / /; 8/ Японского Генерального Консула господина Каваками / /; 9/ Прокурора Пограничного Окружного Суда, то есть меня / /; и 10/ убийцы / /.-

Октября 21 дня 1909 года города Харбин.

100. Письмо Г.А.Виленкина В.Н.Коковцову

1909.10.16 (16 Окт. 1909 г.)

Ф.560, оп.28, д.422, л.31-34 об.

Ваше Высокопревосходительство
Милостивый Государь
Владимир Николаевич,

Новости о Харбинском печальном событии стало известно в Токио 13/26 Октября около трех часов пополудни. Судя по первым известиям, тотчас по выходе князя Ито из вагона, группа из нескольких лиц находившихся на платформе стала стрелять из револьверов, прочем смертельно ранила князя Ито и более или менее тяжело трех из сопровождавших его лиц.

Впечатление, произведенное этим известием, которое, при посредств специально выпущенных телеграмм, облетело город, было по истине ошеломляющим, насколько члены правительственных кругов и видные общественные деятели в ожидании более подробных сведений, держали себя высшим образом спокойно и сдержано, настолько насколько в здешних клубах открыто раздавались упреки по адресу нашей железнодорожной администрации в непринятии надлежащих мер.

На следующее утро 14/27 Октября настроение сразу изменилось, здешним Министерством Иностранных Дел и редакциями главнейших газет были получены из Харбина подробные известия, сообщавшие, что наша железнодорожная администрация в Харбине приняла все зависящие от нас меры для охраны князя Ито и что лишь по особому настоянию местных японских властей она согласилась на допущение на станцию японской колонии, среди которой и очутился злоумышленник; сами японцы подтверждают при этом, что даже они не в состоянии отличить Корейца от Японца одетого в европейское платье, и как это видно из прилагаемой (за №2) вырезки «Japan Advertiser» от 15/28 Октября «русские власти не могут быть упрекаемы в какой либо небрежности по охране».

Все японские газеты приводят подробности отдачи Вашим Высокопревосходительством последнего долга покойному князю Ито и при том особом почтении, которое японцы питают к своим усопшим, трогательное внимание, оказанное Вами праху покойного, произвело в Японии самое глубокое впечатление.

Для полноты впечатления я имею честь приложить при сем три вырезки из газет в порядке их последовательности:

1) Вырезку их «Japan Advertiser» от 14/27 Октября, дающую сведения, сообщенные тотчас по получении известия о катастрофе (№1)
2) Вырезку из «Japan Advertiser» от 15/28 Октября – более точные (№2)
3) Вырезку из полуофициальной «Japan Daily Mail» от 16/29 Октября (№3)

Общественное мнение теперь успокоилось и в виду того, что князь Ито за последнее время не принимал активного участия в управлении надо полагать, что кончина его, в особенности в начале, не отразится на текущих делах, но несомненно, что в лице его Япония лишилась великого государственного деятеля, создавшего современную Японию и почти всегда умевшего сдержать порывы своих коллег от рискованных шагов.

Телеграмма Ваша Высокопревосходительства от 13/26 Октября к нашему Послу, сообщавшая подробности печального события, была почему-то задержана в пути и была доставлена лишь 15/28 Октября днем и только из нее мы узнали о подробностях, и я спешу принести Вашему Высокопревосходительству свои почтительнейшие поздравления по случаю чудесного избавления от опасности, которой Вы подвергались.

С глубоким почтением
Его Высокопревосходительству
В.Н. Коковцову

101. Доклад прокурора Пограничного Округа Миллера Е, д.Львову

1909.12.27 (27 Дек. 1909 г.)

Ф.560, оп.28, д.422, л.59-59 об.

**Милостивый Государь
Евгений Дмитриевич**

Вследствие письма от 24 Ноября сего года за №739, спешу уведомить Ваше Превосходительство, что копии следственного производства по делу об убийстве князя Ито и покушении на убийство сопровождавших князя представителей японского государства – к сожалению, не могут быть мною предоставлены в распоряжение Ваше, так как производство это законченное, в силу необходимости, в кратчайший срок, сдано было японским властям в самый день убийства, спустя 14 часов после момента совершения преступления и копий с него, чтобы не задерживать передачи дела японским властям,- снять не удалось / копия была снята, согласно желанию Статс-Секретаря В.Н. Коковцова, лишь с одного протокола допроса в качестве свидетеля Уполномоченного Управляющего Китайской Восточной железной дороги для сношений с китайскими властями – Е.В. Даниэля/. х/ копию эту я передал Вашему Превосходительству ночью на 14-е Октября 1909 года на вокзал города Харбина.

В видах восстановления хотя бы вкратце содержания следственного производства по означенному выше делу позволяю себе предложить Вам краткий конспект этого производства,- составленный мною отчасти по памяти, отчасти же по записям, оставшимся в делах и реестрах производившего это следствие Мирового Судьи восьмого участка, Прокурора Пограничного Окружного Суда и его Товарищей по первому и третьему участкам / содействовавших мне в наблюдении и руководстве следствием и розысками/, а также местной полиции – общей и железнодорожной / чины которой производили, под наблюдением и руководством Прокурорского Надзора, дознание и розыски по делу, одновременно с предварительным следствием/.

Конспект этот, а равно и копию моей первоначальной телеграммы /13 Октября в 9 ¾ часа утра/ на имя Государя господина Министра Юстиции и Прокурора Иркутской Судебной Палаты – о самом преступном событии /ошибочно не приложенную к документам, переданным мною Вам в Харбине/ при сем прилагаю.

Пользуясь случаем свидетельствую Вашему Превосходительству чувства, совершенного к Вам уважения и искренней преданности (Подпись)

Город Харбин.
Декабрь 27 дня 1909года
№1060

102. Письмо В.А.Сухомулинова П.А.Столыпину

1910.5.11 (11 Мая 1910 г.)

Ф.1276, оп.6, д.514, л.1-2.

Милостивый Государь Петр Аркадьевич,

Несомненное стремление Японии к расширению своих интересов на материке и весьма неясные и двусмысленные отношения ее с Китаем – явно враждебным нам, обязывают нас использовать все доступные нам средства в целях создания наиболее благоприятных для нас условий возможного столкновения с этим, наиболее опасным из наших дальневосточных соседей.

В ряду таковых средств, одним из наиболее действительных должно по справедливости почитаться использование современного положения в Корее. Выгоды такового использования как в мирное время /оттяжка сил и средств Японии на борьбу с повстанцами, наличие в нашем распоряжении почти неограниченных средств для поддержания нашей осведомленности о военных мероприятиях японцев в Корее на должной высоте и для борьбы со шпионством японцев в наших пределах/, так и в военное / поднятие в тылу японских армий всеобщего восстания в Корее/ настолько очевидны, что доказыванием их я лишь злоупотребил бы вниманием Вашего Высокопревосходительства.

К сожалению, я вынужден констатировать тот факт, что в вышеуказанной области нами пока решительно ничего не сделано. Между тем, дальнейшее промедление и невнимание наше к этому вопросу способно навсегда лишить нас возможности использовать Корею в целях нашей государственной обороны, ибо под влиянием с одной стороны репрессий местной власти по отношению к корейскому населению Южно-Уссурийского края, а с другой – систематического интенсивного внедрения в широкие круги корейцев враждебных нам течений, доверие к нам Страны Утреннего Спокойствия и престиж наш в ней, по общему отзыву осведомленных лиц, быстро утрачивается нами.

Ответственность за состояние государственной обороны России обязывает меня привлечь внимание Вашего Высокопревосходительства на затронутый мной вопрос, и просит Вас не отказать, если-то будет признано Вами возможным, в преподание Приамурском Генерал-Губернатору указаний в смысле необходимости создания благоприятной почвы для использования Кореи в целях названной обороны, поскольку таковая цель достижима путем твердого, но благожелательного и внимательного отношения русской государственной власти к нуждам и интересам населяющих Южно-Уссурийский край корейцев, в рядах которых насчитывается не мало влиятельных и преданных России политических эмигрантов.

В развитие вышесказанного, имею честь при этом препроводить Вашему Высокопревосходительству, на ознакомление, копию полученной в Главном Управлении Генерального Штаба докладной записки, с заключением которой, основанным на вполне, по моим сведениям, правдивом освещении вопроса, казалось бы, нельзя не согласиться.

Покорнейше прося Ваше Высокопревосходительство не отказать почтить меня Вашим заключением по изложенному, прошу принять уверение в совершенном моем уважении и почтении.

103. Дакладная записка подполковника О.К.Энкеля

1910 (Б/Д 1910 г.)

Ф.1276, оп.6, д.514, л.3-6.

Наибольшую услугу в разведке мне оказало корейское население области, из которого я преимущественно имею постоянных сотрудников. Двухлетнее общение мое с ними дает некоторое основание представить высшему начальству края мои соображения о роли корейцев в области в мирное и военное время.

Потеря политической независимости дала сильный толчок к пробуждению в них патриотизма и национального самосознания, а убийство князя Ито подняло их дух и окрылило надежды на освобождение родины от японцев. Задача эта возложена на так называемое «Национальное Общество» /Кук-мин-хой/, центральный комитет которого в настоящее время находится в Америке /Сан-франциско/.

Общество это имеет большие средства и издает несколько газет в Америке, Гавайских островах, в Корее и Китае. В Америке, все корейцы там живущие, более 10 тысяч человек, принадлежат к этому обществу; в Китае служат в армии 10 корейских офицеров и 2 на дипломатической службе числящихся членами этого общества, в Западной Европе к нему примыкают около 5 тысяч проживающих там корейцев, а в Корее более 20 тысяч. Таков пока численный состав Национального Общества за двухлетнее его существование.

Из бесед с бывшим вице-президентом этого Общества и теперешним редактором корейской газеты в Сан-франциско Чун-чай-куан, находящимся в настоящее время во Владивостоке, человеком очень образованным, а также с Ли-санг-сель, бывшим уполномоченным от Кореи на Гаагской конференции и помощником тогдашнего Премьера в Корее, тоже получившим европейское образование и большого патриота, я вынес следующее представление о современных настроениях и упованиях среди корейцев.

После русско-японской войны, правительство С. Американских Соединенных Штатов поняло, что торговые рынки Кореи и Маньчжурии, а отчасти и Китая будут захвачены японцами, а потому оно старается на сколько возможно осложнить и не допустить окончательное присоединение Кореи, почему и дало широкое гостеприимство корейцам в Америке и послало более 200 человек своих миссионеров в Корею, которые, под видом религиозной пропаганды, поддерживают там восстание инсургентов. Америка чрезвычайно популярна среди корейцев, и они охотно принимают ее миссионеров и переходят в пресвитерианство. Миссионеры устраивают в Корее школы и при них церкви, ставя священников корейцев.

Во Владивостоке, в Корейской слободке, они тоже имели успех и поставили священником корейца Чой-уан-кыль. Все вновь обращенные корейцы обязательно становятся членами Национального Общества и отделения его уже открыты, кроме Владивостока, в Раздольном, Никольск-Уссурийском, Хабаровске, Харбине и Сучане. Хотя корейцы и очень признательны американцами, но их тяготение более всего направлено в сторону России, как ближайшей соседке. Корейцы инстинктивно понимают, что только одна Россия может вернуть им утраченную самостоятельность, и что Америка хлопочет только о торговых рынках. Какая бы не была комбинация воюющих сторон на Дальнем Востоке, корейцы всегда будут на стороне России, потому что даже Китай, если он выйдет победителем в столкновении с Японией, или даже с Россией, он не даст Корее того, что даст Россия. Американские миссионеры, равно как и католические и лютеранские, давая корейцам школы, священников из их среды и организуя благотворительные общества на кооперативных началах, воспитывают молодежь в духе пренебрежения к России, называют ее «полу варварской державой» и в результате корейцы – лютеране, католики и пресвитериане относятся к православным корейцам свысока, называют их «темными людьми», что крайне обижает корейцев области; не нравится им также республиканское направление в обучении детей и в речах прошедших их школу учителей и священников. Корейские патриоты жаловались, что Областное Правление дважды не утвердило их устава, составленного ими для объединения корейцев и воспитания их в духе преданности России. Я читал этот устав, он положительно удовлетворяет всем условиям, требуемым законом 4 марта об обществах и союзах, и почему он не был разрешен – мне неизвестно. Без этого устава они действительно бессильны влиять на темную массу и охранять ее от иностранных миссионеров и японских «ильтинхойцев». Затем корейцы просят дать им православных священников из корейцев, с правом совершать богослужение на своем языке. Тогда, утверждают они, все корейцы области, принявшие другие вероисповедания, сейчас же примут православие. Просьба об утверждении устава чрезвычайно их озабочивает. Они опасаются раздоров и разделения их на партии вследствие усиленной пропаганды иностранных миссионеров и просят также послать побольше православных миссионеров в Корее, ручаясь за успех их проповеди. Общение православных корейцев на родине со своими единоверцами в области даст богатый материал для освещения политики японцев, а в случае войны с ними – разведчиков в центре Кореи.

Желательно посылать корейскую молодежь для получения среднего и высшего образования в центральную Россию. Я знаю несколько таких корейцев, получивших там образование, все они относятся с величайшим уважением ко всему русскому и имеют огромное влияние на своих соотечественников.

Введение воинской повинности в области приветствуется корейским населением, и они уверяли меня, что ни один кореец не уклонится от службы и просили ходатайствовать, чтобы в корейских школах ввели воинские упражнения.

Корейские патриоты, побывавшие в Америке и Европе и знающие хорошо японцев, крайне удивлены почему русские совершенно игнорируют корейцев, когда они их естественные союзники в будущей, неизбежной войне с Японией, а может быть и с Китаем.

Отличить по наружности, если одеть в одинаковое платье корейца, китайца или японца – очень трудно, письменные знаки у всех трех народов почти одинаковы, устный язык имеет много общего, живут они или по соседству, или перемешаны между собой. Все это дает, особенно для России, где в Приморской области до 45,000 корейцев, неоценимый в их лице материал для самой точной разведки как в мирное, так и в военное время. Корейцы понимают, что России необходимо заселить край прежде всего русским элементом они не претендуют на разрешение приобретать в собственность землю и т.п, льготы, нет, они просят только, чтобы им дозволили сплотить корейскую массу, населяющую край, в одно целое и при том преданное России и тем оградить ее от разлагающего влияния иностранных миссионеров и японских друзей. Для этого им нужен утвержденный начальством устав корейского Общества с правом открывать отделения по всей области, разрешить школы с надежными учителями и священниками – корейцами, совершающими богослужение на родном языке. Они предлагают также устроить на свой счет военную школу, которая подготовляла – бы ополченцев-добровольцев из корейцев в местности, где они живут в большой массе на Сучане, и которая в военное время имеет большое стратегическое значение. По их расчетам, они легко могут выставить 10 тысяч таких добровольцев.

Японцы хорошо оценили эту местность и послали туда своих «ильтинхойцев». Мало этого. Бывший во Владивостоке в сентябре месяце секретарь генерального резидента в Корее-Комацу объявил через своих агентов, что если корейцы, проживающие в России, признают японский протекторат, то он выхлопочет им льготу на паспортном сборе и они будут платить не 5 и 7 рублей за билет, а как японцы – по 75 копеек. Вслед за отъездом Комацу был арестован один бонза, у которого отобрали печатные бланки на корейском языке, с печатью «рабочего общества на железнодорожных станциях и портах» и состоящие из 1/ «Объявления», за подписью Юнг-хы 3 июля 2 год», (X) так называется эпоха ныне царствующего корейского императора. в котором рабочие корейцы призываются сплотиться для взаимной самопомощи, на что имеется разрешение Министерства земледелия и торговли /корейского/, при чем внизу объявление напечатано «Корейское Уссурийское Отделение Общества рабочих на станциях железных дорог и в портах». 2/ «Доверенный Лист». В нем указывается кому он выдается, на какую должность назначается, и просьба исполнять ее добросовестно. Та же подпись и надпись. 3/ «Разрешение и Устав Корейского Отделения рабочего общества на железнодорожных станциях и портах». Разрешение последовало 18 июля, 2 год Юнг-хы».

В уставе значится, что Правление Общества находится у южных ворот в Сеуле и действует на Сеул-Чемульпской, Сеул-фузанской, Сеул-Ычжуйской и в южных пунктах Уссурийского края. Цель общества – принимать и отправлять товары по сухим путям и морям, затем следуют параграфы, определяющие состав администрации общества, размер членских взносов и т.п.

При дальнейшем расследовании выяснилось, что общество это основано теперешним генеральным резидентом в Корее Соне и представляет отделение общества Ильтинхой; представителем его состоит Юн-киль-бен, брат председателя упомянутого общества и преследует те же цели. Очевидно японцам нужны свои люди среди корейцев на железных дорогах и в портах, и они не стесняются государственными границами. Насколько японцы заинтересованы в добром к ним отношении корейцев, населяющих Приморский край, может служить следующий факт. В Корейской слободке /Владивостоке/ построили новую школу и канцелярию для местного корейского общества, ее сейчас же посетил секретарь японского консула Осояма, наговорил много любезностей уполномоченному общества Н.Н. Киму и выразил желание от чинов консульства пожертвовать на школу 700 рублей. К чести корейцев они так же любезно отклонили эту помощь.

Как вывод из всего вышеизложенного я признаю, что деятельная и плодотворная разведка в Приморской области не может обойтись без участия всего корейского населения, которое по непонятным причинам третируется как пария среди прочих инородцев, тогда как оно самое надежное и преданное России, а в военное время, при умелом руководстве, даст превосходных разведчиков как в области, так и вне ее заграницы. Чтобы сплотить и привлечь корейцев для исполнения ими указанной задачи, нужно очень мало: разрешить им устав корейского национального общества, дать школы с надежными учителями и священниками-корейцами, совершающими богослужение на родном языке. С этим надо спешить. Американцы, Англичане, Немцы и Японцы уже успели много тысяч корейцев привлечь на свою сторону и вселить в них убеждение, что Россия не стоит их симпатий. Опасаться, что разрешенное общество будет вести заговоры против Японии, посылать туда инсургентов и таким образом вовлечет нас в нежелательные дипломатические осложнения – нет оснований. Корейцы, во-первых, очень законопослушный народ, а во-вторых отлично понимают политику России и Японии и никогда не перейдут известной черты, указанной им начальником края, хотя и останутся вечными врагами японцев, зато через это общество можно давать всему корейскому народу те директивы, которые нужны нашему правительству и местной власти.

Верно:

Генерального Штаба

Подполковник Энкель

104. Письмо П.А.Столыпина П.Ф.Унтербергеру

1910.6.8 (8 Июля 1910 г.)

Ф.1276, оп.6, д.514, л.14-14 об.

Милостивый Государь
Павел Федорович

Военный Министр, препровождая мне копию с полученной в Главном Управлении Генерального Штаба докладной записки, касающейся вопроса о мерах к использованию корейцев в интересах нашей государственной обороны на случай столкновения с Японией, просит меня войти по этому вопросу в сношение с Вашим Высокопревосходительством. С тем вместе, Генерал от Кавалерии Сухомлинов заявляет, что Главному Начальнику Приамурского края надлежало бы озаботиться созданием благоприятной почвы для использования Кореи в целях названной обороны, поскольку таковая цель достижима путем твердого, но благожелательного и внимательного отношения русской государственной власти к нуждам и интересам населяющих Южно-Уссурийский край корейцев, в рядах которых насчитывается не мало влиятельных и преданных России политических эмигрантов.

Находя, со своей стороны, приведенное заявление Военного Министра заслуживающим вообще внимания, долгом считаю поставить о нем в известность Ваше Высокопревосходительство, присовокупляя, однако, что в виду наших новых отношений к Японии, выше намеченные Генералом от Кавалерии Сухомлиновым меры утратили свою прежнюю остроту и важность и, во всяком случае, могли бы подлежать осуществлению лишь с особой осторожностью, дабы не нарушить довольно благоприятно складывающихся за последнее время отношений наших с Японией. При этом, само собой разумеется, конечно, что означенные меры могут почитаться практически приемлемыми лишь постольку, поскольку они совместимы с теми ограничениями в отношении к корейцам, которые установлены в видах противодействия наплыву в наши владения желтой расы, ибо твердое и последовательное, согласно преподанным Комитетом по заселению Дальнего Востока указаниям /журн. назв. Ком. от 9 Апреля 1910 г., №8/, проведение этой последней задачи имеет по местным условиям первостепенное государственное значение. К настоящему письму в копиях прилагаются упомянутая выше докладная записка и письмо Военного Министра, за №766.

Прошу Вас, Милостивый Государь, принять уверения в моем совершенном почтении и преданности.

Подписал: Столыпин.

105. Письмо П.А.Столыпина В.А.Сухомулинову

1910.6.12 (12 Июля 1910 г.)

Ф.1276, оп.6, д.514, л.15.

**Милостивый Государь,
Владимир Александрович.**

Вследствие письма Вашего Высокопревосходительства от 11 Мая текущего года, за №766, по вопросу о мерах к использованию корейцев в интересах нашей государственной обороны на Дальнем Востоке, имею честь уведомить Вас, Милостивый Государь, что, признавая высказанные Вами в упомянутом письме соображения заслуживающими внимания, я вошел в надлежащее по этому предмету сношение с Приамурским Генерал-Губернатором. Копию с моего письма к нему по этому поводу, за №3159, при этом препровождаю.

Покорно прошу принять уверения в отличном моем уважении и совершенной преданности.

Подписал: Столыпин.

106. Письмо В.А.Сухомулинова П.А.Столыпину

1910.6.21 (21 Июля 1910 г.)

Ф.1276, оп.6, д.514, л.16-16 об.

**Милостивый Государь
Петр Аркадьевич,**

Препровождая при этом Вашему Высокопревосходительству, в дополнение к письму моему от 11-го мая этого года за №766, копию с ответного письма Гофмейстера Извольского по вопросу о мерах к подготовке почвы для использования современного отношения корейцев к Японии в интересах нашей государственной обороны на Дальнем Востоке, имею честь уведомить, что я отнюдь не имел в виду высказываться за желательность корейской иммиграции в наши пределы, которые, конечно, не может быть признана соответствующей нашим военным интересам. Однако я считаю долгом вновь подтвердить свою мысль, что нам безусловно необходимо приложить полную заботу к тому, чтобы путем справедливого отношения к корейцам, населяющим Южно-Уссурийский край, привлекать к себе симпатии их родины, что конечно даст нам неоспоримые выгоды в случае нового столкновения с Японией. Подобная мера конечно далека от того, чтобы придавать ей значение создания питательного центра восстания в Корее, почему на мой взгляд это отнюдь не может повести к нарушению нашего соглашения с Японией.

Прошу Ваше Высокопревосходительство принять уверение в совершенном моем уважении и почтении.

107. Письмо А.П.Извольского В.А.Сухомулинову

1910.6.17 (17 Июля 1910 г.)

Ф.1276, оп.6, д.514, л.17-18.

Секретным письмом от 9-го этого июня №938 Ваше Высокопревосходительство обратились ко мне с просьбой высказаться относительно того, разделяю ли я мнение Ваше о необходимости принять меры к созданию благоприятной почвы для использования Кореи в целях нашей государственной обороны.

Поэтому поводу считаю долгом изложить нижеследующие мои соображения:

Корейский вопрос уже около 40 лет является наиболее уязвимым местом японской политики. Недоразумения на почве именно этого вопроса послужили ближайшей причиной войны 1904-1905 г.г. и именно по этому вопросу японские уполномоченные вы оказали наименьшую сговорчивость при происходивших в Портсмуте мирных переговорах. Если за истекшие с тех пор пять лет нам удалось установить доверчивые отношения с японским правительством, то это следует приписать прежде всего нашему невмешательству во все, что касается отношения Японии к Корее. Как известно Вашему Высокопревосходительству, ныне, согласно ВЫСОЧАЙШЕ преподанных указаниям, мы решили более тесно связать нашу политику на Дальнем Востоке с японской и в соглашении с Японией искать гарантии сохранения, занимаемого нами на берегу Тихого океана и в Северной Маньчжурии положения. Поэтому, по крайней мере в ближайшем времени, государственная безопасность наша на Дальнем Востоке требует прежде всего сохранения и культивирования наших отношений к Японии, а для этого нам необходимо избегать таких действий, которые затрагивали бы ее больные места. Опасность от затрагивания болезненного для Японии Корейского вопроса несоизмерима с той пользой, которую мы могли бы извлечь из волнений в Корее, возможность создать и использовать которые является во всяком случае гадательной.

Исходя из этих общих соображений, я должен самым положительным образом высказаться против всяких попыток с нашей стороны поддерживать восстание в Корее путем ли посылки туда наших эмиссаров, или путем создания в наших пределах питательного центра этого восстания. Всякие такого рода действия могут лишь повести к нарушению нашего соглашения с Японией и, следовательно, идут в разрез с принятым нами в Дальневосточной политике направлением.

Что касается благожелательного отношения к населяющим Южно-Уссурийский край корейцам, то я не усматриваю в нем никакого вреда для нашей внешней политики. Я должен заметить, однако, что возражения против допущения корейской иммиграции в наши пределы исходят не от Министерства Иностранных Дел. Сомнения относительно благонадежности корейского элемента и его способности слиться с русским населением идут главным образом с места. Мне кажется, что Военное Ведомство наиболее компетентно судить о том, что выгоднее в целях нашей государственной обороны: привлекать ли корейцев к заселению Южно-Уссурийского края, создавая для них льготные условия, или напротив ставить затруднения их наплыву в наши пределы и стараться о насаждении в ближайшей к границе с Кореей полосе чисто русского элемента.

Примите, Милостивый Государь, уверение и т.д....

Подписал: Извольский.

108. Письмо Исправляющего должности Управляющего делами Совета Министров П.Ф.Унтербергеру

1910.6.28 (28 Июня 1910 г.)

Ф.1276, оп.6, д.514, л.19.

Милостивый Государь,
Павел Федорович.

В дополнение к письму Господина Председателя Совета Министров, от 8 Июня этого года, за №3159, имею честь препроводить Вашему Высокопревосходительству копии с писем: Военного Министра на имя Статс-Секретаря Столыпина, от 21 того же Июня, за №1038, и Министра Иностранных Дел на имя Генерала от Кавалерии Сухомлинова, от 17 Июня 1910 г., за №785, как составляющих продолжение возникшей по вопросу об отношениях русской государственной власти к корейцам переписки.

Прошу Вас, Милостивый Государь, принять уверения в отличном моем уважении и совершенной преданности.

Подписал: Плеве.

109. Письмо П.Ф.Унтербергер П.А.Столыпину

1910.7.3 (3 Июля. 1910 г.)

Ф.1276, оп.6, д.514, л.20-23 об.

**Господину Председателю
Совета Министров
Милостивый Государь,
Петр Аркадьевич.**

Вашему Высокопревосходительству угодно было препроводить мне при письме от 8-го июня этого года за №3159 копию письма Военного Министра за №766 по вопросу о мерах к использованию Кореи в интересах нашей Государственной обороны, путем твердого, но благожелательного и внимательного отношения нашей Государственной власти к нуждам проживающих в Приамурском крае корейцев.

Признавая всю важность затронутого Военным Министром вопроса, я считаю долгом доложить, что указанная им цель мною всегда и преследовалась, в ясном сознании, что в наших интересах иметь в корейцах не враждебный, но расположенный к России народ. В этих видах не раз приходилось поступаться нашими экономическими интересами, впереди всего отказаться от принятия решительных мер к выдворению нескольких десятков тысяч корейцев иностранных подданных, незаконно устроившихся на наших землях, отложив установление в этом деле должного порядка впредь до изыскания таких мер, которые позволяли бы сделать это исподволь и избегая резкостей.

Меры, рекомендуемые в этом отношении составителем приложенной к письму Генерала от Кавалерии Сухомлинова записки сводятся главным образом: 1/ к ослаблению репрессий, применяемых, будто бы, местной властью к корейскому населению Южно-Уссурийского края; 2/ к противодействию систематическому и интенсивному внедрению в широкие круги корейцев враждебных нам течений; 3/ к разрешению означенным корейцам сплотиться в легализованное национальное общество, и 4/ к предоставлению им школ с надежными учителями и священниками корейцами, совершающими богослужение на родном языке.

Вашему Высокопревосходительству известно, что значительную часть корейского населения Приамурского края составляют корейцы, принятые в свое время в Русское подданство безвозмездно наделенные Правительством казенной землей, пользующиеся почти всеми правами русских крестьян и, относительно тягот, находящиеся даже в более выгодном положении чем последние, так как они несут меньше расходов по содержанию церквей, школ и общественных управлений.

По этому и в виду указаний в присланных мне документах на существующие «репрессии» местной власти по отношению к корейскому населению Южно-Уссурийского края, я полагаю, что в данном случае, очевидно, не может быть речи о корейцах русско-подданных, а имеются в виду лишь те иностранные корейцы, усиленное движение которых, особенно за последние годы, в Приамурский край, вызвало серьезные опасения и признание всеми высшими Государственными учреждениями необходимости принять меры противодействия чрезмерному наплыву их в край.

Обращаясь к предлагаемым в записке относительно этой группы лиц мерам, я обязываюсь доложить Вашему Высокопревосходительству нижеследующее:

1/ «Репрессии» по отношению к этим корейцам со стороны местной власти нет, и не было, а принимаются лишь необходимейшие, ради охранения наших собственных интересов, меры противодействия наплыву их, заключающиеся, главным образом: в неуклонном применении к ним давно уже существующих паспортных правил, в ограждении от захвата ими наших Государственных имуществ, в недопущении, на основании закона, на золотых приисках, привлекающих массу корейцев из заграницы, применения корейской рабочей силы, и, наконец, в прекращении принятия в русское подданство корейцев. Во всем остальном корейцы, наравне с другими иностранцами, пользуются вполне благожелательным и внимательным отношением к себе со стороны местной власти, при чем, в отношении «политических» эмигрантов даже практиковались известные, по обстоятельствам возможные послабления.

2/ О систематическом и интенсивном внедрении в широкие круги корейцев враждебных нам течений в моем распоряжении сведений не имеется и деятельности в этом отношении американских миссионеров не наблюдалось. Во всяком случае наблюдение за недопущением подобной вредной для нас агитации имеется, хотя оно значительно затрудняется отсутствием достаточных средств и сил.

3/ Что касается предлагаемого в записке подполковника Энкель разрешения проживающим в Приамурском крае корейцам образовать национальное общество, то меру эту я не могу не признать крайне рискованной. Главная опасность в этом отношении заключается, по моему мнению, в полном почти незнакомстве нашем с внутренней жизнью и бытом не только корейцев иностранных подданных, но даже и тех корейцев, которые живут в крае уже около 40 лет, состоят в русском подданстве и числятся православными, но тем не менее представляют из себя совершенно обособленную и чуждую нам среду, настолько мало доступную нашему пониманию, что всякие касающиеся их административные мероприятия встречаются с более или менее значительными затруднениями. Затруднения эти, несомненно в много раз увеличатся если мы будем иметь дело с тесно сплотившейся организацией иностранных корейцев, надзор за которым, при недостатках полиции, в силу необходимости, будет иллюзорным, в особенности при почти полном отсутствии у нас русских хорошо знающих корейский язык (*) Вопросу о принятии мер к возможно широкому распространению среди русского населения Дальнего Востока знания восточных языков мною в свое время был дан ход, но разрешения он еще не получил, хотя в этом ощущается настоятельная надобность. Ведь даже деятельность наших рабочих и других организаций, несмотря на существование весьма совершенной системы надзора, не редко ускользает от него, принимая несогласное с видами Правительства направление.

При таком положении мы очевидно не обеспечены от проникновения в проектированное корейское национальное общество совершенно нежелательных для нас элементов и использования деятельности его во вред нам, особенно если в этом будет заинтересована какая-либо враждебная нам держава, не останавливающаяся в подобных случаях перед значительными денежными затратами.

По поводу сделанного в записке указания, что добиваясь разрешения образовать национальное общество, корейцы отнюдь не имеют в виду материальных для себя выгод, а преследуют исключительно идейную цель – сплотиться в одно целое, преданное России, я позволяю себе заметить, что я не сомневаюсь в искренности взглядов тех высокопоставленных корейских эмигрантов, которые в этом уверяли подполковника Энкеля; не следует, однако, забывать, что населяющие Приамурский край корейцы, в главной своей массе, представляют из себя не столько идеалистов – патриотов, преданных России, сколько обыкновенных хлебопашцев, оставивших свою родину ради испытанных под японским режимом материальных невзгод и рассчитывающих найти у нас более сносное существование. Для них естественно и здесь первенствующее значение будет иметь не благо чуждой им России, а собственное благополучие; поэтому в настоящее время пришельцы из Кореи всемерно стараются устроиться у нас на земле с обходом всех принятых нами в этом отношении мер противодействия; поэтому и национальное корейское общество, при неминуемом столкновении материальных интересов его членов с нашими государственными интересами, перенесет свою деятельность на экономическую почву, при чем, для нас, конечно, будет несравненно труднее иметь дело с хорошо сорганизованной массой, чем с отдельными лицами.

Как пример тому, что далеко не все проживающие у нас корейцы руководствуются столь возвышенными взглядами на отношения Кореи к России, как собеседники подполковника Энкеля/ эмигранты Чун-чай-куан и Ли-сан-сель/, могу привести факт, что в 1904 году уклонение корейцев русских подданных в Южно-Уссурийском крае от подводной повинности для наших военных нужд, приняло настолько широкие размеры, что пришлось издать по этому случаю особое обязательное постановление, на основании правил о местностях объявляемых состоящими на военном положении.

4/ Предоставление корейцам Приамурского края школ с надежными корейскими учителями и священниками корейцами, совершающими богослужение на родном языке в настоящее время вряд ли вообще осуществимо, за неимением соответственного контингента лиц для замещения должностей учителей и священников, а равно контролирующих их деятельность лиц.

С другой стороны, мне, казалось бы, более не отложным поставить на должную высоту миссионерское дело среди корейцев – русско-подданных, православных только по названию, и, вместе с тем, принять меры к обрусению их. Создание же корейских церквей и школ для пребывающих у нас иностранных корейцев неминуемо поведет к дальнейшему укреплению в своем национальном/ корейском/ быту наших корейцев.

В виду всего вышеизложенного, как Ваше Высокопревосходительство изволили указать, предлагаемые в записке Генерального Штаба меры могли бы подлежать осуществлению лишь с особой осторожностью, при полной уверенности, что применение их не будет мешать проведению намеченной Комитетом по заселению Дальнего Востока программы в деле противодействия наплыву в наши владения желтой расы, что мной и будет принято к руководству.

Прошу Вас, Милостивый Государь, принять уверение в глубоком уважении и искренней преданности.

Подпись

110. Письмо П.А.Столыпина В.А.Сухомулинову

1910.8.2 (2 Авгу. 1910 г.)

Ф.1276, оп.6, д.514, л.24-24 об.

**Милостивый Государь,
Владимир Александрович.**

Письмом от 11 Мая текущего года, за №766, Ваше Высокопревосходительство выразили пожелание о передаче Приамурскому Генерал-Губернатору, в соответствии с особой, полученной Главным Управлением Генерального Штаба запиской, некоторых указаний в смысле принятия мер к использованию корейцев в интересах нашей государственной обороны, на случай столкновения с Японией, во исполнение чего мной своевременно и было сделано надлежащее сношение. Ныне Инженер-Генерал Унтербергер, письмом от 3 этого Июля, за №6711, в копии при этом прилагаемым, сообщает, что, в виду подробно изложенных им в означенном письме соображений, предлагаемые в вышеупомянутой записке меры могли бы подлежать осуществлению лишь с крайней осторожностью, при полной уверенности, что применение их не будет препятствовать проведению намеченной Комитетом по заселению Дальнего Востока программы в противодействия наплыву в наши владения желтой расы.

Признавая объясненный взгляд Приамурского Генерал-Губернатора правильным, в особенности при сопоставлении его с заключением по данному вопросу Министра Иностранных Дел, выраженным в письме на имя Вашего Высокопревосходительства от 17 Июня этого года, за №1785, долгом считаю о последовавшем со стороны Инженер-Генерала Унтербергера отзыве поставить Вас, Милостивый Государь, в известность.

Прошу Вас принять уверения в отличном моем уважении и совершенной преданности.

Подписано: Столыпин

111-1. Письмо Министерства Внутренних Дел в Канцелярию Совета Министров

1910.9.23 (23 Сентя. 1910 г.)

Ф.1276, оп.6, д.514, л.25.

Препровождая при этом копию телеграммы и.д.Приамурского генерал-губернатора Мартоса по ходатайству 9000 корейцев о принятии их в русское подданство, Департамент Общих Дел просит Канцелярию Совета Министров доставить копию секретного письма Главного Начальника Края от 3 июля этого года за №6711 по тому же вопросу.

Вице-Директор Подпись

111-2. Телеграмма П.Ф.Унтербергера П.А.Столыпину

1910. 9.18 (18 Сентя. 1910 г.)

Ф.1276, оп.6, д.514, л.26.

Ответ на телеграмму от 23 августа, генерал Унтербергер в секретном письме Вашему Высокопревосходительству 3 июля 6711 выяснив современное положение корейского вопроса Приамурье достаточной определенностью высказал свой взгляд этот вопрос, разделяю точку зрения главного начальника края своей стороны нахожу массовый прием русское подданство корейцев не отвечающим ни государственным ни местным экономическим интересам, в виду чего полагал бы ходатайстве 9000 корейцев отклонить И.д.генерал губернатора Мартос 1089.

112. Письмо А.П.Извольского П.А.Столыпину

1910.6.5 (5 июня 1910 г.)

Ф.1662, оп.1, д.114, л.1.

Министр Иностранных Дел, свидетельствуя совершенное почтение Его Высокопревосходительству Петру Аркадьевичу имеет честь препроводить у этой копии с письма Российского ИМПЕРАТОРСКОГО Посла в Токио от 6/19 мая 1910года относительно предстоящего русско-японского соглашения и предполагаемой аннексии Кореи.

№741
Его Высокопревосходительству П.А. Столыпину.

113. Письмо Н.А.Малевского-Малевича А.П.Извольскому

1910.5.6 (6 Мая 1910 г.)

Ф.1662, оп.1, д.114, л.2-3.

На днях я посетил Премьер Министра, чтобы узнать от него некоторые подробности относительно выпускаемого в Лондоне нового японского займа.

В дружеской беседе нашей продолжавшейся более часа Маркиз Кацура коснулся между прочим и предстоящего русско-японского соглашения и спрашивал меня можно ли рассчитывать, что по возвращении Вашем в Петербург дело это двинется ускоренным шагом. Я ответил Маркизу, что вполне на это рассчитываю и усматриваю добрые признаки налаживающихся отношений в том приеме, который встретил барон Мотоно по-своему прибытии к посту; Из того, что мне рассказывал об этом Граф Комура, прибавил я, можно с уверенностью сказать, что правительственные сферы подготовлены к предполагаемому политическому сближению России с Японией. Но пока еще трудно предвидеть как такое соглашение будет принято руководящей партией в Государственной Думе и русским общественным мнением.

В этом отношении, заметил я, моему собеседнику не малую роль должна сыграть политика Японского Правительства в Корейском вопросе. Газеты полны настояний на решительных действиях Японии в Корее в слово «амальгамация» под которым следует понимать присоединение не сходит со столбцов ежедневной прессы. Конечно, аннексия Кореи произведет неблагоприятное впечатление в России и окрылив шовинистов, чем не мало может быть затруднено достижение намеченного соглашения.

На это Премьер-Министр ответил мне, что он считает Корейский вопрос уже решенным ... прибавил он, но, как и когда это сделается еще не выяснилось, нужно действовать постепенно и осторожно, чтобы не возбудить зависти или нареканий и не повредить проведению нашей финансовой реформы/конверсий/ откровенно признался он.

Сопоставляя слова Маркиза Коцура с тем, что высказывал Вашему Превосходительству Барон Мотоно по поводу Вашего замечания о Корее/ всеподданнейшая записка 23-го марта 1910 года/ не могу не выразить предположения, что разрешение Корейского вопроса назревает быстро. Весьма вероятно, что аннексия в той или другой форме состоится вслед или одновременно с заключением Японией предположенного с нами политического соглашения. К этому мы должны подготовиться, чтобы событие столь первостепенной важности не застало нас врасплох. Нельзя не признать всей справедливости Вашего мнения, изъясненного в выше упомянутой всеподданнейшей записке, что событие это будет критическим моментом не только в отношениях наших с Японией, но и во всем ходе дальневосточных дел.

Со своей стороны, позволяю себе думать, как я уже имел честь доносить раньше, что судьба Кореи была решена еще в Портсмуте. В русском проекте мирных условий сделана была попытка гарантировать от посягательств Японии на верховные права Корейского Императора. Но на такое обязательство японские делегаты в Портсмуте не пошли, заявив, что фактически полной независимости Кореи уже не существует. Чем же кончился обмен мнений по этому предмету на конференции, тем, что наши делегаты согласились внести в протокол заседания 12-го августа 1905 года следующую оговорку.

le Japen peut treuver necessaire de prengre en Coree a l'avenir et qui pertent atteinte a la seuverainete de se pays serent prises d'accerd avec le Gouvernement de Coree

Кажется, что в комментариях такая оговорка не нуждается...

Прошу к проч.

제2부

1908년 남만주철도 초대 총재 고토 신페이의 러시아 방문

1. Письмо Ю.П.Бахметьева А.П.Извольскому

1907.11.2

АВПРИ. Японский Стол, оп.493, д.1265, л.1-3 об.

(Опубл.:Молодяков В.Э. Гото Симпэй и русско-японские отношения, М., 2006, С. 26-27.)

Милостивый государь Александр Петрович

Я только что получил доверительное и интересное сообщение лично от Барона Гото, сущность которого считаю долгом вкратце изложить:

Энергичный и влиятельный управляющий Маньчжурской железной дороги с самого начала нашего знакомства неоднократно говорил мне о своем стремлении развить сношения между Россией и Японией на той почве, которая, по его мнению, наибольшие залоги успеха,- на чисто практических основах обмена товаров и создания обоюдного торгового доверия. не давно состоявшееся соглашение облегчает ему этот нелегкий и до сих пор мало торный путь, и он убежден, что это соглашение может быть разработано именно на том деле, которым он руководит; вследствие того он желал бы без потери времени доказать, что наше сближение, так родостно принятое в Японии, есть не только чисто политический уговор, но может послужить основой для установления более практических, специальных связей, обоюных интересов.

Его план следующий: он думает, что первым шагом должен был бы быть заказ железно-дорожного материала – в особенности рельсов – в России этот заказ был бы сперва сделан только для Маньчжурских линий, но впоследствии мог бы распространиться и на все казенные пути в Японии. Для предварительного исследования условий, цен и пр. Он на днях частным образом отправляет одного из своих секретарей, Нацуаки, долго жившего в России, в сопровождении техника-инженера, а потом, в конце февраля сам поедет, чтобы окончательно дать заказ он предполагает пробыть недели две в Москве и месяца два-три в С-Петербурге.

Барону Гото стоило не мало трудов, чтобы превозмочь предрассудки некоторых членов Генро- как-то Ямагата и Кацура – но он наконец, успел заручиться их согласием – несмотря на то, что англочане, на основании союза(?), считают, что имеют право монополизировать все подобные заказы или, по крайней мере, не допускать их в других странах без своего одобрения – и поэтому дело держиться в такой глубокй тайне, что он просил меня не только не говорить о нем, но ежели я найду нужным написать о нем в Императоское Министерство, сделать это от себя – даже помимо Канцелярии, к тому он также опасается, что ежели заводчики заблаговременно узнать, до его приезда, то они возвысят цены и назначать такие, которые ему нельзя будет показать.

Хотя я и считаю его осторожность преувеличенной – по крайней мере, по отношению к моей канцелярии – но чтобы в случае неосторожности с другой стороны от которой эта новость могла бы дойти до Лондона, Берлина и Вашингтона,- а согласился избрать этот экстренно-конфиденциальный пупь.

С Гото и Японией и всем имеющим дело с ней надолго придется считаться; он теперь выставляет себя только духовным наследником Руссофилльской политики Князя Ито – но несомненно метит ему и в политические преемники, когда первый Государственный человек Японии сойдет со сцены.

Наш финансовый Агент также был посвящен в эту тайну и, донося своему начальнику в С.Петербург.

С глубочайшим почтением и таковой же преданностью, имею честь быть

Вашего Высокопревосходительства покорнейший слуга.

Ю.Бахметев

2. Телеграмма Г.А.Виленкина И.П.Шипову

1908.3.28 (28 Мар. 1908 г.)

РГИА. Фонд 323, оп.1, д.685, л.2.

Многоуважаемый Иван Павлович

Я только что получил письмо от г. Натцуаки, представитель Барона Гото в Петербурге в котором он извещает меня, что барон Гото выежает из Токио в Дальный 7 20 апреля, а оттуда около 16 29 апреля через Куаньченцы в Петербург.

Виленкин.

3. Телеграмма А.Н.Вентцеля Д, Л.Хорвату

1908.4.1 (1 Апр. 1908 г.)

РГИА. Фонд 323, оп.1, д.685, л.4.

Около щестинадцатого апреля выезжает из Куаньченцы Петербург Председатель Южно-Маньчжурской Дороги барон Гото. Представьте ему для проезда нашей дороги вагон первого класса приспособленный под служебный. Относительно пропуска сего вагона дорогам русской сети предполагается сношение министерством Путей Сообщения. Необходимо, чтобы Куанченцы барона Гото встретил кто либо из представителей вышей администрации дороги. Назначьте кого нибудь знакомого иностранными языками для сопровождения Гото от Куаньченцы до Маньчжурии, вообще примите меры чтобы при проезде по нашей дороге Гото было оказано полное внимание преду-предительность.

4-1. Телеграмма А.Н.Вентцеля Д, Л.Хорвату

1908.4.2 (2 Апр. 1908 г.)

РГИА. Фонд 323, оп.1, д.685, л.6.

Мною получено от секретаря барона Гото г. Кикучи, сопровождавшего нас при поездках по Японии, телеграмма следующего содержания : «Мы в шестером выедет из Куаньченцы в суботту 19 апреля/ 2 мая, из Харбина в понедельник 21-го апреля/ 4-го мая .прибудет в Москву 1/14 мая».

4-2. Телеграмма А.Н.Вентцеля Д, Л.Хорвату

1908.4.2 (2 Апр. 1908 г.)

РГИА. Фонд 323, оп.1, д.685, л.26.

На мой запрос секретарь барона Гото сообщил мне по телеграфу, что они разсчитывают пробыть в С-Петербурге неделю и возвратиться обратно через Владивосток.

Вентцель

5. Письмо В.Н.Коковцова Н.К.Шаффгаузену

1908.4.3 (3 Апр. 1908 г.)

АВПРИ. Японский Стол, оп.493, д.1265, л.7-8.
(Опубл.:Молодяков В.Э. Гото Симпэй и русско-японские отношения, М., 2006, С. 28-29.)

Милостивый Государь Николай Константинович,

Согласно полученным Министерсвом Финансов сведениям, 19 сего апреля выезжает из Куаньченцзы в Петербург Председатель Общества Южно-Маньчжурской железной дороги барон Гото в сопровождении пяти лиц.

При посещении в минувшем году ВЫСОЧАЙШЕ командированным на Дальный Восток тайным советником Шиповым Японии, ему был оказан там особенно любезный прием, несмотря на то, что он ездил в эту страну в качестве частного лица. Помимо дружественных России демонстраций, целого ряда банкетов в его честь и т.д.было обращено особое внимание и на обеспечениеему спутниками удобного проезда по железным дорогам как в Японии, так и в Южной Маньчжурии, в каковых видах тайному советнику Шипову представлялся повсюду особый вагон и вообще железнодорожными властями выказывалась большая предупредительность.

Имея в виду, что барон Гото является первым японцем с высоким общественным положением, посещающим Россию после поездки тайного советника Шипова в Японию, и принимая во внимание значение, которым г. Гото пользуется в своем отечестве,- я со своей стороны полагал бы, что нам необходимо отнестись к нему также с возможной любезностью, соответствующей как дружбе, существующей между Россией и Японией, так и добрососедским отношениям между нашей и японской линиями в Маньчжурии.

Озабочиваясь в виду этого обеспечением барону Гото наиболее удобного проезда в Петербург, я поручил правлению Общества Китайской Восточной железной дороги предоставить борону Гото с спутниками служебный вагон от Куанченцзы, а равно оказать сему лицу при его проезде по дороге полное внимание и предупредительность. Вместе с тем, считаю долгом обратиться к Вашему Превосходительству с покорнейшей просьбой не оказать выразить согласие на пропуск помянутого вагона до С.Петербурга со сокрым поездом, отходящим из Харбина 21-го сего апреля, с оплатой проездных билетов по числу едущих в этом вагоне лиц.

О последнем не откажите, Милостивый Государь, почтить меня уведомлением по возможности в непродолжительном времени.

Пользусь случаем просить Ваше Превосходительство принять уверение в совершенном моем почтении и искренней преданности.

В.Коковцов

6. Телеграмма А.Н.Вентцеля Департаменту Таможенных Сборов

1908.5.1 (1 Мая 1908 г.)

РГИА. Фонд 323, оп.1, д.685, л.28-28 об.

18-го сего апреля выезжает из Куаньченцы в Петербург Председатель Общества Южно-Маньчжурского Ж. д. барон Гото в сопровождении семи лиц. При посещении в минувшем году Высочайше командированнн на Дальный Восток тайным советником Шиповым Японии, ему был оказан там особенно любезным прием, несмотря на то, что он ездил в эту страну в качестве частного лица. Так например было обращено особое внимание на обезпечение ему со спутниками удобного проезда по железным дорогам как в Японии, так и в Южной Маньчжурии, причем железнодорожными и прочими властями высказывалась всюду большая предупредительность.

Имея в виду, что барон Гото является первым японцем с высоким общественным положением, посещающим Россию после поездки тайного советника Шипова в Японию и принимая во внимание значение, которым г. Гото пользуется в своем отечестве г. Министр Финансов признавая необходим, чтобы названному лицу было оказано всевозможное внимание и любезность.

В соответствие с сим, по сношению Его Высоко Превосходительство, с министером Путей Сообщения, разрешен, между прочин, пропуск предоставленного барону Гото со спутником его вагона до С.-Петербурга в составе скорых поездов, а также сделаны соответствующие распоряжения об оказаний сим лицам в пути полного внимания и предупредительности.

По полученным ныне телеграммым сообщениям, с бароном Гото и его свитою, прибывающими на ст. Маньчжурии 21 апреля утром, следует багаж, в размере свыше 300 пудов. Входя одновременно с сим с докладом к г. Минитру Финансов о разрешении бесплатного пропуска означенного багажа в пределы России, правление Общества имеет честь покорнейше просить Департамент Таможенных Сборов не отказать, со своей стороны в содействии к благоприятному разрешению ностоящего вопроса на основании ст. 475 уст. Там. и в виду срочного дела скорейщих распоряжениях по сему предмету по телеграфу.

Таварищ председателя А.Вентцель.

7. Письмо А.П.Извольского В.Н.Коковцову

1908.5.1

РГИА. Ф.560, оп.28, д.1102, л.22-23.
(Опубл.:Молодяков В.Э. Гото Симпэй и русско-японские отношения, М., 2006, С. 32-34.)

Милостивый государь Владимир Николаевич,

Как известно Вашему Высокопревосходительству, предстоящий приезд в Россию председателя Южно-Маньчжурской железной дороги Барона Гото ставится в Китае в связи с существующим будто бы в Японии немерением попытаться купить у нас ветвь Китайской Восточной железной дороги от Харбина до Куанченцы. В настоящее время затруднительно определить источник появления этих слухов и цель их распространения, не сомненно лишь, что Китайское Правительство относится к таким сведениям с известным доверием и крайне обеспокоено возможностью осуществления подобного предположения. Несмотря на то, что я дал успокоительные заверения обратившемуся ко мне, по предписанию из Пекина, с запросом Китайскому Посланику в отсутствии у нас намерений такого рода, Центральное Китайское Правительство, как Вы усмотрите из телеграмм колл.сов. Арсеньева от 30 апреля, поставило тот же вопрос нашей Миссии, присовокупив, что оно готова само приобрести этот участок и что во всяком случае уступка его Японии противоречила бы статье 12 контракта 1896 года.

Насколько можно судить, китайцы, не довольствуясь устными нашими объяснениями, желали бы заручиться письменным удостоверением в смысле полученных ими от нас сообщений. Принимая во внимание, что в действительности нет и речи об уступке кому бы то ни было какой-либо части Китайской Восточной железной дороги, по существу не встречалось бы, конечно, препятствий к исполнению желания китайцев, но мне казалось бы полезным сделать попытку к использованию такого настроения для противодействия их посягательствам на обеспечнные за Китайской Восточной железной дороги кому-либо, кроме Китая, Вай-ву-бу обосновывает ссылкою на статью контракта 1896 года, то мы, в свою очередь, могли бы по этому случаю потребовать от китайцев подтверждения равным образом принадлежащих нам по силетого же контракта прав на администрирование полосы отчуждения и на выткеающие отсюда преимущества. Как Вы изволите припомнить, в течение этого года наиболее крупные недоразумения возникали у нас из-за вопроса о введении самоуправления в районе дороги и из-за предложения китайцев установить особые, крайне стеснительные для нас, правила о допуске прибывающих из России лиц.

Ввиду того, что по первому вопросу фактически китайцы отказали от противодействия, предпочтительнее было бы его не затрагивать, а настаивать лишь на разрешении второго – согласно нашим видам, в смысле письма Вашего от 8/9 апреля, № 277. В случае, если бы Ваше Высокопревосходительство в принципе согласились с такой постановкой вопроса. Я не замедлил бы поручить нашему Поверенному в Делах в той форме, которая окажется наиболее удобною, поставить наше письменное обещание не уступать дороги в зависимости от подтверждения китайцами наших прав на управление дорогою с отказом их от не оправдываемых содержанием контракта притязаний на надзор. Для успеха в этом деле, по моему мнению, весьма важно скорейшее сношение с Китайским Правительством, так как по отбытии Барона Гото вопрос о железной дороге, несомненно, утратит в глазах китайцев свою остроту.

В ожидании ответа пользуюсь случаем, чтобы вощобновить вам, милостивый государь, уверение в отличном моем почтении и совершенной преданности.

Извольский

8. Письмо В.Н.Коковцова А.П.Извольскому

1908.5.23 (23 Мая. 1918 г.)

РГИА. Ф.560, оп.28, д.1102, л.50-50 об.

(Опубл.:Молодяков В.Э. Гото Симпэй и русско-японские отношения, М., 2006, С. 42-43.)

Милостивый Государь Александр Петрович,

Посетивший недавно С.Петербург председатель Общества Южно-Маньчжурской железной дороги барон С.Гото чрез посредство одного из близких ему людей довел до моего сведения о своем горячем желании быть удостоенным ВЫСОЧАЙШЕГО пожалования русского знака отличия, который он оценил бы как знак выражения одобрения Его Величеством идеи сближения двух стран на почве экономической общности.

Принимая во внимание, что главною целью приезда барона Гото было разрешение некоторых вопросов, касающихся Китайской Восточной жд, состоящей в ведении Министра финансов, а также и то обстоятельство, что именно во время пребывания барона Гото в С.Петербурге я удостоился получить высокий японский орден, позволяю себе сообщить Вашему Превосходительству об изложенном желании барона Гото и покорнейше просить Вас не отказать – в случае если в Вашей стороны не встретиться к тому препятствий – войти к ЕГО ИМПЕРАТОРСКОМУ ВЕЛИЧЕСТВУ со всеподданнейшим ходатайством о пожаловании барону Гото соответствующего русского ордена.

К сему считаю долгом добавить, что на одном из всеподданнейших своих докладов я имел случай упомянуть пред ЕГО ИМПЕРАТОРСКИМ ВЕЛИЧЕСТВОМ об указанном желании барона Гото – конечно, с оговоркою, что настоящее дело могло бы получить движение только согласно с мнением и через посредство Вашего Превосходительства – причем, насколько я имел возможность судить, ЕГО ВЕЛИЧЕСТВУ благоугодно было выслушать мои слова вполне благосклонно.

В ожидании уведомления о последующем прошу Вас, Милостивый Государь, принять уверение в совершенном моем уважении и искренней преданности.

В.Коковцов.

9. Перевод Телеграммы Барона Гото

1909.10.16 (16 Окт. 1909 г.)

РГИА. Фонд 323, оп.1, д.712, л.86.

Его Превосходительству Вентцелью

Примите нашу теплую благодарность за ваше и вашего железнодорожного правления сердечное отношение и внимание выраженное в столь печальную минуту. Я считаю своей обязанностью высказаться от всей души за счастливые результаты Русско-Японских отношений для утешения души погибщего князя Ито. Усмотривая в этом и вашу симпатию, Я еще раз высказываю вам мою искренную благодарность.

Барон Гото.

10. Письмо барона Гото Н.А.Малевскому-Малевичу

1910.1.14 (14 Янв.1910 г.)

АВПРИ. Японский Стол, оп.493, д.206, л.173-174 об.

(Опубл.:Молодяков В.Э. Гото Симпэй и русско-японские отношения, М., 2006, С. 48-51.)

В завершение весьма доверительных разговоров, которые я имел честь вести с Вашим Превосходительством, начиная с прошлого месяца, считаю долгам еще раз обратить внимание Ваше на то, что мои совершенно частные предложения имеют исключительною целью дружественное сближение России и Японии в области коммерческих и политичесхн взанмоотношений подобное сближение несомненно в конце концов получит политический характер. Лишь тогда Россия и Япония будут в состоянии солидарно, рука в руку по отношению к Китаю приступить к решению Маньчжурских вопросов.

Разрешение животрепещуших вопросов в Маньчжурии не только послужит к благу обеих наций, но в весьма значительной степени послужит гарантией мира на Дальнем Востоке.

Позвольте мне, Ваше Превосходительство, в дальнейшем подробнее остановиться на некоторых вопросах, которые я затронул с Вами лишь вскользь.

1) Улучшение эксплуатации ветки Харбин- Куаныченцзы.

Эта ветка представляет собою не только важное во всех отношениях соединительное звено между обеими нашими большими железнодорожными сетями на азиатском континенте, но а то же время является артериею мирового сообщения. Как известно, существующие в настоящее время на этой ветке порядки оставляют желать много лучшего по сравнению с Вашей главной линией и подают повод к громким жалобам пассажиров, путешествующих между Европой и Северным Китаем. Склонны даже видеть в этом доказательство недостатка хороших отношений между обоими Правительствами. Такой неправильный взгляд на положение вещей есть, по моему мнению, причина существующей до сего времени интриги, стремящейся поссорить между собою оба Правительства. Однако, ввиду не вполне удовлетворительного финансового положения Китайской Восточной железной дороги было бы, быть может, несправедливым заставлять ее всецело удовлетворять хотя бы и законные требования пассажиров касательно лучшего оборудования экспресса и спальных вагонов. При таких условиях представлялось бы целесообразным, если бы Ваше железнодорожное управление вошла в сношение с Южно-Маньчжурской железной дорогой о том, чтобы она пустила по означенной выше ветке экспресс и спальные вагоны на одинаковых основаниях с Международным Обществом Спальных Вагонов на главной линии. Я глубоко убежден, что Южно-Маньчжурская железная дорога под контролем Вашего железнодорожного управления быстро справится с этой задачей.

2) Телеграфный вопрос в Маньчжурии.

Так как в настоящее время не существует прямого соединения между японским и русским телеграфами в Маньчжурии, то приходится, например, в случае необходимости послать телеграмму из Харбина в Дальный направить таковую на Владивосток, Нагасаки,, Дальный. Столь неудовлетворительные условия должны оказать самый существенный вред развитию торговых сношений между северною и южною Маньчжуриею. Такое положение вещей не может благоприятствовать также и дружественному сближению обеих наций в Маньчжурии. В виду сего я считаю совершенно необходимым, чтобы Россия и Япония заключили возможно скорее конвенцию о соединении Российских и Японских телеграфов в Маньчжурии. Конечно, Китайское правительство по политическим соображениям и Северное Телеграфное

Общество в виду лишения существующих теперь доходов будут энергично протестовать против такого русско-яионекого соглашения, но оба Правительства легко найдут способы и средства сговориться с обоими, если мы сами будем вполне солидарны по этому поводу.

3) Установление специального тарифа для перевозки японского шелка в Москву по железной дороге.

В течение ряда лет наш шелк экспортируется через Суэц в Одессу и оттуда по железной дороге в Москву. Так как подобная морская перевозка естественно занимаст очень много времени, то развитие экспорта нашего шелка чрезвычайно трудно.

Если бы наш шелк мог пойти по железной дороге из Влаливостока на Москву, он достигал бы места назначения в несколько недель, и наши эскпортеры сохранили бы немало денег, неуплачивая процентов на капитал эта разница было бы в значительной степени сглажена. Было бы поэтому желательно, чтобы Ваше Железнодорожное Управление установило для нашего шелка специальный тариф. Таким образом Владивосток получит для русско-японской торговли гораздо больше значение, чем доселе. Чем больше японских товаров будет вывозиться в Россию(например, шелк, чай и т.д.), тем больше русских товаров будет ввозиться в Японию. Кроме того, увеличение нашего экспорта шелка даст в то же время Москве возможность конкурировать с Лионом в смысле шелкового производства.

4) Учреждение русско-японского пароходного общества в восточно-азиатских водах.

Если бы Россия и Япония совместно создали большое пароходное общество и назначили бы исходными пунктами Владивосток и Шанхай, мы могли бы организовать пароходное сообщение между важнейшими восточными портами. Этот план созрел у меня уже много лет тому назад.и при посещение Петербурга тому назад два года я предполагал посетить там влиятельных лиц и обменяться с ними мнениями по этому поводу. Но я оставил этот план, так как узнал, что Ваше Правительство решило дать крупную субсидию добровольному флоту. Ныне к вящему моему сожалению я узнал, что Ваш добровольный флот и наша (Осака-Шозен-Кайша) вступили в борьбу на линии Владивосток-Цуруга. Независимо от вызываемых этим убытков для обоих обществ, подобное обострение прискорбно в видах сближения обоих Государств. Чтобы избежать столь нежелательной конкуренции, я от всего сердца предлагаю учредить русско-японское Пароходное Общество с большим капиталом или же трест существующих пароходных обществ обеих нацтюнальностей, тогда мы могли бы монополизировать пароходство в Восточной Азии.

Изложенное есть исключительно Мои личная идея, которую я позволил себе сообщить Вашему Превосходительству совершенно доверительно. Покорнейше прося Ваше Превосходительство принять во внимание настоящие мои предложения, остаюсь и пр.

(Подписал) Барон Гото

11. Письмо С. Гото В.Н.Коковцову

1910.4.24 (24 Апр. 1910 г.)

РГИА. Ф.560, оп.28, д.1102, л.114-116.
(Опубл.:Молодяков В.Э. Гото Симпэй и русско-японские отношения, М., 2006, С. 51-54.)

После долгого молчания, которое очень прошу Ваше Высокопревосходительство не поставить мне вину, позволяю себе сегодня сообщить Вам доверительно следующее. Вашеу Высокопревосходительству, конечно, известно, что со времени памятных для меня бесед, которые я два года тому назад имел честь вести с Вами в С.Петербурге, я неустанно стремлюсь прилагать мои слабые силы к развитию дружественных отношений между Россией и Японией. С большою радостью я теперь приветствую то, что за последнее время в нашей стране, несомненно все более и более берет верх дружественное настроение по отношению к России. Одновременно можно было также в различных случаях наблюдать и более благожелательное отношение России к Японии. Я уверен, что в таком утешительном сближении наших двух государств нельзя видеть только следствие великой эволюции мировой политики. Без сомнения, и Вашею большою заслугою является то, что Вы всегда проявляли свое влияние в дружественном Японии духе. Вы, наверное, видяте в этом сближенин ценную опору для русской политики по отношению к Ближнему Востоку и Западной Европе, ибо совершенно ясно, что Россия, как только положение ее здесь на Дапьнем Востоке будет вполне обеспечено, может совершенно беспрепятственно обратить все свои силы на Запад.Весьма жаль только, что нередко появляются совершенно ложные слухи об отношениях между Россией и Японией.

Тем не менее здесь в Японии не только в правительственных сферах, но и в руководящих политических кругах постепенно укрепилось сознание, что для Японии представляется наиболее целесообразным действовать в разрешении китайского вопроса рука об руку с Россией, так как наши интересы, вследствие обладания обширными железнодорожными сетями в Маньчжурии, сделались совершенно однородными. Так, Японское Правительство более не стало бы без обмена мнений и соглашения с Россией вступать в переговоры по какому-либо вопросу непосредственно с Китаем в тех случаях, когда дело касается нашей общей пользы или вреда. Ваш Посол г. Малевский-Малевич будет, без сомнения, того же мнения. Со времени моего прибытия в Токио я часто имел случай совершенно доверительно обмениваться с ним взглядами по этому вопросу. После непродолжительного пребывания здесь в отпуску в нынешнем году барона Мотоно дружественное России направление в нашем Кабинете сделалось особенно сильным без моего ближайшего содействия. И Император наш, вследствие своей любви к миру, питает горячее желание, чтобы наши отношения к России делались все прочнее и сердечнее.

Что касается американского предложения о нейтрализации маньчжурских железных дорог, которое наделало в прошлую зиму столько шума, то я бесконечно рад тому, что наше Правительство с самого начала постоянно действовало в добром согласии с Вашим. Хотя это американское предложение на этот раз и оправдало пословицу «много шума из-за пустяков», и никто об этом, кажется, уже почти и не вспоминает, я все же должен высказать опасение, что подобный вопрос, подвергающий весьма серьезной опасности наше благоприобретенное право, может неоднократно возникнуть в будущем, так как теперь все великие Державы стали уделять столь большое внимание китайским делам стараться, ничем не стесняясь, использовать в своих видах всякий благоприятный случай, какой только им представляется.

Причина зла в китайских делах кроется главным образом в самом Китае. Так как в Китае в настоящее время не имеется, так сказать, «политического центра», то отдельные китайские сановники действуют совершенно по личному усмотрению, руководствуясь эгоистическими стремлениями и упуская из виду свои национальные интересы. Кроме того, они думают, что как для их карьеры, так и для их личных интересов будет только полезно, если они в некоторых случаях займут недружелюбное положение в отношении Японии или России. Руководствуясь подобными побуждениями, они вступают в сношения с какой-либо другой державой или с ее представителем.

Поэтому в настоящее время как для России, так и для Японии представляется насущно необходимым убедить Китай, а заодно с ним и другие державы, не только словами, но и гораздо более делом в том, что Россия и Япония отныне твердо решились действовать в китайском вопросе вполне солидарно и что именно эта общность интересов обоих государств зиждется на твердом естественном основании. Если нам удастся в ближайшем времени достигнуть этого, то мы будем в состоянии действительно поддерживать мир на Дальнем Востоке ко благу всех народов. Поэтому я полагаю, что невозможно достаточно оценить все благо, которое будет достигнуто подобным русско-японским соглашением. Но для заключения такого соглашения нам необходимо энергичное содействие Вашего Высокопревосходительства.

Что же касается современной внутренней политики в Японии, то я могу совершенно откровенно высказать Вам, что положение нынешнего Правительства, несмотря на известные разногласия с некоторыми партиями в Парламенте, является прочным и незыблемым.

Покорно прося Ваше Высокопревосходительство любезно передать мой почтительнейший привет Вашей высокоуважаемой супруге, остаюсь с выражением глубочайшего уважения.

Вашего Высокопревосходительства покорнейшим слугою

Барон С. Гото

P. S. Я слышал, что Директор Общества Южно-Маньчжурской железной дороги г. Танака несколько дней тому назад прибыл в С.Петербург для переговоров с Правлением Общества Китайской Восточной ж.д.по не решенным еще вопросам, касающимся обеих дорог. Желаю, чтобы эти переговоры увенчались успехом, и убедительно прошу Ваше Высокопревосходительство оказать этим переговорам свое благосклонное содействие, как Вы изволили это сделать в прошлый раз. Затем пользуюсь случаем, чтобы сообщить Вашему Высокопревосходительству, что вице-председатель Японского железнодорожного управления д-р Хираи на этих днях выезжает в Англию через Россию. В виду этого я поручил ему, несмотря на то, что он будет в Петербурге очень короткое время, представиться Вашему Высокопревосходительству.

제3부

러시아 상하이정보국 고이예르와 한러정보협력

1. Телеграмма А.И.Павлова В.Н.Ламздорфу

1904.4.4 (4 Апр. 1904 г.)

РГАВМФ. Ф.32, оп.1, д.183, л.1-1 об.

По всестороннем обсуждении с Наместником вопроса о могущей для меня представиться деятельности при Главной Квартире выяснилось, что мое присутствие в Мукдене вероятно потребуется не ранее сентября. До этого времени Генерал-Адъютант Алексеев полагал бы наиболее целесообразным командирование меня в Шанхай, с тем, чтобы я, оставаясь в его распоряжении и действуя в согласии с Лессаром, при участи нашего Генерального консула и агентов военного и Министерства Финансов организовал бы там в более широких размерах дело добывания и доставления Наместнику и Командующим Армиею и флотом возможно точных секретных сведений о происходящем в Японии и Корее, особенно с точки зрения военного положения. На меня же предполагалось бы возложить общее наблюдение за подвозом японцам военной контрабанды из портов Дальнего Востока и приятие мер к возможному ограничению оной.

Для практического осуществления этих задач Генерал-Адъютант Алексеев имеет в виду снабдить меня интукцией и проставить в мое распоряжение соответствующие специальные средства. Наместник с своей стороны телеграфирует по этому поводу Вашему Сиятельству.

Если настоящее предположение состоится, я мог бы безотлагательно отправиться обратно в Шанхай, заехав по пути Пекин, дабы переговорить с нашим посланником по некоторым подробностям моей будущей программы.

2. Список корейцев

1904

РГВИА. Ф.846, оп.16, д.31898, л.76.

Юнкера Чугуевского юнкерского училища
Юн-иль-пьён при Генерале Бернов
Хьен-хон-кынь - Полковнике Нечволодов

Кадеты Нижегородского Кадетского Корпуса
Кутоксень при Генерале Бернов
Оуансекь - Генерал Бернов

Реалисты Курского училища
Хан-Ки-су при штабе капитан Бирюков
Кан-хан-так-Бирюков

Документы(Аттестаты) юнкеров и кадетов находятся у Генерала Бернов при Штабе 7-го полка в Посьетском отряде – Генерал Шупинский

3. Доклад А, Д.Нечволодова Начальнику Обороны Приморской Области

1905.3.21 (21 Марта 1905 г.)

РГВИА. Ф.846, оп.16, д.31898, л.93-94.

Доношу Вашему Превосходительству, что организация тайной разведки мною предположена на следующих основаниях:

1) Для организация разведки Гиринсокго района мною отправлен чиновник Иванов с письмом к местному Князю Хайденгю, коим предпологается ему взять на себя организацию разведки в этом районе при помощи китайцев. Ответ от князя Хайденгю до сих про еще не получено.

2) Для организации разведки в чрезвычайно важном стратегическом отношении Нанганском районе мною предпологается привлечь предводителя Чанбошанских Императорских охотников Люданзыря, находящегося ныне в Хабаровске и имеющего огромные связи в означенном районе, полагю необходимым переместить его в г. Никольск, чтобы быть ближе к району разведки, в Никольске Люданзырь согласен продолжать оставаться под стражей с тем, чтобы после войны, в случае если его разведкой останутся довольными, ему должна быть дарована свобода.

Ближайшее наблюдение за деятельностью Люданзыря полагю необходимым поручить 8 – Артиллерийского дивизиона Поручику Вильчинскому, прекрасно говорящему по китайски.

3) Организация тайной разведки через корейцев мною поручена:
    (1) Штабс-Капитану Бирюкову, который будет иметь свое постоянное пребывание во Владивостоке,
    (2) Флигень-Адъютанту Корейского Императора Пак юпфуну, проживающему в г. Никольске,
    (3) Юнкеру Хиону, отправленному в Корею, Кроме того это поручено Вашим Превосходительством Комисару Смирнову.

4) Разведка района между Кр. Владивосток и р.р. Батальяндза и Болотная при

посредстве одиночных нижних чинов от гарнизона Владивостока поручена Хабаровского резервного баталиона Капитану Стельмащенко, с которым совместно с Генерального Штаба Капитаном Таракановым район этот уже обрекогно сцирован, люди в нем распределены и им даны надлежащие инструкции.

5) Организацию разведки в район между Суйфуном и Новокиевском одиночными людьми от войск Южно-Уссурийского отряда я пологаю поручить Поручику 8-В. С. стрелкого полка Бакичу, хорошо знакомому с этим раионом.

6) Организация разведки по побережью Уссурийского залива до Сучана мною поручена волостному старшине Цимухинской волости Пыркову.

7) Наблюдение в подозрительными китайцами и корейцами в Кр. Владивосток производиться моим агентом запасным городовым Сухих и агентами Штабс-Капитан Бирюкова.

8) Установление наблюдения за тропинками через тайгу от побережья к Черниговке где у нас мукомольные и интендантские склады, мною предложено принять на себя отставному вахмистру Павленко.

9) О наблюдении тропинок через тайгу от залива Ольги и м. Тернееа к железной дороге, мною ныне делаются сношения о результатах коих донесу дополнительно.

10) Для принятия всех сведений от всех агентов по арганизуемой мною тайной разведке в штабе Обороны, пологал бы необходимым назначить Генерального Штаба Капитана Томилина, как уже ознакомленного мною с этим делом и не заведывющего ни одним из отделений Штаба.

Представляя изложенное на усмотрение Вашего Превосходительства, прошу почтить меня предписанием по всем вопросам, означенного рапорта и преподать мне основные указания о том в каком именно направлении необходимо вести разведку.

Полковник Нечволодов

4. Заявление учеников курского реального училища Кан-Хан-так и Хан-Ки-су Его Высокоблагородию Господину Начальнику Военного сообщения приамурского военного округа.

1905.3.8 (8 Марта 1905 г.)

РГВИА. Ф.846, оп.16, д.31898, л.111-112 об.

Заявление

В апреля прошлого года 1904 года 4 числа дня нам прислал из Мукдена от штабс капитана артилерии Бирюков на имя директора реального училища потребуемую нас телеграмму: Желают ли корейские ученики служить за отечества, если они желают, то рекомендовать Алексееву и их откомандировать в главный штаб. Тогда мы отвечали на его телеграмму, что ваше мнение представляется только для того, чтобы нас вызвать или по распоряжению высших начальств наших или ваших. Но к сожалению мы не получили подровного ответа. И еще мы получили 2 мая того же года следующую телеграмму через его матери, что он требовал нас для перевода при нем во время каникула, но мы молчали на эту телеграмму. После этого еще мы получили подобные телеграммы от него в несколько раз, и прислали нам денег на проезд каждому по ста рублей. В 23 июля выехали из Курск согласися на его требования и по разрешению нашего посланика в Петербурге и директора реального училища, явились только 28 августа начальнику посьетского отряда.

После этого в течение пяти месяцев служили у штабе капитана Бирюкова в качестве переводчика в Северной Корее.

Господин Бирюков нам платил содержание только за первые два месяца сентября и октября, а последных пяти месяцев не дал ни копейки на содержания. И он после того как уехал во Владивосток, оставив нас в Новокиевске, причислен на первую речную батарею, а мы в настоящее время находимся в Новокиевске в самом бедном и рискованном положении так, что не имея ни какого средства о своем жилье, хотя теперь мы состоимся под распоряжением коменданта новокиевского этапного участка. Мы позволяем себе почительнейше обратиться к Вашему Высокоблагородию с нашей всенижайшей и покорнейшей просьбою распорядить нас куда либо в зачислении в качестве переводчика.

5. Донесение Помощника командующего войсками Приамурского военного округа Начальнику Штаба Обороны Приморской Области.

1905.4.27 (27 Апр. 1905 г.)

РГВИА. Ф.846, оп.16, д.31898, л.135-135 об.

Для донесения Главнокомандующему, сообщаю Вашему Превосходительству, что согласно доклада Вашего 23 января 05 года № 50 мною был принят во Владивостоке 17 февраля 05 г. флигель-Адъютант Корейского Императора Пак-Ю-Пфунь.

Из данных им объяснений, а равно справки отчетного отделения Штаба Обороны от 2 февраля 05 г., и предварительного о сем доклада знатока Кореи Штабс-Капитана Бирюкова от 29 января 05 г., признав достоверность личности Пака и полную вероятность присылки его Корейским Императором, я приняв во внимание его стесненное положение и невозможность по военным обстоятельствам сноситься с Корейским Правительством, равно выраженную им просьбу о помощи и готовность быть полезным и служить в полях разведки, а также усматривая, что он уклоняться от получения от нашего правительства постоянного жалования по ста рублей в месяце, я исправляя в то время должность Начальника Обороны Приморской Области признал соответственным и полезным выдать Пак Ю-Пфуну единовременное пособие в тысячу рублей, как для предоставления ему возможности существовать о состоящими при нем людьми, так и пользы которую мы можем извлечь из него на случай движения в Корею.

Генерал-Лейтенант
Андреев М.С.

6. Донесение, Л.В. Фон Гойера Р.Ф.Валтеру

1908.1.29 (29 Янв. 1908 г.)

РГИА. Ф.560, оп.28, д.391, л.1-3.

**Милостивый Государь
Ричард францович,**

О Деятельности Японцев в Корее и необходимости организовать там нашу разведку. В дополнение к моему письму от 11/24 Ноября за №85, считаю долгом уведомить Вас, что я пока еще не передал капитану Корейской службы Хионг-Сан-Киену Вашего рекомендательного письма к начальнику штаба Владивостокской крепости Барону Будбергу, так как он отложил на время свой отъезд из Шанхая. Хионг ожидает возвращения в Сеул нашего Генерального Консула, находящегося сейчас в отпуске, с которым он хочет предварительно встретиться по некоторым вопросам, изложенным в вышеупомянутом моём письме. Что касается вопроса о перевозке оружия принадлежащего Корейскому Правительству из Гонконга во Владивосток, то капитан решил пока оставить его в складах в Гонгконге и воспользоваться им лишь в случае крайней надобности. Я лично поддерживаю его в этом намерении, так как считаю, что оружие едва ли пригодилось бы Корейцам в настоящее время, а с другой стороны перевоз его мог бы обратить на себя внимание Японцев и помешать удачному выполнению других нас более интересующих планов. В случае обострения наших отношений с Японией или явного приближения кризиса, оружие легко могло бы быть доставлено во Владивосток или иной пункт в двух или трехнедельный срок. Пока мне кажется, мы должны главным образом задаться целью быть подробно осведомлёнными о деятельности Японцев в северо-восточной Корее и установить связь между Корейцами, населяющими нашу территорию и живущими в Хомгиондо, Канто и Гириньской провинции. В этих видах я уже принял некоторые меры, но считаю, что впоследствии, с отъездом Хионга в Россию, следовало бы сосредоточить эту разведку во Владивостоке, принимая во внимание близость этого места к театру событий и удобство непосредственной связи с живущими там многочисленными Корейцами.

Все живущие заграницей Корейцы соединены в особые сообщества, ассоциации.

Краеугольный камень всех Корейских ассоциаций – это освобождение Кореи от японского ига. Большинство заграничных корпораций находятся в связи с местными корейскими корпорациями, имеющим громадное число членов, рассеянных по всей стране.

Представители корейской ассоциации в Китае предложили мне услуги самой крупной и многочисленной корпорации, имеющейся в Корее – гильдии разносчиков «Pedlars guild» насчитывающей десятки тысяч членов. Центральная организация находится в Сеуле. Ясно, что через странствующих повсюду и проникающих всюду разносчиков можно было бы знать всё, что делается в самой маленькой деревушке, завязать связь со всеми пунктами Империи, прямо-таки руководить страной, установить такую разведку в границах иностранной державы, какую быть может ни одна страна в мире не имеет.

На это, разумеется, потребовались бы средства, которыми я не располагаю (хотя отнюдь не чрезмерные в виду патриотизма Корейцев) и я поэтому пока отклонил это предложение. Было бы желательно, чтобы из Владивостока что-либо было сделано в этом направлении. Более подробные указания и советы я мог бы дать во всякое время.

Пока считаю долгом сообщить Вам следующие добытые мною начальные сведения, которые быть может заинтересуют Вас и Полковника Самойлова: В течение прошедшего года Японцы были главным образом заняты в Корее следующими тремя вопросами. 1. Устройством хорошей дороги от недавно перестроенного и улучшенного порта Сангджиу к северу, к Туменю и пресловутому Канто (Чиентао), дороги, по которой легко могла бы двигаться армия с артиллерией. 2. Постройка казарм в трех местах на крайнем северо-востоке Кореи в Пунанг, Хуирианг и Чионгсанг достаточных для размещения одной дивизии. 3. Возведение около двадцати временных укреплений в окрестностях, названных трёх уездных городов (district towns). Более подробные сведения получу в скором времени.

Пользуюсь также случаем, чтобы просить Вас передать Полковнику Самойлову, что я получил письмо из Америки из совершенно авторитетного источника сообщающее мне, что слух о заказе

7. Донесение, Л.В. Фон Гойера Е.В.Голубову

1908.4.5 (5 Апр. 1908 г.)

Ф.560, оп.28, д.391, л.44-49.

О Корейских политических обществах. В связи с убийством Корейскими заговорщиками в Сан-франциско Американского подданного Стивенса, дипломатического советника при Корейском Правительстве, отличавшегося японо-фильскими тенденциями и de facto бывшего японским чиновником, считаю долгом сообщить Вам, что мне известно о деятельности Корейских политических кружков заграницей.

Вскоре после японского coup d'ilat в Сеуле, в Июле прошлого года, все Корейские эмигранты, проживавшие вне пределов родины, решили сплотиться в одно секретное политическое общество, по примеру знаменитых китайских тайных сообществ, с целью ведения антияпонской пропаганды заграницей и формирования ядра Корейцев, преданных Двору и готовых до последней крайности бороться за свободу и независимость своей страны.

«Изгнание Японцев из Кореи»,- составляет политический лозунг этого общества, назвавшего себя «Правовым Союзом». Кроме заграничных отделений этого общества, ныне сформирован главный комитет его в Сеуле и отделения в провинциях, преимущественно Хамгиондо и Кангвандо. Почти все офицеры бывшей Корейской армии – члены этого общества.

Вне пределов Кореи, члены общества особенно многочисленны в Калифорнии, Китае и Приморской области.

На одного из членов «Правового Союза» в Сан-франциско выпал жребий убить ненавистного Корейцам Стивенса.

В частности, в Шанхае, все проживающие здесь Корейцы – а их 23 человека – члены этого секретного сообщества. Местный председатель, хорошо нам знакомый капитан Хионг-Сан-Гиен; вице-председатель некто Су.

Общество наняло специальное помещение, где общие собрания бывают по субботам. Дабы придать всему легальный вид, общество наняло американского миссионера, который преподает желающим общеобразовательные предметы, и посвящает их в истины Христианского вероисповедания. Взнос каждого члена около 5 долларов в месяц.

Кроме того, бывают особые сборы.

На следующий день после убийства Стивенса местный японский генеральный консул Эйтаки вызвал вице-председателя и объявил ему, что ему придётся вмешаться в дела нелегального политического клуба, открытого Корейцами в Шанхае. На это председатель предъявил доказательства, что клуб этот – школа, и не без иронии заметил, что японский консул вероятно, не пожелает помешать нескольким Корейцам быть обращенным на Путь истины. Сила миссионерского блока слишком известна на востоке и консул, почувствовав угрозу отпустил Су. Несколько дней позднее, однако, вероятно, вследствие инструкций из Токио, он опять вызвал его, и спросил почему он и другие Корейцы не записались в японском консульстве. Су объявил, что они, во-первых, на Китайской территории, а не в Японии, и что во-вторых они все здесь не постоянные резиденты, а проезжающие. После долгих споров Эйтаки оштрафовал его на два доллара и объявил, что взыщет столько же с остальных Корейцев. Сам Хион-Сан-Гиен и два других Корейца находятся под французским протекторатом, и консул сделать с ними ничего не может. Следствием этих мер Эйтаки, было пере кочевание всех Корейцев из международной во французскую концессию и осаждение французского консула фэта и председателя муниципалитета Бертов просьбами о защите в случае дальнейших преследований со стороны японских властей.

Пользуюсь случаем, чтобы сообщить, что управляющий дипломатической канцелярией при Нанкинском вице-короле Ю-Кей-Ченг был на днях вытребован по телеграфу Шанхайским даотаем, для переговоров с японским консулом Эйтаки, представившим счёт в 50 000 долларов компенсации за нападение разбойников в Январе на японские катера компанией Татунг и Тай-Сен-Чонг между Кашингом и Шанхаем. Инцидент ещё не улажен.

Агент Министерства Финансов

Л. Фон Гойер

КАНЦЕЛЯРИЯ МИНИСТЕРСТВА ФИНАНСОВ

8. Письмо, Л.В. Фон Гойера Р.Ф.Валтеру

1908.4.5 (5 Апр. 1908 г.)

Ф.560, оп.28, д.391, л.65-68.

В ответ на Ваше письмо от 31 Марта, текущего года, считаю долгом сообщить Вам, что пока еще я не получил сведений от агента, которому поручил организацию разведки в Северной Корее, и жду первого письма не раньше, чем недели через три. Вчера, однако меня посетил Хион-Сан-Киен и сообщил кое-что, быть может представляющее для Вас некоторый интерес. Он передал мне, что возбужденное настроение продолжает расти среди Корейцев и что все распускаемые Японцами слухи, о постепенном умиротворении страны, абсолютно ложные. Вся страна в состоянии глухого брожения. Японец не может выйти на одну милю за пределы Сеула, фузана или иного крупного центра, не рискуя быть убитым. фактически, за последние пять-шесть месяцев все текущие дела, вся нормальная жизнь в полном застое. Число убитых Японцев, хотя тщательно скрывается властями, но должно быть весьма велико. Вместе с тем, за исключением банд Джисенмена в Канвондо, революционных армий нет, он везде и нигде, и потому Генерал Хасегава не знает куда направить свои батальоны.

В Японских кругах в Сеуле чувствуется глубокое уныние, ибо все сознают, что будущее беспросветное. Всем известно, что Принц Ито только и мечтает о том, чтобы отделаться от тяжелой и неблагодарной задачи, выпавшей на его долю по окончании войны, и передать Генерал-Губернаторский пост барону Соне, но Токийскиое Правительство уговорило его еще раз вернуться в Сеул.

Относительно Чиентао, Хиен сообщает, что Японцы постепенно заселяют эту спорную территорию резервистами из армии, они приступили к разработке серебряной руды в Тиен-Пау-Шан и вводят ныне правильное японское гражданское управление параллельно с военной оккупацией Полковника Сайто. В Чиентао и окрестностях уже имеется 3000 членов тайного сообщества Сейги-тай – Правовой Союз – этого секретного антияпонского союза, члены которого убили Стивенса, и председателем которого в Китае является сам Хиен-Сан-Киен. х) Последний с «боевой организацией» ничего не имеет общего.

Ныне можно ожидать еще больших осложнений в Корее, вследствие одобрения

Парламентом проекта Кацура об основании колонизационного общества Тоио-Току-Шоку, цель которого – заселить Корею и часть Маньчжурии японскими эмигрантами. Это возобновление в другой форме проекта «Нагамори», провалившегося в 1904 году, связанного с принудительным отчуждением земель у Корейских фермеров и передачей их Японцам по три «моу» на семью. То, что Корейцы добровольно своих земель не отдадут, не подлежит сомнению, тем более что ныне другой источник существования – охота также отрезан Японцами, под предлогом, что оставлять ружья в руках Корейцев по нынешним временам слишком опасно.

Проведение проекта Восточной Эмиграционной компании поведёт к общему восстанию в Корее – вот мнение Хиена. Японцы сознают это, и потому одновременно наводняют страну жандармами. Вместо 800, к концу года их будет уже 2000. Вся страна разбита на участки, подведомственные жандармским управлениям.

Японцы сознают, что осуществление этого проекта поведёт к общему восстанию, но прямо-таки идут на это, предпочитая, чтобы «нарыв наконец лопнул», и считая, что легче справиться с открытым мятежом, чем с беспрерывной партизанской войной, почти год не прекращающейся на полуостров.

План эмиграционного общества заключается в том, чтобы начать с заселения северной и северо-восточной Кореи – то есть вытеснить сперва Корейцев оттуда, где они могут быть нам или Китайцам полезны в случае войны, и воздвигнуть живой оплот из японских фермеров – резервистов на обоих берегах Ялу и Туменя. Уже почти официально известно, что особые льготы будут оказаны компанией бывшим воинам, участвовавшим в прошлой войне. Этим летом начнутся изыскания, и выбор особой комиссией земель, которые предположено заселить будущей весной.

Вообще Японцы ныне, как будто более всего заинтересованы двумя проектами – вышеназванной эмиграционной компанией, и Обществом хлопчатобумажных промышленников в Корее, также экспроприирующим большие пространства на юге, в Чоладо, и засевающим их хлопком.

Параллельная работа этих двух компаний, одной на севере, другой на юге, в скором времени сосредоточить все земли в Японских руках, удовлетворить стратегическим и коммерческим целям, а также и политическим, ибо превратить Корейский народ в банды кочующего пролетариата.

Рыбная ловля уже и так вся в руках Японцев, причем Корейцы исполняют лишь роль наёмных рабочих, а не хозяев.

Таким образом на наших глазах все источники существования Корейца переходят к Японцам – земля, охота, рыбная ловля. Это результат законченного, продуманного плана превращения Корейцев в рабочее тягло, в расу «кули» вроде Кафров в Африке или Негров в Америке. Становятся понятными слова Доктора Нитобе, одного из инициаторов эмиграционной компании, о «предстоящем, неизбежном вырождении и обезлюдение Кореи».

Агент Министерства Финансов
Л. Фон Гойер

9. Письмо, Л.В. Фон Гойера Е.В.Голубову

1908.5.15 (15 Мая 1908 г.)

Ф.560, оп.28, д.391, л.103-105.

Согласно Вашим телеграфным указаниям от 6-го и 8-го Мая, я принял все меры к тому, чтобы местная печать обсуждала вопрос о пребывании барона Гото в Санкт-Петербурге и высказывала бы предположение о возможной продаже нашим Правительством ветки Куанченцзы – Харбин Японской Южно-Маньчжурской дороге.

Параллельно с этим, в видах более широкого распространения сего слуха, а просил редактора «Чайна Газет», состоящего корреспондентом нескольких крупных Английских и Американских органов печати, протелеграфировать это известие в Нью-Йорк Херальд, Стандарт и другие газеты, что и было исполнено 7-го мая.

Относительно Шанхайских газет, я придержался следующей тактики: В Чайна газет, я поместил это сперва как слух, без всяких комментариев, а затем, несколько позднее в передовой статье, развил идею о крайне желательности приобретения этой ветки для Японцев и о возможной уступке ее нашим Правительством немедленно по окончании Амурской дороги, когда Маньчжурские линии отчасти потеряют свое значение, и далее инсинуировал, что Гото вероятно постарается заручиться формальным обещанием такой уступки со стороны наших властей.

Отстаивать желательность немедленно продажи, я не хотел, дабы не вызвать подозрение в искренности печатаемых известий.

С прочими иностранными, не субсидируемыми нами газетами, я поступил несколько иначе, предоставив каждому рассуждать на эту тему по своему желанию – лишь бы сам вопрос был возбужден. Ни финк ни Монестие (редактор немецкой и французской газеты) не догадались в чем дело, благодарили меня за интересное сведение и освещали вопрос каждый со своей точки зрения. Наконец, что касается местной китайской печати, то в виду несомненной зависимости, а и связи лучших органов ее с Правительством, я решил быть еще осторожнее, и потому, составил вместе со своим переводчиком китайское «письмо в редакцию» в крайне прокитайском духе, якобы исходящее от анонимного китайского патриота, напоминающего Правительству с одной стороны его суверенные права в Маньчжурии и с другой – указывающего на опасность, грозящую

Китаю от перехода всей дороги до Харбина в японские руки. Письмо было отправлено в «Юниверсал Газет и Шенпао» и появилось в обоих.

Интересно то, что «North China Daily News» до сих пор еще инспирируемое по многим вопросам Токийским Пресс-бюро, немедленно после появления этих слухов, запросило об этом Японцев, и получив категорическое уверение о неосновательности слухов, ни разу не упомянуло о них. Японские газеты наоборот все обсуждали этот вопрос, но отрицали, что покупка этой ветки была целью поездки Гото в Россию, и относились недоверчиво к возможности такой сделки.

По получению Вашей телеграммы от 11 Мая, я принял меры к тому, чтобы вопрос этот больше не обсуждался в местной печати, хотя конечно не могу поручиться, чтобы независимые газеты не продолжали печатать слухи и заметки на эту тему.

Прилагаю девять вырезок из местных газет на четырех разных языках.

С глубоким почтением и искренней преданностью, честь имею быть

Вашего Высокородия

Покорнейшим слугой

Л. Фон Гойер

10. Донесение, Л.В. Фон Гойера Е.В.Голубову

1908.5.23 (23 Мая 1908 г.)

Ф.560, оп.28, д.391, л.120-126.

Тайны американской политики на Дальнем Востоке.

В настоящем письме, я хотел бы коснуться весьма интересной темы, не служившей еще предметом обсуждения в печати, крайне щекотливой и не вылившейся еще в определённую форму, но которой быть может суждено в скором времени обратить на себя особое внимание всех стран, имеющих интересы на Дальнем Востоке.

Я подразумеваю новую форму, которую приняла недавно американская политика в помянутой части света. Не дальше чем несколько месяцев тому назад, в печати и обществе упорно держался слух, что Америка собирается возбудить «Корейский вопрос», и Корейский народ с нетерпением ожидал прибытия американского флота в китайские воды; затем последовал странный шаг консула фишера в Харбине, истолкованный всеми в том смысле, что удар был направлен на злоупотребления Японцев в Южной Маньчжурии, так как русские права исключительной администрации в полосе отчуждения слишком определённо и ясно оговорены в пункте 6-м договора Русско-Китайского банка с Шу-Кинг-Чен в 1896 году.

Всё это происходило всего два, три месяца тому назад, и вдруг теперь в политической атмосфере востока ощущаются совсем иные американские течения. Распространился слух, что Америка отказывается от своих прав экстерриториальности в Корее. Мой агент по этому поводу пишет из Японии: «Собственно говоря, пока еще Америка не отказалась совершенно от своих прав экстерриториальности в Корее, а только допустила такую оговорку в своём соглашении с Японией об охране торговых патентов и «Trade marks» в Корее:

Пункт 2. «Правительство Соединённых Штатов соглашается признавать исключительную юрисдикцию японского суда над американскими подданными, обвиняемыми в подделке коммерческих патентов и привилегий, зарегистрированных в Корее и упразднить экстерриториальные права своих граждан в вышеозначенном случае». Не подлежит сомнению, однако, что это первый шаг к отмене экстерриториальных прав

Американцев в Корее вообще, что это одновременно пробный шар, пущенный для выяснения отношения Великих Держав к вопросу об отмене экстерриториальности в японском протекторате.»

К этому можно добавить, что теперь уже очевидно, что державы отнесутся к этому почти безучастно, и рано или поздно последуют примеру Америки. Finis Larea. Но не в этом дело. Ныне мне стало известно, из очень хорошо осведомлённых источников, что между Америкой и Китаем идут переговоры по вопросу об отмене экстерриториальных прав Американцев в Китае. Что ведутся переговоры – выражение слишком сильное и неточное – следовало бы сказать, ведутся интриги, имеющие предметом упразднение американской юрисдикции. Сообщение это на первый взгляд покажется Вам совершенно невероятным, и я поэтому начну с того, что передам Вам некоторые факты, из которых Вы сами выведете заключения.

Всем известно, что отмена экстерриториальных прав – заветная и самая дорогая мечта всех азиатских Империй. В этом видят, как бы символ освобождения азиатских стран от европейской опеки. Это первый шаг к причислению державы к сонмам «цивилизованных» стран.

В этом смысле говорили, писали и чувствовали Японцы, добившиеся осуществления своей мечты в 1899 году и не называющие иначе день 6 Августа как днём смытья народного позора.

Ныне наступает момент осуществления этого в Корее, благодаря японской оккупации.

С прошлого года Сиам озабочен той же идеей и в последнем договоре с францией уступил ей три провинции – Батамбан, Сиамреп и Сисопон – ради отмены французской юрисдикции над французскими азиатскими «протеже»; ныне телеграф сообщает о предстоящей подписке договора Англии с Сиамом и уступке первой трёх малайских штатов – Келантан, Кеда и Тренгану – с условием отмены экстерриториальных прав в Сиаме английских подданных – азиатов.

Переходя затем к Китаю, нетрудно усмотреть то же стремление среди всех партий, либеральных, равно как и консервативных. С этой целью составляется новый свод законов, на основах европейских кодексов и европейского судопроизводства.

Разумеется, надежды пока мало на получение согласия иностранных держав. Обратиться ко всем одновременно, значило бы без сомнения погубить всё дело. Поэтому Китай решил действовать через одну определённую державу, примеру которой затем остальные державы принуждены были бы следовать. Они были бы принуждены, ибо этой державе давались бы такие привилегии в стране, что конкуренция с ней стала бы невозможной ни на политической, ни на коммерческой почве. Страну эту Китайцы себе давно отметили. Это Америка. Пользуясь прекрасным для этого элементом в лице почти поголовно подкупных консулов и блока американских миссионеров – этого паразита человеческого рода – они давно уже втихомолку начали кампанию. Несколько лет назад главным орудием их в Китае был американский генеральный консул в Шанхае Джон Гуднау, умнейший человек, но бесчестность которого была столь вопиюща, что все американские фирмы в Китае единодушно просили его удаления. Он, впрочем, сейчас же после этого с невероятным цинизмом раскрыл свои карты, и объявив, что он советник Нанкинского вице-короля, выехал в Нанкин. Другой агент был талантливый журналист Коллингвуд, субсидированный тогдашним Шанхайским даотаем Юан, для постепенного распространения этих взглядов в печати. Но кампания, начатая им в «Шанхай Таймс» не понравилась его собственнику Англичанину Майтлэнд, который за это и удалил сотрудника.

С тех пор прошло некоторое время, и обстоятельства вновь приняли выгодный для Китая оборот. В двух словах узел интриги таков: Американский Генеральный Консул в Шанхае Господин Дэмби, мечтает быть Посланником в Пекине и потому методически подкапывается под слабого Рокхиля, нынешнего Посланника. Ему уже удалось подкосить репутацию последнего в Вашингтоне. Дни Рокхиля сочтены. Ныне Китайцы, объявили Дэмби, что применят всё своё влияние и приложат все усилия, чтобы поддержать его кандидатуру, если он поможет провести план отмены экстерриториальности. И Дэмби начал кампанию. Он протянул руку главе миссионерского блока–фергюссону, официальному советнику Нанкинского вице-короля Дуанфана, работающему в том же направлении.

Приобретена газета Шанхай Таймс на имя фергюссона, в действительности финансируемая из Нанкина. Для мелких интриг и подкупов работает некто Хокспотт, американский профессор в школе на Джесфильде в Шанхае.

Но это только одна сторона дела. Та же кампания ведётся в Вашингтоне. Ву-Тингфан получил инструкции ничего не жалеть для того, чтобы добиться этого результата.

Как на союзника, среди влиятельных Американцев, – ему указали на некого господина фостера – из бывших консулов, ныне советник по китайским вопросам в Вашингтоне. Китайцы убеждены, что добиться этого можно – вопрос денег. Генерального консула Демби они давно знают. До 1900 года он был служащим в контрабандной фирме Спицель и Ко., поставлявшей оружие революционерам в Китае, аборигенам на филиппинах, прорывавшей блокады во время Японо-Китайской и Испано-Американской войны, но имевшей сильные связи при Дворе через Принца Су, несмотря на поставку Императрице фальшивой бриллиантовой короны через Лихунчана. В 1901 году он уже действовал самостоятельно. Он согласился записать все китайские пароходы «Чайна Мерчанд» на свое имя, дабы союзники не могли конфисковать их во время экспедиции в Чжили. За это он получил 180 000 долларов в виде вознаграждения. С тех пор он "persona grata" в Китае.

Выйдет ли что-нибудь из этих планов не знаю. Англия конечно употребит все усилия к тому, чтобы помешать осуществлению их. Что касается Японии, то унижение престижа «белого» на востоке, может только быть ей выгодно.

Повторяю, не знаю, чем это кончится, склонен думать, что ничем, но утверждаю, что интрига кипит, и что в случае ухода Рокхиля, надо быть «sur le qui vive».

В заключение скажу, что выбор будущего Президента Соединенных Штатов имеет важное значение для американской политики на Дальнем Востоке. Что касается Тафта, то он в руках американских миссионеров и политика его в Китае будет продажная политика Господ фергюссон Литтле, Миерс, Гильберт-Рид и других. Выбор же его более чем вероятен. Covent Consuls.

Агент Министерства Финансов
Л.Фон Гойер

11. Донесение, Л.В. Фон Гойера В.К.Самойлову

1908.6.2 (2 Июня 1908 г.)

Ф.560, оп.28, д.391, л.147-152.

Разведка в Северо-восточной Корее.

Первое Донесение корейского агента Х-С-К. возле Гензана, в заливе, находится место, называемое Айкоэ (외옥), укрепленное Японцами. Укрепления расположены на трёх островах при входе в бухту, на островах Сип-Сием (십심), Лоэ-То (녹도), и Сиу-То (싀도), а также на возвышении, на берегу, доминирующем вход в порт.

Есть основание полагать, что на островах находится по одной батареи, а на берегу две. Вход в Айкоэ Корейцам строго запрещен.

От Гензана к северу ведёт старая Корейская грунтовая дорога, местами исправляемая Японцами, но пока еще не находящаяся в вполне удовлетворительном состоянии. Дорога пролегает через следующие пункты, в которых находится японская жандармерия, и ощущается некоторая японская деятельность: Моун Чем, в шестидесяти корейских ли от Гензана (Корейский ли приблизительно 8/10-х китайского ли, последний – 3/8-х английской мили.)

Затем Иин-Хеунг (китайский) – 40 ли, Тчинг-Хпинг (китайский), 80 к.ли, и наконец Хам-Хеунг (китайский) в 50 ли к северу от Чинг-Хпина. Это второй центр деятельности Японцев в Северо-восточной Корее (первый – Айкоэ).

От Хам-Хеунга Японцами недавно проложена совсем новая очень широкая дорога к заливу Сэ-Хо (китайский), находящемуся на расстоянии 30 ли к северу (северо-востоку?). по дороге проложены рельсы и по ним ручным способом двигаются вагонетки. В заливе выгружаются товары и запасы исключительно для военного ведомства и таким образом доставляются в Хам-Хеунг. Укреплений в этих местах нет. В Хам-Хенге – рота солдат.

Грунтовая дорога далее идет к северу, к городу Хонгун (китайский), в 95 ли от Хам-Хеунга.

В окрестностях этого города находятся три бухты: Чен-По (китайский) – возле самого города, Тчжоу-То (китайский), в тридцати ли к северу, и Маран-То (китайский) также около тридцати ли в том же направлении. Бухты окружены возвышенностями которые будут укреплены Японцами. Пока работы еще не начаты, но уже расставлены флажки на верхушках, и доступ к этим местам воспрещён.

Девяносто ли к северу от Хонгуна находится третий центр военной деятельности Японцев – город и округ Поу-Чианг (китайский). Здесь около двух рот пехоты, и сапёры. От Поу-Чианга Японцы только что провели прекрасную дорогу к морю, к заливу Синпо (китайский), приблизительно в 40 ли к северо-востоку. Синпо служит складом военных припасов. Здесь выстроены огромные бараки, покрытые серым холстом. Склады охраняются японскими часовыми.

По слухам, из этих складов снабжаются все войска расположенные в этой части Кореи. Специальный военный телеграф проведён от Поучианга в Синпо. В ясные дни отсюда прекрасно видны Хонгун и Маран-То.

Корейская дорога далее пролегает через города Лиун (китайский) и Тау-Чен (китайский), в расстоянии около 90 ли один от другого.

В 50 ли от первого города – бухта Ча-Хо (китайский) в близи от второго – бухта Яй-хо (китайский); Японцы проектируют укрепление обеих бухт, производились съемки, но пока работ еще не видно. В 95 ли к северу от Тау-Чена находится открытый порт Сонгчин (Сиен-Чжин), (китайский), Порт этот не укреплён и работы Японцев в самой гавани имели главным образом целью превратить его в удобный коммерческий порт Северо – восточной Кореи. В тылу города, в расстоянии нескольких ли, находится возвышение, укрепленное Японцами – один форт. Гарнизон города – около полуроту пехоты.

Отсюда дорога идёт на Кильджу (китайский) (95ли), и далее на Миенг-Чен (китайский), 90 ли, и наконец Кенгчен (китайский) – 140 ли. Отсюда начинается сфера особо деятельной работы японского военного ведомства. В окрестностях Кенгчена две бухты А-Тай-Чжин (китайский) и То-Чжин (китайский). Здесь бывший старый корейский форт, ныне небольшой японский гарнизон (40 человек).

Японцы предполагали сперва укрепить эти бухты и основать здесь свою главную морскую базу, направленную против Владивостока и южной части Приморской области, и в этих целях были начаты уже работы, но затем они пришли к заключению, что берега здесь слишком скалисты, плавание весьма опасно и море обыкновенно очень свежо, и потому они перенесли эту базу несколько севернее, как мы сейчас увидим.

От Кенгчена старая корейская дорога шла на Пурианг в расстоянии 90 ли – четвертый центр японской военной деятельности. В сорока корейских ли к востоку от Пурианга находится бухта Чиангчжин – морская база Японцев.

Порт этот Японцы собираются сильно укрепить. Пока здесь большие склады угля и всяких запасов. Немного за городом громаднейшие склады консервов и бисквитов. Одна казарма, выстроена недавно позади ряда холмов, размером в 300 «кан» (1 кан – 9 квадратных футов).

В Чиангжин и ближайших окрестностях 200 солдат. Порт этот несомненно предназначен для высадки японских войск в случае войны, для операций против Владивостока и для движения войск на Гирин. Недалеко от Чианг-чжина находится другое место Наннам (китайский), где строятся японские казармы, и возводятся укрепления. Работа здесь кипит. В Наннам также всего около 200 солдат. Недалеко от Чиангжина – небольшое местечко откуда проведена узкоколейная легкая линия на юг к бухте Точжин (у Киенгшена). Из порта Чианг-чжин к северу, к русской границе и к Канто (Чиентао) проведена узкоколейная легкая железная дорога с двумя ветками. Одна соединяет Наннам с Мусаном (китайский), другая порт Чионг-чжин с Хайриенгом, проходя через Пурианг.

На первой – паровозы, на второй вагонетки передвигаются ручным способом. Так как Мусан – центр лесного округа, то задача первой дороги как будто сводится пока главным образом к доставке леса для построек в Наннам, по второй, движутся все припасы для Хайриенгского военного округа. Паровозы не могут идти по второй линии, в виду крутых гор в окрестностях Хайриенга. Не подлежит сомнению, что со временем эти пути усовершенствуются, и таким образом две военные дороги будут соединять базу Чионгжин с Чиентао, спорной территорией, завладение которой Японцами лишь вопрос времени. Чионгджин соединен телефоном с Наннам (35 ли) и телеграфом с Хайриенгом и далее с главной квартирой японского гарнизона в Кандо (Чиентао). В Пурианге – один батальон войск. Построены казармы. Холмы вокруг города укреплены.

Наконец в 220 ли к северу от Пурианга – пятый центр военной деятельности Японцев – город Хайриенг. Здесь пока стоит батальон пехоты и сапёры. Этот пункт предположено превратить в первоклассную крепость. Укрепления пока не возведены, но всё время продолжаются съёмки, изыскания и прочее. Предполагается постройка моста через Тумен и укрепление пограничной горы Кофунг-сан. Наконец еще северо-восточнее на самой границе России, в местечках Хайонг и Онсонг находятся небольшие гарнизоны и разведочные отряды.

В заключение следует сказать, что все работы по укреплению городов, постройке фортов и прочее производятся исключительно японскими солдатами. Доступ к фортам, или только местам, где предположено строить казармы или укрепления, строго воспрещено, поэтому добывать подробные сведения весьма затруднительно.

Всего в северо-восточной Корее, от Генсана до Канто, ныне не более одной бригады пехоты (вероятно 25-тая) и сапёрный батальон.

По слухам, Японцы собираются усилить гарнизоны Пурианга, Хайриенга, Наннама и численность войск в провинции Хомгиондо, в ближайшем будущем, и приступит к сооружению тех укреплений, которые пока только намечены.

Корейцу давно не побывавшему в этой части своего отечества кажется, что он попал ныне в большой укреплённый лагерь.

К этому донесению прилагается план военного порта Чионгчжин, с пояснениями на корейском языке.

Агент Министерства Финансов

Л. Фон Гойер

12. Донесение, Л.В. Фон Гойера Е.В.Голубову

1908.6.16 (16 Июня 1908 г.)

Ф.560, оп.28, д.391, л.169-177.

Известия из южного Китая. Радостное настроение на юге, вызванное решительной победой над революционерами, вторгнувшимися в Юннань и взявшими город Хокоу, сменилось разочарованием и неудовольствием против ответственных властей. Вместо того, чтобы окружить и уничтожить или взять в плен революционную армию, ее просто напугали и рассеяли и ныне банды её появились повсюду, и что хуже всего появились на французской территории, где уже вызвали ряд конфликтов с местными войсками и населением. Китай ничего так не боится, как осложнений с иностранными державами могущих служить поводом к предъявлению каких-либо требований компенсаций со стороны этих держав. События в Томкине, где вследствие столкновения с мятежниками были жертвы в рядах французской армии, принадлежат к тем крайне для Китая нежелательным инцидентам, предотвратить которые правительство всячески старается.

В связи с этим, заметно большое раздражение среди Китайцев против французов. Преобладает мнение, что мятежные дружины организовались и вооружались на французской территории, затем они двинулись через Юннаньскую границу, но потерпев неудачу вновь отступили к своей базе. На этот раз, однако французским властям показалось выгоднее игнорировать их, что и вызвало вооруженные столкновения. Во всяком случае не представляет никакого сомнения, что почти всё оружие, получаемое южными революционными группами и разбойничьими войсками, доставляется через Тонкинскую границу, а также и то, что Ханой служит одним из притонов их главарей и лидеров. Особенно негодовать против развития революционного движения на границе и в пределах своей колонии французам поэтому не полагалось бы.

Банды появились, однако, не только в Тонкине, но и в Гуаньси, как я уже сообщал, где они соединились с воюющими племенами аборигенов, и наконец даже в Гуаньдуне. Против последних, появившихся недалеко от Чингчоу (китайский) в горах Ташан (китайский), вице-король выслал войска под командой Хуанга (китайский). Начальник их Хуанг-Чи-Тинг (китайский) был убит. Много было взято в плен. Захвачены хорошие ружья и множество выпускаемых революционерами на юге бумажных денег с обозначением «Ко-Минг-Чун» (китайский). Тем не менее все три южные провинции далеко не умиротворены. Отдельные шайки мятежников появляются то тут, то там.

Оба вице-короля, Кантонский и Юннаньский и губернатор Гуаньси телеграфно просили Вайнупу предупредить иностранных представителей, что путешествие в названных провинциях в отдалении от главных центров, особенно в пограничной черте, представляется крайне опасным.

Результатом всего этого будет, по слухам, отозвание ряда высших чиновников и назначение новых. Говорят, о назначении Таншаои вице-королем Чжили, а Янг-Че-Сиана на юг, вероятно на место скомпрометировавшегося Хси-Лиана.

Из прочих известий с юга отмечу основания первой чисто-китайской пароходной линии по реке Сикианг. Пароходное общество, одним из инициаторов которого Чоу Цун Хсиен (китайский), будет называться «Вучоуское коммерческое пароходство» (китайский) ибо главное назначение его обслуживать сообщение Вучоу (китайский) с другими портами. Уже куплено два парохода, Ченг-Вей и Куантай (китайский). Капитал общества пока только 200 000 лан.

Предприятие вызвало по слухам неудовольствие со стороны Англичан, до сих пор имевших монополию сообщения по «Западной реке (Сикиан), и фирм Жардин-Маттисон уже пришлось сбавить пассажирский тариф, чтобы выдержать конкуренцию.

На этих днях состоялось общее собрание акционеров Кантон Ханькоуской дороги. Вынесены были следующие резолюции: 1. Учредить особый банк для финансирования этой дороги. 2. Не выплачивать акционерам дивиденды в этом году, а прикинут эту сумму к основному капиталу. 3. Немедленно приступить к постройке ветки дороги от Кантона через округ Хсингху (китайский) к Чианг-Менг (китайский), для чего спросить разрешение Министерства Почты и Сообщений.

Национализация китайских телеграфов. Известий из других частей Китая получено мало. В настоящее время обращает на себя особое внимание проект национализации телеграфов, то есть выкупа их от частных обществ или вернее от Шен-Кун-Пао, владеющего тремя четвертями всех акций. Телеграфное дело действительно было поставлено из рук вон скверно: 22 419 миль телеграфных линий давали Правительству доход лишь в 300 000 лан в год, причём следует заметить, что телеграфные цены быть может самые дорогие в мире.

Министр Почты и Сообщений Ченг-Пи назначил уже местный комитет в Шанхае для освоения телеграфного дела из частных рук – директора пароходной компании

Чайна-Мерчанд, Господина Чун, председателя и вице-председателя местной китайской торговой палаты Чоу-Чин-Чен и Ли-Хоу-Ю.

Говорят, однако, что предстоит много затруднений, во-первых, вследствие интриг Шен-Кун-Пао и других акционеров (вероятно через Принцев в Пекине и прочих), а также вследствие того, что для выкупа акций необходимо совершение займа. Утверждают, что Гонконг-Шанхайский банк предлагает 2 миллиона на сравнительно льготных условиях.

Из прочих Шанхайских известий упомяну о прибытии на английском военном судне Клио осуждённого на трёхнедельное тюремное заключение редактора «Korea Daily News».

Процесс Господина Бетеля. Господина Бетеля из Сеула. Так как Вам вероятно все подробности процесса его известны из газет, я ограничусь передачей того, что он лично сообщил нашему редактору Чайна-Газет, которого я послал к нему в тюрьму.

Японское Правительство уже более года присылает к английским представителям на востоке и непосредственно к форейн-Оффису просьбой обуздать Бетеля и выселить его из Кореи, где он лишь способствует развитию антияпонского движения и является нравственной поддержкой мятежников. Английские власти долго не хотели вмешиваться в этот вопрос, но наконец сдались на упорные требования Комура и послали соответствующие инструкции Суду в Шанхае, который и открыл для этого специальную сессию в Сеуле. Хотя Бетель и был признан виновен и посажен под арест на три недели за свои статьи в Корейском издании названной газеты – статьи, восхваляющие убийц Стивенса – Японцы все же не добились главной цели своей, а именно выселения Бетеля из Кореи (Deportation), и редактор отсидев свой срок, (ему оказывается всякое внимание со стороны властей, а на крейсере ему была сделана дружественная манифестация) вернется в Корею. «Газету Korea Daily News» он закрыл сам недели две до суда, так как, по его словам, она существовать более не может, ибо приносит ему 600 долларов в месяц убытку.

Иностранцев в Корее слишком мало, чтобы существовать на подписчиках, объявлений же фирмы боятся давать газете, так как за это подвергаются методическому гонению со стороны японских властей. Даже подписчики скрывают, что получают газету, ибо в противном случае считаются неблагонадежными и встречают всякие препятствия со стороны Японцев. Наоборот субсидируемая Генеральным Резидентством газета Сеул Пресс «рассылается даром в сотнях экземпляров» во все клубы, всем «почетным» резидентам, и прочее. Насколько я наконец лично понимаю, газета эта, после того как мы перестали субсидировать ее, получала некоторую помощь со стороны Двора, теперь же все доходы без исключения отрезаны Двору, и всякая субсидия прекращена. Корейские издания (две газеты) наоборот идут очень хорошо, так как имеют массу подписчиков. Одна из них расходится в 16,000 экземпляров в день.

В общем из его слов можно заключить, что дела в Корее идут хуже, чем когда-нибудь. Японцам придется держать постоянно две дивизии на полуострове и принять все меры к тому, чтобы тем или иным способом уничтожить в корне всю эту эссенциально враждебную им расу. До тех пор владение Кореей будет не силой, а слабостью, японской Ахиллесовой пятой.

Из прочих известий, мне кажется весьма интересным слух об учреждении в скором времени японо-китайского банка с целью оживления торговых отношений между соответствующими странами.

По этому поводу я слышал две версии, и не знаю которая правильная или даже имеют ли они предметом то же самое предприятие.

Учреждение Японо-китайского банка. Согласно слухам в Шанхае, китайские купцы, торгующие на востоке все пределов Китая снеслись с китайскими коммерсантами в Гонконге и Шанхае по вопросу об учреждении банка, для финансирования их взаимных операций. Депутации Китайцев из Японии и из Сингапура прибыли для этого в Шанхай, где ведутся главным образом переговоры, и где по всей вероятности будет помещаться главная контора будущего банковского учреждения. Капитал банка должен быть в 10 миллионов долларов и отделения открыты во всех китайских торговых центрах на востоке как в самой Империи так и за пределами ее. Сингапур, Ханой, Сайгон, на юге и Кобе, Йокохама в Японии – в самом Китае Шанхай, Гонконг, Кантон, Тяньцзин и вероятно фокиенские порта. Банк должен быть зарегистрирован на имена крупных китайских капиталистов – некитайских подданных, для обеспечения его от китайского правительственного и мандаринского произвола, иначе говоря на имена Китайцев из Сингапура или же японских протеже, которых как известно ныне развелось множество во всем Китае.

Другая версия передана мне моим агентом в Японии. «Одно из первых поручений, пишет он, возложенных на нового японского посланника в Пекине, Ичжуина, заключается в способствовании скорейшего разрешения вопроса об учреждении японо-китайского банка.

В этом деле вышла запинка, главным образом вследствие ухудшившихся за последнее время взаимных отношений заинтересованных стран. У Китайцев явилось подозрение, что за всем этим делом скрыта рука японского правительства – и они конечно совсем правы. Японцы собственно настаивали на том, чтобы главная контора была в Токио и половина капитала – японская. Сперва говорили о 10 миллионах, а теперь в виду безденежья только о двух миллионах йен. Японские агенты посетили Пекин и важнейшие торговые центры Китая, стараясь заинтересовать китайских капиталистов, но особенным успехом не пользовались. Они недавно предложили крупному Кантонскому коммерсанту быть компрадором этого банка. Этой мерой они надеялись задобрить коммерческие круги в Кантоне и парализовать бойкотное движение.

Несомненно, то, что такой банк, помимо его чисто экономического значения, мог бы стать и могущественным политическим орудием в руках Японцев, поэтому правительство и возложило на своего нового посланника поручение способствовать осуществлению этого проекта. Ичжуин будет действовать главным образом через Юаньшикая, с которым он близко сошелся в бытность свою Генеральным Консулом в Тяньцзине несколько лет тому назад. Эти хорошие отношения с нынешним президентом Вайвупу и были причиной назначения его теперь в Пекин».

В заключение упомяну о проектируемой японской пароходной линии из Гонконга в филиппинские порта, Манилу, Ило-Ило и другие. Так как по слухам филиппинцам будет предоставлено право участвовать в этом предприятии, то многими это рассматривается как новый шаг к сближению с филиппинцами, придуманный Японцами, давно, как известно, работающими в этом направлении через японо-филиппинские комитеты и другие явные и тайные ассоциации.

Морской Министр Сайто выехал на Пескарды, якобы для расследования дела о взрыве на Мацуские и гибели крейсера, в действительности же для осмотра морской базы в Мако и всех военно-морских приготовлений в южно-китайском море.

Агент Министерства Финансов

Л. Фон-Гойер.

13. Донесение, Л.В. Фон Гойера Н.А.Малевскому-Малевичу

1908.10.30 (30 окт. 1908 г.)

Ф.560, оп.28, д.392, л.16-24.

Известия из Кореи. Не получив пока инструкций от Вашего Высокопревосходительства относительно доставки Вам сведений о Японии и Корее, я воздерживался все это время от сообщений Вам имевшихся у меня известий, тем более что особенного интереса они не представляли. Так, я полагаю, что все подробности о пребывании в Японии Тамг-Шаои и Шен-Кунпао, а также все события в связи с посещением американского флота Йокогамы лучше известны в Токио, чем у нас в Шанхае. Общее настроение в Китае несомненно такое, что можно ожидать некоторого сближения между Токио и Пекином в ближайшем будущем, и быть может даже компромисса по еще не выраженным Маньчжурским вопросам. Обсуждение этих вопросов, однако не составляет цель настоящего письма. Я считал своим долгом почтительнейше довести до сведения Вашего Высокопревосходительства некоторые известия, полученные мною из Кореи.

Некоторое время тому назад посетил меня адъютант бывшего корейского Императора капитан Хиен-Сан-Киен, проживающий в Шанхае, но находящийся в постоянных сношениях с Кореей, в частности с Сеульским Двором, и исполняющий поручения его за границей, и в беседе со мной конфиденциально сообщил мне, что к нему в Шанхай приехало приближенное лице Императора с целью выяснить некоторые подробности в связи с частным имуществом Императора находящимся в бумагах и вкладах в иностранных банках помещенных на чужие имена, а также с тем, чтобы уполномочить Хиен-Сан-Киена принять все необходимые меры к содействию предстоящего в скором времени бегства Императора из Сеула. Он далее сообщил мне, что болезнь Императора вследствие которой был выписан врач из Японии симулирована, что он намерен в момент бегства сказаться настолько больным, чтобы не пускать никого к себе в течение двух-трех дней, кроме находящейся в заговоре принцессы и тем выгадать срок и избежать немедленного преследования. По словам Хиена успех первой стадии бегства обеспечен – выход из охраняемого Японцами Дворца; остается организовать дальнейший шаг – бегство из пределов Империи – и эта часть возложена на него.

Цель Хиен-Сан-Киена была просить меня содействовать организации возложенного на него поручения, при чем основной план его заключался в следующем: В Шанхае покупается или фрахтуется на имя не возбуждающего подозрения лица – коммерсанта пароход, который затем с некоторым грузом идет в Ньючжуан, затем в Чифу и наконец в Чемульпо. На пароходе между прочим находится переодетый в Китайца вышеупомянутый доверенный Императора, который и сносится из Чифу с «друзьями» в Чемульпо, дабы прийти как раз вовремя в корейский порт. Здесь пароход набирает груз во Владивосток и выжидает прибытие державного пассажира, после чего немедленно же снимается и идет прямо в упомянутый русский порт.

Фирма и даже капитан могли бы и не быть посвящены в тайну, а просто получить инструкцию принять двух или трех пассажиров, которые пожелали бы за определённую плату сесть в Чифу или Чемульпо. Выслушав весь этот план, я ответил Хиен-Сан-Киену следующее:

Несмотря на то, что мои симпатии несомненно на стороне несчастного Императора, находящегося в плену у Японцев и что улучшение его участи весьма желательно, я не нахожу возможным, в качестве русского официального лица содействовать прямо или косвенно каким-либо планам, могущим быть истолкованными Японцами как враждебный по отношению к ним акт. В виду того, что мы находимся в мирных отношениях с Японией я убежден, что всякий шаг предпринятый мною в этом направлении был бы дезавуирован моим Правительством и что я поэтому не только не могу оказать ему никакой помощи, но даже обсуждаю этот вопрос с ним лишь в качестве частного лица и старого знакомого. В качестве такового, однако, я не могу не сказать ему, что его план сопряжен с большими опасностями и затруднениями. Во-первых, Японцы зорко следят за всем пароходным движением на востоке, и возможно даже, что новый рейс Ньючжуан-Чифу-Чемульпо-Владивосток уже возбудить их подозрение. Далее я опасаюсь, что Японцы хватятся Императора очень быстро, ранее чем пароход успеет получить портовые и таможенные документы и выйти, и немедленно же примутся освидетельствовать все пароходы в ближайшие гавани. Наконец я опасаюсь и того, что если всё обойдется хорошо и Японцы узнают о бегстве Императора лишь через два дня, то они заподозрят пароход, вышедший во Владивосток и остановят его в Корейском проливе. Скандал будет невероятный и Император будет схвачен и заключен в Японии. Мне поэтому, казалось бы, со стороны, что скрыться в горах, в Корее среди расположенного к нему населения и затем пробраться осторожно к сухопутной границе представляет меньше затруднений. Относительно же вопроса о появлении Императора на русской территории я посоветовал ему частным образом зондировать нашего представителя в Сеуле.

Месяца два спустя, на этих днях, Хиен-Сан-Киен опять посетил меня и в разговоре сообщил мне, между прочим, что Императора постигли какие-то денежные разочарования и что в конце концов он совершенно обеспеченными может считать лишь 400 000 таэль (около 600 000 йен), положенных для него бывшим комиссаром Мак Леви Брауном в Гонконг-Шанхайский банк. Он далее говорил, что бегство морем действительно представляет большие затруднения и что Император решил бежать на север к инсургентам в Хамгёндо. Пока он подготовляет почву. Насколько я понял им высланы агенты в те места, в которых он собирается скрываться ранее перехода через границу. По-видимому, он все-таки решил найти убежище на русской территории.

Я решил о всем вышеизложенном довести до Вашего сведения, так как по-видимому Императором принято бесповоротное решение и что он выполнит его если только не случится что-нибудь совершенно непредвиденное и если по словам Хиена «не изменятся те обстоятельства во Дворце, которые дают ему возможность совершить бегство». Я также заключаю, что намерение это серьезно и искренно их того, что проектирую покупку парохода, Хиен был готов сейчас же внести необходимые деньги куда следует и нести немедленно все крупные расходы с которыми план был сопряжен (х) Искушение воспользоваться редким случаем и предать ему «Силам» было очень велико, но я не поддал ему.

Независимо от этого я получил еще некоторые сведения из Северо-восточной Кореи, которые быть может представят для Вас некоторый интерес.

Относительно японских укреплений в окрестностях Гензана, мне сообщают, что они заключаются главным образом в двух отдельных фортах; один Лук То находящийся к юго-востока от входа в Гензан на оконечности мыса, выдающегося в море между местами Каль Май Кик и Миемг Са Сип Ли; другой – на острове Сиап-Сиам, также у входа в бухту в 35 корейских ли от Генза. По слухам в двух фортах всего пять батарей. Форты совершенно закончены. Японский гарнизон расположен в самом Гензане и в местечке Нам Сан Донг в 50 корейских ли к югу.

Относительно центра японской деятельности в Северо-восточной Корее, в провинции Хомгиом я имею сказать следующее. Не подлежит больше никакому сомнению, что порт Чионгджин, находящийся в приблизительно 6 ½ японских ри (25 верст) от большого города Киеншена (Кинг-Сием или Кен-Сен) к ничего не имеющий общего с открытым портом Сонгджин (Сиенг-чин) находящимся в окрестностях города Кильчжу, (Киеншен приблизительно 65 верст к северу от Кильджу) оборудуется в качестве морской базы для японского флота. *Положение, что оспаривалось Полковником Самойловым. Быть может второстепенной базы, в помощь Гензану, для летучих отрядов – но что это не коммерческий, а военный порт – вне всякого сомнения и подтверждается показаниями из самых разнообразных источников. Коммерческим портом в этих местах служит небольшая бухта Ток-джин в полутора верстах к югу от нового городока Наннам, где строятся японские казармы и в двух верстах к востоку от города Киеншена. В этой бухте высаживаются пассажиры и выгружаются товары, предназначенные для этого района. Так как я вижу из сводок разведок, что в названиях и подробностях относительно этого важного района японской военной деятельности на самой нашей границе продолжает быть путаница, я в кратких словах постараюсь очертить этот район со слов очевидца – бывшего корейского офицера. И так существует город Киеншенг, где живет губернатор. Он не на берегу моря, а немного в стороне. К морю проведена хорошая грунтовая дорога. Здесь две хорошо доступные бухты и две маленькие гавани Ток-джин и Атай-джин (или Суйнам). От Киеншенга проведена железная дорога к городу Наннам (склады и казармы) – 5 корейских ли и эта линия затем идет дальше к северу и встречает ветку другую, проведенную от порта Чионгджин до Хайриенга, на станции Сан Сиенг. Таким образом мы имеем дело собственно говоря с двумя ветками Киеншен – Сан-Сиен и Чионг-джин – Хайриенг. От Чионгджина до Наннима 35 корейских ли, то есть около десяти верст. Длина дороги от Чионгджина до Хайриенга около 300 корейских ли, то есть приблизительно 85 верст. Она проходит через места Пурианг, Лолгури, Комисан и перевал Мусанлин. Вот это имя многих сбивало с толку и его смешивали с городом Му-Сан на берегу Туменя и говорили, что есть японская ветка на Мусан, что неверно.

Относительно того, что в Хайриенге и окрестностях строятся казармы для одной японской дивизии уже кажется известно.

Мне еще раз подтвердили известие, что Хайриен будет укрепляться, причем воспользуются отчасти уже существующими старыми корейскими укреплениями. О том, что бывшие до сих пор в этих краях части 49 и 50 полков увозятся и заменяются новыми, также известно.

В заключение скажу еще несколько слов о спорной территории Чиендао. Мне помнится, что летом в разговоре с Полковником Самойловым я высказывал взгляд, что весь этот спор затеян Японцами исключительно с целью со временем уступить и потребовать компенсации в виде железной дороги на Гирин. Я даже утверждал, что в этих видах уже предвидится усиление Маньчжурской охранной стражи еще на несколько батальонов. Спор еще не решен, однако из того, что мне сообщают из Пекина и Маньчжурии я убеждаюсь в том, что мое предположение вероятно сбудется. Японцы вернут Чиендао Китайцам с условием получения концессии на продлении своей дороги Чионгджин-Хайриен через Нионгичен (в Чиендао) на Гирин.

О важном значении для них такой линии с точки зрения стратегической не стоит и упоминать – оно очевидно. Гирин севернее Владивостока. Высадив свои войска в Чионгджине под прикрытием эскадры и перебросив их затем к Гирину, Японцы одновременно обходят наши передовые позиции у Куанчендзы и заходят в тыл нашим позициям на Тумен.

Вопрос этот представляет для нас важное значение и мне кажется нам даже было бы выгоднее, чтобы Японцы оставались на китайской территории к Чиентао, чем чтобы они уступили ее Пекинскому Правительству за вышеупомянутую компенсацию.

Агент Министерства Финансов
Л. Фон Гойер

14. Донесение, Л.В. Фон Гойера Н.А.Малевскому-Малевичу

1908.12.10

Ф.560, оп.28, д.392, л.83-93.

Известия из Кореи.

По вопросу о моих беседах с Хиен-Сан-Киеном, считаю долгом донести, что мною ничего об этом не было сообщено в Министерство Иностранных Дел, так как я счел правильным довести об этом до сведения Вашего Высокопревосходительства. Кроме того, появление «данного лица» *Корейского императора именно на «русской территории» мною даже частным образом не было обсуждаемо, ибо, как я доложил Вам в прошлом письме, я посоветовал ему обратиться по этому поводу к нашему представителю в Сеуле.

С тех пор Хиен-Сан-Киен был у меня еще раз. Обсуждение вновь этого вопроса даже частным образом я отклонил. Из общего тона разговора с ним я только понял, что «данное лицо» медлит, и откладывает свое решение.

Хиен-Сан-Киен принес мне портрет ГОСУДАРЯ ИМПЕРАТОРА с СОБСТВЕННОРУЧНОЙ ЕГО подписью, по его словам, пожалованный ГОСУДАРЕМ Корейскому Императору незадолго до русско-японской войны. Портрет этот хранился в библиотеке Сеульского дворца и затем во время войны попал вместе с другими драгоценными предметами в руки Японцев. Приближенным Императора удалось, насколько я понял из его слов, скупить кое-что обратно у Японцев, в том числе и Портрет; вернуть его, однако Императору Хиен считает невозможным, так как японские власти конфисковали бы его. Хиен-Сан-Киен предлагал вернуть Портрет в русские руки и спрашивал моего совета по этому вопросу.

Я ответил Хиен-Сан-Киену, что рекомендую ему написать об этом нашему Генеральному Консулу в Сеуле, который в свою очередь, вероятно расспросив надлежащих инструкций у Вашего Высокопревосходительства или у Министерства Иностранных Дел, даст ему ответ через нашего Генерального Консула в Шанхае.

О вышеизложенном я пока счел долгом уведомить Ваше Высокопревосходительство, присовокупляя со своей стороны, что полагаю, что ПОДПИСЬ подлинная, и что Портрет возвращается безвозмездно. Возможно, однако, обращение впоследствии Хиена к нам с ходатайствами об оказании разных услуг ему или его друзьям, как то переход в русское подданство, рекомендации на принятие на частную или иную службу во Владивостоке и так далее.

Независимо от этого Хиен-Сан-Киен принес мне большой план Кореи на тринадцати листах составленный Корейским Генеральным Штабом, кажется перед русско-японской войной.

Мне неизвестно имеется ли этот план у нашего Генерального Штаба. Так как на нем вероятно подробно разработаны места, соприкасающиеся с нашей территорией, то он мог бы представить некоторый интерес для Военного ведомства. Быть может вы не отказали бы запросить об этом нашего Военного Агента и уведомить меня куда его направить. Приобретение плана не сопряжено ни с какими расходами.

Агент Министерства Финансов

Л. Фон Гойер

15. Донесение, Л.В. Фон Гойера Н.А.Малевскому-Малевичу

1909.3.4 (4 Марта 1909 г.)

Ф.560, оп.28, д.392, л.200-209.

Деятельность Японцев Юго-восточной Маньчжурии.

Имею честь уведомить Ваше Высокопревосходительство об исправном получении Вашего секретного письма за №43.

Новых известий из Кореи я за последнее время не получал.Хиен-Сан-Киена я давно не видел.Из последнего разговора с ним я вывел заключение, что среди дворцовой партии, к которой он сам принадлежит появился раскол.Чувства к Японцам разумеется не изменились, но изменился взгляд на возможность и целесообразность продолжения борьбы с ними, активной в провинции и пассивной в Сеуле. Еще год тому назад всюду работали секретные общества, учреждались центры сопротивления, были попытки ввести оружие, наконец план бегства бывшего Императора находился в связи с проектированной организацией большого антияпонского движения заграницей; ныне как будто все умолкло, с каждым днем редеют ряды приверженцев старого Императора и его непримиримой политики, и образуется ядро новых деятелей, с беспомощным молодым Государем во главе, проникнутых сознанием бесплодности борьбы и тщетности всех усилий. Я понял со слов Хиена, что ныне Корейцы убеждены в неизбежности аннексии Кореи в ближайшем будущем. Японцы вероятно выжидают удобного момента и надеются найти его в угрожающих всеобщему миру осложнениях на Ближнем Востоке.

По интересующему Ваше Высокопревосходительство вопросу о деятельности Японцев в сопредельных с нашими владениями корейских и Маньчжурских провинциях, я надеюсь в скором времени получить подробные сведения от специально командированного туда агента. Пока я получил от него с дороги два письма, из Мукдена и Гирина, с содержанием которых я позволю себе ознакомить Вас, так как в них затронуты вопросы японской политики в этой части азиатского материка.

Агент пишет из Мукдена:

«Вице-король Хею-Ши-Чан предвидел, что он рано или поздно сделается жертвой взводимых на него многочисленными врагами обвинений, и потому, дабы не быть удаленным по навету, он предпочел сам подать в отставку. Отставка его не принята, но он будет переведен в другое место. В общем, поддержку вице-король находит в Англичанах и Американцах; Японцы все делают, чтобы его выжить из Мукдена. Они надеются таким образом отделаться от двух мешающих им чиновников, советников Хею: Лианга в Мукдене и Афред Цзе в Харбине. Последний часто приезжает в Мукден и советуется с Лиангом. Сильно раздражал Японцев проект вице-короля о производстве землечерпательных работ на реке Лиао в видах улучшения условий навигации и превращения названного водного пути в главную коммерческую артерию в Юго-восточной Маньчжурии, а также и планы его о сооружении торгового порта в найденной в окрестностях Ньючжуана незамерзающей бухты Ляонди.

В Мукдене разумеется все весьма заинтересованы возникшим между Правлением Китайской Восточной железной дороги и местными китайскими властями недоразумением по поводу введения общественного управления и городских и поселковых советов на территории Дороги и взимания таковыми налогов на общественные надобности. Американский и Английский консулы, а также таможенный комиссар Ватсон придерживается того взгляда, что русские власти решили принудительными мерами ввести новое положение об общественном управлении на полосе отчуждения лишь после падения Юаньныкая. Американцы, как известно, тайным и явным образом поддерживают Китайцев, что же касается Англичан, то они соблюдали бы полную нейтральность, если бы они были уверены, что такой порядок будет введен лишь в полосе русского влияния и не распространен также Японцами на территории Южно-Маньчжурской дороги, где у них сосредоточены крупные коммерческие интересы. Всё, однако указывает на то, что Японцы именно намерены последовать примеру Русских и в этих видах поспешили согласиться с введением общественного управления Китайской Восточной дорогой и внести требуемые налоги.

Японцы несомненно укрепляют своё положение в Маньчжурии и постепенно продвигаются к северу. Нельзя сказать, чтобы в самом Мукдене их деятельность была бы особенно заметна. Они как будто обратили особое внимание на Телин и Чанчун. В Мундене у них казармы и склады, рассчитанные более чем 5000 человек. Сеттлемент несколько обострился.

Но особый интерес представляют два японских предприятия в Южной Маньчжурии: Фушунския угольные копи и Ялузинская лесопромышленная компания. О первом предприятии иностранцы, ознакомившиеся с ним, отзываются как о самом совершенном сооружении в Маньчжурии. В виду громадных затрат, сделанных Правительством, расходы пока еще не окупаются, но такое положение будет продолжаться недолго, так как количество добываемого угля постоянно растет. Скоро производство достигнет 3000 тонн в день. Западные и восточные шахты находятся на расстоянии четырех миль друг от друга.

Шахты все выложенные кирпичом, и 10 фут в диаметре. Пласт угля почти везде достигает 60 ярдов. Рассчитывают, что глубина угольных залежей – 1400 футов. Среди пластов угля встречаются слои сланцеватой глины, что заставляет предполагать, что на известной глубине будет также найдена нефть.

Обыкновенные рабочие почти все Китайцы, более ответственная или сложная работа исполняется японскими рабочими, которых здесь всего 900 человек. Фушунские копи представляют собой целый современный городок со школами, больницами, лавками, жилыми строениями с электрическим освещением и паровым отоплением.

Что касается Ялузинской лесопромышленной компании, то деятельность её возбуждает неудовольствие местного населения, и по слухам весной могут даже возникнуть беспорядки, вызванные китайскими мелкими лесопромышленниками, которые вынуждены уступать компании лес по цене, которую она сама произвольно устанавливает.

Право определять стоимость леса распространено на площадь в 60 ли по обоим берегам Ялу, компания, однако распространила это право и налог, сплавляемый по реке Хун, идущий из долины Хун. В прежние времена лесопромышленники продавали непосредственно лес в Шанхай и Тяньцзин, сейчас они ничего не могут делать помимо компании, которая в свою очередь собирается устроить лесные дворы в названных местах. Определяя стоимость леса, компания якобы основывается на ценах, существовавших ранее основания данного эксплуатационного общества. Дело, однако в том, что лес значительно поднялся в цене с тех пор и количество его уменьшилось. Китайские власти не вмешиваются во все эти недоразумения, так как они в равной доле с Японцами заинтересованы в прибылях. Так как, однако согласно статусу общества 5% с прибыли должны быть отчислены в резерв покуда он достигнет цифры в 1 500 000 йен, (*то есть в размере 5% от основного Капитала отчисляется в резерв) то есть половины основного капитала, то ждать больших доходов еще некоторое время едва ли возможно. Компания имеет свою штаб-квартиру в Антунге и еще три отделения на Маньчжурской стороне, в Тон-хоа, Чупай-фу и Са-хо-чинг. Президент генерал Кодзима получает содержание в размере 15 000 йен в год, два главных директора – Японцев Хашигучи и Китаец Хо-Цунг-Иине по 10 000 каждый; кроме того, имеются два вице-директора, также Японец и Китаец (Сакамото и Чу-Коан-Чинг) и старший инженер Японец Маруяма. В общем следует сказать, что общество имеет большую будущность, особенно в том случае, если оно откажется от излишней жадности и сумеет установить хорошие отношения с местным населением».

В письме из Гирина агент пишет следующее:

«В Гирине поражает сравнительное бездействие Японцев. За исключением двух торговых предприятий и большого количества притонов. У них других интересов здесь не имеется. Население относится к ним крайне враждебно, что незаметно в других местах. Денежное обращение здесь ужасно запутано, что мешает развитию торговли. Дорога из Чанчуна в Гирин очень плоха, мосты так плохи, что никакие тяжести по ним пройти не могут. В случае возникновения военных действий до постройки, проектированной Чангчум-Гириньской линии, движение японских войск из Гирина в направление Китайско-Восточной железной дороги или обратно было бы крайне затруднительно.

Здесь разумеется все заинтересованы Чиендаоским инцидентом и надеются, что китайское Правительство не откажется добровольно от своих прав на эту часть Гириньской провинции. Японцы заняли не только самый остров Чиендао, но и весьма богатую и плодородную полосу земли к западу от него, под предлогом, что таковая также принадлежит к округу «Канто».

По дороге из Гирина в Хунчун японского торгового движения не заметно. О проектируемой Японцами железной дороги от Кирина к японскому морю здесь ничего не слышно. Власти в Гирине и представители коммерции давно лелеют план постройки китайской линии от Гирин прямо к Телину и оттуда на фукумын, который как известно в свою очередь должен быть соединен с Симинтином. До Телина линия следовала бы старинному торговому пути, по которому товары или из Гирина в Мукден. Такая линия открыла бы Гирину непосредственный доступ к Чжилийским рынкам. Намерение построить названную дорогу заставляет Китайцев медлить с окончательным решением вопроса о сооружении Чакчун-Гириньской линии, совместная постройка, которой Китайцами и Японцами была в принципе решена еще в 1906 году.

Больше всего поражает японская деятельность в Чангчуне. Этому месту суждено быть большим торговым центром в юго-восточной Маньчжурии. Облегчая всячески Японцам сообщение с Харбином, Русские содействуют развитию японской зоны влияния в Маньчжурии и губят Владивосток и Приморскую область. Можно быть совершенно убежденным – и это мнение всех Китайцев и иностранцев в Маньчжурии – что, если бы положение было обратное, то есть Японцы были бы хозяевами сообщения между Куанченцзы и Сибирской магистралью, а русские владельцами южной линии и южных рынков, они приняли бы все меры к тому, чтобы сделать движение между Харбином и Чанчуном невозможным, они изолировали бы южную линию, превратили бы ее в дорогу обслуживающую местное сообщение. Мы ныне видим обратное и не далек тот день, когда все товары, все продукты северной и средней Маньчжурии пойдут на юг к Дальнему и Куанжуану».

Агент Министерства Финансов
в Китае.

16. Донесение, Л.В. Фон Гойера Н.А.Малевскому-Малевичу

1909.4.2 (2 Апр. 1909 г.)

Ф.560, оп.28, д.392, л.252-266.

Разведка в Гириньской провинции и Японцы в Маньчжурии.

В предыдущих донесениях я докладывал Вашему Высокопревосходительству, что специальное лицо было командировано мною в Маньчжурию округ Чиендао (Канто) и смежные с русской территорией Маньчжурские и Корейские области.

В дополнение к тому, что мною уже было сообщено Вам, на основании его наблюдений, о деятельности Японцев в Мукдене и Гирине, ныне имею честь представить краткое изложение собранных этим агентом сведений в прочих местах южной Маньчжурии.

Общее впечатление, какое выносишь при обходе всей южной Маньчжурии таково, что Японцы как бы задались целью стушеваться до некоторой степени в Мукдене, где они слишком на глазах у многочисленных иностранцев, и сосредоточить всю свою деятельность в других менее заметных местах. Чанчун и Телин несомненно являются центрами их торговой и военной предприимчивости. Последний город, расположенный на южно-Маньчжурской линии и в тоже время на старинном торговом пути Гирин-Итунчоу-Телин-Симинтин, эксплуатируется весьма удачно Японцами в коммерческом смысле, и ныне с открытием там японской биржи,- основанной ими с участием Китайцев для сбыта и котировки японских бумаг и фондов,-вероятно опередит в этом направлении Мукден. В Телине действительно большие склады, но кажется больше торговые чем военные. Чанчун можно назвать японской столицей в Маньчжурии, здесь в одинаковой степени кипит деятельность коммерческая и военная. Японцы прокладывают дороги в японском сеттлементе и окрестностях, строят мосты через реки и каналы, сооружают всякого рода постройки, склады и казармы.

Иностранцев в Чанчуне мало – четыре фирмы – так как, по их словам, работать там трудно. Главными препятствиями являются запутанное денежное обращение и неудовлетворительное состояние южно-маньчжурской дороги. Всякими льготами пользуются лишь японские коммерсанты – иностранный ввоз и вывоз встречает постоянные препятствия в транзите товаров. Из иностранных фирм удачно утвердилась в Маньчжурии лишь Англо-Американская Табачная Ко., имеющая большую фабрику около Мукдена и агентов по всем самым маленьким городкам и селениям Мукденской и Гиринской провинций.

В Мундене работает удачно Специе банк, к которому перешла монополия всех дел после ухода русско-китайского банка. Как и следовало предвидеть, английский Гонконг-Шанхайский банк собирается заменить русский банк и в скором времени открывается там отделение.

В Чанчуне Японцы выстроили около тридцати казарм – приблизительно на 5000 человек, хотя в обыкновенное время там всего около тысячи человек всех родов оружия.

(Самое интересное наблюдение, сделанное агентом – бывшим военным проделавшим Трансваальскую кампанию – заключается в том, что) в Маньчжурии громадное число офицеров в сравнении с числом нижних чинов. Можно сказать, объехав всю Маньчжурию, я почти что пришел к заключению, пишет он,) что на каждые пять солдат здесь имеется один японский офицер. *(В Чанчуне он встретил Шанхайского знакомого-Японца, который ему сообщил следующее, представляющееся, по-моему, весьма важным, сведение:) Японское военное ведомство решило, что необходимо, чтобы все без исключения Японские офицеры были подробно ознакомлены с вероятным театром будущих военных действий и потому командируют по очереди определёнными группами офицеров из дивизий находящихся в Японии на континент, где они временно причисляются к находящимся там частям и затем, обыкновенно по истечении года, возвращаются в свою дивизию, уступив очередь следующей группе. Независимо от этого, такие командированные на континент офицеры находятся в постоянном передвижении. В пунктах более важных они остаются около двух месяцев, в менее важных один месяц. Топографическим отделом постоянно составляются новые подробные карты отдельных местностей Маньчжурии. Таким образом в случае возникновения военных действий через несколько лет, не будет ни одного офицера в японской армии, который не был бы подробно ознакомлен со всеми условиями той местности, в которой ему придется вести или хотя бы начать кампанию.

(Агент, в течение шести недель расследовавший весь район к востоку от полотна дороги до корейской и русской границ, дает следующее описание этого края.) расстояние от Чанчуна до Гирина – 245 ли (китайский ли около 1/3 английской мили). Зимой дорога эта может легко быть совершена в два дня, летом же требуется пять дней, так как грунт очень мягкий и после дождей колеса положительно погрязают в непролазную грязь. Приходится переезжать через два моста – в 30 и 80 ли от Чанчуна, один из них постоянный, другой употребляется только летом. Тяжелые поклажи или артиллерия по ним пройти не могли бы. Полтораста ли от Чанчуна местность становится холмистой и представляется весьма удобной для действий пехоты, и ездящей пехоты, но не для артиллерии. Между холмами широкие русла высохших ручьев; за холмами хорошо могут быть прикрыты стрелки, однако артиллерия легко попала бы под ружейный огонь раньше, чем ей удалось бы найти врага – слишком холмы мелки и тесно сгруппированы. Они покрыты кустарником фута три-четыре вышиной. Кое-где участки обработанной земли.

Милях в пятнадцати не доходя Гирина – довольно крутой перевал и затем до конца природа становится более суровой и дикой. Эта часть представит некоторые затруднения для проектированной железной дороги.

(Характерными чертами гор Гирина является)

(Впечатления, вынесенные агентом из Гирина были переданы мною в донесении №15.) Отсутствие здесь торговых интересов Японцев (в названном городе) и ненависть местного населения к ним – (вот характерные черты, о которых я уже упоминал.) Доктор Григ, хорошо известный всем Русским, устроивший там больницу,- является центральным лицом в Гирине (От него агенту удалось добыть много интересных сведений.). По его словам, Японцы раскинули цепь наблюдательных постов по главным торговым дорогам от Чанчуна до Гирина и затем от Гирина через Омоссо до Нингуты и от Гирина – Омоссо – Оточен-Чиендао – Хунчун. Наблюдательные посты эти – суть дома терпимости, устроенные на всех главных станциях вдоль названных дорог. Содержатель дома – японский агент, которому персонал помогает добывать сведения. В самом Гирине три таких разведочных центра, под общим наблюдением талантливого японского консула, пробывшего перед тем шесть лет в Сиднее.

От Гирина к востоку, к корейской и руссокой границе ведут две дороги. Главный путь пролегает через Санчан и Омоссо, здесь в Омоссо одна дорога идет к северу на Нингуту, а другая к юго-востоку через Оточен, затем вдоль северной границы территории Чиендао к Хунчуну (Новокиевску и заливу Посьет). Нингута также соединена с Хунчуном дорогой через Сашикочан (телеграфный путь Гирин-Омоссо-Нингута-Хунчун). Кроме того, есть дорога ведущая из Гирина к югу, вдоль реки Сунгари, и затем на расстоянии 120 ли от Гирина поворот к северо-востоку на соединение с главной линией Омоссо-Хунчун. Дорога вдоль Сунгари идет далее к югу прямо к верховьям реки Ялу,- поворот же к северу правильнее назвать горной тропой, ведущей по кряжам и горным хребтам к городку Лиутао, расположенному между Омоссо и Оточеном. Расстояние от поворота до Лиутао – 100 ли, от Гирина до Омоссо около 230 ли, от Лиутао до

Оточена 250 ли, от Оточена до Чиендао 370 ли и оттуда около 350 ли до Хунчуна.

[Карта]

Вся местность между Гирином и Омоссо покрыта высокими горами и дорога идет крутыми подъемами и спусками, потому в зимнюю пору все предпочитают путь вдоль Сунгари. Железная дорога от корейской границы к Гириню должна была бы пройти через Омоссо, и вот участок от Омоссо до Гириня вероятно представил бы громадные технические затруднения и обошелся бы весьма дорого. Дорога к югу вдоль Сунгари зимой удобна, однако по реке на санях ехать нельзя, так как в двух-трех местах вследствие сильного течения река не замерзает. С обеих сторон реки высятся амфитеатром горы. После поворота от реки к северо-востоку, к главной дороге, дорога превращается в узкую тропинку и перевал через Моолунтунский хребет довольно затруднительный. В 200 ли от Гирина начинается площадь еловых лесов, которая тянется почти до Чиендао. Пейзаж дикий, излюбленное место Хунхузов.

Дорога между Омоссо – этим важным центром, где разветвляются дороги на Нингуту и на Хунчун и в котором у Японцев коммерческих интересов не имеется, но только содержится разведочный пост для наблюдения за всем движением вдоль этой главной артерии – и Оточеном широка, и хотя природа холмиста и лесиста, представляет в общем удобный проселочный путь и едва ли представит больших затруднений для намеченной железной дороги. Оточен – старый Маньчжурский городок с населением в десять тысяч душ. Городок не бедный, так как с одной стороны к северу от него тянется плодородная полоса земли почти до линии железной дороги, на которой производится пшеница и гаолян, а к югу в направлении верховий Ялу и Туменя всё пространство покрыто лесом. Сюда даже проникают иностранные товары из Нингуты и Гирина. Население занимается земледелием и лесным промыслом. От Оточена к востоку дорога на расстоянии 50 ли ведёт через горную местность, затем начинается спуск по склону горы покрытой густым лесом, а у подножья гор лес сразу прекращается у края плоского болотистого пространства длиной в 15 ли и шириной в два ли. Дорога ведет через это болото. С южной стороны – цепь холмов, которая тянется сплошь до Чиендао, с северной стороны – ряд крутых утёсов. Таким образом обойти это болото нельзя. Зимой болото замерзает, но не глубоко, в летние месяцы переход через это болото представляет большие затруднения.

(Агент утверждает, что) Это место может служить серьёзной преградой для армии, которая двигалась бы от Корейской границы к Гирину, если бы враг желал воспользоваться им. Армия принуждена была бы двигаться через болото, так как обход его почти невозможен, и направляться к занятой противником гор и лесу, откуда скрытые стрелки могут свободно обстреливать всё пространство. Вслед затем дорога вьётся по плодородной долине от трёх до шести ли шириной. Крытые утесы с севера спадают, с юга продолжается та же цепь холмов сплошь до Чиендао, преддверие которого с западной, китайской стороны – город Тонгфосу. Это северо-западная оконечность спорной территории.

Здесь находятся десять японских жандармов, под начальством унтер-офицера, раза два в месяц командируется сюда японский офицер из Янгечина. Начальник города – китайский мандарин. Японцы ни во что не вмешиваются, живут в своей казарме и пребывание их здесь отмечает лишь принципиальное притязание их на эту область. Их Тонфосу дорога идет вдоль северной границы Чиендао и доходит до города Янгечина – этого северо-восточного пограничного пункта спорной территории. Расстояние от Тонфосу до Янгечига – 120 ли. Дорога идет по долине между холмами, низкими с северной стороны и повыше со стороны Чиендао. Мостов нет. Янгечин расположен совсем близко от реки Тумен, на том месте, где река поворачивает к юго-востоку. В Янгечине маньчжурский дзотай Тао-Пин. Японцы также в администрацию не вмешиваются и только содержат там небольшой гарнизон в 17 нижних чинов и три офицера. Янгечин имеет важное стратегическое значение, так как расположен, во-первых, на единственной удобной дороге, ведущей от Гирина и Нингуты к Корейской границе, и во-вторых, так как переправа через Тумен здесь легче, чем в других местах. Всякая армия, которая шла бы с севера или северо-запада по направлению к Корее должна была бы занять сперва Янгечин.

Чиендао представляет из себя высокое плато, расположенное вдоль левого берега реки Тумен на расстоянии приблизительно 1500 ли и глубина которого, в самом широком месте, на севере, вдоль дороги Омоссо – Хунчун достигает, как уже было сказано, 120 ли, в других местах оно уже и вообще сужается к югу. Тот, кто занял бы во время войны это плато, имел бы в своей власти всю прилегающую к Туменю часть Кореи. Потому с точки зрения защиты Кореи Японцам важно обладать этой полосой земли, открывающий доступ к Туменю и к незащищенным местам Хомгиондоской провинции. С точки зрения наступательной кампании, обладание Чиендао также весьма важно, так как дороги к северу к Нингуте и к западу к Гирину ведут через эту область (вдоль северной границы её).

Независимо от этого Чиендао очень богатый край. По ошибке почему-то многие полагают, что это остров. Через Чиендао только протекают рукава и притоки Туменя. По мнению специалистов, здесь находится быть может самая богатая в мире серебряная руда. Несомненно, то, что естественные богатства этого края также служат приманкой для Японцев. О том, что этот край всегда составлял часть Гириньской провинции, никто на месте не сомневается – Естественные границы двух рек Ялу и Туменя и Чан-бей-чанского хребта отделяющего их верховья – всегда были гранью отделявшей Маньчжурию от Кореи. Река между Янгечином и Хунчуном судоходна, но доступна только для небольших лодок и барж, так как встречаются пороги и скалы. По реке от Янгечина до Хунчуна – 245 ли, дорогой же 230 ли. Последняя проходит по гористой местности. С корейской стороны всё время высокие горы, с китайской они становятся всё ниже по мере приближения к Хунчуну. На одном месте дорога проходит через корейскую территорию. Здесь устроен Японский аванпост из десяти солдат под командой одного офицера.

Хунчун – богатый город с населением в 30 000 Китайцев и 5000 Корейцев. Он производит впечатление бойкого торгового пункта и, если бы не отрезанность его от моря, от залива Посьета, он легко мог бы развиться в один из самых крупных и богатых городов Маньчжурии. Здесь чувствуется преобладающее влияние русских. Сообщение между Хунчуном и Новокиевском обслуживается русскими дрожками. У Японцев здесь три наблюдательных поста в виде трёх домов терпимости и один весьма ценный агент в лице Китайца (с французской фамилией Пижон) начальника телеграфа (линия на Нингута-Гирин). Река здесь шире и во многих местах не замерзает. От Хунчуна до Новокиевска – 90 ли по хорошей, широкой дороге, пролегающей через слегка волнистую местность. Высокие горы видны с права по ту сторону Туменя. От Новокиевска до Посьета 30 ли вдоль залива.

Таким образом (мы видим, что) около 1350 ли, или 450 миль, отдаляют Гирин от залива Посьета, вся местность гористая, причем особой суровостью отличается природа между Гирином и Омоссо, а также и между Лиутао до Оточена, иначе говоря, первая треть дороги от Гирина к востоку и затем местность между Янгечином и Хунчуном; вторая треть дороги между Оточенг и Янгечином хотя и проходит по местности горной, всё же не представляет затруднений для путешественника – дорога вьётся между холмами, проходит через плодородные долины, наконец удобна и последняя часть пути от Хунчуна к морю. Первая треть всего пространства обнимает край некультурный, дикий, остальная часть представляет страну плодородную, полную естественных богатств и, хотя и слабо эксплуатированную, но всё же населенную.

Интересов торговых у Японцев на всём пространстве весьма мало – ими производится всё же зоркое наблюдение за всём, что совершается в этой области. Население в общем относится к ним недружелюбно.

Важно отметить, что две дороги идут от моря, иначе говоря от Корейской границы от японской базы, к западу и к северо-западу. Обе имеют точкой отправления Хунчун и объектом Гирин, обе скрещиваются в начале, на корейской границе, у Янгечина, и затем на западе, недалеко от Гирина в Омоссо. Одна дорога, северная, идёт на Нингуту (и далее к полотну русской железной дороги) и отсюда сворачивает на Юго-запад к Гирину, другая, западная, идёт прямо на запад через Оточен к Омоссо и Гирину.

Японцы, заняв Чиендао, держат в своих руках ключ сообщений с Гиринской провинцией, так как отсюда разветвляются дороги к северу и западу. Проектированная ими железная дорога к Гириню,- продолжение уже существующей в зачаточном состоянии узкоколейная дорога от порта Чиончин в Киенсенгском округе через Пуриен до Хойриена на берегу Ялу,- перешла бы Ялу где-нибудь возле Янгечина и затем следовала бы с маленькими отклонениями вышеописанному главному пути на Оточен, Омоссо до Гириня. Последняя часть дороги обошлась бы крайне дорого, но по мнению специалистов, далеко на представила бы непреодолимых препятствий. Совершенно очевидно, что в том случае, если бы Японцам удалось получить концессию на постройку данной линии (скажем взамен уступило Чиендаускому, фукумыньскому и другим ими искусственно созданным вопросам), ранее окончания Амурской дороги, Владивосток и вся Приморская область были бы в случае войны с нами отрезаны несколько недель после начатия кампании (а может быть даже и раньше), ибо, обладая Омоссо, их конница появилась бы немедленно же в Нингуте, а затем около Мурэна отрезала бы сообщение. Пока железной дороги нет, план Японцев был бы несколько иной. Всё же не представляет ни малейшего сомнения, что параллельно с операциями главной армии, которая опираясь на Мукден и Телин двинулась бы из Чанчуна к Харбину, заняв предварительно Гирин, другая армия действовала бы именно в вышеописанном театре. Задача этой армии, которая высадилась бы под прикрытием флота в Чионджине, х1 Если бы у нас завелся флот [не разобрано], то армия высадилась бы Гирин – в Чиондане. заключалась бы в том, чтобы, соединившись с отрядами, которые уже раньше наводнили бы всю область Чиендао, х2 Корейским гарнизонами для дивизии. захватив Хунчун и Посьет – для обеспечения тыла, двинуться по северной дороге через Сашикочан на Нингуту и отрезать всю Приморскую область. Летучая колонна также была бы послана по западной дороге до Омоссо, где она соединилась бы с передовыми постами отряда главной армии занявшего Гирин. Таким образом главные армии, объектом которых служил бы Харбин и правое крыло которых опиралось бы на Гирин, подали бы руку «Корейской армии», оперирующей через Нингуту на тыл и коммуникационную линию Владивостока и Приморской области в Омоссо.

Пехота, кавалерия и обоз действовали бы в этих краях без слишком больших затруднений, что же касается артиллерии, то по мнению агента вероятно Японцам пришлось бы снабдить эту армию лёгкими, горными орудиями.

(Показания этого агента таким образом подтвердили то, что я докладывал Вашему Высокопревосходительству о деятельности и планах Японцев в Северо-восточной Корее и Гиринской провинции в своём донесении от 30 Октября минувшего года.) Японцы правда очень медленно (вероятно за неимением средств) но методически последовательно укрепляются в Киеншенском районе (порт в Чионджине, казармы в Наннаме, склады в Пуриене и передовые укрепления (пока намеченные) в Хайриенге), контролируют область Чиендао, этот ключ к Гиринской провинции и наблюдает за обширным корейским хинтерландом, соприкасающимся с русской территорией и двумя ветвями принадлежащей нам Китайской Восточной железной дорогой.

В дополнение к этому следует присовокупить что по последним известиям, Японцы собираются конкурировать с нами и на почве коммерческой в тех частях Гиринской провинции, где до сих пор мы пользовались преобладающим влиянием. Так, до сих пор мы снабжали торговый центр Хунчун своими товарами из Владивостока. Ныне с закрытием порто-франко товары будут обложены пошлинами, и в предвидении этого Японцы принимают все меры к тому, чтобы ввозить товары в северо-восточные корейские порты, Сиендзин или Чионджин и отправлять их оттуда в Хунчун. Корейские таможенные пошлины пока еще очень невысоки, (на общем положении с китайскими) и таким образом Японцам удастся отвоевать у нас Хунчунский рынок и весь тот уголок Гиринской провинции, где до сих пор мы пользовались почти монопольным положением.

Агент Министерства Финансов
Л. Фон Гойер

17. Донесение, Л.В. Фон Гойера Н.А. Малевскому-Малевичу

1909.4.16 (16 Апр. 1909 г.)

Ф.560, оп.28, д.392, л.279-284.

Независимо от этого, считаю долгом передать Вашему Высокопревосходительству некоторые известия, полученные из Кореи. Посетивший меня на днях корейский сановник Хиен-Сан-Киен сообщил мне, что Император временно отказался от планов, о которых я сообщал Вам, по двум причинам. Первая та, что он глубоко убеждён, что в случае выполнения им своих намерений, Японцы выместят свою злобу на его сыне, сейчас находящемся в Японии. Он даже составил себе идею, что Японцы подозревали какие-либо враждебные по отношению к ним намерения с его стороны и потому, дабы связать ему руки, захватили его сына. Он никогда не отзывается о нём иначе как о несчастном заложнике.

Вторая причина та, что Император никак не может собрать все свои личные средства, как известно, помещённые на чужие имена. Я даже понял из слов Хиена, что кроме денег, положенных Мак Леви-Броуном в Гонконг-Шанхайский банк все остальные суммы находятся под большим сомнением. Последнее разочарование, постигшее его, например, заключалось в том, что Русско-китайский банк во Владивостоке отказался выдать сыну Ионика сто или двести тысяч, помещённых последним на своё имя года два-три тому назад в названном отделении банка. Ионик, как известно с тех пор умер, и банк разумеется не может выдать денег совершенно неизвестному ему лицу, не зная условий завещания и прочих обстоятельств дела. Идти же к японскому консулу для получения необходимых документов и удостоверений, сына Ионика не хочет так как боится конфискаций денег и прочих осложнений.

Из прочих Корейских известий считаю долгом передать некоторые сведения, сообщенные мне корейским секретным агентом о Гензанских укреплениях:

Укрепления Гензана заключаются в двух фортах. Первый находится на острове Сиап-Сиам (или Сиу-То). Остров этот расположенный у входа в бухту в расстоянии приблизительно 15 ли от Гензана представляет форму продлиноватой возвышенности. Длина острова до 20 ли ширина 6-7 ли. Корейские рыболовы утверждают, что остров укреплён в двух местах, иначе говоря, что там две батареи. Одна, обращенная к северо-востоку заметна если приблизиться к острову. Со слов рыболовов на острове 10-12 крупнокалиберных орудий. Сообщение между островом и портом обслуживается ежедневно небольшим японским пароходом. Постоянно на острове находится гарнизон в 20-25 солдат. Суда, входящие в Гензан все, проходят к югу от этого острова. Приближение к укреплённым местам строго воспрещено, на острове, однако, в некотором отдалении от батарей, находятся жилища нескольких корейских рыбаков. Укрепления на Сиап-Сиам совершенно закончены и работ там больше не производится никаких. Второе укреплённое (укеденное) место называется Лок-То. Оно находится на оконечности мыса к юго-востоку от Гензана и также защищает вход в бухту. Вся эта местность известна под названием Миенг-Са-Сип-Ли и там недалеко от японских укреплений находится большая корейская деревня. По слухам, здесь также две батареи (некоторые говорят – три), орудия такие же как на острове Сиап-Сиам и также небольшой японский гарнизон. Совсем близко от корейской деревни Японцы выстроили большую казарму в приблизительно 50 «канг» величиной, достаточную для размещения 600 человек. В настоящее время там не более 80 солдат. Тут же по близости от казармы находится пристань для судов, выгружающих оружие и военные припасы. Между этим местом и Лок-То выстроена узкоколейная дорога, по которой ручным способом передвигаются вагончики. Таким образом, весь груз, предназначенный для укрепленных мест, совсем не входит в коммерческую гавань, а подходит только к этой пристани и затем передается на специальном пароходе или по указанной железной дороге в Сиап-Сиам и Лок-То.

Агент затем утверждает, что других укреплений кроме названных мест вокруг Гензана не имеется и что название «Эйко» Корейцам на известно (Название укреплений по японским источникам).

В заключение честь имею уведомить Ваше Высокопревосходительство, что мне разрешён Министром Финансов четырех месячный отпуск и что я временно буду заменён чиновником Министерства Финансов Господином Ламанским. Я счел бы необходимым посетить Японию до своего отъезда в Россию в связи с делами агентуры, и поэтому предполагаю выехать в Токио и Йокохаму на будущей неделе с тем, чтобы проехать оттуда через Цуругу на Владивосток.

Агент Министерства Финансов

Л.Фон-Гойер

18. Донесение, Л.В. Фон Гойера И.Я.Коростовецу

1909.4.17

Ф.560, оп.28, д.392, л.285-296.

Сводка известий из разных мест Китая.

Обвинения, взведённые Суджоуским губернатором на Шанхайского даотая переданы на рассмотрение Нанкинского генерал-губернатора, и поэтому, как я писал Вам в последнем донесении, есть основание предполагать, что в виду враждебных отношений Дуанфана к губернатору даотай будет оправдан. Последний между прочим считается здесь ставленником Чан-Чи-Дуна и потому имея поддержку влиятельных лиц и в Пекине, и в Нанкине особенно за свою участь не опасается.

Из прочих Шанхайских новостей отмечу банкротство старой английской фирмы Велч, Льюис и Ко. Эта фирма когда-то занимала в центральном Китае то место, какое ныне занимает Ильберт и Ко. Представитель этой фирмы был в течение десяти лет председателем Муниципален главный судья или председатель «Туй-Ши-Чанг» и два других по делам гражданским и уголовным. Вот временно председателями в этих судах и будут местные че-хиены. Наконец в высшем провинциальном суде – председатель Тинг-Ченг (временно преферкт) и четыре других судей и клерков. Новые суды будут на этих основаниях учреждены в Учан и Ханькоу уже в Сентябре этого года, затем будут постепенно вводится во всей провинции. Вся судебная реформа должна быть закончена к 1916 году. Для того, чтобы образовать контингент юристов будет учреждена особая юридическая академия в Учане (Янг-Чен-Шен-Пан-Соо) – временно при местной школе юридических наук, под надзором Провинциального Судьи. Курс наук – два года. Будет принято 80 студентов каждый год.

Некоторые военные сведения из Учана также прилагаю в китайском тексте.

В заключение, я хотел бы обратить внимание Вашего Превосходительства на появившееся в китайской печати известие о том, что Китайское Правительство собирается объявить в скором времени Хунчун открытым портом. Это известие я связываю со сведениями, доставленными мне агентом В. командированным мною в Марте в соприкасающиеся с русской территорией области Маньчжурии и Кореи, каковые служили материалом донесения нашему Послу в Токио. Агент констатировал факт, что Хунчун и весь тот восточный угол Гиринской провинции находится исключительно под русским политическим и коммерческим влиянием. Несмотря на близость к Корейской границе, Японцы кроме военной разведки там ничего пока не предпринимали. Все иностранные товары доставлялись в Хунчун из Владивостока. Ныне с закрытием порто-франко в Приморской области товары значительно подорожают. В этих видах Японцы собираются нанести решительный удар нашему влиянию в этой части Гиринской провинции и употребить все усилия к тому, чтобы отвоевать у нас Хунсунский рынок. Товары будут привозится в один из портов Северо-восточной Кореи Сионгдзин или Чонджин и оттуда доставляться по узкоколейной дороге до Хайриенга и затем через Тумен в Хунчун. Китайцы со своей стороны мечтают о том, чтобы посредством землечерпательных работ сделать Тумен доступным для коммерческих судов от устья реки до Хунчуна на пространстве около 90 ли и иметь таким образом свой порт в Японском море. На это разумеется следует получить согласие России и Кореи которым принадлежат берега реки, первой на расстоянии кажется 40 ли, а второй сплошь до Хунчуна. Обе страны едва ли согласятся на это так как непосредственное сношение Хунчунского района с иностранными коммерческими судами не соответствует их интересам. Объявлением Хунчуна открытым портом, Китай хочет завоевать симпатии прочих стран в этом вопросе.

Считаю долгом уведомить Ваше Превосходительство, что В.В. Ламанский приехал вчера.

Ознакомив его с делами агентуры и передав ему архивы, я предполагал бы выехать в Среду 22 Апреля в Токио. Выяснив там вопрос о дальнейшей деятельности японской части Шанхайской агентуры, я выехал бы затем 1-го Мая во Владивосток.

Агент Министерства Финансов

Л. Фон Гойер.

19. Донесение В.В.Ламанского Н.А.Малевскому-Малевичу

1909.5.28 (28 Мая 1909 г.)

Ф.560, оп.28, д.393, л.24-25.

По получении 21 мая Вашего письма я начал собирать сведения по интересующим Вас вопросам и по доставлении мне достаточно проверенных данных сообщу их Вашему Высокопревосходительству. Пока не могу ответить только на третий из предложенных мне вопросов, а именно относительно казненного недавно предводителя корейских инсургентов Ли. Названный в телеграмме Ли или по корейскому произношению И не имеет ничего общего с действующим на севере Кореи И-пом-юном. Ли или полное имя его Li-in-tjan (иероглифы) действовал всегда в южной половине Кореи. Ранее он был помощником предводителя революционеров Li-kang-yen'a (иероглифы), действовавшего в провинции Чжолладо (иероглифы) и лишь после поимки и казни последнего в прошлом году сделался сам их предводителем. Шайка под его командой продолжала действовать в провинции Чжолладо (иероглифы) и только недавно перенесла свои действия в соседнюю провинцию, Чюн-чион-до (иероглифы), где и была вскоре рассеяна, причем сам Li-in-tjan (иероглифы) был пойман около трех месяцев тому назад и после месячного заключения в тюрьме казнен в начале мая в городе Ионь-сань (иероглифы). Что касается И-пом-юна или Li-poun-youn (иероглифы), то он здравствует и поныне, действуя в провинции Хам-гион-до Северной Кореи. Все трое названных предводителя носят одно и то же имя Ли, причем последней из них (И-пом-юн) принадлежит к той же фамилии, что и последний корейский посланник в Петербурге И-пом-чен (иероглифы).

Прошу Ваше Высокопревосходительство принять уверение в моем искреннем уважении и глубокой преданности.

С подлинным верно: В.В.Лашанен

20. Письмо В.В.Ламанского Помощнику Военного Агента в Китае

1909.5.28 (28 Мая 1909 г.)

Ф.560, оп.28, д.393, л.26-27.

Подтверждая получение Ваших писем от 26 мая/8 июня этого года за №44 и от того же числа за №45, спешу поделиться добытыми мной сведениями по затронутым в них вопросам.

Ружья и патроны, о которых Вы пишете, были еще до последней войны заказаны Корейским правительством в Европе через французскую фирму Рондон, производившую в то время все поставки на корейскую армию и имевшую в Корее крупные дела между прочим концессию на постройку железной дороги от Сеула на Ый-чжю. Заказанные ружья и патроны не могли быть доставлены в Корею, которая уже была занята японцами и потому были сложены в товарных складах в Гонконге с платой за хранение. После окончания войны и оккупации Кореи все поставщики Корейского Правительства представили счета своих претензий и убытков. Рондон, потерпевший убытки от лишения концессий и по перевозке означенной партии оружия, также представил счет, как говорят, на 800 тыс. иен. Претензия его была удовлетворена в сумме всего 300 тысяч иен из сумм Корейского Правительства, после чего фирма Рондон, уплатив плату за хранение оружия в товарных складах Гонконга, отправила его обратно в Европу. Таким образом вопрос этот отпадает сам собой.

Второй Ваш вопрос относительно предполагавшейся разведки в Корее через капитана Хиона разрешен в настоящее время таким образом, что в Корею отправился его брат, на которого возложена обязанность доставлять периодические сведения в Шанхай. Если бы Вы пожелали иметь оттуда какие-нибудь специальные данные, прошу сообщить мне Ваши вопросы – я перешлю их через Хиона в Корею.

Что касается до Вашего вопроса относительно сосредоточения оружия в Харбине, могу сообщить, что при настоящих условиях, когда китайская таможня обставляет громадными затруднениями провоз боевых снарядов для Заамурского Округа, подобный провоз прямо был бы невозможен.

Карты, приложенные к Вашему второму письму, получил вместе с отзывом полковника Самойлова и очень просил бы Вас указать мне учреждение или лицо, в руках которого они сослужили бы пользу. Я не знаю,. Продолжают ли Звягинцев и Корф порученную им в свое время сводку картографических материалов по Корее?

Прошу принять уверение в моем глубоком уважении и искренней преданности.

21. Донесение, Л.В. Фон Гойера В.Н.Коковцову

1909.5.28

Ф.560, оп.28, д.393, л.37-75.

**Милостивый Государь,
Владимир Николаевич,**

Отчет поездки в Японию в Апреле этого года. Перед отъездом в разрешенный мне Вашим Высокопревосходительством отпуск, я счел необходимым совершить поездку в Японию, с целью испрошения у ИМПЕРАТОРСКОГО Посла в Токио указаний относительно постановки работы японской части Шанхайской агентуры за время моего отсутствия, и для ликвидации таковой в случае временной приостановки ее функций.

Я воспользовался в тоже время своим пребыванием в Японии для проверки на месте ряда сведений, полученных с разных сторон за последнее полугодие, и для подведения на основании также и личных наблюдений общего итога всем материалам и данным рисующим политическое, финансовое и военное положение Японии в настоящее время, и ныне почтительнейше прошу разрешение представить Вашему Высокопревосходительству краткий отчет по этому вопросу.

После последней моей поездки в Японию прошло только восемь месяцев, и потому несмотря на интенсивность жизни в этой политически молодой стране, вызывающую необычайно быстрое течение событий, с тех пор особых перемен не произошло, и я потому едва ли могу добавить много нового к тому, что позволил себе высказать в донесении на Ваше имя от 19 Августа минувшего года, служившем отчетом моей предыдущей поездки.

Общее впечатление, вынесенное мной на этот раз, сводится к тому, что все население почти без различия классов удручено не прекращающимся экономическим кризисом и встревожено тем, что жизнь дорожает с каждым днем, а средства к существованию не увеличиваются. Слово «фукейки» на устах у всех – что означает «торговый застой, безденежье»; и в самом деле, как известно, экспорт все еще не может оправиться, и параллельно с тем продолжается торгово-промышленный застой, вызванный отсутствием свободных денег в стране, а также и взаимным недоверием купцов и предпринимателей друг к другу,- то и другое результаты неосторожных и отчасти дутых операций в эпоху всеобщего подъема последовавшую после войны. Деньги, занятые Правительством заграницей во время войны и перешедшие в руки народа были зря проспекулированы и следствием этого явилось ясно ныне обозначившееся чувство недоверия ко всяким новым торгово-промышленным планам и предприятиям. То обстоятельство даже, что Государственные фонды стоят лучше за последнее время в сущности находит себе объяснение в том, что запуганный обыватель не доверяющий иным помещениям, предпочитает хранить свои деньги в верных банках и получить по ним хотя бы и скромный процент, банки же, принужденные уплачивать эти проценты, и не имеющие возможности совершать выгодные и в тоже время обеспеченные операции вследствие общего делового застоя, прибегают к покупке Государственных бумаг. Такие скандальные дела как разоблачения злоупотреблений общества Токийских железных дорог, или только что случившееся банкротство компании Японских Сахарных Заводов, доказавшие недобросовестность крупнейших японских предпринимателей и общественных деятелей и подкупность членов Парламента, едва ли послужат к восстановлению пошатнувшегося доверия общества. Банкротство всех предприятий в Японии франко-бельгийского синдиката, представителем и двигателем которого был Г.Луннен и отъезд последнего из Японии также произведет должное действие на иностранных предпринимателей и вероятно убедит их в том, что пока еще не настало время для помещения денег в торгово-промышленные предприятия в названной стране,- что время это настанет лишь тогда, когда коммерческая этика Японцев поднимется до уровня Европейских торговых стран, и когда коренным образом изменится их отношение к иностранцам; то и другое вероятно совершится, но скоро ли? Пока, Япония не может еще отрешиться от наследия долгого прошлого: враждебное и подозрительное отношение к иностранцам, вызванное хищнической политикой последних, благодаря которой все восточные страны на горьком опыте постигли значение «белой опасности», и низкий уровень коммерческой морали, являющийся следствием того социального положения, какое веками занимало купеческое сословие, этот класс общественных партий, самое название которых «Шонин» служило бранным словом (Впрочем, почти такое же отношение к ним отмечается и в других восточных странах, даже в Китае, где долгое время им было запрещено ношение шелка, езды на лошадях и занятие почетных должностей, и где к ним применялось характерное, но не лестное выражение «купцы и прочие ростовщики».) Пока, стало быть, в Японии более чем когда-либо ощущается потребность в приливе иностранных капиталов для дальнейшего развития промышленности и для урегулирования расчетного баланса страны. Поэтому, пользуясь тем что Государственный кредит Японии стоит сравнительно даже выше в этом году чем в предыдущие годы – что объясняется главным образом мнимым упорядочением настоящим кабинетом Государственного хозяйства страны в смысле сокращения бюджета непроизводительных расходов,- был совершен ряд иностранных займов местными городскими муниципалитетами, т.е. займы собственно говоря полуправительственные. Всего три города заняли около сорока миллионов. Правительство, воспользовавшись удобным моментом на Лондонском рынке стало? со своей стороны вывозить ныне усиленно бонды казначейства и реализовать их в Лондоне. Бондов вывезено за последние месяцы на более чем двадцать миллионов иен. Параллельно с приведенными займами было совершено также и несколько внутренних займов всего миллионов на двенадцать, в чем многие усмотрели признак улучшения финансового состояния внутреннего рынка. Едва ли это, однако так, ибо с одной стороны дают деньги банки, в которых как выше было указано иммобилизованы деньги непредприимчивых капиталистов, и дают они их в частности, таким крупным и известным фирмам и предприятиям как пароходной фирме Осака Шозен Хайша, Хоккайдовской колонизационной компании, бумагопрядильным и ткацким заводам фудзи и Ниссин, дают в размере около двух миллионов из семи, восьми процентов, что более всего указывает на стесненное положение этих крупных фирм.

Некоторое улучшение, однако можно в скором времени ожидать, хотя бы потому, что дела пошли лучше в Китае. В виду тесной связи китайского рынка с японским это отзовется и на последнем. И пора будет, ибо страна утомлена от продолжительного кризиса. Последний, впрочем, имел и благотворные результаты; не ему ли следует отчасти приписать то более мирное, и я сказал бы более оседлое настроение, какое ныне ощущается среди населения? Ибо от внимательного наблюдателя не может ускользнуть та разница в настроении масс, какая оказывается ныне в сравнении с тем, что было в пятилетие до войны и сейчас после окончания кампании. Насколько в то время чувствовалось, что все внимание и все силы страны были обращены в сторону предстоявшей неизбежной войны, что все население забыв остальные дела и заботы сосредоточилось на мысли о роковой борьбе за существование, настолько теперь становится все яснее, что народ стряхнул с себя кровавый кошмар войны и с чувством удовлетворенного самолюбия стал жить вновь жизнью нормальной, обывательской. Я не хочу этим сказать, что в стране не чувствовался бы больше дух милитаризма, нет, военные приготовления идут своим чередом, но это только милитаризм сверху, с пока дружелюбной пассивностью снизу.

В этом и заключается, по-моему, самое интересное явление новейшего времени какое можно наблюдать в Японии: Правительство упорно и неукоснительно идет по пути дальнейших вооружений и в целях политических тщательно скрывает это не только от иностранцев, но и от своего народа. Последний, быть может под давлением тяжелых экономических условий, явно проникся более мирным духом, и как будто желал бы, чтобы, покончив с эпохой лихорадочного напряжения, жизнь страны вошла в обыденные рамки. Это течение в народе настолько сильно, что большинство иностранцев, поддаваясь этому настроению, пришли к довольно ошибочному заключению о «миролюбивых планах Японии» и об окончании воинственной эры Империи. Правительство от своей политики не отказалось, оно не отказалось от намеченных задач, и поэтому-то мы быть может находимся накануне или вернее в начале новой эры, которая отметится борьбой формирующегося постепенно среднего социального класса с правящей группой «кланных» представителей – потомков бывших самураев – творцов эпохи Мейдзи. Социальное движение это становится вполне ясным, если вспомнить, что в до-Мейдзинскую эпоху в стране собственно говоря было три общественных класса: аристократы в лице феодальных князей-даймо, мелкое дворянство в лице военной свиты этих князей – самураи, и весь прочий непривилегированный класс народа, включая сюда и купца-шонина. Переворот 68-го года показал полную деморализацию и «отжитость» аристократии, поэтому на ее долю достались лишь почетные звания и должности, между прочим места в Палате Лордов, ко власти же были призваны самураи, т.е. военное сословие – и этим-то объясняется отчасти воинственный дух Правительства Мейдзи. Громадные народные массы собственно говоря остались не причем; вследствие, однако чрезвычайного развития образования в стране, этот класс не мог остаться порабощенным сословием и рано или поздно должен был заявить свои права. Заботы о быстрейшем образовании европейски-цивилизованного государства и о защите целости и независимости молодой Империи отвлекали до сих пор народ от возбуждения социального вопроса, вовремя дарованное в восьмидесятых годах подобие конституции также отодвинуло этот вопрос на несколько десятилетий, однако после разрешения вопроса о внешней безопасности страны должно настать время упорядочения внутреннего социального строя жизни. Многими высказывалось мнение, что это поведет к социалистическому движению в Японии и указывалось даже на признаки зарождения такового. По-моему, это прежде всего поведет к образованию недостающего среднего класса интеллигенции в стране, класса вне-кланных общественных деятелей и независимых «бизнесменов», и эти выходцы из народа завоюют сперва почетное место в Парламенте, а затем проникнут и в застенный город Министерств. Я не хочу сказать, чтобы параллельно не появлялись и вспышки чистого социализма, он уже имеет свою краткую историю в Японии и не заглохнет вероятно, но расцвет его не близок.

Отцом социализма в Японии признают обыкновенно некоего Ои, издателя первого социалистического органа «Азума Синбун» и основателя лет 25 тому назад «Восточного Общества Свободы». Цель общества была защита интересов рабочего класса. Вообще следует сказать, что до сих пор социализм в Японии имел основанием исключительно вопрос об улучшении участи рабочих. Сословие это действительно обездолено. В Парламенте оно представителей не имеет/ не нужно забывать, что в Японии вообще на тысячу человек в среднем лишь 17 имеют право быть избирателями/, условия жизни ухудшаются с каждым годом вследствие наплыва деревенского населения в промышленные центры, вызванного вздорожанием жизни и стремлением к заработкам. Нравственный упадок рабочего населения по словам профессора Тедзима ужасающий; оно почти не знает семейной жизни и поголовно предается пьянству и разврату. У рабочего нет никакой надежды на улучшение своего положения, и он поэтому не стремится к усовершенствованию, а опускается постепенно до уровня простого «кули». Следующий шаг в истории развития социализма было основание группой деятелей – Такано, Савада, Сакума, Симада и другими в 1899г. партии «Права рабочего «Сиокко Гию Кай», которая, однако просуществовала лишь три года и была затем запрещена Правительством. Такая же участь постигла ряд рабочих ассоциаций, организованных почти в тоже время, как те ассоциации рабочих железоделательных заводов, железнодорожных рабочих и другие, и наконец последнюю попытку организовать семь лет тому назад партию Социал-демократов. Ныне, вследствие строгих репрессивных мер Правительства, социализм как бы замер, но по мнению многих это летаргический сон от которого он проснется в ближайшем будущем. Нас эти вопросы не могут не интересовать, уже потому, что с тем или иным веянием во внутренней политике Японии связано и направление ее внешней политики. Достаточно, например, вспомнить, что единственный социалистический орган в эпоху предшествовавшую русско-японскую войну «Хеймин Синбун», был также и единственным голосом в прессе протестовавшим против войны, за что он и был упразднен Правительством.

Не может быть никакого сомнения, что переход власти от нынешнего «самурайского «Правительства в руки постепенно формирующего класса вне-кланной буржуазии, этого выдвигающегося понемногу японского «тиер-эта», имел бы последствием упадок милитаризма и сближение Японии с Россией. Пока же будет существовать нынешний олигархический режим нельзя ожидать, чтобы Япония искренне протянула нам руку – она будет продолжать свою «континентальную политику», которая неминуемо приведет ее к новому столкновению с Китаем и Россией. И Правительство ясно сознает это и потому так усердно вооружается, стараясь в тоже время усыпить внимание иностранных держав. Я доносил уже и еще раз повторю: Японское Правительство не только не отказалось от намеченного тотчас после последней войны грандиозного плана вооружений, цель которого состояла в том, чтобы удвоить количественно и качественно свои сухопутные силы и утроить морские, в виду того, что имевшаяся армия оказалась недостаточной для того, чтобы нанести России решительный удар – но даже продолжает, по мере того как обнаруживаются новые потребности, постепенно развивать и дополнять его. Кажущееся сокращение расходов объясняется тремя причинами: первая та, что при составлении программы в 1906 году вся тяжесть расходов должна была по плану лечь на первые годы, с тем чтобы затем, по истечении 5-6 лет упасть до двух-трех миллионов в год; иначе говоря, настоящее вооружение, то есть новые формирования, перевооружение, укрепления, должны были быть готовыми к 1911 году, а затем уже приступили бы к отделке деталей. И вот истратив громадные суммы на вооружение в 06, 07, 08 и 09г., Правительство, согласно выработанному плану и в соответствии с выполненными уже работами, а вовсе не вследствие новых миролюбивых течений, имеет ныне возможность ассигновать менее крупные суммы на чрезвычайные военные издержки; вторая причина та, что Правительство, в виду стесненных финансовых обстоятельств с одной стороны, а также и в виду проявления крайнего миролюбия России, нашло возможным разложить некоторые менее важные расходы на большее число лет не выходя вместе с тем из рамок общего срока программы; а именно с точки зрения готовности армии это выразится в том, что то, что должно было быть сделано к 1911 году будет готово к 1913 году. Третья причина та, что в Японии существует кроме общеизвестного бюджета обыкновенных и чрезвычайных расходов еще ряд дополнительных бюджетов, подробный отчет которых не публикуется, и о которых лишь вкратце упоминается что «расход покрывается приходом», и вот во многих случаях их этих бюджетов черпают то, что сокращается в общей росписи; так, например, достаточно сказать, что в общем бюджете текущего года фигурируют следующие цифры: военных издержек обыкновенных – 72 миллиона, чрезвычайных – 15 миллионов иначе говоря всего – 87 миллионов иен, а истрачено в действительности было согласно мнению всех военных агентов в Японии – 147 миллионов. Все сказанное я постараюсь подтвердить цифровыми данными, часть которых была любезно поставлена в мое распоряжение нашим военным агентом в Токио.

Государственная роспись доходов и расходов была сбалансирована в этом году в сумме 516 миллионов против 554 миллионов расходов и 583 миллионов доходов в прошлом году, /в виду того, что в этом году бюджет железных дорог исключен из общей росписи, я выделяю его также из бюджета 1908 года для большей наглядности/, из этого можно заключить, что обыкновенные расходы сокращены на 38 миллионов, однако это было бы неверно, так как помимо этих 516 миллионов/ 401 обыкновенных и 115 чрезвычайных/ в этом году расходуются еще 11,911,024 иена отложенные с прошлого года по невыполненной программе и еще 14,103,000 «отложенных длительных расходов». Пополняются они из остатка с прошлого года в размере 25,914,000 иен. Стало быть, весь бюджет настоящего года, помимо дополнительных и особых бюджетов о которых речь будет ниже, достигает 542 миллиона расходов в сравнении с 554 прошлого года. Разница всего в 12 миллионов.

Сопоставляя затем исключительно чрезвычайные расходы прошлого года с таковыми настоящего, что представляет особый интерес, так как большинство их идет на сухопутные и морские вооружения, мы видим, что в этом году эта цифра выражается в сумме 115 миллионов, а в минувшем в сумме 159 миллионов и из этого мы могли бы вывести заключение о сокращении таких расходов на 44 миллиона. Это, однако тоже было бы ошибочно, ибо чрезвычайные расходы заключаются почти исключительно из программных расходов, которые Правительство видоизменяет, откладывает и разверстывает на большее число лет, но от которых оно отнюдь не отказывается, а также отчасти из расходов, которые Правительство легко может перевести в один из дополнительных или специальных бюджетов без того, чтобы это бросалось в глаза. В Японии нет единства кассы вот что так затрудняет контролирование государственных расходов и что так облегчает Правительству мистификацию как иностранцев, так и самого народа. Для большей наглядности сказанного необходимо припомнить все подробности касающиеся пресловутой «пост-беллум программы» и ее двух видоизменений, а также ознакомиться с некоторыми из запутанных специальных бюджетов.

После окончания войны в 1906 году Правительство, как известно, наметило программу предстоящих чрезвычайных расходов на разные нужды всего суммой в 543,438,238 иен, к этому были прибавлены еще старые невыполненные работы на сумму в 108,429,153 иена и вся сумма в 651,867,391 иен разложена на 15 лет. Но затем, израсходовав в течение первых трех лет без малого половину этой суммы на важнейшие нужды, Правительство с одной стороны нашло возможным дважды изменить эту программу в смысле более равного распределения оставшейся суммы на предстоявшие 12 лет, а также, в виду обнаружившихся новых нужд, нашло нужным увеличить программу на 10,463,012 иен в 1908г. и на 10,744,876 в нынешнем году. Поэтому, несмотря на установившееся почти во всем мире, благодаря контролируемой Японцами печати, мнение о сокращении программы расходов, пока следует говорить лишь об увеличении программы расходов на 21 миллион и о более равномерном распределении их на тот же 15 летний срок. Для ясности привожу полностью программы:

Первоначальная Программа 1906 года.

	Новые Расходы	Старые невыполненные	Итог
1907	88,322,400	25,140,539	113,768,939
1908	88,377,035	21,328,025	109,695,060
1909	86,554,938	16,995,555	103,450,488
1910	76,445,551	14,990,093	90,435,644
1911	68,884,440	13,475,008	82,359,448
1912	55,416,249	11,430,916	66,847,165
1913	45,559,787	5,072,915	50,632,782
1914	6,459,201		6,459,201
1915	6,120,236		6,120,236
1916	6,963,864		6,963,864
1917	5,635,028		5,365,028
1918	2,562,119		2,562,119
1919	2,592,119		2,592,119
1920	2,325,788		2,325,788
1921	1,983,788		1,983,788
	543,438,338	108,429,053	651,897,397

Первая Измененная Программа 1908 г.

	Видоизмененная	Новые 10 мил.	Итог
1907	исполнено		
1908	97,445,354	2,802,354	100,247,708
1909	73,312,931	2,653,766	75,966,697
1910	58,731,683	1,371,259	60,102,942
1911	83,922,688	926,179	84,848,867
1912	66,477,218	761,999	67,239,227
1913	56,382,757	647,879	57,030,636
1914	45,158,915	647,879	45,804,794
1915	32,271,799		32,271,799
1916	5,405,657		5,405,657
1917	5,027,621		5,027,621
1918	1,983,921		1,983,921
1919	1,983,921		1,983,921
1920	тоже самое		"
1921	тоже самое		"
	530,967,612	10,463,612	541,436,592

Вторая измененная Программа 1909г.

	Видоизмененная	Новые 10 мил.	Итог
1907	исполнено		
1908	исполнено		
1909	61,542,769	1,970,418	62,513,187
1910	51,114,904	1,175,041	52,289,945
1911	55,404,144	1,609,938	57,014,082
1912	51,957,880	2,276,770	54,234,650
1913	48,238,858	475,772	48,714,618
1914	46,250,397	396,745	46,647,427
1915	53,945,297	396,817	54,315,114
1916	27,570,782	458,496	28,029,278
1917	13,754,041	458,496	13,754,041
1918	10,661,706	458,496	11,120,212
1919	10,548,440	497,873	11,048,313

1920	1,983,912	597,014	2,580,926
1921	1,983,912		1,638,912
	434,148,545	10,744,876	444,893,421

Итоги второй и третьей программы меньше первой, так как в них уже исполнены в первой 1907, а в последней еще и 1908 г. Сама программа как видно увеличена на 21,208,488 иен, будет закончена к тому же 1921-му году, только сметы более равномерно распределены по бюджетным годам.

Для дальнейшего выяснения вопроса о японских вооружениях необходимо теперь же указать какая часть расходов «пост-беллум программы» предназначена на военные нужды:

Сравнение всей программы с расходами на военные и морские нужды:

	Вся сумма	Военные и морские нужды
1909	63,513,187	50,839,368
1910	52,289,945	39,093,654
1911	57,014,082	44,257,802
1912	54,234,650	44,076,928
1913	48,714,628	33,036,281
1914	46,647,142	37,118,057
1915	54,315,114	44,312,950
1916	28,029,278	21,265,600
1917	13,754,041	9,327,370
1918	11,120,212	6,961,838
1919	11,048,913	6,894,776
1920	2,580,926	кончена
1921	1,633,912	
	444,983,421	337,684,452

Сюда следовало бы прибавить для полноты картины 85,095,734 иена израсходованные на те же цели в 1907г. из общей суммы в 113,768,939 иен, и 79,792,017 иен из суммы в 100,247,708 иен в 1908 году.

Наконец для еще большей ясности приведем сравнительную таблицу первоначальной и измененной программы военного и морского ведомств:

Военная Программа.

	Основная	Изменения 1908	Изменения 1909	Итог изменений	Измененная программа
1907	38,433,439				
1908	39,198,008	- 3,182,991			36,016,017
1909	36,382,245	- 14,800,000	- 7,907,572	- 22,707	- 13,674,673
1910	24,833,761	- 19,900,000	- 602,509	- 20,592	4,241,252
1911	18,522,474	+ 13,600,000	- 17,963,633	- 4,363,653	14,158,821
1912	5,066,884	10,000,000	- 4,966,888	5,038,112	10,104,996
1913	2,202,136	8,945,579	128,846	9,074,425	11,276,561
1914	1,967,093	5,054,421	365,763	4,688,653	7,655,746
1915	1,928,128	272,991	4,386,915	4,669,906	6,593,034
1916	1,916,481		6,645,582		8,562,063
1917	2,710,345		6,617,041		9,327,390
1918			6,861,838		6,851,838
1919			6,894,776		6,894,776

Морская Программа.

	Основная	Изменения 1908	Изменения 1909	Итог изменений	Измененная программа
1907	46,662,295				43,776,565
1908	48,744,536	- 4,967,971			43,776,565
1909	48,808,084	- 11,838,389	- 1,250,000	- 12,633,389	36,164,695
1910	48,192,104	- 9,373,300	- 2,866,602	- 12,239,902	35,852,202
1911	49,272,239	- 11,953,133	- 7,220,115	- 19,173,248	30,098,981
1912	52,320,140	- 11,244,969	- 7,103,239	- 18,463,084	33,931,932
1913	35,939,586	- 4,812,496	-9,366,370	- 14,179,876	21,759,720
1914		- 4,812,496	1,507,406	30,462,306	30,462,306
1915		28,954,900	13,449,666	38,229,924	38,229,924
1916		23,780,248	12,703,577		12,703,577

Из вышеприведенных программ и их изменений можно, мне кажется вывести следующие заключения:

1. Изменение размеров программы пока выражается только в ежегодном увеличении ее приблизительно на десять миллионов иен.

2. Более равномерное распределение расходов отразится на военных приготовлениях в том смысле, что флот будет готов на три года позднее чем первоначально предполагалось, то есть не в 1913г., а в 1916 году, а армия на два года позднее – в 1919, а не 1917 году. Мы ниже, однако увидим, что по мнению специалистов существенные части армии будут готовы к 1913-14 г. /ранее предполагалось к 1911/ а потом предстоит лишь отделка менее важных деталей.

3. Из сопоставления этих программ и их видоизменений со специальными бюджетами, можно заключить, что часто то, что откладывается по общему бюджету, исполняется по дополнительному. Дабы пояснить это надо сперва ознакомиться с японскими специальными бюджетами, а также с курьезной перетасовкой расходов по разным ведомствам.

К специальным и дополнительным бюджетам относятся следующие: Бюджет железных дорог, выделенный в прошлом году, формоза, Квантун, Сахалин, Концессии в Китае, затем Монетный двор, Сберегательные кассы, университеты, лесоводство, сталелитейный завод Вакамацу, военные и морские арсеналы и другие менее важные. Доходы здесь в теории должны балансироваться с расходами, дефициты покрываться особыми займами. По этим специальным бюджетам так же была составлена особая «пост-беллум программа», исполнение которой также разложено на 15 лет в сумме – 133,758,729 иен, так что, вся предстоящая программа выражается собственно в сумме – 578,652,150 иен.

В частности, остановимся на одном пункте, на бюджете арсеналов: В официальном отчете сказано: Арсенал в Токио, доход – 18,620,000; расход – 18,505,000.

Арсенал в Осака, доход – 13,838,000, расход – 13,228,000 иен. Какие же это могут быть доходы? Всем известно, что арсеналы эти работают днем и ночью для исполнения заказов военного ведомства и частных работ не исполняют почти никаких. Морские арсеналы действительно окупают до известной степени свои расходы благодаря частному судостроению, что же касается военных арсеналов, то по сведениям нашего военного агента, они за весь год исполнили лишь несколько ничтожных заказов, как то выделку железных решеток и тому подобные изделия суммой на несколько сот тысяч иен. Частные заказы вероятно и дали тот излишек доходов над расходами, то есть 725,000 иен, остальные 32 миллиона были взяты из кассы военного ведомства, но не показаны по общему бюджету. Мы ниже увидим откуда именно, из какого источника берутся эти средства.

Теперь остановимся еще на вопросе о крайне запутанности бюджета вследствие отнесения некоторых расходов в графу несоответствующего ведомства. Для примера возьмем бюджет военного ведомства. Как известно уже в общем бюджете, составленном для публики, фигурируют лишь 72 миллиона обыкновенных и 15 миллионов чрезвычайных расходов. В действительности смета следующая:

72,291,842 иена – Обыкновенные расходы

15,440,223 иена – Чрезвычайные расходы

36,978,824 иена – По отдельному бюджету – арсеналы и суконная фабрика Сенджю

11,911,034 иена – Отложенные с прошлого года по невыполненной программе / покрыв. из остатков прошлого года/

7,286,800 иена – По дополнительному бюджету из сметы будущего года

3,630,000 иена – На содержание войск команд.в Корею Показано в смете Министерства Финансов

147,538,013 иен /а не 87 миллионов/

Эта цифра совершенно достоверна, но вероятно к ней еще следует прибавить 1,668,710 иен – стоимость содержания 6 батал.охранной стражи в Маньчжурии, которые хотя и показаны в общей смете Военного Министерства, все же вероятно, согласно первоначальному условию, возмещаются ему Южно-Маньчжурской дорогой – и мы тогда получим круглую сумму в полтораста миллионов расходуемых в текущем году на нужды Армии. Стало быть, за войсками в Корее платит Министерство Финансов, за войска в Маньчжурии – дорога. В бюджете Морского Министерства почему-то не внесем дефицит сталелитейного казенного завода Вакамацу, работающего для него, а дефицит этот в сумме 1,800,000 иен фигурирует в смете Министерства Земледелия и Торговли. Одним словом, суммы, касающиеся исключительно Военного и Морского ведомств, заносятся в сметы других Министерств кроме того существует ряд специальных бюджетов и наконец прибегают к дополнительным расходам якобы из сбережений предыдущего года и еще захватывают вперед кредиты предстоящих лет. Такими жонглированиями настолько запутывается бюджет, что сбитая с толку публика начинает действительно верить в сокращение расходов и направление их в сторону культурно-производительных целей. Между тем я позволю себе обратить Ваше внимание на следующее курьезное совпадение: Мы видели в таблице №5, что согласно последней измененной программе, в текущем году всего отложено военных расходов на 22,707,572 иена; не странное ли это совпадение, что не фигурирующие в общем бюджете Военного Министерства и израсходованные помимо него как видно из приведенного выше полного военного бюджета 11,900,000 плюс 7,200,000 плюс 3,600,000 иен составляют как раз 22,700,000 иен. Не значит ли это что они только для вида отложены, а в действительности израсходованы, не значит ли это даже, что программа не соответствующую сумму увеличена, так как когда согласно разверстке, наступит время их расходования. Военное ведомство едва ли откажется от своих кредитов. Из других курьезов я еще укажу на следующий: В подробной смете отложенных расходов Военного Министерства Фигурирует цифра – 900,000 иен на покупку земли под казармы. Из этого можно было бы усмотреть, что постройка казарм до тех пор откладывается, на деле же это вовсе не так, а просто означает, что земля приобретена с платежом в рассрочку, а казармы уже строятся.

Таким образом я утверждаю, что военное ведомство никаких расходов не сократило, ни от каких расходов не отказалось – в крайнем случае отложило готовность армии на два года, и что это еще под большим сомнением.

Однако из вышеприведенных цифровых данных явствует, что для осуществления не покрываемых общим бюджетом военных расходов, требуется особый негласный источник дохода. Тот факт, что откуда-то поступают секретные средства совершенно очевиден. Так, например, в подробной смете Военного Министерства занимающей несколько страниц поставлена чуть ли не каждая пуговица на солдатском мундире, но почему-то не упоминается вовсе о постройке крепости в Гензане, о постройке складов и казарм в Северо-восточной Корее, о работах в порте Чончжин. На какие же средства производятся эти грандиозные вооружения. На какие средства финансируются и субсидируются плеяды японских негласных агентов в Китае, всей восточной Азии и даже в Европе. Для того, чтобы ответить на этот вопрос надо хотя бы самым беглым образом ознакомиться с общей картиной японских финансов.

До 1908 года средства для всяких экстраординарных расходов черпались из особого Военного фонда. Последний как известно на основании особых Императорских указов был открыт 1 Октября 1903 года и закрыт 1 Апреля 1907 г., а всего разрешен в сумме 1,746,421,841 иена из которых израсходовано было до закрытия его 1,508,472,838 иен, 100 миллионов взято на покрытие дефицита 1907 года и осталось 137 миллиона. На следующее десятилетие Министерство Финансов составило план государственной росписи доходов и расходов на основании которого актив и пассив должны сбалансироваться без дефицита. Привожу эту бюджетную программу:

Программа на 11 лет   **Доходы.**

Год	Обыкновенные	Чрезвычайные	Всего
1909	470,667,970	34,777,830	505,445,800
1910	471,826,739	24,654,565	496,481,304
1911	480,661,681	25,218,452	506,880,133
1912	485,643,917	24,854,815	510,498,732
1913	485,744,417	24,419,662	510,164,079
1914	485,744,417	23,223,467	508,972,884
1915	485,744,417	22,523,447	508,167,864
1916	485,743,626	22,171,067	507,914,693
1917	485,739,072	21,084,491	506,823,563
1918	485,739,072	21,003,491	506,742,563
1919	485,739,072	20,998,401	506,737,473

Расходы

Год	Обыкновенные	Чрезвычайные	Всего
1909	400,912,102	115,288,693	516,200,795
1910	408,832,777	94,352,853	503,185,630
1911	411,925,909	96,282,446	508,209,355
1912	410,452,247	86,910,410	497,362,657
1913	412,103,256	81,760,789	493,864,048
1914	412,764,371	87,289,248	500,153,619
1915	415,082,732	93,849,452	508,932,134
1916	416,592,390	66,470,670	483,063,060
1917	417,993,560	52,353,569	470,347,129
1918	418,783,864	49,692,480	468,476,354
1919	419,556,992	49,595,328	469,152,320

Разница между доходами и расходами получается стало быть следующая:

Год	Разница	Год	Разница
1909	- 10,754,995	1915	664,370
1910	- 6,704,326	1916	24,851,633
1911	- 2,329,222	1917	36,476,454
1912	13,136,075	1918	38,266,209
1913	16,300,033	1919	37,585,753

1914	5,819,265		

В итоге получается превышение доходов над расходами на сумму в – 154,981,889 иен.

Этот избыток доходов будет израсходован по особой программе, составляющей как бы особый бюджет:

Седьмая программа чрезвычайных расходов.

Год	Отложен. длительные	Чрезвыч.	Всего
1909	14,103,803	11,911,024	26,014,827
1910	6,890,943	7,504,188	14,395,121
1911	5,785,000	1,650,000	7,435,000
1912	2,415,000	3,981,983	6,396,683
1913	635,000		635,000
1914	650,000	3,000,000	3,650,000
1915	100,000	5,257,009	5,357,009
1916		7399274	7,399,274
1917		тоже самое	тоже самое
1918		тоже самое	тоже самое
1919		тоже самое	тоже самое
	....	....	....
	30,579,746	62,901,300	93,481,046

Остаются таким образом еще неизрасходованными 61,500,843 иен, которые пойдут на покрытие непредвиденных расходов, которые могут представиться в течение этого десятилетия.

План в общем стройный. Повышение обыкновенных доходов до 470 миллионов с 438, объясняется новыми поступлениями с табачной монополии и с «саке», дальнейшее возрастание после 1912 года – пересмотром в этом году таможенных договоров с иностранными державами; чрезвычайные доход в размере около 20 миллионов также представляются нормальными, все это однако не объясняет источника для специальных и секретных расходов. Точных и вполне достоверных указаний и быть не может, ибо это дело секретное, но можно делать более или менее хорошо обоснованные предположения. К числу таковых принадлежит мнение разделяемое некоторыми компетентными иностранными агентами, будто Правительство постоянно показывает доходы в несколько уменьшенном размере, а разницу тратить на секретные нужды. В связи с этим мнением представляет мне кажется большой интерес статья, появившаяся в Марте этого года в серьезном финансово-экономическом журнале «Иокохама Боеки», в которой подробно исчисляется остаток, остававшийся каждый год за последние 18 лет, приводится то что из него израсходовано и что должно было остаться. Сюда разумеется относятся остатки со всех доходов включая займы и Военный фонд. Цитирую всю таблицу:

Год	Остаток	Расходы непредвиденные
1890	24,343,950	-
1891	19,675,597	197,786
1892	24,727,171	-
1893	57,484,22	6,001,686
1894	20,041,385	2,252,310
1895	33,115,541	719,317
1896	18,162,914	2
1897	2,711,278	5,252,645
1898	296,558	1,723,418
1899	88,956	
1900	3,104,809	748,156
1901	7,502,224	
1902	8,114,693	3,465,908
1903	10,624,626	5,868,949
1904	50,411,253	11,251,720
1905	27,160,585	36,254,931
1906	65,975,497	9,474,950
1907	25,4680,133	6,976,056
1908	-	5,366,787
	....	....
	606,485,622	95,553,597

Получается разница в 510,932,025 иен. Сто миллионов из них, как уже известно, взяты на покрытие дефицита 1907 года, 137 миллиона осталось от фонда /причем по данным из французских источников 65 наличными и 72 в разрешенных, но еще не выпущенных займах/ но где же остальные 273 миллиона? На это никто ответа не дает. Остается предположить, что-они-то и составляют тот золотой фонд, который Правительство держит в Лондоне. Что фонд существует – это несомненно, и не оспаривалось. Товарищем Министром Финансов в прошлом году в ответ на запрос члена оппозиции. Размеры его неоднократно определялись в сумме от 200 до 300 миллионов иен, поэтому цифра 250-270 миллионов вероятно была бы недалека от истины. Вот из этого то фонда, а также из сумм проистекающих от излишка действительных доходов над показываемыми, японское Правительство черпает необходимые средства на покрытие расходов по негласным сметам и в частности деньги на производство разных работ и сооружений с целью усиления своей военной мощи, которые оно желает сохранить в секрете. И результат получился тот, что весь мир проникся идеей о японских миролюбивых планах и намерениях, и о серьезном стремлении ее привести в порядок свое финансовое хозяйство; от этого поднялся ее кредит и в тоже время усыплено было внимание держав, а Япония между тем уже в полтора раза сильнее чем была в прошлую кампанию и будет в два раза сильнее по истечении пяти лет. Она тогда будет фактическим хозяином Дальнего Востока – можно ли предположить, что она удовольствуется абстрактным сознанием своего превосходства? Можно ли ожидать, что, имея тогда возможность диктовать свои условия, она будет спокойно выжидать пока мы заселим и укрепим ныне беззащитную дальневосточную окраину?

Я говорю, что Япония уже в полтора раза сильнее чем была в прошлую войну и будет в два раза сильнее в 1913 – 14г. и постараюсь доказать это путем непреложных цифровых данных. Я уже неоднократно упоминал об этом в предыдущих донесениях, но прошу разрешения еще раз вкратце резюмировать положение, принимая во внимание важность вопроса, а также и то, что с каждым полугодием японские вооружения возрастают и соотношение сил таким образом меняется. Я представлю сравнительную таблицу японских сил в 1904г. /прошлая кампания/ в 1909г. и 1914 /окончание программы/:

Армия.

1. Численный состав.

1904г. Мирное время

13 дивизий, 1 смешанная бригада, 3 независимые артиллерии и 2 кавалерийские бригады, 15 батальонов крепостной артиллерии.

Военное время.

Дивизия разворачивается до 20,000-го состава, и получает резерв в приблизительно три полка. Для пополнения убыли – запас: 1 батальона пехотный полк, эскадрон на кавалерийский полк, батарея на арт...

1909г. Мирное время.

19 дивизий, 2 отдельные бригады, 3 независимые артиллерийские бригады, 4 независимые кавалерийские бригады, 25 батальон крепостной артиллерии. Кроме того, 4 полка тяжелой полевой артиллерии, 4 дивизиона горной, 2 конные батареи, коммуникационная бригада. Состав дивизии увеличен, усилением оперных и обозных батальонов и введением пулеметной роты.

Военное время.

Дивизия разворачивается до 23,000-го состава и получает резерв в виде полной дивизии того же состава. Запас формируется по прежней системе.

1914г. Мирное время.

22 дивизии, 2-3 отдельных батальона, 5 независимых артиллерийских бригад, 6 независимых кавалерийских бригад, 12 полков тяжелой артиллерии, 4 полка горной артиллерийские конные батареи, коммуникационная бригада и прочее.

Военное время.

44 дивизии в 23,000 человек каждая, вышеназванные отдельные части, и Запас для пополнения убыли.

2. Вооружение

1904г. Не особенно удачное орудие и японская винтовка.

1909г. Прекрасное орудие по образцу Круппа и в резервных частях бывшее орудие. Усовершенствованная винтовка.

1914г. Новое еще более усовершенствованное орудие Арисака и Крупповское орудие в запасных частях.

Ко всему сказанному следует добавить еще существующий уже огромный осадный парк с орудиями разных калибров до 12 дюймов включительно, который будет доведен до 2000 орудий.

3. Стратегическое Положение на Континент.

1904г. – никакого. У нас крепость Порт-Артур и вся Южная Маньчжурия.

1909г. Весь корейский плацдарм с крепостями в Чинхай и Гензане, казармами и готовыми складами в Наннме, Хайроне, Пиньяне и Рионсане; железные дороги от Чинхай и фузана до Ялу и от Наннама и Чионджина до Туменя. Крепость Порт-Артур в Маньчжурии с военными складами в Телине и К.Чанчуне. Три железнодорожные линии с вероятным захватом четвертой китайской.

Наконец готовое ядро континентальной армии численностью в три с половиной дивизии и удвоенная транспортная сила в сравнении с 1904 годом.

1914г. Дальнейшее развитие и усиление названных крепостей и лагерей, устройство военно-морской базы в Чончжине /у нашей границы/ дальнейшее развитие путей сообщения в Корее и усовершенствование таковых в Маньчжурии и вероятная постройка дороги из Кореи на Гирин. /Постройка этой дороги – продолжение Чиончжин-Туменьской линии будет ужасным ударом для нас, так как перебросит японские силы сразу в тыл Владивостока и даст возможность отрезать всю Приморскую Область ранее взятия Харбина. По сведениям от агентов японские инженеры уже производят изыскания вдоль предполагаемого пути. /

Флот.

1904г. 6 броненосцев, 8 броненосцев крейсеров, легкие крейсера, пять морских баз.

1909г. 11 первоклассных и 4 второклассных броненосца, 12 броненосных крейсера, легкие крейсера. Десять морских баз.

1914г. 18 первоклассных и второклассных броненосцев, 16 броненосных крейсеров, крейсера, подводные лодки и прочее.

Личный состав также сильно увеличен и доведен ныне до 47,000 в мирное и 64,000 в военное время.

Достаточно самого беглого просмотра вышеприведенных совершенно достоверных данных для того, чтобы убедиться в том, что я ничуть не преувеличил, оценивая японские силы в полтора раза больше ныне и в два раза больше через пять лет в сравнении с таковыми перед прошлой кампанией. Да, 54 пехотных полка начали с нами войну в 1904 году и к ним постепенно формировался резерв из такого же числа полков, из которых большая часть не имела полного трех-батальонного состава – 80 полков начали бы войну сегодня и получили бы немедленно резерв в 80 полков такого же состава; 17 кавалерийских полков в прошлую войну – 27 сегодня; 19 артиллерийских полков – 32 сегодня и так далее. В цифрах это выразится таким образом: В 1904г. – 300,000 действующей армии и около 220,000 резерва и запас для пополнения убыли. В 1909г. – 500,000 действующей армии и около 400,000 резервной и запас для пополнения убыли.

По мнению многих авторитетов в случае военных действий в нынешнем году или в будущем, могло бы не хватить офицеров на миллионную армию, кроме того запасные дивизии не имели бы полного комплекта в кавалерийских и артилерийских частях, наконец, как мы видели выше, некоторые формирования еще не закончены, грандиозный план сооружений в Корее находится на пол пути и предстоят еще усовершенствования в вооружении. Все это по мнению специалистов может быть исполнено и закончено года через четыре. / офицерские кадры увеличиваются на 1000 человек в год/. Из программы вооружений также явствует, что к 1913 году будут закончены все казармы, стало быть вероятно и новые формирования.

Из всего сказанного, а также из общего настроения масс в Японии можно заключить, что нам не угрожает немедленная опасность войны. Японскому характеру свойственна аккуратность щепетильность и некоторая доля педантизма. Он должен в точности выполнить намеченное, выработанное. К 1914 году страна будет совсем готова и к тому времени вероятно Правительство заговорит. Разумеется, обстоятельства могут сложиться так, что Япония возвысит свой голос и раньше; блестящую оказию из-за педантизма она не пропустит – но я имею в виду нормальный ход событий.

И так Япония, не смотря на скудное финансовое положение, продолжает вооружаться с неослабной энергией и делает всевозможное для того, чтобы в ближайшем будущем имеет сильнейшую армию и грозный флот. Против кого же направлены все эти вооружения? Для того, чтобы защититься от совершенно невероятного нападения со стороны Англии, Германии, франции, Америка, Австрии такой (?) армии не нужно – в крайнем случае нужен флот, который и строится. Нападать на названные страны Япония также не собирается, да и вследствие географических условий не может; для нападения же на их колонии – филиппины, Индо-Китай, Киучау и десятой части имеющейся армии довольно. Стало быть, объектом японских вооружений только может быть Россия или Китай. В одном из предыдущих донесений я проводил мысль, что Япония готовится к активным действиям в случае возникновения каких-либо осложнений на других театрах, и что если бы внимание держав было бы отвлечено, например, войной на Балканском полуострове или возможным состязанием между Англией и Германией или Германией и францией, то она тогда, опираясь на свою армию не преминула бы сказать свое властное слово. Я и ныне повторю это, но добавлю, что все же объектом ее требований в таком случае неминуемо были бы территории Российской или Китайской Империи. Некоторые особенности японских вооружений в частности указывают на то, что из этих двух стран она больше имеет в виду Россию. Для Китая не нужен осадный парк в 2000 орудий, там таких крепостей нет, это нужно только для Владивостока. Замена в дивизиях горных орудий полевыми указывает на приспособление армии к будущему театру действий в северной Маньчжурии и указывает также на уверенность в успех наступательной кампании, на перенесение поля действий в русскую зону – ибо для южной Маньчжурии и Кореи нужны горные орудия. Разумеется, вооружения эти нужны и на тот случай если бы Россия заступилась за Китай, и это повело бы косвенным образом опять-таки к войне с нами. Захват Японией части северного Китая равносильно объявлению войны России. Однако по моему глубокому убеждению Япония имеет больше в виду Россию чем Китай, и это по двум основным причинам: 1. Воевать с Китаем почти что значит воевать и одновременно с Россией, то есть с двумя державами – воевать же с Россией вовсе не значит еще воевать с Китаем. 2. Воевать с Китаем значит иметь крупные осложнения с другими державами, с Англией во главе, имеющими торговые и политические интересы в стране – воевать же с Россией значит вероятно даже иметь политических и моральных союзников в лице прочих держав. Мне на это быть может возразили бы, что положение сильно изменилось за последние годы, и что теперь Япония в случае войны с Россией не могла бы уже рассчитывать на поддержку Англии и Америки. Это несомненно верно, и поэтому то Япония и приискивает себе уже поддержку и быть может даже фактическую помощь других стран с Германией во главе. С того самого момента, когда стало выясняться охлаждение Англии к Японии – а вызвано оно было главным образом потерями понесенными английской коммерцией на Дальнем Востоке вследствие почти монопольного положения занятого Японией в Маньчжурии и отчасти Китае, а также двусмысленным положением занятым ею по отношению ко всем азиатским странам и народностям до Индии включительно – с того самого момента, когда Япония поняла, что Англия добилась своей цели «a checkup on Russian advance in the East», и на дальнейшие завоевания и дальнейшее усиление Японии смотрит весьма недоброжелательно, Япония стала осторожно ощупывать почву для замены ныне почти лишнего союза новым, более эффективным. Япония стала искать себе союзника в лице Австро-германской коалиции с одной стороны, и в обновленном Китае, с другой стороны. Япония всегда считала и продолжает считать, что Китай ее естественный союзник против России. Рассудок всегда толкал Японию на союз с Китаем, алчность и стремление к быстрой и легкой наживе побуждали ее к враждебным действиям. Я даже скажу больше: В Японцах живет уверенность в том, что с Китайцами всегда можно будет оговориться в критический момент, пока же строгой необходимости в этом нет – почему не поживиться. Что же касается Китая, то положение его таково: Китаец «старого Китая», отживающего режима, воспитанный на древней литературе и Конфуцианских принципах несколько презирает Японца и смотрит на него как почтенный старец на эмансипировавшегося мальчишку, которого пора было бы призвать к порядку; но «новый Китай», тот с которым приходится все больше считаться, несколько изменил свой взгляд, и если он и относится с недоверием и большой осторожностью к воинственному соседу, захватившему часть его территории, то он все же находится под несомненным обаянием его. Оно иначе и быть не может. Не надо забывать, что Япония фактически является воспитателем молодого Китая. В одном Токио учатся пять тысяч китайских студентов; во всех остальных странах, взятых вместе обучается их не более одной тысячи. В самом Китае во всех больших школах японские учителя. Половина офицерства обучается в Японии. В одной только Токийской школе находящейся под надзором Генерала фукусима, этого пионера японо-китайского союза, их триста человек.

Молодой Китай воспитывается и создается Японией – и последняя прекрасно сознает, что она делает. Результат скажется, когда сойдут со сцены представители старого дореформенного Китая – и время это приближается быстрыми шагами. Независимо от этого, есть ряд других тревожных для России симптомов в мерах, принимаемых за последнее время Китаем. Я подразумеваю массовое заселение Китайцами пограничных с Китаем русских территорий, в особенности Амурского края, а также и Семиречия.

На станции «Маньчжурия» мне сообщили, что через эту границу ежедневно переправляется до 600 Китайцев. Массами они также двигаются вверх по Сунгари и бесчисленной толпой переправляются через Амур и Уссури. Запрещение русским пароходам приставать к китайскому берегу Сунгари лишь затрудняет товарное движение между Харбином и Благовещенском и Хабаровском, но едва ли остановить это массовое переселение. По словам местных властей отношения с китайскими властями не отличаются уже более прежним дружелюбием, а из местных газет видно, что китайские купцы не заключают, уже более с русскими торговцами долгосрочных обязательств, не будучи уверенными в прочности мирных отношений.

Параллельно с этим следует сказать, что Китай продолжает быстро вооружаться. К началу этого года было закончено формирование 10 дивизий и 16 смешанных бригад «современных войск» Лучуна. /В дивизии 11184 человек и 54 орудия то есть всего

175,000 человек/ К 1913 году должны быть готовы все намеченные 36 дивизий, по мнению компетентных людей однако к тому времени будут готовы 22-23 дивизии остальные формирования будут закончены не ранее 1917 года. Все же к критическому 1913-14г. Китай будет обладать в военное время /со всеми резервами/ действующей армией в 400,000 штыков, кроме охранных войск «Сюньфаньдуй» для защиты тыла, путей сообщения и для контроля порядка в стране. Пути сообщения как известно, благодаря стараниям иностранных капиталистов также быстро развиваются.

И так Китай, воспитанный Японией будет в скором времени представлять из себя крупную военную державу. С другой стороны, пример последних лет указывает на то, что он пожелает выйти из того опекаемого положения, занимаемого им ныне и вернуть себе многое утерянное в годины бедствий и унижений после японской войны, и боксерского восстания. Предлогов к столкновению с иностранцами у него будет так же много, как их было в нынешнем или минувшем году, с той разницей, однако, что пока он обыкновенно уступает, не чувствуя себя готовым к борьбе, а тогда он может оказаться и менее уступчивым.

И вот мне кажется, что к тому времени Япония пожелает иметь в сильном Китае союзника, а не врага и примет к тому заблаговременно надлежащие меры. Про интриги Японии с Германией мне трудно, что-либо сказать, ибо они происходят главным образом в Европе. Нам на Востоке были видны одновременные заигрывания Германской дипломатии с Японией и с Китаем. Это даже одно из самых характерных явлений политической жизни Дальнего Востока за последнее полугодие, и я об этом своевременно доносил. Лишнее было бы останавливаться на том, какое нежелательное положение поставило бы нас сближение сильнейшей европейской державы с сильнейшей азиатской. Почти одинаково нежелательным представляется для нас союз Японии с Китаем. Предстоящая постройка Монгольской железной дороги приблизила бы в таком случае союзную армию до двухдневного перехода от Иркутска; не говоря уже о том, что сражаться с двумя Япониями 1904 года плюс полумиллионной китайской армией было бы безумием.

Так как, однако едва ли можно сомневаться в том, что дальнейшее охлаждение англо-японского союза должно иметь следствием одну из двух комбинаций – сближение Японии с Китаем или с Германией, а охлаждение названного союза является непременным и логическим следствием занятого ныне Японией положения на азиатском материке, то спрашивается какими мерами можно было бы реагировать против таких гибельных для России политических конъюнктур?

Мне кажется на это можно дать два ответа. Первый: Надо быть сильным на Востоке, противопоставить японским вооружениям свои вооружения. Япония слишком осторожна, чтобы пускаться в рискованные авантюры и ставить на карту свое существование; она идет только наверняка. Не надо только вводить ее в искушение. Естественно то, чтобы Япония в преследовании своей экспансивной политики шла в сторону наименьшего сопротивления, если бы Россия стала грозной военной державой на Востоке, то быть может еще наступательное движение Японии могло бы быть отвлечено в иную сторону, быть может этим удалось бы направить японскую энергию в другое русло.

Я не специалист в военном деле, но я знаю и слышу от всех компетентных лиц, что мы до невероятности слабы на востоке. Я слышу от знатоков дела, что Японцы могут взять Владивосток голыми руками. Я ехал в экспрессе с пожилым Генералом, героем Артура, занимающим ныне один из самых ответственных постов во Владивостоке, и слышал от него такие мало отрадные слова о защите нашей единственной дальневосточной базы, что меня охватили страх и уныние. Я знаю также, что Николаевск, Хабаровск, Сахалин беззащитны, что Японцы могут ныне перебросить на континент в трехнедельный срок армию в 8-10 дивизий, а что у нас ныне также мало войск на востоке, как и перед прошлой войной. Я знаю, что у Японцев вскоре будет оборудована готовая база в Корее почти у нашей границы, а что наша точка опоры все еще – Европейская Россия. Повторяю, я не знаю, что именно надо делать сейчас – ускорять ли постройку второй колеи и Амурской дороги, строить ли арсенал и военный лагерь где-нибудь в Забайкалье, превратить ли Владивосток в действительно первоклассную крепость, сосредоточить ли большие силы к востоку от Байкала, это специалистам виднее, но я вижу и ясно сознаю одно – что надо принять быстрые и энергические меры к тому, чтобы оградить Россию от готовящегося желтого нашествия и что надо делать это теперь, ибо через пять лет нам не позволят это сделать. Второй ответ: Дабы воспрепятствовать нежелательному сближению между Китаем и Японией, сближению, упраздняющему наш «raison d'etre» на Востоке, надо вступить в союз с одной из двух названных стран.

Я боюсь, что, касаясь этого вопроса, я вторгаюсь в неподлежащую моей компетенции область, но я оговариваюсь, что обсуждаю этот вопрос с чисто абстрактной точки зрения, не вдаваясь в рассуждения о возможности приведения его в исполнение. Совершенно очевидно, что союз Японии с Китаем или Германией ставит нас в почти безвыходное положение на востоке; союз же наш с Японией или Китаем почти исключает возможность войны. Едва ли кто стал бы оспаривать то положение, что, имея в тылу полумиллионную китайскую армию, Япония не двинулась бы в русские владения. Совершенно очевидно, что на Дальнем Востоке, по крайней мере, русская политика должна быть консервативная, а не наступательная, она должна стремиться к тому, чтобы сохранить для будущих поколений те несметные богатства, которыми они там обладают, а не к тому чтобы завоевать им новые. И исходя из этой точки зрения следует мне кажется рассуждать таким образом: Когда Амурская дорога будет готова, России не будет больше существенной необходимости в Маньчжурской дороге. Коммерческие интересы ее, сосредоточенные главным образом в Харбине, могут быть вполне обеспечены учреждением там международного сеттльмента на подобие Шанхайского – в виду обладания громадным большинством земель, фактическое управление городом будет также обеспечено за нами, как управление Шанхаем обеспечено за Англичанами – целесообразное развитие же ее коммерческих интересов и географическое положение, занимаемое ею «...» дадут ей преобладающее политическое влияние в этой зоне. Независимо от этого Маньчжурский путь пришлось бы все равно вернуть Китаю, на основании договора 1896 года, через 18 лет. Не явилось ли бы таким образом целесообразным продажа Китайцам дороги тотчас после окончания постройки Амурской дороги? Этим путем мне кажется были бы достигнуты две цели: Была бы проложена бездна между Японией и Китаем, ибо первая никогда не согласилась бы устроить свою часть дороги. Для нее это значило бы отказаться от всего корейского хинтерланда, который она создает себе ценой несметных трат и усилий – вся занятая ныне Японцами часть Маньчжурии исконно была Корейской территорией и потому восстановление Кореи в ее исторических границах составляет заветный план Японии от которого она не откажется.

Другая цель, достигнутая нами такой уступкой, заключалось бы в том, что была бы найдена почва для тесного сближения с Китаем. Маньчжурский вопрос – наболевшая рана Китая. Утренняя Маньчжурия – блудный сын его, возвращение которого вызвало бы всенародное, несказанное ликование. Приведенный назад нашей рукой в лоно Китайской семьи он послужит живым соединительным звеном между двумя великими азиатскими странами и закрепить между ними быть может на веки те узы дружбы и взаимного доверия, которые были лишь временно порваны, и в восстановлении которых заключается ныне наша главная, даже роковая задача. И медлить нечего. Немедленное секретное обещание Китаю вернуть ему за разумную цену дорогу тотчас после окончания Амурского пути и возможное ускорение последнего – повело бы к естественному заключению пока еще не оформленного, но уже эффективного союза и имело бы следствием разряжение политической атмосферы на Востоке. Со временем, когда Китай окрепнет, то и заключение формального союза с ним могло бы только иметь для нас благотворные результаты.

Я резюмирую все сказанное тем, что положение на Дальнем Востоке кажется мне тревожным в виду быстро увеличивающихся японских и китайских вооружений и явно обнаруживающихся попыток со стороны Японии найти себе нового союзника взамен мало поддерживающей ее агрессивные тенденции Англии. Я отмечаю некоторый раскол в общем настроении между японским народом и Правительством и готов был бы предположить, что таковой мог бы повлиять в смысле направления страны к более мирным целям, однако констатирую тот факт, что планы нынешнего милитаристического и олигархического Правительства имеют объектом ближайшее десятилетие, и потому опасаюсь, что реактивное движение не успеет еще созреть до тех пор и послужит разве только к ускорению выполнения империалистической программы Правительства, постоянная задача которого заключается в том, чтобы затоплять в потоках воинственного патриотизма пробуждающееся политическое самосознание народа. Мне поэтому представляется необходимым немедленное принятие возможных мер к укреплению нашего с каждым днем ослабевающего политического и военного положения на крайнем Востоке.

В заключение, я хотел бы отметить среди всех отрицательных явлений, составляющих картину жизни на азиатском востоке одну светлую страничку, на которой хотелось бы сосредоточить все свои надежды и упования на будущее. Я подразумеваю массовое заселение Сибири переселенцами из Европейской России. Необходимо заселить Сибирь иначе заселят ее Китайцы, необходимо заселить тихоокеанскую окраину иначе возьмут ее Японцы. И вот нельзя не порадоваться тому поразительному прогрессу, сделанному нами в этом направлении. Я три раза проезжал по Сибирскому пути и последний раз два года слишком тому назад и все же с трудом узнал те же места. Где были тундры и тайга, там ныне пастбища и пшеничные поля. По всей Томской. Енисейской. Иркутской губернии проезжаешь через заселенный край, где зарождается молодая культура.

Станции представляют поразительные зрелища – они переполнены сотнями переселенцев с женами и детьми. С начала Мая их проходит 6000 человек в день через Челябинск. Возвращается мало. Конечно и в этом новом деле встречаются загвоздки и досадные изъяны. Так говорят, что на восток идут далеко не лучшие элементы из России; верно и то, что новосел по большей части находится в стесняющей его зависимости от местных крестьянских обществ, к которым ему приходится приписываться, и что приписка эта часто стоит так дорого, что подрывает сразу экономические силы переселенца; несомненно, и то, что властям следовало бы принять некоторые меры, в частности гигиенического характера, в виду накопления громадных масс на маленьких станциях и прочих переселенческих центрах /необходимы постройка большого числа навесов на маленьких станциях, где народ мог бы укрыться от дождя/, но все это как я слышал сглаживается и выравнивается постепенно и все это кажется деталями в сравнении с грандиозностью, заключающейся в этом движении, государственной идеи.

И вот, глядя на светлеющую, дымящуюся тайгу и на появившийся внезапно, точно волшебной рукой созданные, юные селения посреди еще не выкорчеванных исполинских стволов, чувствуешь, что все же навстречу восточному натиску поднялась народная волна, и склонен вновь верить в возможность конечной победы и в то, что, невзирая на временные неудачи и разочарования,- будущность России на Востоке.

22. Донесение В.В.Ламанского И.Я.Коростовецу

1909.11.10 (10 Ноября 1909 г.)

Ф.560, оп.28, д.393, л.147-151.

Передаю известие, добытое мною здесь в Шанхае относительно вооружений в Маньчжурии. В сентябре один из китайцев, ведущих дела с фирмой Арнгольд Карберг и Ко. сообщил последней, что в Маньчжурии предстоят заказы на ружье и патроны. Немедленно об этом было сообщено по телеграфу в Тяньцзинское отделение фирмы с просьбой следить. Спустя некоторое время Тяньцзинское отделение ответило, что слух этот по-видимому, ложный. В октябре китаец – клиент фирмы снова уведомил ее о предстоящих заказах и советовал послать в Мукден представителей. В виду вторичного уведомления фирма отправила в Мукден компрадора своего Governments Department и одновременно поручила выехать туда же своему Тяньцзинскому представителю. Пробыв в Мукдене около двух недель, компрадор недавно вернулся, привезя условие, заключенное от имени фирмы с вице-королем Селяном, на поставку 3000 ружей Маузера 1907 года калибра 6,8 миллиметров и 1,500,000 патронов к ним. Оружие должно быть доставлено в Мукден в апреле будущего года, причем половина уплаты производится при получении телеграммы о погрузке его на пароход, а остальное немедленно после доставки. Ружья исчислены по 80 марок за штуку с доставкой, а общая сумма заказа около 550,000 марок. По словам компрадора – это лишь начало заказов и вскоре предстоит заказ гораздо более крупной партии.

Убедившись в добросовестности моего Мукденского корреспондента, привожу некоторые подробности из его последних писем.

В Мукдене китайцы придают большое значение ведшимся в середине октября переговорам вице-короля с американским представителем Сторон, а также с приезжавшим в Мукден представителем британского синдиката лордом фрэнчен. Первый между прочим добивался права на разработку американцами золотых приисков Му-эрр-мань (Иероглифы); результаты пока неизвестны. Второй представил вице-королю также целый ряд предложений, касающихся постройки железных дорог и разработки рудников. В связи с деятельностью американцев в Маньчжурии следует отметить приезд туда со специальной целью изучения местных богатств и получения концессий нового представителя американских капиталистов Мак-Клюра, который теперь уже находится в Маньчжурии и вскоре должен появиться в Пекине. Сведение о приезде Мак-Клюра и с его специальной миссии получено мною здесь в Шанхае из достоверных источников. Между прочим, один из его агентов г. Галлагер (Gallagher) уже некоторое время живет здесь в Шанхае.

Дорога Гирин-Хойриен нашла горячего защитника в лице генерала У, военного комиссара в Цзяндао, который изготовил доклад о том, что она является крайне важной для Гиринской провинции не только, как облегчающая административные сношения, но и в стратегическом отношении.

Столкновения японских и китайских солдат в Цзяндао продолжаются. Незадолго до приезда туда японского консула к корейцам, живущим в Янцзитинском округе, было предъявлено требование японских властей уплатить налоги в японское управление. В виду настойчивого требования японцев, поддержанного к тому же японскими жандармами, корейцы принуждены были уплатить. Видимо это были недоимки прежних лет, которые японцы хотели получить перед приведением договора в исполнение. Возникла жалоба корейцев китайскому военному комиссару, который, не придя ни к какому соглашению с японским консулом, переслал жалобу Вице-королю и в Вайвубу.

Предпринятая поездка Гиринского губернатора в Цзяндао имеет своей задачей улаживание на месте целого ряда вопросов и приведение в исполнение японо-китайского договора. Его сопровождает несколько чиновников, получивших специальное юридическое образование. На состоявшемся в Янцзитине совещании губернатора с военным комиссаром намечены между прочим следующие меры, касающиеся этой области: 1) Ходатайствовать перед Правительством об ассигновании 400 тысяч лан на устройство в области 4 международных поселков, предусмотренных договором. 2) Подчинить в административном отношении Янцзинский округ Хунчуну, переименовать здешнего фудутуна в юго-восточного даотая (иероглифы). 3) Образовать из Янцзитинского округа новое «фу» Яньцзи-фу и внутри его два сяня Хэ-лун-сянь (иероглифы) и Ван-цин-сянь (иероглифы). По-видимому, место пребыванием фу будет выбран не Янцзитин с его немногочисленным населением, а более бойкий Лиу-дао-гоу (иероглифы), где проживали и японские власти, что же касается города Янцзитина, то он будет переименован в Ван-цин-сянь. 4) Учредить 6 новых судов (шен-нань-тин) в пределах нового фу. Кроме четырех открываемых по договору местечек Лун-цзинь-цунь, Цзюй-цзы-цзе, Тоу-дао-гоу и Вай-цао-гоу открытие судов намечено в Лиу-дао-гоу (будущем Янь-цзи-фу) и в Ван-цин-сяне (нынешнем Янь-цзи-тине). Такой же суд предполагается открыть в Хунчуне. Кроме этих 7 судов низшего разряда намечено открыть один областной суд (ди-фан-шэн-пань-тин) и одну судебную палату (дянь-ча тин иероглифы). 5) Общее управление областью и командование военными силами решено сосредоточить пока в руках прежнего военного комиссара, а потом с расформированием его управления учредить новую должность южного военного даотая. 6) С открытием международного поселка в Хунчуне решено повременить в виду недостатка средств.

Тот же корреспондент сообщает, что японским разведчикам и топографам, производившим обследование пространства между Гирином и Кореей, удалось найти несравненно более короткий и в то же время более удобный для передвижения обоза и войск путь от Корейской границы к Гирину. Известный в настоящее время путь пролегает через Дун-хуа-сянь (иероглифы), Цин-эрр-лин (иероглифы), Шан-хуа (иероглифы), Тянь-цзы (иероглифы) и имеет в длину 300 ли. Найденный японцами путь начинается на корейской границе у Мусана (иероглифы) и идет прямо на Гирин через Ча-пи-гоу (иероглифы). Длина его всего 500 ли. Известие — это чрезвычайно важно и было бы интересно его проверить.

Из других известий, сообщаемых тем же корреспондентом, можно отметить известие о злоупотреблениях в соляном бюро в Мукдене. Интересно оно потому, что опять-таки стоит в связи с японцами. Бюро это было основано еще бывшим мукденским цзянь-цзюнем Чоа-эрр-сюмок. При Сюй-ши-чане директором этого бюро был назначен Лу, получивший образование в Японии. Ныне после целого ряда лет обнаружилось, что за взятку в 100,000 лан Лу допускал ввоз и продажу японской соли (из Ляодуна) в Мукденской провинции. Вице-королем назначено следствие.

Временно исполняющий обязанности Агента Министерства финансов в Китае
В.В. Ламанский

23. Донесение, Л.В. Фон Гойера И.Я.Коростовецу

1909.12.10 (10 Дек. 1909 г.)

Ф.560, оп.28, д.393, л.176-186.

В заключение я хотел бы сказать еще несколько слов о Японцах. Присоединение в ближайшем будущем Кореи считается здесь событием неизбежным. Разумеется, дело будет обставлено так, что сами Корейцы будут настаивать на этом, а Японцы нехотя соглашаться; слово аннексия заменено федерацией, унией или иным благозвучным термином. В тоже время интересно упомянуть о сведении Вам, вероятно, уже сообщенном Ламанским касательно предполагаемого отказа Англичан от прав экстерриториальности в Квантунской области. Или точнее говоря, что английский консул в Дальнем заявляет, что ему не принадлежит право юрисдикции над Великобританскими подданными в названной территории. Сведение это, к которому я склонен отнестись скептически, исходит, однако из источника компетентного, а именно от адвоката, выезжавшего недавно в Порт-Артур для принятия на себя обязанности защитника Корейца убившего Принца Ито. Он утверждает, что по этому поводу есть уже или готовится соглашение между Англией и Японией. Об убийце он говорил мне, что видел его и нашел его в отличном состоянии. Преступник просил адвоката (Дуглас) передать благодарность друзьям, пекущимся о нем. Пока, идет предварительное следствие адвокат не может принимать участия, но он ожидает уведомления со стороны Японцев о предстоящем начатии судебного разбирательства для того, чтобы вернуться в Порт-Артур.

Агент Министерства Финансов

Л. Фон-Гойер

24. Донесение, Л.В. Фон Гойера В.Н.Коковцову

1910.1.6 (1 Января 1910 г.)

Ф.560, оп.28, д.393, л.203-221.

**Милостивый Государь,
Владимир Николаевич,**

В скором времени проедет через Санкт-Петербург по дороге в Лондон Ж.О.П. Блэнд, бывший в течение многих лет представителем в Китае крупной строительной компании «Бритиш-Чайна Корпорации», Финансируемой Гонконг-Шанхайским банком. Компания эта пользовалась одно время почти монопольным положением по постройке железных дорог в Китае, среди которых следует отметить выстроенную ею Шанхай-Нанкинскую дорогу и строящиеся еще Гонконг-Кантонскую и Тяньцзин-Нанкинскую дороги.

Блэнд вышел из этой компании полгода тому назад, когда выяснилось, что Немцам удалось расстроить его план постройки Ханькоу-Кантонской и Ханькоу-Сычжуаньской дорог на англо-французские деньги и вынудить «Корпорацию» к принятию также и германского соучастия в упомянутых постройках благодаря ловко веденным за спиной Блэнда представителем германо-азиатского банка в Пекине Кордесом переговоров с Чанчидуном. Кордес предложил более выгодные условия, сводившиеся к даче Китайцам денег взаймы на постройку дорог, обеспеченных не доходом с дорог, а просто общегосударственными доходами Китая. Блэнд настаивал на чисто «железнодорожном займе», с наблюдением за постройкой, поставками, куртажами и так далее. Одним словом, Блэнд предполагал продолжать постройку всей серии проектированных дорог на условиях Шанхай-Нанкинской и других, Кордес понял, что настала новая эра, вынуждающая и новые условия. На собраниях в Европе представителей финансовых групп, заинтересованных в китайских дорогах было решено идти вместе с Немцами, ибо в противном случае Англичане боялись быть совершенно обыденными в этом вопросе. Непримиримая политика Блэнда таким образом не заслужила одобрения. Тогда последний поспешил в Лондон и после долгих переговоров наконец поставил ребром «вопрос о доверии». Ответ был не в его пользу, и он вышел из «Корпорации», порвав таким образом все отношения с Гонконг-Шанхайским банком и всем тем финансово-промышленным блоком чемпионом которого он в течение многих лет был на Востоке.

Порвав с этой группой, самолюбивый Блэнд немедленно же задался целью сформирования нового синдиката капиталистов в видах эксплуатирования железнодорожных предприятий в Китае. Взоры Блэнда невольно обратились в сторону Америки, не принимавшей до сих пор участия в финансировании строящихся в Китае дорог и проявившей за последнее время явное желание вести более активную политику на Востоке. Произошло свидание его в Париже с Харриманом, кончившееся полным соглашением между американским железнодорожным королем и Блэндом. В Лондоне ему удалось заручиться поддержкой Ротшильдов и той фракции банкиров, которая всегда находилась в некоторой оппозиции с Гонконг-Шанхайским банком, а также сговориться со строительной компанией Паулин, известной по своей деятельности в Южной Африке, и тщетно до сих пор домогавшейся концессий в Китае. Формируя новую финансовую группу, Блэнд имел главным образом в виду борьбу с двумя враждебными течениями – с сильно развившейся германской и японской инициативой в Китае. Японцы все время в течение последних трех лет своим властным «вето» мешали выполнению всех планов Блэнда, в том числе и постройки Симинтин-факумыньской дороги; Немцы были причиной его поражения в вопросе Хубейских дорог и тем фактором, который направил Китайцев по новому пути, а именно – соглашения на займы с условием отстранения заимодавцев от управления финансируемым предприятием. Соучастие всех прочих стран и капиталов представлялось желательным для придачи новому синдикату большого веса и большого авторитета в глазах Китайского Правительства. С финансовой точки зрения требовалось привлечение французов, с политической целью важно участие Русских. Содействием последних синдикату нужно было заручиться уже для того, чтобы они не сошлись с Японцами и объединившись с ними не воздвигнули бы вдвоем непреодолимый барьер перед всеми англо-американскими начинаниями в Маньчжурии. Как известно «три восточные провинции» давно привлекают особое внимание Американцев. Решивши действовать именно в Маньчжурии, Американцы поняли, что им необходимо идти либо с Русскими, либо с Японцами. Блэнд указал Харриману на Россию, как на страну, с которой легче сговориться, да еще на страну имеющую влияние на французский денежный рынок.

И вот в представлении Харримана и Блэнда составилась могущественная группа капиталистов английских, американских, французских и русских, которые объединившись, сообща финансировали бы все железнодорожные предприятия в Маньчжурии, Монголии, а также распространили бы свою деятельность с согласия России и на всю Восточную Сибирь. Все налаживалось удачно, и Блэнд зондировал уже мнение русского Правительства через своего друга и единомышленника американского Посла в Санкт-Петербурге, Рокхиля. Но умер Харриман. План хотя и не рухнул, но произошла заминка. Все же удалось образовать американский блок, в который вошли Морган-Кун-Лоеб, Первый Промышленный банк и другие. Они назначили своим представителем в Пекине Стрейта. Английским представителем является Лорд френч, агент фирмы Паулин. Ныне остается сговориться окончательно с Русскими и французами. И вот Блэнд выезжает опять недели через три в Европу и посетить по дороге Санкт-Петербург.

Англо-американцами, как известно, составлен план целой сети дорог, среди которых пока заслуживают особого внимания линии, Калган-Кяхта, Гирин-Нингута-Сансин-Линьцзянчжоу (на Амуре) и Айгун-Цицикар-Таунан-фу-Цзинчжоу (в Ляодунском заливе). Что касается первой линии, то в эту минуту кажется, что успех постройки первого звена этой трансмонгольской магистрали – Пекин-Калган – на китайские деньги, побудит Китайцев отклонить предложения иностранцев и попытаться продолжать постройку самостоятельно, оплачивая ее из чистой выручки Северно-китайских дорог. Относительно второй линии, то были произведены лишь предварительные изыскания весьма поверхностного характера, но серьезной речи о ней пока нет, так как конечный пункт ее, Линьцзяньчжоу, пока еще не приобрел достаточного коммерческого значения. Все внимание пока сосредоточено на проектированной линии Айгун-Цзиньчжоу, долженствующей связать Амур с Печилийским заливом и оживить целый новый край, целый Маньчжурский хинтерланд, ту захинганьскую часть Монголии, известную под названиями Корчин и Джейримский сейм.

В бытность мою в Пекине в Ноябре минувшего года, казалось, что общий интерес был сосредоточен на вопросе о постройке этой дороги. Говорили, что Китай в принципе сочувствует этому проекту, так как стремится связать отпадающую от нее Маньчжурию чисто-китайскими дорогами с метрополией, и склонен поощрять развитие всяких нерусских и неяпонских предприятий в этой части Империи. Успешная эксплуатация такой линии, кроме того, сильно понизила бы значение японской линии и новый порт Цзинчжоу мог бы конкурировать с Дальним и Порт-Артуром. Оставалось выяснить как отнесутся к такому проекту две страны наиболее после Китая заинтересованные в маньчжурских железнодорожных предприятиях – Россия и Япония.

Одни утверждали, что Россия заявит свой протест, другие, что Япония не допустит постройку этой дороги, как не допустила постройку несколько сходной с ней Симинтин-фукумыньской линии. И вот, после неоднократных бесед с Блэндом, френчом и Стрейтом, то есть с английскими и американскими представителями в Пекине, я вынес два совершенно определенных впечатления, которые осмелюсь представить на усмотрение Вашего Высокопревосходительства.

Первое – это то, что в этом вопросе Англо-Американцы вели двойную игру, то есть делали одновременно авансы нам и Японцам. френч, как мне кажется зондировал Японцев, не согласятся ли они на постройку этой дороги с условием, что они будут поставлять часть материалов. Нам они сулили финансирование всей операции через русско-китайский банк. Стрейт и френч действовали как настоящие оппортунисты, желая заручиться поддержкой тех, кто окажется им полезнее. Я уверен в том, что, если бы мы обещали им положительным образом нашу поддержку, они удовлетворились бы этим, но опасаясь нерешительности и медлительности с нашей стороны, они одновременно перестраховывали себя в Токио. Второе заключение, которое я вынес сводится к тому, что мы занимаем в эту минуту весьма выгодное положение. В виду нашего географического положения, еще больше чем нашего политического влияния, обе стороны заинтересованные в эксплуатации Маньчжурии – Япония и Америка, нуждаются в нас. Тот кому удастся перетянуть нас на свою сторону, займет в сравнении с другими почти доминирующую позицию. Японцы, в предвидении американских планов, старались сблизиться с нами и столковаться относительно совместного отпора международному вмешательству в дела маньчжурские; Американцы не прочь заручиться нашей поддержкой в борьбе против монопольного положения занятого Японией в Маньчжурии. Выбор зависит от нас. Пойти ли на соглашение с Японией по всем маньчжурским вопросам и идти в таком случае против всех англо-американских планов, или соединиться с Америкой и отчасти Англией – более коммерческой, чем политической – и бороться совместно против всепоглощающего японского напора на материке? И то и другое возможно и целесообразно – но важно, чтобы выбор был сделан быстро и решительно. Долго мы в таком положении не будем. Жизнь и события на востоке идут слишком быстро вперед для того, чтобы положение оставалось долго неизменным. Не таким мы, кроме того, ныне пользуемся влиянием на Востоке, чтобы долго и упорно в нас заискивали. Подождут и обойдутся без нас. Разделять ризы и помимо нас. Вот второе впечатление, которое я вынес из того, что видел в Пекине, а также из разговоров своих в Шанхае с Блэндом.

И так, если я верно понимаю положение дел в Китае, нам необходимо немедленно же высказаться идем ли мы с Японией против англо-американской комбинации или с последней против японских планов. Если мы ни на что не решимся, то результат будет тот, что года через два-три будут строиться дороги и на Цицикар, и на Айгун, и в Монголии, и на Саньсин, без нашего участия, так же беспрепятственно – просто, как Немцами уже выстроен подъездной путь от нашей магистрали к городу Цицикару, как будет строиться Японцами путь параллельной нашему от Гирина к японскому морю; а запоздалые протесты наши будут иметь такой же успех как вмешательство наше в Хубейские займы в Июле минувшего года.

Остается теперь обратиться к решению самого важного вопроса – идти ли с Японией или с Америкой. Первая комбинация имеет многое за себя, но и много против себя. В пользу этой комбинации прежде всего говорит то обстоятельство, что Японцы фактически добиваются того в Пекине, чего хотят,- тоже самое нельзя сказать про Америку или Англию. Последняя с момента русско-японской войны потеряла постепенно все свои концессии в Китае (Пекин Синдикат, Листер Кэй, Причард Морган, Литтл и другие), тем временем Япония заключила два выгодных договора – Августа 1909 года и Декабря 1905 года. Влияние Японии в Пекине объясняется не только победоносной войной, но и секретным альянсом с маньчжурской партией. Воздействие оказывается на последних не только нравственное, но и денежное. Принцы Пу-Лун и Су получают субсидии по мере возникновения необходимости, Тельян и Натун на японском жаловании. Среди влиятельных Китайцев также не мало японофилов как то Льян-Тун-Иен и Цао-Джу-Лин. Блэнд сообщил мне, что ему известно из японского источника, что перед смертью Императрицы у японского финансового агента Одагири был кредит в три миллиона иен на расходы могущие, возникнуть в Пекине. Генерал фукусима также не напрасно посещает раз в год китайскую столицу. Союз с Маньчжурами – вот сильная сторона Японцев. Идти с ними – значит вероятно добиться права участвовать в постройке дорог, в финансировании различных предприятий в Маньчжурии и Монголии. Но на этом выгоды, по-моему, все кончаются.

Скверная или вернее опасная сторона такого соглашения заключается в том, что мы сами таким образом поможем Японии утвердиться и укрепиться в Маньчжурии, и способствуем осуществлению той мечты ее, которая нашла за последние годы столь энергичных оппонентов в лице Америки и коммерческих представителей Англии, что мы своими руками оборудуем ей идеальную базу для дальнейшего развития ее материковой политики. Япония всегда, или по крайней мере на много десятилетий, будет сильнее нас в Маньчжурии, ибо она там у себя дома, а мы на далекой чужбине, и поэтому всеми выгодами положения, проистекающими от выстроенной сети дорог, от фактического захвата края, в решительную минуту воспользуется она, а не мы.

Японские государственные люди прекрасно поняли, что для дальнейшего развития торгово-промышленных и военно-политических сил страны – необходимы иностранные деньги; заключение же займов затруднено сближением России с Англией и охлаждением японо-американских отношений. Они кроме того сознают, что враждебный тон всех стран, имеющих коммерческие интересы в Китай, раздающийся все яснее по поводу действий Японии в Маньчжурии, мешает ей выполнить свою континентальную программу. Сближение с Россией облегчит Японии доступ к европейским денежным рынкам и даст ей возможность стать крепко на ноги на материке.

На основании сказанного можно мне кажется опасаться, как бы сближение с Японией ни дало нам проблематические выгоды в виде финансированных дорог и формулированных обещаний, а Японии–фактическое обладание Маньчжурией и деньги на дальнейшие вооружения.

Не может быть ни малейшего сомнения в том, что действительное, а не симулированное сближение Японии с Россией – есть лучший результат, который русская дипломатия могла бы добиться на Дальнем Востоке. Лично я верю в будущность Китая, так как все жизненные части этого расового организма здоровы, я верю, что будущность принадлежит ему, а не Японии, так как Китаец воплощает в себе абстрактную силу желтой расы, а Японец конкретную силу,- но сегодня и даже завтра Япония сильнее Китая и потому союз с ней разумнее, чем союз с Китаем. Мне всегда казалось очевидным, что Россия должна сблизиться с одной из двух Дальневосточных держав, дабы этим помешать их взаимному сближению, тому естественному братскому союзу двух великих азиатских стран, который положит конец европейским военным и коммерческим завоеваниям на азиатском материке, и во многих отношениях явится началом новой эры в истории народов, но союз с Японией мне казался до крайности опасным по вышеизложенным причинам. Милитаристическая энергия молодой Японии, ее естественное стремление к расширению может иметь только два объекта – Китай и Россию. Воевать же с Китаем ей никто не позволит. Иностранные державы ведут с Китаем торговый оборот превышающий миллиард рублей, у Англичан имущества и предприятий в Китае на несколько миллиардов, у Немцев малым меньше, можно ли предположить, что эти страны позволят Японии воевать с Китаем, распоряжаться в Китае. Никогда этого не будет. Воевать Япония может только с Россией, так как еще слишком мало иностранных капиталов вложено в Приморскую, Амурскую или Камчатскую области, чтобы из-за этих земель Англия или Америка воевали с Японией. Сочувствия, как в прошлую кампанию, на японской стороне будет мало – но больше ничего. Что же касается денег на войну, то, во-первых, следует опасаться, что сближение с Россией даст Японии возможность совершить предварительные займы или во всяком случае настолько улучшить свое финансовое положение, что она найдет большие ресурсы и внутри страны, во-вторых едва ли кто стал бы оспаривать то положение, что на известных условиях деньги всегда можно достать. В частном случае деньги дала бы не Англия, не Америка, не Германия, а всю войну финансировала бы международная группа банкиров, в которую вошли бы еврейские банкиры всех стран включая и францию. Покуда были бы победы были бы и деньги. Покуда было бы что заложить – железные дороги, таможни, монополии,- был бы и кредит. Поэтому все свелось бы к тому, чтобы занять незащищенные русские окраины, быть победоносным на маньчжурских полях, и помешать прямому вмешательству иностранных держав. К сожалению, следует сказать, что то и другое при нынешних обстоятельствах более чем возможно.

Из всего сказанного я вывожу заключение, что если Япония готова дать нам действительно осязательные, эффективные гарантии своего миролюбия, если она предъявит нам фактические доказательства того, что выгоды какие она приобретет от сближения с нами не будут в ближайшем же будущем обращены против нас, то выгоднее игнорировать Англо-американцев и сговориться с ней; в противном же случае, следует иметь в виду, что отвернувшись от Американцев и Англичан и действуя теперь совместно с Японцами в Маньчжурии, мы до известной степени теряем и их симпатии в случае последующего разрыва с обманувшей нас Японией, и должны быть готовы к тому, что они скажут нам: «поделом, сами заварили, сами и расхлебывайте!»

Поэтому в случае малейшего сомнения в искренности Японии или нежелания с ее стороны дать нам надлежащие гарантии (например, отказаться от убийственной для нас Гирин-Хойрионской дороги), соглашение с Америкой явилось бы более целесообразным и явилось бы во всяком случае страхования от угрожающей опасности.

Слабая сторона соглашения с англо-американцами заключается в том, что таковое действовало бы несомненно раздражающим образом на Японию и могло бы вызвать сближение ее с Германией. Вместе с тем, однако, оно несомненно послужило бы серьезным препятствием быстрому захвату Японией всего Северного Китая и даже, будет англо-американские капиталы найдут доступ в Восточную Сибирь, могло бы вызвать энергичный отпор с их стороны в случае враждебных против нас действий

Японии.

С вышеуказанной дилеммой – идти ли с Японией или с англо-американцами в вопросах, касающихся Маньчжурии – связан также вопрос об отношении России к возбужденному американским Министром Иностранных Дел вопросу о нейтрализации Маньчжурских дорог. План этот зародился в свое время в голове Юаньшыкая и составлял его заветную идею. Он считал, что непосредственный переход Маньчжурии из русско-японских рук в китайские, при нынешних обстоятельствах, безнадежен и что поэтому необходимо продолжить посредствующую инстанцию, а именно отдачу Маньчжурии всем державам вместе взятым, после чего переход ее обратно к Китаю будет значительно облегчен. Тан-Шао-И было поручено обсудить этот вопрос с Президентом Соединенных Штатов, что он и сделал. С падением же партии Юаньшыкая произошла задержка, так как Американцы не были уверены, как их предложение будет встречено в Пекине. И действительно, этот план составлял заветную мечту Кантонской партии, но встречен скорее враждебно Маньчжурами и японофильским президентом Вайвупу.

С финансовой точки зрения весь проект не выдерживает критики. Как найти помещение огромного капитала под предприятие, дающее не прибыль, а убытки? С точки зрения политической, не может быть ни малейшего сомнения, что Япония никогда не уйдет из Южной Маньчжурии, так как она смотрит на всю Мукденскую и часть Гиринской провинции как на естественное продолжение Кореи, на корейский хинтерланд, дорогой ценой ей доставшийся и от которого она отказалась бы лишь в случае новой, на этот раз проигранной, войны. Вся эта часть Маньчжурии составляла, как я уже указывал раньше, часть древней Кореи, столицей которой был Шен-Ян, нынешний Мукден. Несомненно, то, что восстановление Кореи в ее исторических границах составляет часть материковой программы Японии, и от такой грандиозной идеи не заставит Японию отказаться вмешательство Нокса.

Обращаясь затем к России, мне кажется, что об уступке нашей дороги ранее окончания Амурской дороги едва ли может быть речь, так как все наши Дальневосточные владения оказались бы оторванными от метрополии. Когда же постройка Амурской дороги будет завершена, то ответ на этот вопрос будет зависеть от того решения, которое мы приняли – идти ли с Японией или Англо-американцами. В первом случае весьма вероятно, что кроме этой дороги у нас к тому времени явились бы еще новые предприятия в Северной Маньчжурии, что вся эта страна превратилась бы в зону нашего влияния и территорию нашей коммерческой и промышленной инициативы,- и в таком случае уходить оттуда было бы незачем. Во втором случае, уход был бы необходим и желателен. Совместные действия России с Англией и Америкой в этой части азиатского материка уже потому служили бы гарантией мира, что в случае недоразумения с Японией последняя стояла бы лицом к лицу не с одной, а всеми тремя названными державами.

Независимо от этого, с военной точки зрения, война с Россией была бы крайне затруднена для Японии. Вместо того, чтобы наступать четырьмя железными дорогами на Харбин, опираясь на свои вооруженные базы в Ляодуне и Кореи и имея в тылу Телинские и Куанчендзыские склады, наступать в богатом и населенном краю, ей пришлось бы высаживать целые армии на чужой территории, имея в тылу море и продвигаться в стране, где нет ни дорог, ни пищевых продуктов. Наступление же вдоль узенькой полосы, составляющей русско-корейскую границу у Тумыня, немыслимо. Там негде развернуть армию. Там были бы лишь стычки отдельных отрядов, застав и заслонов. Поэтому с этой точки зрения продажа китайской восточной дороги, по окончании Амурской, Китаю через посредство международного синдиката, в котором мы заняли бы в теории место равное другим странам, а фактически благодаря географическим условиям положение преобладающее, соответствовало бы интересам России, так как являлась бы до известной степени решением наболевшего Дальневосточного вопроса.

Во всяком случае к какому решению Правительство ни пришло бы,- войти ли в соглашение с Японцами или Англо-Американцами,- самое важное то, чтобы решение было принято с возможной скоростью, так как в противном случае страны обойдутся без нас, и мы останемся, с одной стороны, политически изолированными на Востоке, а с другой стороны, все дороги будут выстроены без нас, застенный Китай эксплуатирован без нашего участия, и роль наша сведена к положению занимаемому ныне там Италией или Австро-Венгрией. Уже ходят слухи будто англо-американский синдикат подпишет на днях соглашение о постройке Цицикар-Цзинчжоуской дороги. В бытность мою в Пекине френч и Стрейт, считая меня на эти дела уполномоченным, предлагали мне финансирование всего предприятия в Русско-китайском банке – если поэтому ныне банк наш не принимает участие в этом деле, то это по его собственной вине или вследствие его нежелания.

Ко всему сказанному, я прибавлю в виде заключения, что несмотря на кажущуюся обструкцию китайского Правительства против всяких железнодорожных планов иностранцев, все же большинство дорог будет строиться ими. В этом смысле получаются сведения со всех сторон Китая. Так, например, Товарищ Министра путей сообщения

Шенг-Юен-Пей, объехав только что все места северного и центрального Китая в которых предполагалась постройка железных дорог, только что донес Принцу-Регенту о результатах своих наблюдений. Он донес, что, по его мнению, «на китайские общества положиться нельзя, никто не вносит обещанных денег, всюду злоупотребления и взаимное недоверие», и далее, «если Правительство действительно признает необходимым постройку этих дорог, то есть только одно средство – строить их на деньги занятые у иностранцев».

В этом же смысле получены известия с юга относительно постройки пролегающей через Гуаньдунскую провинцию части Кантон-Ханькоуской дороги. Даотай Вонг-Пин-Ан, произведший по приказанию вице-короля Юана следствие по делу о постройке дороги кантонским акционерным обществом донес, что за три года построено всего 98 ли, которые обошлись уже две трети всей суммы положенной на постройку всей дороги (530 ли). Он утверждает, что дорога не может быть выстроена на средства местного «джентри». Из Чекианга пишут, что главный инженер-строитель дороги Шанхай-Ханьчжоу-Нинпоской, Танг, спекулировал на деньги, вносимые пайщиками. Кроме того для постройки большого моста возле Ханьчжоу необходимо участие иностранного инженера, для чего приглашается инженер форд. На Тяньцзин-Нанкинской дороге открыты злоупотребления как на южном, так и на северном участке. Даотаи Ли и Лу оба будут преданы суду. Миля этой китайской дороги, между прочим, обходится в полтора раза дороже чем миля самой дорогой дороги, выстроенной Англичанами – Шанхай-Нанкинской дороги.

Одним словом не далеко уже то время, когда китайцы проникнутся сознанием невозможности полагаться на провинциальные частные общества для постройки своих дорог, и когда дело это будет возложено на центральных властей, которые в свою очередь принуждены будут обратиться за содействием иностранных капиталов. И вот поэтому то, нам следовало бы, не теряя времени установить наш политический маршрут и, примкнув к тому или другому финансовому блоку, действовать с энергией и системой, опираясь на нашего дипломатического представителя в Пекине и на Русско-китайский банк, с целью принятия участия в финансировании предстоящих культурно-промышленных предприятий и утверждения тем своего влияния и поднятия своего престижа в Китае и на всем Дальнем Востоке.

С глубочайшим почтением и преданностью честь имею быть

Вашего Высокопревосходительства, покорнейшим слугой

Л. Фон-Гойе

25. Донесение, Л.В. Фон Гойера, л.Г.Корнилову

1910.6.3 (3 Июня 1910 г.)

Ф.560, оп.28, д.394, л.110-114.

Вчера посетил меня вместе с бывшим адъютантом корейского Императора Хиен-Сан-Киеном, о котором Ваше Высокородие вероятно уже слыхали, некто Ии-Кап, Полковник корейской службы. История этого человека вкратце такова: Он получил образование в японских военных училищах и провел всего в Японии 17 лет. Говорит по-японски как Японец. В Корее он до русско-японской войны занимал видное положение в армии, но известен главным образом как основатель учебно-образовательного общества «Са-бук-хап-хой», благодаря которому десятки тысяч молодежи трех северных провинций Кореи (она сам уроженец Севера) получили образование. Он считался долго приверженцем японской партии и даже находился в качестве атташе при японской армии во весь первый период войны до Ляояна включительно. После насильственного объявления японского протектората в Ноябре 1905 года, он сделался непримиримым противником Японцев. С тех пор деятельность его носила характер энергичной пропаганды против захвата края Японцами. Минувшей осенью он был арестован в связи с убийством Принца Ито, так как он состоял членом того тайного общества, которое вынесло смертный приговор Ито, отождествляя в его лице – японский режим. Так как, однако прямых улик в соучастии против него не было, Японцы, продержав его три месяца в тюрьме, отпустили его, поставив ему, однако, условием полного освобождения – обязательство пере реформировать в полугодовой срок общество «Са-бук-хап-хой» в «про-японский союз молодежи», или в случае невозможности сделать это, основать новый дружественный Японии союз в трех северных провинциях. Японцы крайне высокого мнения о дарованиях Ии-Кара и придают громадное значение тому влиянию, которым он пользуется в названных пограничных провинциях и потому употребляли все усилия, чтобы переманить его на свою сторону. Ии-Кап отправился на Север, но оттуда бежал в Цинтау и затем в Шанхай. Здесь он прячется от японских властей и собирается дня через два-три выехать во Владивосток. Он посетил меня вместе с Хиеном, имея в виду предложить свои услуги русским военным властям в качестве организатора разведочной службы во всей Северной Корее, где в его распоряжении находятся 50 000 образованных молодых людей, членов «Са-бук-хап-хой», с радостью готовых служить своему отечеству. Ии-Кап собирается основаться во Владивостоке и руководить оттуда разведкой, пользуясь своими связями как среди Корейцев уже поселившихся на русской территории, так с жителями Хамгёндо и Канто.

Он просил меня направить его в Штаб армии в Хабаровск или Владивосток. Поэтому я обращаюсь у Вам с просьбой не отказать уведомить тех лиц, которых Вы найдете нужным о предстоящем приезде Ии-Капа во Владивосток и о его намерениях и сообщить мне их имена, дабы я в свою очередь мог уведомить об этом Хиен-Сан-Киена, который будет в постоянных письменных сношениях с Ии-Капом. Таким образом последний будет знать к кому обратиться, а соответствующие военные власти будут предупреждены о его появлении.

Я лично считал бы, что следует обратить особенное внимание на предложение Ии-Капа по следующим причинам: 1. Ии-Кап человек военные, получивший образование в японских военных училищах и бывший при японской армии и потому услуги его будут не услуги разведчика-любителя, но подготовленного к сему специалиста. 2. Он владеет японским языком как своим родным. 3. Это тип патриота-фанатика, готового решительно на все для оказания услуги своей стране и потому он будет нам служить не ради денег или отличий, а ради идеи. Услуги его стало быть не будут обременительными для казны. 4. Благодаря своему положению, как основателя и главы многочисленного политико-педагогического общества в Северной Корее он пользуется громадным влияние, как раз в этих, нас наиболее интересующих, провинциях и имеет там большие связи. Он находится в постоянных сношениях с лидером мятежников в Хамгён-до Ии-Пун-Юном, с Чо-Сан-Капом, Джи-Сен-Меном и другими главарями вооруженного восстания. 5. В случае войны с Японией такой человек легко мог бы организовать восстание в Северной Корее и с нашей помощью вооружить отряды в несколько десятков тысяч человек, которые действовали бы в тылу японской армии.

Я считал своим долгом передать все это дело на Ваше усмотрение и надеюсь, что Вы найдете возможным облегчить Ии-Капу сношение с нашими военными властями в Приморской области и содействовать удачному выполнению его плана. Мне кажется, что несмотря на политическое сближение наше с Японией, нам не следует отказываться от бдительного наблюдения за всем, что делается на Востоке у самого порога нашего отечества и опираясь на принцип «Ji ris pacem para bellum» готовиться к худшим случайностям. В данном случае мы только следовали бы примеру Японии, которая, в ответ на наше миролюбивое настроение и наши дипломатические авансы, приняла решение аннексировать Корею, усилить флот и довести численность армии до 25 дивизий.

С совершенным почтением и преданностью

Агент Министерства финансов

Л. Фон Гойер

26. Донесение, Л.В. Фон Гойера Н.А.Малевскому-Малевичу

1910.6.4 (4 Июня 1910 г.)

Ф.560, оп.28, д.394, л.115-117.

Из прилагаемой при этой копии письма моего Полковнику Корнилову, Ваше Высокородие усмотрите, что Полковник корейской службы Ии-Кап, имеющий большие связи и пользующийся громадным влиянием в трех северных провинциях Кореи в качестве главы основанного им политико-педагогического общества, прекрасно владеющий японским языком и хорошо знакомый с японской армией, при которой он состоял в течение нескольких лет, предлагает нам ныне свои услуги для организации разведочной службы в прилегающих к Российской и Маньчжурской границах провинциях Кореи. Ии-Кап в данном случае не преследует корыстных целей, а исполняет патриотический долг, который согласно его убеждениям, состоит в том, чтобы предложить свои услуги той стране, которой предназначено освободить его отечество от японского ига. Никто в Корее не сомневается в том, что Япония готовится к новой войне с Россией; это ясно всем тем, кто являются свидетелями громадных сооружений и всесторонних приготовлений, предпринятых Японией у самых границ России, имеющих целью превратить Корейский полуостров в могучий военный плацдарм, в несокрушимую базу для дальнейшего движения на материк. В то же время Ии-Кап, являющийся ныне одним из чемпионов антияпонской партии в Корее, собирается, на основании инструкций, данных ему в Сеуле, проехать из Владивостока в Санкт-Петербург. Я позволил себе поэтому дать ему Ваш адрес и рекомендовал ему посетить Вас и изложить Вам свои планы. Вы быть может, нашли бы нужным направить его в Генеральный Штаб или во всяком случае доложили бы о нем Штабу и постарались бы из Санкт-Петербурга посодействовать удачным сношениям его с нашими военными властями в Приморской области.

Считаю своим долгом сказать Вам, что я склонен придавать особое значение услугам Ии-Капа, так как это быть может самый образованный и способный Кореец с которым мне пришлось иметь дело, и польза, которую такой человек, имеющий 50 000 молодых людей в своем распоряжении в смежных с нами провинциях Кореи, мог бы нам оказать, могла бы при благоприятных условиях явится неоценимой.

Не откажите при случае уведомить меня о результатах Ваших переговоров с Ии-Капом.
Агент Министерства Финансов
Л. Фон Гойер

27. Донесение, Л.В. Фон Гойера Н.А.Малевскому-Малевичу

1910.6.10 (10 Июня 1910 г.)

Ф.560, оп.28, д.394, л.118-131.

Известия из Кореи.

Считаю своим долгом почтительнейше уведомить Ваше Высокопревосходительство о некоторых известиях, полученных мною о состоянии дел в Корее, которые быть может представят для Вас интерес.

Несколько дней тому назад капитан Хиен-Сан-Киен посетил меня вместе с другим Корейцем, недавно прибывшим в Шанхай.

Кореей этот – Ии Кап, Полковник корейской службы получивший военное образование в Японии и состоявший в качестве атташе при японской армии в первый период русско-японской войны. Он долго считался приверженцем японской партии и только после договора о протекторате в 1905 году занял видное место среди непримиримых врагов Японии. Он является основателем большого учебно-образовательного общества в трех северных провинциях Кореи, общества «Са-бук-хап-хой», насчитывающего до 50 000 членов, среди молодежи, кончившей курс наук в основанных Ии-Капом школах. Он сам уроженец севера и пользуется там большим влиянием. Как известно, согласно долго существовавшим традициям, уроженцы Севера не могли занимать должностей выше известного, довольно скромного ранга – ограничение это было уничтожено бывшим Императором вследствие ходатайства Ии-Капа. С тех пор его имя почитается во всей северной Корее наравне с именами национальных героев. В Ноябре минувшего года он был арестован японскими властями в качестве члена того тайного сообщества, которое организовало убийство Принца Ито. Продержав его три месяца в тюрьме, Японцы отпустили его, так как улик против него не было никаких; они, однако поставили ему условием полного освобождения от наказания – превращение общества «Са-бук-хап-хой» в дружественный Японцам союз молодежи, или же в случае совершенной невозможности изменения направления этого общества, основание нового японо-фильского общества в трех северных провинциях, где он пользуется особым влиянием. Ии-Кап дал требуемые обещания японским властям, после чего пробыл некоторое время в Сеуле, а затем под предлогом основания общества отправился на север и бежал за границу.

В бытность его в Сеуле в Апреле и в Мае он виделся неоднократно с бывшим Императором и конфиденциально сообщил мне следующие совершенно достоверные сведения: Император без поворотно решил бежать и собирается выполнить свое намерение в ближайшем будущем. До сих пор задерживали осуществление его проекта два обстоятельства. Во-первых, стремление обеспечить себя существование за границей, посредством реализации принадлежащего ему, но записанного на чужие имена, имущества и, во-вторых, осложнения семейного характера, выражающиеся в том, что супруга его Принцесса Ом, мать Наследника, всячески старалась отговаривать его от принятия такого решения, из опасения, что бегство Императора отразится на ее сыне, находящемся в руках Японцев.

Ныне обстоятельства изменились следующим образом. Хотя Императору удалось спасти лишь небольшую часть своего состояния, существование его будет обеспечено, так как об этом позаботятся все Корейцы, проживающие за границей, составляющие между собой тайное общество, главою которого является сам бывший Император. Что касается семейных обстоятельств, то разлад между Императором и Принцессой Ом дошел до того, что Император ныне скрывает от нее свои намерения, считая, что из страха за жизнь сына она подпала под влияние Японцев, и потому он собирается бежать не только без нее, но и тайком от нее. Самое интересное и вполне достоверное сведение заключается в том, что главным союзником Императора в этом деле является нынешний Первый Министр Пак-Тие-Сун. Император собирается бежать один, направляясь к северу, где ему будет оказана поддержка со стороны Ии-Пун-Юна и инсургентов провинции Хам-гион-до. Он надеется перейти через русскую границу и быть в безопасности во Владивостоке. Он рассчитывает, что в худшем случае, если бы даже на него смотрели как на политического преступника за то, что он остался верен своим симпатиям к Росси, то и в качестве такового он найдет убежище на русской территории подобно тому, как русские политические преступники находят убежище в Японии.

В связи с проектируемым бегством Императора уже отправлено несколько лиц вперед во Владивосток для принятия надлежащих мер. Три Корейца отправлены в Цинтау, с тем, чтобы основать там газету на китайском языке, с целью ведения антияпонской политической пропаганды.

В частности, на Ии-Капа возложено Императором двоякое поручение. Ему передано собственноручное письмо от бывшего Императора к ГОСУДАРЮ ИМПЕРАТОРУ с приложением личной печати Императора. Письмо это я видел, вот точный перевод его:

«ВАШЕ ИМПЕРАТОРСКОЕ ВЕЛИЧЕСТВО! Прошу ВАШЕГО прощения за то, что я вновь позволяю себе беспокоить ВАШЕ ВЕЛИЧЕСТВО жалобами о печальном положении несчастной Кореи, но страдания мои при виде незаслуженных бедствий моего народа так велики, что молчание становится непосильным. Японцы обращаются с Кореей не как со страной, находящейся под их протекторатом и даже не как с завоеванной колонией, но как с порабощенной страной, и потому, неизменно уповая на ВАШЕ ВЕЛИЧЕСТВО, я и народ мой живем надеждой, что настанет день, когда ВЫ освободите нас от ненавистного ига. Ныне приближается часть полного поглощения Кореи. Японцы посредством подкупов побуждают немногих Корейцев-изменников ходатайствовать о присоединении Кореи к Японии. Японцы, однако, до сих пор не решаются на этот шаг, так как опасаются всеобщего возмущения. Ныне распространился слух, что между Россией и Японией будет заключено соглашение, и что одним из условий его явится согласие России на присоединение Кореи к Японии. Я не могу верить этому слуху и продолжаю думать, что ВАШЕ ВЕЛИЧЕСТВО не отказалось от мысли быть защитником Кореи, и что из жалости к несчастному, порабощенному народу, Вы не согласитесь на полное уничтожение его. Я полагаю, что слух этот пущен Японцами с целью убедиться какое впечатление он произведёт в Корее и среди иностранных держав. Все же сердце мое настолько исстрадалось за последние годы, что одно предположение о возможности такого шага со стороны России побуждает меня обратиться к Вам с последней мольбой за мой народ и за мою страну.

Настоящее письмо я вручаю Ии-Капу, моему верному слуге и поручаю ему доставить его ВАШЕМУ ВЕЛИЧЕСТВУ через Представителей ВАШЕГО Правительства.

Возношу мольбы о счастливом и долголетнем Царствовании ВАШЕГО ВЛИЧЕСТВА».

Письмо это Ии-Кап просил меня доставить Вашему Высокопревосходительству или Министру Иностранных Дел. Я, однако, не счел возможным исполнить его просьбу, так как опасался пересылкой такого секретного письма поставить Вас в затруднительное положение. Я поэтому разъяснил ему, что такого рода дела не входят в круг моей компетенции и рекомендовал ему обратиться к представителям Министерства Иностранных Дел. Обсудив этот вопрос с Хиен-Сан-Киеном, Ии-Кап сообщил мне, что он принял решение проехать из Владивостока в Санкт-Петербург и исполнить там возложенное на него бывшим Императором поручение.

Ии-Кап выезжает на этих днях в Цинтау, оттуда во Владивосток и затем в Санкт-Петербург, где вероятно явится в Министерство Иностранных Дел.

Второе поручение, возложенное на Ии-Капа – которое, впрочем, является больше результатом его собственной инициативы – заключается в том, чтобы содействовать русским военным властям в Приморской области в наблюдении за действиями Японцев в Северной Корее. Ии-Кап собирается обосноваться во Владивостоке и предлагает нам свои услуги для организации через многочисленных членов основанного им общества Са-бук-хап-хой находящихся как в самой Корее, так и на русской и китайской территориях, зоркого наблюдения за каждым шагом Японцев в Корее и юго-восточной Маньчжурии. Кроме того, находясь в постоянном общении с лидерами китайских инсургентов, м Ии-Пун-Юном и другими, он имел бы возможность, в случае осложнений между Россией и Японией организовать массовое восстание во всей Северной Корее у самых наших границ и тем затруднит всякое движение Японцев в этой стороне.

Ии-Кап работал бы не ради денег, а ради идеи, преисполненный фанатической ненавистью к Японцам и горячим желанием спасти свое отечество. Я присовокупил бы к этому, что это человек получивший высшее военное образование, владеющий японским языком как своим родным и производящий впечатление весьма способного человека. Он просил меня завязать сношения между ним и нашими военными властями в Приморской области, дабы он мог предложить им свои услуги. Так как наблюдение за Кореей с военной точки зрения входит более всего в компетенцию Генерала Самойлова, вы быть может нашли бы целесообразным сообщить нашему Военному Агенту в Японии о планах полковника Ии-Капа, дабы он со своей стороны постарался облегчить сношения последнего с Штабом Приморского Военного Округа.

Из прочих известий, полученных мною от тех же Ии-Капа и Хиен-Сан-Киена, отмечу известный Вам арест племянника Императора Чо-Нам-Сенга в связи с делом электрической компании и конфискацией двух железных ящиков с документами. Истинная причина ареста Чо-Нам-Сенга и Кунь-Чо-Хиена и конфискация ящиков следующая: Японцы были убеждены в том, что в этих ящиках хранятся квитанции по размещенным в разных банках приватным средствам бывшего Императора и потому старались захватить их и присвоить себе деньги. Некоторые квитанции действительно хранились у Чо и поэтому тотчас после ареста его, Хиен-Сан-Киен уведомил меня, что Император лишился остатка своего личного состояния. Приехавший Ии-Пак, однако, разъяснил, что квитанций в ящиках уже не было и что Японцы захватили лишь документы не имеющие значения и ценности.

Далее я узнал от Ии-Капа, что несколько недель тому назад, Японцы решились попытаться убедить нынешнего Императора присоединиться к ходатайствам «про-японских» партий о присоединении Кореи к Японии. Император, по словам Ии-Капа, разрыдался и объявил, что лучше покончит жизнь самоубийством, чем подпишет такой акт. С тех пор Японцы больше не пристают к нему с этим предложением, но идут другими путями. Вероятно, с назначением Тераучи Резидентом будет составлен новый Кабинет из японских ставленников, которые и подпишут акт, продиктованный им Резидентом. Полагают, что главная роль будет уделена Сон-Пуиг-Чуну. Оживленную пропаганду в пользу аннексии ведут члены образованного Иль-Чин-хоем общества «Ку-мин-чан-сен-хой», которые все получают субсидии из японского казначейства.

Тем временем на севере, у границы Чёндао и Приморской области, под предводительством Ии-Пун-Юна, образовалась армия в 2000 Корейцев. Она разделена на отдельные отряды, которыми командуют Чо-Сан-Кап, Ии-Син-Хо, Панг-Пин-Ки, Дзинь-Ик-Гуе, Хан-Гин-Соу и Чина-Син-Ол. Отряды эти лишены возможности атаковать Японцев, за неимением хорошего оружия. В прежнее время Ии-Пун-Юна снабжал средствами и оружием бывший корейский Посланник в Санкт-Петербурге, ныне не получая помощи ни откуда, этот лидер инсургентов лишен возможности действовать активно.

В провинции Хамгён-до, в округе Хойриенг, общество Корейцев и Японцев просило разрешение властей в Сеуле построить железнодорожную ветку между местами Сао-Соу-Ра и То-Ли в 56 корейских ли длиной, для облегчения сношений с Чёндао и Хунчуном.

Параллельно с проектированными железными дорогами в Корее, о которых часто упоминалось в печати, Японцы еще строят в течение этого года ряд хороших грунтовых дорог, главным образом, конечно, в Хамгён-до, между Жуй-хин и Лу-то, между Хам-Хин и Си-хо-чжин, между Кинсеном к Чёнчжином. Последняя дорога обойдется в 75 000 йен. Кроме того, строятся дороги в провинциях фин-ан-то и, Кин-сан-то. Всего в течение года предположено израсходовать на это полтора миллиона йен. Между прочим, о новом порте Чёнчжин, мне сообщают, что население его следующее: 2200 Японцев, 1192 Корейца и 334 Китайца. Остальные сведения, доставленные мне Хиеном, как то замена шестой дивизии второй (32, 42 и 65 пехотные полки, второй артиллерийский и второй кавалерийский полки), и имена начальствующих лиц едва ли представляет что-либо нового.

В общем в Корее никто не сомневается в том, что присоединение Кореи дело ближайшего будущего, что это вызовет взрыв новых восстаний по всей стране, то Японцы, несмотря на мертвые буквы возможных договоров, будут продолжать вооружаться и утверждать в Корее несокрушимую базу для дальнейших агрессивных действий на материке.

Агент Министерства Финансов
Л. Фон Гойер

문서 목록

제1부: 러시아 재무대신 코코프초프의 극동 시찰과 안중근의 하얼빈 의거

번호	제목	생산 일시	출처
1	재무부에서 주일 재무관 빌렌킨에게 보낸 전문	1909.7.10	РГИА. Ф.560, оп.28, д.416, л.3.
2	재무대신 코코프초프의 상주문	1909.9.9	Ф.560, оп.28, д.416, л.6-8.
3	동청철도 이사회에서 주청 공사 코로스토베츠에게 보낸 전문	1909.9.10	Ф.560, оп.28, д.416, л.9.
4	재무대신이 해군대신 보예보드스키에게 보낸 공문	1909.9.12	Ф.560, оп.28, д.416, л.12-12 об.
5	동청철도 이사회 회의 결정서	1909.9.15	Ф.560, оп.28, д.416, л.15.
6	외무부에서 재무대신 코코프초프에게 보낸 공문	1909.9.17	Ф.560, оп.28, д.416, л.16.
7	육군부에서 재무대신에게 보낸 공문	1909.9.18	Ф.560, оп.28, д.416, л.18.
8	해군부에서 재무대신에게 보낸 공문	1909.9.22	Ф.560, оп.28, д.416, л.32.
9	외무대신 이즈볼스키가 재무부로 보낸 공문	1909.9.23	Ф.560, оп.28, д.416, л.38.
10	코코프초프가 코로스토베츠에게 보낸 전문	1909.9.25	Ф.560, оп.28, д.416, л.41.
11	빌렌킨이 재무대신에게 보낸 전문	1909.9.28	Ф.560, оп.28, д.416, л.44.
12	재무부 출납국이 총무국에 보낸 전문	1909.9.28	Ф.560, оп.28, д.416, л.45.
13	육군부의 1908년 1909년 예산 현황 보고서	미상	Ф.560, оп.28, д.416, л.46-47.
14	코코프초프가 고토 신페이에게 보낸 전문	1909.9.28	Ф.560, оп.28, д.416, л.50.
15	극동 운송 현황 관련 프리아무르주 총독 운테르베르게르 등의 보고서	1906.1.22	Ф.560, оп.28, д.416, л.55-56.
16	재무부에서 빌렌킨에게 보낸 전문	1909.9.28	Ф.560, оп.28, д.416, л.57.

17	부외무대신 사조노프가 코코프초프에게 전달한 주일 대사의 전문 / 말렙스키-말레비치(Малевский-Малевич) 공의 비밀 전보 No.210	1909.9.30	Ф.560, оп.28, д.416, л.60-61.
18	빌렌킨이 재무대신에게 보낸 전문	1909.9.29	Ф.560, оп.28, д.416, л.71.
19	재무부에서 빌렌킨에게 보낸 전문	1909.9.30	Ф.560, оп.28, д.416, л.72.
20	프리아무르주 총독이 재무대신에게 보낸 전문	1909.9.29	Ф.560, оп.28, д.416, л.75.
21	외무부에서 재무부 부대신 베베르에게 보낸 공문	1909.9.30	Ф.560, оп.28, д.416, л.77.
22	외무부에서 재무부에 전달한 주일 대사의 기밀 전문	1909.9.30	Ф.560, оп.28, д.416, л.78-78 об.
23	재무대신의 극동 시찰 관련 동청철도 이사회 보고서	1909.10	Ф.560, оп.28, д.416, л.93.
24	재무대신에게 전달된 주일 대사의 전문	1909.9.30	Ф.560, оп.28, д.416, л.95.
25	빌렌킨에게 보낸 재무부 총무국의 전문	1909.10.3	Ф.560, оп.28, д.416, л.101.
26	외무대신 이즈볼스키가 재무대신에게 보낸 전문	1909.10.2	Ф.560, оп.28, д.416, л.103.
27	재무부 부대신 베베르가 재무대신에게 보낸 전문	1909.10.3~4	Ф.560, оп.28, д.416, л.112.
28	재무성 관리 을보프의 전문	1909.10.5	Ф.560, оп.28, д.416, л.118.
29	하얼빈 회의 의제 관련 재무부 관리 요한슨의 전문	1909.10.6	Ф.560, оп.28, д.416, л.126.
30	재무부 부대신 베베르가 코코프초프에게 보낸 전문	1909.10.7	Ф.560, оп.28, д.416, л.130.
31	하얼빈 회의 의제 관련 보고서	1909.10.9	Ф.560, оп.28, д.416, л.132-133.
32	내무성에서 재무부 부대신 베베르에게 보낸 공문	1909.9.30	Ф.560, оп.28, д.416, л.157-157 об.
33	하얼빈에서 헌병대위 니키포로프가 경찰국에 보낸 전문	1909.10.13	Ф.560, оп.28, д.416, л.159.
34	코코프초프가 베베르에게 보낸 전문	1909.10.13	Ф.560, оп.28, д.416, л.160-160 об.
35	하얼빈에서 재무부 부대신 베베르에게 보낸 전문	1909.10.13	Ф.560, оп.28, д.416, л.161-161 об.
36	재무부 부대신 베베르에게 보낸 코코프초프의 추가 전문	1909.10.13	Ф.560, оп.28, д.416, л.162-162 об.

37	쾨니스버그 신문 Hartungsche Zeitung 번역문	1909.10.14 (27)	Ф.560, оп.28, д.416, л.164-164 об.
38	코코프초프가 재무부 부대신 베베르에게 보낸 전문	1909.10.15	Ф.560, оп.28, д.416, л.166.
39	주일 대사의 기밀 전문	1909.10.15 (28)	Ф.560, оп.28, д.416, л.169.
40	주일 재무관 빌렌킨이 코코프초프에게 보낸 보고서	1909.10.22	Ф.560, оп.28, д.416, л.217-219 об.
41	주일 재무관 빌렌킨이 코코프초프에게 보낸 보고서	1909.10.27 (11/9)	Ф.560, оп.28, д.416, л.226-227 об.
42	동청철도회사에서 재무부관리 올보프에게 보낸 중국 언론 동향 보고서	1909.11.12	Ф.560, оп.28, д.416, л.229-231.
43	고토 신페이가 코코프초프에게 보낸 전문(독일어)	1909.9.10	Ф.560, оп.28, д.417, л.7.
44	코코프초프가 고토 신페이에게 보낸 회신	1909.9.11	Ф.560, оп.28, д.417, л.8.
45	외무대신이 코코프초프에게 보낸 공문	1909.9.17	Ф.560, оп.28, д.417, л.11.
46	코코프초프가 프리아무르주 총독에게 보낸 전문	1909.9.21	Ф.560, оп.28, д.417, л.13.
47	코코프초프가 외무부에 보낸 하얼빈 회의 참석 일본인 포상 관련 전문	1909.10.1	Ф.560, оп.28, д.417, л.67.
48	하얼빈 회의 개최 시 대일 배상 청구 관련 전문	1909.10.6	Ф.560, оп.28, д.417, л.107a.
49	코코프초프가 관세청장에게 보낸 전문	1909.10.8	Ф.560, оп.28, д.417, л.121.
50	코코프초프의 하얼빈 시찰 관련 전문	1909.10.14	Ф.560, оп.28, д.417, л.156.
51	코코프초프의 극동 시찰 상황에 대한 상주 전문	1909.10.16	Ф.560, оп.28, д.417, л.165-165 об.
52	코코프초프의 하얼빈 일정표(10.24~10.28)	1909. 날짜 미상	Ф.560, оп.28, д.418, л.56.
53	『재팬 데일리 메일』 보도 관련 전문	1909.10.19	Ф.560, оп.28, д.418, л.85.
54	코코프초프의 귀경 일정 관련 전문	1909.10.27	Ф.560, оп.28, д.418, л.86.
55	『재팬 데일리 메일』 기사 관련 주일 대사에게 보내는 코코프초프의 전문	1909.10.28	Ф.560, оп.28, д.418, л.92.
56	코코프초프의 극동 시찰 관련 황제 알현 일정	1909.10.29	Ф.560, оп.28, д.418, л.104.
57	송화강 세관 설립 관련 회의 참석 요청	1909.10.29	Ф.560, оп.28, д.418, л.106-107.
58	재무대신의 귀경 일정 관련 전문	1909.10.28	Ф.560, оп.28, д.418, л.108.

59	재무대신이 프리아무르주 총독에게 보낸 공문	1909.10.30	Ф.560, оп.28, д.418, л.114-117.
60	코코프초프의 하얼빈 방문 관련 언론기사	1909. 날짜 미상	Ф.560, оп.28, д.420, л.1-1 об.
61	재무대신의 하얼빈 방문 관련 기사	1909. 날짜 미상	Ф.560, оп.28, д.420, л.5-5 об.
62	코코프초프와 이토의 하얼빈 회동이 청국에 미칠 영향을 분석한 기사	1909. 날짜 미상	Ф.560, оп.28, д.420, л.6-6 об.
63	한국 테러리스트 체포 상보	1909. 날짜 미상	Ф.560, оп.28, д.420, л.7-8.
64	재무대신의 극동 시찰에 대한 현지 언론보도 관련 보고	1909. 날짜 미상	Ф.560, оп.28, д.420, л.9-9 об.
65	재무대신의 극동 시찰에 대한 청국 신문의 보도 동향	1909. 날짜 미상	Ф.560, оп.28, д.420, л.10-10 об.
66	청국을 둘러싼 국제 자본가들의 경쟁에 관한 언론기사 발췌본	1909. 날짜 미상	Ф.560, оп.28, д.420, л.11-11 об.
67	주일 대사가 외무부에 보낸 하얼빈 회의 예상의제 관련 전문	1909.9.28	Ф.560, оп.28, д.421, л.3-3 об.
68	주일 대사가 외무부에 보낸 이토의 하얼빈 방문 목적에 관한 전문	1909.9.30	Ф.560, оп.28, д.421, л.5-5 об.
69	코코프초프가 프리아무르주 총독에게 보낸 전문	1909.10.1	Ф.560, оп.28, д.421, л.6.
70	빌렌킨이 코코프초프에게 보낸 보고서	1909.10.1	Ф.560, оп.28, д.421, л.7-15.
71	주일 재무관 빌렌킨이 재무대신에게 보낸 보고서	1909.10.3	Ф.560, оп.28, д.421, л.16-17 об.
72	재무부 부대신 베베르가 코코프초프에게 보낸 전문 / 재무대신에게 보낸 3등관 베베르의 전보	1909.10.4	Ф.560, оп.28, д.421, л.18-19.
73	스톨리핀 총리가 재무대신에게 보낸 전문	1909.10.4	Ф.560, оп.28, д.421, л.20.
74	프리아무르주 총독이 재무대신에게 보낸 전문 / 5등관 요한슨(Иогансон)의 전보	1909.10.4	Ф.560, оп.28, д.421, л.21-22.
75	재무부 부대신 베베르가 코코프초프에게 보낸 전문	1909.10.8	Ф.560, оп.28, д.421, л.23.
76	코코프초프와 프리아무르주 총독의 블라디보스토크 시찰 일정 관련 왕복 전문	1909.10.5; 10.9	Ф.560, оп.28, д.421, л.24-25 об.
77	코코프초프와 프리아무르주 총독의 일정 조정 관련 전문	1909.10.10; 10.11	Ф.560, оп.28, д.421, л.26-27.

78	코코프초프가 스톨리핀 총리에게 보낸 하얼빈 의거 관련 전문	1909.10.13	Ф.560, оп.28, д.421, л.28.
79	코코프초프가 주일 대사에게 보낸 전문	1909.10.13	Ф.560, оп.28, д.421, л.29.
80	코코프초프가 주일 대사에게 보낸 하얼빈 의거 전문	1909.10.13	Ф.560, оп.28, д.421, л.30-33.
81	코코프초프가 운테르베르게르 총독에게 보낸 하얼빈 의거 전문	1909.10.13	Ф.560, оп.28, д.421, л.34.
82	코코프초프가 재무부 부대신 베베르에게 보낸 전문	1909.10.13	Ф.560, оп.28, д.421, л.35-37.
83	코코프초프가 재무부 부대신 베베르에게 보낸 추가 전문	1909.10.13	Ф.560, оп.28, д.421, л.38-38 об.
84	코코프초프가 베베르에게 보낸 하얼빈 의거 관련자 일본 이관 관련 전문	1909.10.13	Ф.560, оп.28, д.421, л.39-39 об.
85	재무대신이 법무대신에게 보낸 전문	1909.10.13	Ф.560, оп.28, д.421, л.40.
86	청국 외무부에서 청국 동3성 총독에게 보낸 전보 발췌문	1909.10.13	Ф.560, оп.28, д.421, л.41.
87	외무부에서 코코프초프에게 보낸 전문	1909.10.16	Ф.560, оп.28, д.421, л.123.
88	주하얼빈 미국 영사가 러시아 총영사에게 보낸 편지	1909.10.14	Ф.560, оп.28, д.421, л.124.
89	코코프초프가 빌렌킨에게 보낸 일본 여론에 대한 정보 요청 전문	1909.10.14	Ф.560, оп.28, д.421, л.125.
90	이토와 회의에 대비하여 준비한 코코프초프의 환영사	1909.10. 날짜 미상	Ф.560, оп.28, д.421, л.126-126 об.
91	코코프초프가 외무부에 보낸 대일 조문 방문 불필요성 관련 전문	1909.10.15	Ф.560, оп.28, д.421, л.142.
92	고토 신페이가 동청철도 부총재에게 보낸 전문	1909.10.16	Ф.560, оп.28, д.421, л.153.
93	주한 러시아 총영사 소모프가 외무부에 보낸 서신	1909.10.10	Ф.560, оп.28, д.421, л.156-156 об, л.187-188.
94	재무성 관리 포페가 코코프초프에게 보낸 범죄자 인도 여부 확인 전문	1909.10.16	Ф.560, оп.28, д.421, л.159.
95	주청 공사 코로스토베츠가 코코프초프에게 보낸 하얼빈 의거에 대한 일본 여론 관련 전문	1909.10.17	Ф.560, оп.28, д.421, л.160.
96	러시아 총리 스톨리핀이 재무대신에게 보낸 전문	1909.10.17	Ф.560, оп.28, д.422, л.5.

97	파그라니츠늬 관구 검사 밀레르의 비망록	1909.10.24	Ф.560, оп.28, д.422, л.23.
98	이토의 저격 사건 이후(10.27~11.2) 상황 전개에 대한 밀레르 검사의 보고서	1909.10.21	Ф.560, оп.28, д.422, л.24-28.
99	하얼빈 의거에 대한 관구 검사 밀레르의 보고서	1909.10.21	Ф.560, оп.28, д.422, л.29-30 об.
100	주일 재무관이 코코프초프에게 보낸 보고서	1909.10.16	Ф.560, оп.28, д.422, л.31-34 об.
101	파그라니츠늬 관구 검사 밀레르가 법무대신 을보프에게 보낸 보고서	1919.12.27	Ф.560, оп.28, д.422, л.59-59 об.
102	육군대신이 스톨리핀 총리에게 보낸 공문	1910.5.11	Ф.1276, оп.6, д.514, л.1-2.
103	참모본부의 엔켈 중령 보고서	1910. 날짜 미상	Ф.1276, оп.6, д.514, л.3-6.
104	스톨리핀 총리가 프리아무르주 총독에게 보낸 서신	1910.6.8	Ф.1276, оп.6, д.514, л.14-14 об.
105	스톨리핀 총리가 육군대신에게 보낸 서신	1910.6.12	Ф.1276, оп.6, д.514, л.15.
106	육군대신이 스톨리핀 총리에게 보낸 서신	1910.6.21	Ф.1276, оп.6, д.514, л.16-16 об.
107	외무대신 이즈볼스키가 육군대신에게 보낸 기밀 서신	1910.6.17	Ф.1276, оп.6, д.514, л.17-18.
108	각료회의 총무국장이 프리아무르주 총독에게 보낸 공문	1910.6.28	Ф.1276, оп.6, д.514, л.19.
109	프리아무르주 총독이 스톨리핀 총리에게 보낸 기밀 서신	1910.7.3	Ф.1276, оп.6, д.514, л.20-23 об.
110	스톨리핀 총리가 육군대신에게 보낸 기밀 서신	1910.8.2	Ф.1276, оп.6, д.514, л.24-24 об.
111	내무부에서 각료회의 총무국에 보낸 공문 / 마르토스가 내무대신에게 보낸 전보	1910.9.23; 9.18	Ф.1276, оп.6, д.514, л.25-26.
112	외무대신이 스톨리핀 총리에게 보낸 주일 대사의 한국 문제 관련 서신 동봉 통보 공문	1910.6.5	Ф.1662, оп.1, д.114, л.1.
113	주일 대사 말렙스키-말레비치가 외무대신에게 보낸 일본 수상과 한국 문제 관련 논의 내용 보고 서신	1910.5.6	Ф.1662, оп.1, д.114, л.2-3.

제2부: 1908년 남만주철도 초대 총재 고토 신페이의 러시아 방문

번호	제목	생산 일시	출처
1	주일 대사 바흐메찌예프가 외무대신 이즈볼스키에게 보낸 편지	1907.11.2	АВПРИ. Японский Стол, оп.493, д.1265, л.1-3 об.
2	주일 재무관 빌렌킨이 전임 재무대신 쉬포프에게 보낸 전문	1908.3.28	РГИА. Фонд 323, оп.1, д.685, л.2.
3	동청철도 부총재 벤첼이 하얼빈의 동청철도 운영국장 호르바트에게 보낸 전문	1908.4.1	РГИА. Фонд 323, оп.1, д.685, л.4.
4	동청철도 부총재 벤첼이 동청철도 운영국장에게 보낸 전문	1908.4.2	РГИА. Фонд 323, оп.1, д.685, л.6, л.26
5	재무대신 코코프초프가 교통대신 샤프가우젠에게 보낸 편지	1908.4.3	АВПРИ. Японский Стол, оп.493, д.1265, л.7-8.
6	동청철도 부총재 벤첼이 관세청에 보낸 편지	1908.5.1	РГИА. Фонд 323, оп.1, д.685, л.28-28 об.
7	외무대신 이즈볼스키가 재무대신 코코프초프에게 보낸 편지	1908.5.1	РГИА. Ф.560, оп.28, д.1102, л.22-23.
8	재무대신 코코프초프가 외무대신 이즈볼스키에게 보낸 편지	1908.5.23	РГИА. Ф.560, оп.28, д.1102, л.50-50 об.
9	1909년 10월 16(29)일 자 고토 남작의 전보 번역문	1909.10.16	РГИА. Фонд 323, оп.1, д.712, л.86.
10	고토 신페이가 주일 러시아대사 말렙스키-말레비치에게 보낸 편지	1910.1.14	АВПРИ. Японский Стол, оп.493, д.206, л.173-174 об.
11	고토 신페이가 코코프초프에게 보낸 편지	1910.4.24	РГИА. Ф.560, оп.28, д.1102, л.114-116.

제3부: 러시아 상하이정보국 고이예르와 한러정보협력

번호	제목	생산일시	출처
1	주한 공사 파블로프가 외무대신에게 보낸 기밀 전보	1904.4.4	РГАВМФ. Ф.32, оп.1, д.183, л.1-1 об.
2	러시아 만주군 배속 한국인 명단	1904	РГВИА. Ф.846, оп.16, д.31898, л.76.
3	주한 육군무관 네치볼로도프 대령이 연해주 방위사령관에게 보낸 보고서	1905.3.21	РГВИА. Ф.846, оп.16, д.31898, л.93-94.
4	쿠르스크 실업학교 학생 강한탁과 한기수가 프리아무르 군관구 통신대장에게 보낸 청원서	1905.3.8	РГВИА. Ф.846, оп.16, д.31898, л.111-112 об.
5	프리아무르 군관구 사령관 보좌관이 연해주 방위사령관에게 보낸 보고서	1905.4.27	РГВИА. Ф.846, оп.16, д.31898, л.135-135 об.
6	러시아 상하이정보국 고이예르가 육군무관 발테르 대령에게 보낸 보고서	1908.1.29	РГИА. Ф.560, оп.28, д.391, л.1-3.
7	상하이정보국 고이예르가 주청 공사에게 보낸 한국정치단체 관련 보고서	1908.3.26	Ф.560, оп.28, д.391, л.44-49.
8	고이예르가 상하이 주재 육군무관에게 보낸 한국 북부 첩보대 조직에 관한 서신	1908.4.5	Ф.560, оп.28, д.391, л.65-68.
9	고이예르가 주청 공사에게 보낸 고토 신페이의 러시아 방문 관련 서신	1908.5.15	Ф.560, оп.28, д.391, л.103-105.
10	주청 재무관 고이예르가 주청 공사에게 보낸 미국의 극동정책 관련 서신	1908.5.23	Ф.560, оп.28, д.391, л.120-126.
11	고이예르가 주일 러시아무관에게 보낸 현상건 관련 보고	1908.6.2	Ф.560, оп.28, д.391, л.147-152.
12	고이예르가 재무부에 보낸 『대한매일신보』 베델에 대한 재판 관련 등 보고	1908.6.16	Ф.560, оп.28, д.391, л.169-177.
13	주청 재무관 고이예르가 주일 대사에게 보낸 고종 황제의 측근 현상건 면담에 대한 보고	1908.10.30	Ф.560, оп.28, д.392, л.16-24.
14	주청 재무관이 주일 대사에게 보낸 현상건과 면담한 내용에 대한 보고서	1908.12.10	Ф.560, оп.28, д.392, л.83-93.
15	주청 재무관 고이예르가 주일 대사에게 보낸 고종의 러시아 망명 계획 및 일본의 간도정책 관련 보고서	1909.2.4	Ф.560, оп.28, д.392, л.200-209.

16	고이예르가 주일 대사에게 보낸 일본의 간도 지역 정보 수집 및 군사전략에 대한 분석 보고서	1909.4.2	Ф.560, оп.28, д.392, л.252-266.
17	고이예르가 주일 대사에게 보낸 고종 황제 비자금 및 일본의 원산 지역 요새화에 대한 정보 보고	1909.4.16	Ф.560, оп.28, д.392, л.279-284.
18	주청 재무관 고이예르가 주청 공사에게 보낸 자신의 휴가 기간 정보 임무 이관에 대한 보고서	1909.4.17	Ф.560, оп.28, д.392, л.285-296.
19	고이예르의 후임 라만스키가 주일 대사에게 보낸 한국의병 지도자 및 이범윤 관련 보고서	1909.5.28	Ф.560, оп.28, д.393, л.24-25.
20	라만스키가 주청 무관에게 보낸 유럽에서 한국 육군을 위해 납품된 소총과 탄약 관련 보고	1909.5.28	Ф.560, оп.28, д.393, л.26-27.
21	고이예르가 코코프초프에게 올린 일본 현지 첩보망 점검 및 정세 분석 보고서	1909.5.28	Ф.560, оп.28, д.393, л.37-75.
22	라만스키가 주청 러시아공사에게 보낸 일본의 만주와 간도 지역에서의 활동에 관한 보고	1909.11.10	Ф.560, оп.28, д.393, л.147-151.
23	고이예르가 주청 공사에게 보낸 청(淸)의 정치 상황과 안중근을 면담한 영국인 변호사 관련 보고서	1909.12.10	Ф.560, оп.28, д.393, л.176-186.
24	주청 재무관 고이예르가 재무대신 코코프초프에게 보낸 미국의 만주철도 개입 정책에 대한 보고	1910.1.6	Ф.560, оп.28, д.393, л.203-221.
25	주청 재무관 고이예르가 주청 러시아 육군무관에게 보낸 이갑과 현상건 면담 관련 보고	1910.6.3	Ф.560, оп.28, д.394, л.110-114.
26	고이예르가 육군무관에게 보낸 이갑의 페테르부르크 방문 시 총참모부와 접촉 주선을 요청한 서신	1910.6.4	Ф.560, оп.28, д.394, л.115-117.
27	고이예르가 주일 대사에게 이갑 대령과 연해주군 당국의 정보협력 주선을 요청한 서신	1910.6.10	Ф.560, оп.28, д.394, л.118-131.

찾아보기

ㄱ

가쓰라(桂太郞, Катцура) 126, 187, 188, 191, 220
강한탁(姜漢澤) 31, 209, 212
고돈 패독(Gordon Poddock) 146
고마쓰 172
고이예르(Лев Викторович Фон Гойер) 23, 30~34, 215, 217~219, 222, 224, 227, 231, 233, 238, 241, 246, 254, 255, 258, 260, 263, 296, 297, 308, 310, 311, 313
고토 신페이(後藤新平) 4, 22, 25, 28~31, 53, 87, 88, 150, 192, 193, 199, 201, 204, 205, 222
골루베프(Евгений Васильевич Голубев) 31

ㄴ

나쓰아키(夏秋龜一) 190, 192
남만주철도 4, 22, 23, 25, 27, 28, 57, 76, 121, 130, 140, 190, 193, 195~197, 199, 202, 206
네치볼로도프(Нечволодов) 209~211
녹스(Нокс) 305

니키포로프 75, 161, 162
니토베(Нитобе) 221

ㄷ

더글라스(Дуглас) 296
데라우치(寺內正毅) 317
데르쟈비치(Державич) 162
동청철도 23~29, 39~43, 53, 63~66, 68, 70, 72, 73, 76, 85, 92, 95, 108, 117, 122, 126, 130, 138, 148, 150, 157, 159, 161, 162, 164, 166, 193~195, 197, 199, 201, 206, 242, 244, 305
둔텐(Дунтен) 162

ㄹ

라만스키(В.В. Ламанский) 257, 259~261, 293, 296
러일협정(The Russo-Japanese Agreement of 1907) 28, 30, 205

레사르(Лессар) 208

록힐(Рокхиль) 299

루트(Рут) 124

루트-다카히라 협정(Root-Takahira Agreement) 26

리보프(Е.Д.Львов) 24, 25, 40, 66, 69, 85, 166

ㅁ

만주리아(Маньчжурия) 26, 287

말렙스키-말레비치 22, 25, 26, 57, 61, 84, 126, 130, 154, 187, 205, 205

맥레비 브라운(Mclevy Brown) 235

맥클루어(Мак- Клюр, McClure) 294

모건-쿤-롭(Морган-Кун-Лоеб) 125, 299

모토노(Мотоно) 57, 121, 145, 187, 188, 205

몰 로쟈코프(В.Э.Молодяков) 20

무크덴(Мукден) 65, 68, 72, 73, 126, 130, 246

미조부치 다카오(溝淵孝雄) 159

밀레르(К.Миллер) 27, 156, 157, 161, 163, 166

ㅂ

바키츠(Бакич) 211

바흐메찌예프(Ю.П.Бахметьев) 29, 190, 191

박유풍(朴有豐) 30, 210, 214

박제순(朴齊純) 314

발테르 215

베델(Ernest Thomas Bethell) 23, 32, 231, 232

베르노프(Э.И.Бернов) 209

베르크(Берг) 161

베베르(С.Ф.Вебер) 24, 25, 62, 64, 68, 71, 74, 76~78, 130, 133, 140~142, 155

벤첼(А.Н.Вентцель) 24, 28, 29, 40, 43, 55, 193, 194, 196, 200

보예보드스키 42, 46

보자예바(Вожаева) 157

부드베르그(Барон А.П.Будберг) 31

비류코프(Н.Н.Бирюков) 31, 209~212, 214

비테(Сергей Юльевич Витте) 29

빌렌킨(Григорию Абрамович Виленкин) 25, 26, 38, 49, 56, 59, 60, 66, 70, 82~84, 92, 124, 126, 128, 147, 154, 192

빌친스키(Вильчинский) 210

ㅅ

사모일로프(В.К.Самойлов) 33, 216, 237, 262, 316

사조노프(Н.Д.Сазонов) 27, 57, 63, 71, 76~78, 80, 122, 130, 133, 140~142, 145, 149, 154

샤프가우젠 195

서북학회(西北學會) 308, 308, 313, 316

세민(Семин) 113, 162

수호믈리노프(Сухомлинов) 174, 179, 180

쉬포프(И.П.Шипов) 28, 29, 192, 195, 196
슈핀스키(П.А.Шупинский) 209
스미르노프(Смирнов) 210
스크보르초프(Скворцов) 161
스텔마셴코(Стельмащенко) 211
스톨리핀(Пётр Аркадьевич Столыпин) 22, 30, 100, 130, 131, 136, 155, 167, 174~176, 179, 180, 184, 186
스트라조프(Стразов) 162

ㅇ

아르군(Аргунь) 26, 65, 68, 72, 130
아파나시예프(Афанасьев) 158
안가이 113, 114, 158~160
안응칠 112
안중근 21~24, 26, 27, 30, 34, 296
알렉세예프 208, 212
야마카타(山縣有朋) 191
오다기리(Одагири) 302
요한슨(Иогансон) 70, 92, 132
운테르베르게르 54, 69, 74, 132, 135, 139, 184, 185
윤길병(Юн киль бен) 172
윤일병(尹一炳) 30, 209
이갑(李甲) 308~317
이강년(李康年) 260
이범윤(Li-poum-youn, 李範允) 260, 309, 314, 316, 317
이범진(李範晉) 21, 260
이상설(李相卨) 31, 169, 182
이은찬(李殷贊) 260
이즈볼스키(А. П. Извольский) 22, 29, 47, 67, 155, 177, 190, 197, 199

ㅈ

조도선 112, 114, 157
조상갑(趙尙甲) 309, 317
즈뱌긴체프(Звагинцев) 262

ㅊ

채가구역(蔡家溝驛) 78, 112, 137~139, 141, 157, 159, 162
천주기 112
체르노글라조프(Черноглазов) 162

ㅋ

코로스토베츠 41, 44, 48, 80, 89, 149, 154, 155
코르닐로프(Корнилов) 311

코르데스(Кордес) 297

코르프(Корф) 262

코코프초프(В.Н.Коковцов) 22~27, 30, 39, 40, 42, 44, 47, 48, 53, 56~58, 62, 65, 68, 71, 76, 78~80, 82, 84, 86~91, 93~96, 98~100, 106, 108, 110, 115, 121, 123, 124, 130, 134~142, 145~149, 153, 154, 159, 161, 163, 164, 166, 195, 197, 199, 204, 263, 297

크나프(Кнапп) 159, 162

크렌(Крэн) 125, 127

포페(Поппе) 153

폰 큐겔겐(Фон-Кюгельген) 159, 162

폴랴코프(Поляков) 131

푸틸로프(А.И.Путилов) 27

프리아무르주 25, 54, 61, 90, 103, 123, 132, 134, 135, 174, 179, 180, 185

프리차드 모건(Причард Морган) 301

피르코프(Пырков) 211

ㅎ

한기수 20, 212

해리만(Хариман, Harriman) 298, 299

현상건(玄尙健) 23, 31, 34, 215, 218~220, 227, 233~235, 239~241, 255, 261, 308, 309, 313, 315~318

ㅌ

토밀린(Томилин) 211

티혼 김(Тихон Ким) 158

ㅍ

파블렌코(Павленко) 211

파블로프(А.И.Павлов) 23, 30, 31, 208

동북아역사 자료총서 69

안중근의 하얼빈 의거와 러시아 문서

초판 1쇄 발행 2023년 12월 27일

엮은이 최덕규
옮긴이 김종헌·홍웅호·최덕규
펴낸이 이영호
펴낸곳 동북아역사재단

등록 제312-2004-050호(2004년 10월 18일)
주소 서울시 서대문구 통일로 81 NH농협생명빌딩
전화 02-2012-6065
팩스 02-2012-6186
홈페이지 www.nahf.or.kr
제작·인쇄 청아출판사

ISBN   979-11-7161-055-6 93910

- 이 책은 저작권법에 의해 보호를 받는 저작물이므로 어떤 형태나 어떤 방법으로도 무단전재와 무단복제를 금합니다.
- 책값은 뒤표지에 있습니다. 잘못된 책은 바꾸어 드립니다.